Kunst-Reiseführer in der Reihe DuMont Dokumente

Zur schnellen Orientierung – die wichtigsten Städte und Klöster der Toscana auf einen Blick:
(Auszug aus dem ausführlichen Ortsregister S. 378)

Abbazia di Monte Oliveto	347	Pisa	68
Abbazia di San Galgano	349	Pistoia	117
Abbazia di Sant'Antimo	346	Pitigliano	341
Arezzo	205	Populonia	335
Chiusi	333	Prato	125
Fiesole	200	San Gimignano	297
Florenz	134	San Quirico d'Orcia	345
Lucca	101	Sansepolcro	337
Massa Marittima	329	Segromigno	352
Montepulciano	244	Siena	254
Pienza	250	Volterra	321

In der vorderen Umschlagklappe: Übersichtskarte der Toscana

In der hinteren Umschlagklappe: das Zentrum der Toscana

Siena, Piazza del Campo: Palio-Rennen und Festzug vom 2. Juli 1717. Zeitgenössischer Stich, Siena, Museo Civico

Klaus Zimmermanns

Toscana

Das Hügelland und die historischen Stadtzentren

DuMont Buchverlag Köln

Auf der Umschlagvorderseite: Bauernhaus bei Montepulciano

Auf der vorderen Umschlagklappe: Duccio: ›Maestà‹, Ausschnitt, 1311. Siena, Museo dell'Opera del Duomo

Auf der Umschlagrückseite: San Gimignano, Blick vom Turm des Palazzo del Popolo auf die Torre dei Cugnanesi und die Via San Giovanni

© 1980 DuMont Buchverlag, Köln
10. Auflage 1987
Alle Rechte vorbehalten
Druck und buchbinderische Verarbeitung:
Tien Wah Press (Pte.) Ltd

Printed in Singapore   ISBN 3-7701-1050-1

Inhalt

Einführung	9
Das Land	14
Geschichtlicher Überblick	22
Die Anfänge toscanischer Kunst	49
Architektur	49
Plastik	58
Malerei	61

Die Städte | 67

Pisa	68
Lucca	101
Pistoia	117
Prato	125
Florenz – Ein Kurzbesuch	134
Fiesole	200
Arezzo	205
Cortona	239
Montepulciano	244
Pienza	250
Siena	254
San Gimignano	297
Volterra	321
Massa Marittima	329

Etruskerzentren und weitere Städte | 333

Chiusi	333
Populonia	335
Vetulonia	336

Carrara 336
Pescia 337
Sansepolcro 337
Colle di Val d'Elsa 338
Certaldo 338
San Miniato 339
Grosseto 341
Pitigliano 341

Landkirchen und Klöster 343

Pieve di San Gennaro 343
Romena: Pieve di San Pietro 343
Stia: Pieve di Santa Maria Assunta 344
Gropina: Pieve di San Pietro 344
San Quirico d'Orcia 345
Abbazia di Sant'Antimo 346
Abbazia di Monte Oliveto Maggiore 347
Abbazia di San Galgano 349
Abbazia di San Salvatore 351

Villen 352

Segromigno: Villa Mansi 352
Segromigno: Villa Torrigiani 353
Collodi: Villa Garzoni 353
Careggi: Villa Medicea 353
Castello: Villa Medicea 354
La Petraia: Villa Medicea 354
La Petraia: Villa Corsini 355
Cafaggiolo: Villa Medicea 355
Il Trebbio: Villa Medicea 356
Poggio a Caiano: Villa Medicea 356
Artimino: Villa Medicea 356

Literaturauswahl 358
Abbildungsnachweis 360

Praktische Reisehinweise 361

Reisevorbereitungen und nützliche Adressen 361
Anfahrt 362
Ausflüge in Linienbussen von Florenz und Siena 362
Mit eigenem Fahrzeug 363
Routenvorschläge und Zeiteinteilung 364
Öffnungszeiten der Museen 365
Tagesprogramme 366
Badeurlaub an der toscanischen Riviera 371
Heilkuren 372
Wintersport 372
Toscanische Küche 372
Festkalender 374
Weine der Toscana 374

Register 378

Den Herren Dr. Ippolito Vincenti-Mareri, Dr. Italo Somarriello (ENIT München), Dr. Luciano Panci (Regione Toscana per il Turismo Firenze), Alessandro Mellini (EPT Arezzo) und Mirto Bartoletti (Azienda autonoma di cura e soggiorno (Montecatini) danke ich für ihre freundliche Unterstützung, der Familie Lamothe-Caradossi für ihre Gastfreundschaft und Hilfe.

Einführung

Die Toscana hat Europa überaus reich beschenkt; dennoch blieb es unserem Jahrhundert vorbehalten, sie als Reiselandschaft zu entdecken. Die 'klassische' Italienfahrt führte zu den oberitalienischen Seen, zum Golf von Neapel, nach Venedig und Rom. Erst im vergangenen Jahrhundert, als man die Kunst der Renaissance wiederentdeckte, begannen Italienreisende sich häufiger in Florenz aufzuhalten. Außer Florenz beeindruckten der Pisaner Dom in seiner Marmorpracht, die an gotischen Zierformen und Skulpturen überreiche Kathedrale von Siena. Das toscanische Hügelland hingegen war für Reisende des 19. und frühen 20. Jahrhunderts noch ohne Reiz.

Heute suchen wir nicht nur erhabene Einzelmonumente und die Schönheit der Renaissance, wir möchten ebenso Einfaches und Ursprüngliches erfahren. So führt uns eine Toscana-Reise auch zu mittelalterlichen Bergstädten, zu bescheidenen romanischen Landkirchen, zu frühen Tafelbildern von Pisa und Lucca ... Wir stehen staunend vor den Bauernhäusern des *Chianti*, bewundern ihre Ausgewogenheit und die von einem quadratischen Turm bekrönte Komposition kubischer Formen. Zu jeder Tageszeit werden andere Wandflächen und Dachschrägen vom Licht hervorgehoben, ohne daß sich das Alberese-Bruchgestein farblich von der Umgebung sonderlich abhebt. Da aber der Farbkontrast gering ist, nehmen wir das erdfarbene rohe Mauerwerk gegenüber der jahreszeitlich sich verändernden Vegetation in immer neuen Nuancen wahr. Die Farben der Toscana sind nie intensiv. Dies liegt nicht nur am Dunstschleier, der an den meisten Tagen des Jahres über Hügeln und Flußtälern liegt. Auch wenn die *tramontana*, der Nordwind, das *sfumato* wegbläst, wenn die Formen in außergewöhnlicher Schärfe erscheinen und in weiter Entfernung plötzlich der Amiata-Berg oder die Türme von San Gimignano sichtbar werden – das Grün ist weniger kräftig als im Norden, Erde und Baugestein erscheinen in gelblichen und bräunlichen Tönen. Nie bilden Farben einen vollen Klang. Die Olivenblätter flimmern im Silberton, das Grün der Zypressen wirkt in der Ferne dunkel, fast schwarz.

Das Bauernhaus bildet mit seinen rechteckigen Flächen, die nur von kleinen ungerahmten Fenstern geöffnet sind, einen einfachen geometrischen Körper, der nur in scheinbarem Gegensatz zu den weich gerundeten Hügeln steht: Die von Natur aus stark strukturierte Landschaft wurde vom Menschen im Laufe der Jahrhunderte zu einem Kulturland gestaltet. Überall nehmen wir Linien und Flächen wahr: trapezförmige Felder, parallel verlaufende

EINFÜHRUNG

Reihen der Weinstöcke, die Vertikalen der Zypressen, die Diagonalen und Horizontalen der Wege und Alleen. In dieser Landschaft sind Bauwerke, sofern sie nicht zu starren Formen verödet sind, keine Fremdkörper. Die Bauernhäuser, die *case coloniche,* die Fattorien und Villen finden in den Mulden, an den Hängen oder als Bekrönung der Hügelkuppen ihren nicht fortzudenkenden Platz. In ihren plastischen Formen verdichtet sich die Struktur der Landschaft. In der Toscana wird uns bewußt, daß die Architektur aus der Bebauung des Landes hervorging. *Cultura* ist das Substantiv zu *colere,* das 'bebauen', 'bestellen' wie auch 'verehren' bedeutet. Liegen in den Bauernhäusern, in dieser 'Architektur ohne Architekten' die Ursprünge toscanischen Formempfindens? Wir möchten diese Frage bejahen, obschon wir wissen, daß aus dem Mittelalter keine Bauernhäuser, wohl aber Herrensitze erhalten blieben. Die toscanische *casa colonica* entstand erst im 16. Jahrhundert, und auch aus dem 17., 18. und 19. Jahrhundert gibt es eindrucksvolle Beispiele. Verwundert lesen wir auf dem Türbalken eines einfachen Hauses das Datum 1772, ohne daß das Haus nur die geringsten Stilmerkmale des Barock oder des Klassizismus aufwiese. Wir finden eine Beobachtung Theoder Hetzers bestätigt, daß italienisches Bauen über alle Zeiten und Stilbegriffe eine Einheit, ein Kontinuum bildet. Unser Blick fällt auf die Scheune, die *capanna.* In ihrer noch einfacheren Gestalt mit Mauern über rechteckigem Grundriß und flachem Giebel erinnert sie an schlichteste, einschiffige romanische Landkirchen mit offenem Dachstuhl, gleichzeitig aber auch an die antike Urform des Hauses und Tempels (vgl. Abb. 128). Toscanische Baukunst besitzt Züge klassischer Einfachheit, ohne jedoch wie ein griechischer Tempel – wenn etwa die Säulen unter der Last des Gebälkes anzuschwellen scheinen – Abbild des Organischen zu sein. Italienische Baukunst ist von geometrischer Strenge und Klarheit, von 'abstrakter' Formensprache. Die Toscana und die anderen Landschaften Mittelitaliens haben diese allgemein-italienischen Züge besonders ausgeprägt. Weniger als Ober- und Unteritalien waren sie nordischen oder orientalischen Einflüssen geöffnet. Die Toscana wußte ihre Eigenständigkeit gegenüber den französischen und deutschen Bausystemen der Romanik und Gotik zu wahren, sie hat eines der Grundbedürfnisse des Bauens, dem Menschen einen geschlossenen Raum zu bilden, niemals aufgegeben. In einer Landschaft, in der Baukunst stets auf den Menschen bezogen blieb, konnte in der Renaissance der Satz des Protagoras verwirklicht werden: »Der Mensch ist das Maß aller Dinge«. Toscanische und umbrische Bettelordenskirchen, die 'Gebetsscheunen' der Franziskaner und Dominikaner, wollen nicht – wie französische Kathedralen – ein Abbild des Himmlischen Jerusalem sein, sondern lediglich eine Gemeinde versammeln, die am Meßopfer teilnimmt und der Predigt zuhört.

Eine Toscana-Reise verdeutlicht, daß Kunst und Mensch, daß Kunst und Geschichte, daß Kunst und Landschaft nicht zu trennen sind, daß Mensch, Landschaft, Kunst und Geschichte sich wechselseitig prägten. Ohne ein Wissen um die Städte der Etrusker und Römer, um die rivalisierenden mittelalterlichen Stadtstaaten und ihre Gesellschaftsstruktur wird uns kaum verständlich, wie sich in einem wenig ausgedehnten Gebiet so zahlreiche 'Kunststädte' bilden konnten, die im Stadtbild und Baumaterial und selbst in den Stilen individuell ausgeformt sind.

Wer sich nicht damit begnügt, ästhetische Gebilde isoliert zu betrachten, wird so oft wie möglich versuchen, den Menschen kennenzulernen, der mit seinem Formgefühl die Landschaft gestaltete und diese Kunstwerke schuf. Vielleicht zeigen sich die ursprünglichen Wesenszüge des Toscaners am ausgeprägtesten bei den Bauern, die jahrhundertelang nicht in Dorfgemeinschaften, sondern in Einzelgehöften lebten. Kehren wir zurück zu einem Bauernhaus, einer *casa colonica*, des Chianti-Gebietes. Das durch den Wein berühmte Hügelland im Herzen der Toscana zwischen Florenz und Siena konnte mehr von seiner Ursprünglichkeit bewahren als die dichtbesiedelten Flußtäler. Der fünfundsechzigjährige Bauer spricht von seiner Arbeit. Er ist einer der wenigen, der noch wie seine Vorfahren mit weißen Ochsen das Land bestellt. Niemand hilft ihm dabei. Die Jungen zieht es in die Stadt oder sie suchen eine Stelle als *fattore*, als Gutsverwalter. Heute arbeiten nur noch wenige Toscaner auf dem Lande (um 1930 waren es rund 40%, gegenwärtig sind es nur noch 5%). Wenn er einmal das Feld nicht mehr bebauen kann, wird sein Padrone das Haus vielleicht an einen Ausländer verkaufen. Dann wird auch dieses Stück Land verfallen. So lange er lebt, kann er das Haus bewohnen, denn er ist kein *operaio*, kein Arbeiter, sondern *contadino*, der in der *mezzadria*, der Halbpacht, steht. Der Padrone stellt Haus, Land und Gerätschaften, er trägt die Hälfte der Kosten für Vieh, Futtermittel, Saat, Energie und Sozialversicherung. Er behält 42% des Ertrages, früher war es die Hälfte; der andere Teil gehört dem Bauern zum Eigenverbrauch und Verkauf. Das Halbpachtsystem bedeutete im Mittelalter einen großen Fortschritt gegenüber der traditionellen Leibeigenschaft. Der *contadino*, der die sozialen Probleme seines Landes deutlich sieht, der sich in einer klaren Sprache auszudrükken vermag, ist keineswegs – wie man sich gemeinhin einen Italiener vorstellt – überschäumend vor Temperament. Er ist eher zurückhaltend, wenngleich sehr bezogen auf seinen Gesprächspartner. Seine wachen, hellen Augen nehmen Vieles wahr. Das feingeschnittene, hagere Gesicht könnte ebenso das eines *signore* sein. Wir beginnen zu verstehen, daß in einer Landschaft, in der sich im mittelalterlichen Europa zum ersten Male demokratische Regierungsformen verwirklichten, das Verhältnis zwischen *padrone* und *contadino* ein viel freieres ist als auf den Großgrundbesitzen Süd- und Oberitaliens. In der Toscana vergnügen sich *signore* und *contadino* gemeinsam beim Volksfest. Wer Gast war bei der *merenda*, der Vesper, der *contadini* und der *cena*, dem Abendessen, der *signori*, kann die Unterschiede des Wohlstandes nicht übersehen. Hier Eßzimmer und *salone* des Landgutes, dort führt eine steile dunkle Treppe direkt in die *casa*, die Wohnküche über den Ställen der wärmespendenden Tiere: ein großer Raum mit dunkelrotem Steinfußboden und rußgeschwärzter Balkendecke. Im offenen Kamin stehen kleine Bänke zum Aufwärmen. Das Fernsehgerät und die weißen Metallflächen des Kühlschranks wollen sich diesem Raume nicht einfügen, eher noch das Himmelblau und Zartrosa des Herz-Jesu-Bildes, das von einem elektrischen 'ewigen Licht' erhellt wird. Vielleicht fühlen wir Fremde uns auf der Holzbank am langen Tisch wohler als auf den Renaissance-Stühlen des Landgutes. In Erinnerung bleibt das Gemeinsame: das Offene und Zugewandte der Gespräche, die Qualität von Wein, Öl und Prosciutto. *Padrone* und *contadino* sind von der gleichen *gentilezza*, Liebenswürdigkeit. Sie bewundern die Zuverlässigkeit der Nordländer, verschweigen nicht ihre Abneigung gegen-

EINFÜHRUNG

über allem Übertriebenen und Undisziplinierten der Süditaliener, gegenüber der Unbescheidenheit gewisser Ausländer, die in dieser maßvollen Landschaft störender wirkt als unter subtropischen Palmen. Beide sind von derselben kritischen Haltung gegenüber Staat und Kirche – in der Toscana bildeten sich die ersten Widerstandsorganisationen gegenüber dem Faschismus.

Je mehr wir vom Toscaner wahrnehmen, von seinem Selbstbewußtsein und seiner maßvollen Zurückhaltung, seinem gestalterischen und sprachlichen Ausdrucksvermögen, umso verständlicher wird uns: Diese Landschaft war die Geburtsstätte des Humanismus; der Toscaner der Renaissance konnte sich im Menschenbild der Antike wiederfinden, in diesem Land kamen sich Schönheitsempfinden und Verstand, Kunst und Wissenschaften näher als irgendwo anders. Und es ist gewiß kein Zufall, daß wir die Sprache des Bauern verstehen, was uns im Norden und Süden Italiens nicht möglich ist: Aus der Volkssprache der Toscana, der Sprache Dantes, bildete sich die Hochsprache der gesamten Apenninenhalbinsel.

Doch die Toscana ist nicht allein das Land des Maßes und der Ratio. In diesem Lande findet sich ebenso Irrationales und Mystisches, wenn auch fast ausschließlich in Siena, der Stadt der Hl. Katherina und des Hl. Bernhardin, der Stadt, die vor der Schlacht bei Montaperti (1260) die Schlüssel ihrer Tore der Muttergottes überreichte, die sich nach dem Sieg über die Florentiner aus Dankbarkeit *Civitas Virginis*, Stadt der Jungfrau, nannte. Der Sieg von Montaperti blieb im Bewußtsein eines jeden Sienesen. Er wiederholt sich zweimal jährlich beim Palio-Rennen. Wenn die Begeisterung über den gewonnenen Preis keine Grenzen kennt, wenn man mit dem Pallium in den Mariendom eilt und tagelang die Siegesfreude nach außen trägt, wird die Schlacht von Montaperti, wird der mittelalterliche Stadtstaat Gegenwart.

So sehr uns auch der Palio mitreißt, es ist nicht das Irrationale und Mystische, mit dem die Toscana Europa beschenkte, sondern das Rationale und Maßvolle, die Schönheit der einfachen Formen. In der mittelalterlichen Toscana wurden die entscheidenden Schritte zur Entstehung der neuzeitlichen Skulptur und Malerei vollzogen, liegen die Anfänge einer in ganz Europa verbreiteten Baukunst. Aufnehmen konnten die übrigen Länder diese Formensprache erst, als sie im Florenz der Renaissance rationalisiert, zu einem Schönheitsideal stilisiert worden war und dabei freilich an Ursprünglichkeit verloren hatte. Wie die toscanische Volkssprache Grundlage des modernen Italienisch wurde, konnte toscanisches Formgefühl zum europäischen Gemeingut werden. Auch wenn uns heute Siena in seinem Stadtbild, in der Malerei eines Duccio oder Ambrogio Lorenzetti, in der Skulptur eines Jacopo della Quercia ebenso zu beeindrucken vermag wie alles Florentinische: Es blieb Florenz vorbehalten, Europa toscanisches Formempfinden zu vermitteln. Die in regelmäßigen Quadraten des römischen Castrum erbaute Arno-Stadt konnte diese Vermittleraufgabe übernehmen, weil sich hier die toscanischen Wesenszüge des Rational-Maßvollen konzentrierten, weil diese Stadt sich gegenüber allen nicht-toscanischen Einflüssen – der orientalisch-pisanischen Schmuckfreude, den Bausystemen französischer Kathedralen, dem 'internationalen Stil der Gotik' – ganz oder weitgehend zu verschließen wußte. Bereits im

12

11. Jahrhundert konnte das Florentiner Baptisterium griechisch-römische Architekturelemente wie Säulen, Gebälk und Giebel aufnehmen, und zwar in ihrer antiken Proportion. Dies verdeutlicht uns, daß sich das Toscanische mit dem Griechisch-Römischen im Maß begegnen. So fiel dem Florenz der Renaissance die weitere Aufgabe zu, Europa die Antike zu vermitteln. Ob wir uns von griechischer Architektur und Bildwelt mehr zu eigen machen konnten als das Motivische und das Maß, als das, was uns die Toscana und Florenz vermittelten, sei hier als Frage aufgeworfen. Wie fremd unserem europäischen Formensinn griechische Körperlichkeit geblieben ist, kann jeder bei dem Versuch erfahren, eine Statue oder ein einfaches Vasenbild der Griechen nachzuzeichnen. Wesentlich näher sind uns toscanischer *disegno*, die regelmäßigen Formen eines Giotto oder Botticelli. Es ist das große Erlebnis einer Toscana-Reise, den Formen, die uns bereits prägten, von deren Allgemeingültigkeit wir eine 'Idee' besitzen, hier in ihrer Reinheit zu begegnen, sie in der Landschaft, den Baumaterialien und dem Licht ihres Ursprungs verwirklicht zu sehen.

Das Land

Die Toscana gehörte zum Stammland der Etrusker, die die Römer *Tusci* und *Etrusci* nannten. Von *Tusci* leitet sich die spätantike und mittelalterliche Bezeichnung *Tuscia* ab, die im 10. Jahrhundert erstmals auch *Toscana* lautete.[1] Das Etruskerland war freilich ausgedehnter als die heutige Toscana. Mit den Städten Perugia und Orvieto umfaßte es auch umbrisches Gebiet, mit Tarquinia, Cerveteri und Veji auch Städte, die heute zu Latium gehören.

Die Toscana ist, wie die anderen historischen Landschaften, wie Umbrien, Emilia, Latium etc., eine Region und als solche nur von geringer Bedeutung als Verwaltungseinheit. Nach der Einigung Italiens im Jahre 1860 teilte man das Land nach dem Vorbild französischer Départements in Provinzen ein, die jeweils einer größeren Stadt zugeordnet wurden, deren Namen sie erhielten. Die Region Toscana wird von neun Provinzen gebildet, von Massa-Carrara, Pisa, Lucca, Pistoia, Florenz, Arezzo, Siena, Livorno und Grosseto. In ihrer heutigen Begrenzung stellt sie einen Kompromiß dar zwischen geographischen Gegebenheiten und der Ausdehnung des Großherzogtums Toscana, des ehemaligen Mediceer-Staates (s. Fig. S. 31), dessen Gebiet man sozusagen 'bereinigte'. So besitzt die Toscana zwei natürliche Grenzen, die Küste des Tyrrhenischen Meeres und den hohen Gebirgskamm des Apennin im Norden und Nordosten, während die Grenze im Südosten gegen Umbrien und Latium, die durch ein offenes Hügelland und die Ebene der Maremmen führt, eine geschichtliche ist: sie ist aus Gebietserweiterungen des Stadtstaates Florenz und des Großherzogtums hervorgegangen.

Im Laufe der Geschichte verstand man unter Toscana ein Territorium unterschiedlichen Umfangs. Ebensowenig wie das Etruskerland decken sich die römische *Etruria* (s. Fig. S. 27) und die markgräfliche *Tuscia* (s. Fig. S. 27) des Mittelalters mit der heutigen Region. Zur Zeit Dantes bezeichnete man mit Toscana das Gebiet der Stadtstaaten Florenz, Siena, Arezzo, San Gimignano, Volterra, Lucca und Pisa. Es ist dies die 'eigentliche' Toscana in ihrer kulturellen und sprachlichen Begrenzung. Zur Toscana in diesem Sinne zählt nicht die Provinz Grosseto, d. h. der jenseits des Amiata-Massiv und des Passes von Radicófani

---

1   Der griechische Name für die Etrusker *Tyrrhenói* lebt im *Tyrrhenischen Meer* weiter. *Tyrrhenói (Tyrsenoi)* und *Tusci* sind sprachlich verwandt, sie lassen sich auf dieselbe Wurzel *turs* zurückführen. Sich selbst nannten die Etrusker *Rasenna*.

gelegene Teil der Region, die sogenannte *Maremma,* ebenso nicht das obere Tiber-Tal im Osten, das mit Anghiari und Sansepolcro geographisch und kulturell mit Umbrien verbunden ist, doch 1440/41 von Florenz gekauft bzw. erobert wurde. Im nordwestlichen Zipfel, der *Lunigiana* (dem Tal der Magra) und der *Versilia* (dem Gebiet um Viareggio und Carrara) mischen sich in der Sprache genovesische und toscanische Züge. Nicht mehr zur eigentlichen Toscana gehört schließlich – schon auf Grund des Inselcharakters – der *Toscanische Archipel* mit Elba und den Felseninseln Giglio, Giannutri und Capraia, wobei es weniger entscheidend ist, daß Giglio bereits 1558, Elba dagegen erst 1815 dem Großherzogtum eingegliedert wurde.

Im Gebiet der heutigen Region, das aus Gebirge (20 %), Hügeln (70 %) und Ebenen (10 %) besteht, begegnen wir vielfältigen und gegensätzlichen Landschaftsformationen – dem engen Apennin-Tal der *Garfagnana* (Farbt. 20) und den weiten Ebenen der *Maremmen* (Abb. 132), der windgeschützten lieblichen Luccheser Villenlandschaft (Farbt. 7, 8, 10) und der *Alta Maremma,* der Hohen Maremma, mit ihren verarmten Bergdörfern (Abb. 130; Farbt. 21), den steilen Felsenküsten südlich von Livorno und dem goldgelben Sandstrand vor weißen Marmorbergen der *Versilia.*

Doch die Toscana ist weniger ein Land der Gegensätze und Extreme, als ein Land des Ausgleichs und des Maßes. Allmählich ist der Übergang von der Ebene zu Hügeln, von Hügeln zum Gebirge. Und es ist das ausgedehnte Hügelland im Zentrum der Toscana, das die Gegensätze der Randgebiete ausgleicht. Hier in der 'eigentlichen' Toscana zwischen dem Mugello und dem Amiata-Berg, zwischen dem Casentin und den Colline Metallifere sind die Gegensätze nicht stark genug, als daß sie Reisende vergangener Jahrhunderte zu beeindrucken vermochten. Wer heute immer wieder in dieses Land zurückkehrt, sucht nicht überwältigende Natureindrücke, sondern die maßvoll ausgeformten Hügel in ihrer vielfältigen Variation. Das Bild des bewegten Meeres drängt sich auf – doch nie verliert sich der Blick im Unendlichen. Immer wird das Landschaftsbild in der Ferne durch eine höhere Bergkette abgeschlossen – durch den Apennin oder den Pratomagno, durch die Colline Metallifere oder das Amiata-Massiv. Das überschaubare Hügelland gibt uns das Gefühl des Begrenzten und gleichzeitig der Weite, des Gegliederten und doch Leicht-Überbrückbaren. In der Ferne erscheinen die Hügel in ihrer rhythmischen Folge, in ihren vielfach abgestuften Silhouetten weniger materiell-dinghaft als ästhetisch-strukturiert. Das Herz dieses Hügellandes[1] ist das in aller Welt für seinen Wein bekannte *Chianti-Gebiet* (Abb. 114; Farbt. 2, 17,

---

1 Geologisch ist das Hügelland, der sogenannte Anti-Apennin, mit dem Apennin verwandt. Doch ist die Apenninenkette »monotoner, ist zum großen Teil aus Gesteinen gebildet, die kaum über das Tertiär zurückreichen und bei denen häufig ein grauer Sandstein, der sogenannte *macigno,* vorherrscht. Der Anti-Apennin ist abwechslungsreicher, denn hier kommen zu den gleichen Gesteinen die mesozoischen Kalkmassen verschiedensten Charakters sowie ältere Schiefer und Konglomerate und noch Relikte einiger alter Vulkane, die im Quartär ihre Laven ergossen; und hinzu kommen breite Striche von Ton und Sand aus dem Pliozän, die sich in einem wenig tiefen Meer ablagerten und erst zu Beginn des Neozoikums auftauchten, während sich an mehreren Stellen Lagerstätten von Nutzerzen verteilt finden, die für den zentralen Teil dieses Bergkomplexes den Namen *Catena Metallifera* aufkommen ließen.« (Aldo Sestini, Merian-Heft ›Toskana‹, 1960)

DAS LAND

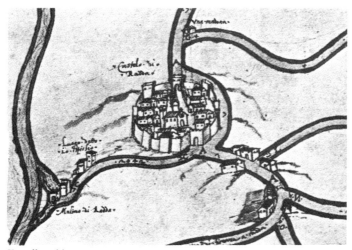

Kastell Radda im Chianti

22, 23). Die Hügel erreichen hier die für den Anbau qualitätsvollen Weines ideale Höhe von 250 bis 600 m. Im 19. Jahrhundert wurde dieser Wein so berühmt, daß man mit seinem Namen den Rotwein nahezu der gesamten Toscana bezeichnete. Das jungtertiäre Kalksteinmassiv des Chianti-Gebietes trägt wenig Erde. Früher legten die Bauern mit Hilfe der *mure secche* Terrassen an, auf denen sie zwischen Wein und Oliven auch Getreide anpflanzten. Heute erfordert der Traktor weite Abstände der Rebreihen und großflächige Weinfelder, sogenannte *Vignen*. Unterirdische Steindämme verhindern, daß der Regen die kostbare Erde wegspült. Doch nicht allein Wein- und Ölbaumkulturen charakterisieren diese Landschaft, sondern ebensosehr ausgedehnte Wälder mit Eichen, Steineichen, Kastanien und niedrigem Gestrüpp.

Das Chianti-Gebiet war ursprünglich nicht dem *contado*, dem Landgebiet einer einzigen Stadt zugeordnet. Noch heute teilen sich fünf Bistümer – Florenz, Fiesole, Arezzo, Siena und Colle di Val d'Elsa (die frühere Diözese Volterra) – und zwei Provinzstädte – Florenz und Siena – dieses Gebiet. Wie auch das Elsa-Tal wurde es als Grenzland im 12. Jahrhundert von Florenz und Siena umkämpft, bis es 1203 an Florenz fiel.

Das Bauernland des Chianti ist weniger reich an eindrucksvollen Kunstdenkmälern als etwa die nahen Flußtäler der Elsa oder des Arno, die schon im Mittelalter mehr dem Verkehr erschlossen waren und heute stark zersiedelt sind. Die vielen mittelalterlichen Kastelle des Chianti wurden im Laufe der Jahrhunderte zerstört, oft zu Villen oder Landgütern umgewandelt oder aber wie das Kastell Brolio 'im Stile' wiederhergestellt. Aus anderen Kastellen entwickelten sich die Ortschaften: Castellina, Radda, Gaiole, Greve, Montefioralle und viele andere.

In der Toscana ist nicht nur der Wechsel von einer Landschaftsformation zur anderen ein allmählicher, sondern ebenso der Übergang von Stadt zu Land. In Florenz wird die Parklandschaft in die Stadt hineingenommen, die umgebende Landschaft wird zum Park. Viele Besucher dieser Stadt verspüren auf dem Weg zur Kirche San Miniato oder nach Fiesole den Wunsch, tiefer in das Land einzudringen. Wer dann von Florenz über die *Via Chiantigiana* in Richtung Siena fährt, wird von dieser Parklandschaft aus allmählich in ein kultiviertes Bauernland geführt. Die Schönheit der Stadt, die Eleganz ihrer Baudenkmäler strahlt weit in das Land hinein. Allmählich werden Villen und Zypressen seltener, die Häuser verlieren ihren hellen Verputz, das Land wird herber, die Hügel verändern ihre Struktur. Sind sie anfangs noch weich gerundet, so vertiefen sich allmählich die Einschnitte. Gegen Siena zu öffnet sich die Landschaft erneut, sie gibt den Blick frei auf ausgedehnte, gerundete, langsam ansteigende Hügelzüge, die das Auge durch vielfältiges Linienspiel fesseln.

Fahren wir dann über Siena hinaus in Richtung Buonconvento, sind die plastisch ausgeformten schroffen Hügel oft nur noch mit Gräsern bewachsen. Hier ist jedes Haus, jeder einzeln stehende Baum mit regelmäßig-runder Krone, jede Reihe von weit auseinanderstehenden Zypressen von graphischem Reiz. Wir sind am Rande der *Crete*, deren Zentrum zwischen Taverna d'Arbia und Asciano liegt (Farbt. 15, 28, 29). Das italienische Wort *creta* bedeutet 'Tonerde', 'Lehm'. Neben kraterähnlichen Kegeln aus aschgrauem bis gelbem Ton gibt es langgestreckte tief ausgefurchte Hügel aus Tuffstein, auf deren Kuppe gelegentlich ein verlassenes Haus steht. Die Landschaft ist zu arm, um Bauern zu ernähren, zu trostlos, als daß Fremde sich hier niederlassen möchten. Reich dagegen ist dieser Landstrich an Kräutern und Gräsern. Der Schafskäse, der Pecorino, ist hier besonders aromatisch. Wem es nicht zu beschwerlich ist, über aufgesprungenen Erdkrusten zu wandern, glaubt sich in eine unwirklich-unheimliche Mondlandschaft versetzt, deren melancholische Bilder zu einem Erlebnis werden. Immer wieder erscheinen im Hintergrund die Türme von Siena, das auf dreien solcher steil abfallenden Tuffhügel erbaut wurde. »In dieser Landschaft ohne Gnade wurzelt – lebendigster Gegensatz zur florentinischen Nüchternheit – der mystische, ekstatische Teil der sienesischen Seele. Hier, aus dieser Landschaft mit ihrer linearen Vereinfachung und ihrem unwirklichen Farbenwechsel heraus, ist die älteste Landschaftsmalerei Europas, die sienesische, entstanden: Ambrosius Lorenzetti (tätig 1319–1348) entnahm ihr die Anregung für den Hintergrund seiner Fresken mit dem bösen und dem guten Regiment (s. Farbt. 36), Sassetta (1392–1450) versetzte in diese Landschaft die schaurigen Märchen aus dem Leben des heiligen Antonius Abbas« (Ranuccio Bianchi–Bandinelli).

In einem sehr öden Teil, wenige Kilometer südlich von Asciano erbaute Bernardo Tolomei die *Abtei Monte Oliveto*, das Mutterkloster der Olivetaner. In weniger strenger Form dehnt sich die Crete nach Süden bis ins Orcia-Tal (Farbt. 9). Bei Volterra spitzen sich die Hügelkuppen zu schmalen langgestreckten Graten zu. Die Hänge stürzen steiler und tiefer ab. Nach jedem Regenguß verschlingen Erosionen ein Stück des Grundes, auf dem Volterra erbaut wurde (Abb. 122).

17

DAS LAND

Cafaggiolo, 1451 von Michelozzo errichteter Landsitz für Cosimo de'Medici – eine Villa festungsartigen Charakters. Zeichnung von Giuseppe Zocchi, Mitte 18. Jh.

Kehren wir nach Florenz zurück, so werden wir uns des Gegensatzes, den wir als allmählichen Übergang empfanden, zwischen der kargen Landschaft bei Siena und Volterra zu den weich gerundeten Florentiner Hügeln bewußt (Abb. 52). »Die Hügel um Florenz haben einen kürzeren Atem, wie aus lauter Vornehmheit. Sie bilden nicht Täler, nur tiefe Mulden; kaum erreicht einer die Tiefe, steigt ein anderer ohne Absatz wellenartig wieder empor ...« (Ranuccio Bianchi-Bandinelli). Fahren wir von Florenz über Fiesole in nördlicher Richtung in das höher gelegene *Mugello* (190–300 m), nehmen wir wahr, daß die Landschaft – ähnlich wie auf dem Wege nach Siena – allmählich ihre Vornehmheit verliert und ländlichere Züge annimmt. Das Mugello, dessen Name sich vom Ligurer-Stamm der Mucelli ableitet, ist das obere Tal der Sieve. Durch die hohen Berge des Apennin gegen Norden abgeschirmt, zeichnet sich das breite fruchtbare Tal durch mildes Klima aus. Cosimo de'Medici d. Ä. ließ hier die Landschlösser *Cafaggiolo* (1451; Abb. 49) und *Trebbio* (1461) erbauen. Lorenzo und Giovanni de'Medici verbrachten einen Teil ihrer Jugend in diesem 'Arkadien der Florentiner'.

Während das Mugello durch gute Straßen mit Florenz verbunden ist, und so in engem künstlerischen Bezug zu dieser Stadt stand, erreicht man das *Casentin*, das hohe Arno-Tal, von Florenz aus nur über den beschwerlichen Consuma-Paß (1060 m). An drei Seiten ist dieses weite Tal von hohen Bergen umrandet, nur gegen Arezzo ist es geöffnet. Die Kastelle von Poppi und Romena zeugen von den mächtigen Feudalherren der Guidi, die in diesem geschützten Hochtal bis 1440 ihre Unabhängigkeit gegenüber Florenz bewahren konnten

Poppi: Palazzo Pretorio, ehemaliges Kastell der Guidi, Anfang 14. Jh.

(Abb. 69). Die 400 bis 440 m hohe Talsohle, deren »grüne Hügel und frische Bäche« Dante rühmt, ist fruchtbares Acker- und Weideland. Nüsse und Obst des Casentin sind von besonderer Qualität.

Zwei Heilige suchten die Einsamkeit der Casentiner Berge. 1224 empfing Franz von Assisi auf dem Felsen von *La Verna* die Stigmatisation, in *Camaldoli* gründete der Hl. Romuald den Kamaldulenser-Orden. Auf der Westseite des Pratomagno gab Giovanni Gualberto den Einsiedler-Mönchen von Vallombrosa die Ordensregel der Vallombrosaner.

Südlich von Arezzo erstreckt sich, bis zum *Lago di Chiusi*, die *Valdichiana*, das Chiana-Tal. In der Antike führt die *Chiana* (Clanis) ihr Wasser vom Casentin in südlicher Richtung zum Tiber. Das Gefälle war so gering, daß die Römer daran dachten, den Fluß in entgegengesetzter Richtung umzuleiten und in den Arno einmünden zu lassen. Durch Sandanschwemmung kam die Chiana in der Völkerwanderungszeit zum Stillstand, das Gebiet versumpfte, die durch das Tal führende *Via Cassia* war bereits im frühen Mittelalter nicht mehr passierbar.

DAS LAND

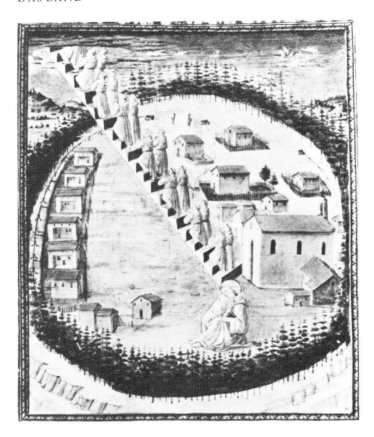

Einsiedelei von Camaldoli. Miniatur von Attavante, Ende 15. Jh.

1551 begann man mit dem Bau des *Canale Maestro*, der den Arno mit dem Tiber verbindet. Die Arbeiten an dieser Anlage und die Entsumpfung zogen sich bis in unser Jahrhundert hin. Das fruchtbare Chiana-Tal ist berühmt für seine Weiden. Das Fleisch seiner weißen Rinder, der *chianine* liefert die beste *bistecca alla fiorentina*. Für den Reisenden liegt der Reiz der Valdichiana weniger in der Ebene, als in den Marktflecken, kleineren und mittleren Städten der umgebenden Hügel, die weitgehend ihre mittelalterliche Baustruktur erhalten konnten. Westlich der Ebene liegen *Monte San Savino* (Abb. 77), *Lucignano* (Farbt. 13), *Sinalunga* und *Montepulciano* (Abb. 75, 76; Farbt. 18), im Osten *Castelfiorentino* und die alte Etruskerstadt *Cortona* (Abb. 73, 74).

Fahren wir von Siena in Richtung Grosseto, ändert sich abermals die Landschaft. Die Hügel flachen ab, die Zypressen werden seltener. Die Farbe des Bodens wechselt in verschiedene Rottöne. Nähern wir uns der Küste, gelangen wir in eine weite fruchtbare, von Entwässerungskanälen durchzogene Ebene. Wir sind in den Maremmen (Abb. 131, 132).

Das Wort *Maremma* ist eine Nebenform zu *Marittima,* mit der man ursprünglich das Küstengebiet von Cècina bis Civitavecchia (Latium) bezeichnete. Heute nennt man ebenso die Hügel- und Gebirgszone südlich des Amiata und südwestlich der *Colline Metallifere* (der 'erzhaltigen Hügel') *Maremma,* oder auch *Alta Maremma.*

Das flache Küstengebiet war in vorgeschichtlicher Zeit ein Lagunensee. Die Etrusker, die hier die Städte *Roselle* und *Vetulonia* errichteten und die Erze der dicht bewaldeten Colline Metallifere abbauten, haben die Sümpfe der Maremmen zum ersten Male entwässert. In römischer Zeit wurde das fruchtbare Land Veteranen zugeteilt, die es durch Sklaven bebauen ließen. Doch schon in der Antike begann der Verfall der Entwässerungsanlagen. Das Land versumpfte erneut, die Malaria breitete sich aus. Die Bewohner flohen in das Bergland. Der Bischofssitz von Populonia mußte in das höher gelegene *Massa Marittima* verlegt werden, der von Roselle nach Grosseto. Aber auch in den neuen Bischofsstädten sank die Einwohnerzahl am Ende des Mittelalters bis auf wenige hundert. Obschon die Medici im 16. Jahrhundert bereits mit den Sanierungsarbeiten begannen, die dann mit mehr Erfolg im 18. Jahrhundert unter den Habsburgern fortgesetzt wurden, konnten während des Sommers die Felder nicht bestellt werden. Von der Furcht vor dem Sumpffieber kündet ein Volkslied:

Tutti la chiaman maremma, maremma,	(Alle nennen sie Maremma, Maremma, /
Tutti la chiaman maremma amara,	Alle nennen sie bittere Maremma, / Der
L'uccello che ci va perde la penna.	Vogel, der dort hin fliegt, verliert sein Ge-
Io c'ò perduto una persona cara	fieder, / Ich habe dort einen teuren Men-
E tremo ogni volta che ci vai	schen verloren / Und zittre jedes Mal, wenn
Perché ho paura che non torni mai.	du dort hingehst, / Denn ich habe Angst, daß
	du nie mehr zurückkehrst.)

Erst in den dreißiger Jahren unseres Jahrhunderts wurden die Entwässerungsarbeiten in großem Umfang wieder aufgenommen. Das trockengelegte Land, das einst Großgrundbesitzern gehörte, wurde parzelliert und ging in den Besitz der Bauern über. Seit der Nachkriegszeit ist das Land von der Malaria frei.

Wer heute in die Maremmen fährt, um die Nekropolen der Etrusker oder die Badestrände mit ihren Kiefer- und Pinienwäldern aufzusuchen, begegnet keinen Büffelherden mehr und nur noch selten wilden Pferden. Auf großflächig angelegten Feldern werden Getreide, Gemüse und Obst angebaut. Die Maremmen sind berühmt für ihre Schweine- und Schafszucht. Wer die Landschaft in ihrer ursprünglichen Schönheit kennen lernen möchte, wird sich in die Naturparks von *Uccellina,* des *Lago di Burano* oder in die Bergdörfer der Alta Maremma begeben. Außer in der Bischofsstadt *Massa Marittima* findet man in einem jahrhundertlang verarmten Landstrich freilich wenig mittelalterliche oder neuzeitliche Kunstdenkmäler. Lediglich die vielen Wachttürme und Befestigungsanlagen zeugen davon, daß das Land während des Mittelalters einer weiteren Gefahr ausgesetzt war – den Einfällen der Sarazenen.

Geschichtlicher Überblick

Die Toscana mit ihrer ausgeprägten Landkultur ist gleichermaßen ein »Land der Städte« (Robert Davidsohn). Ihre Geschichte verdeutlicht, daß Stadt und Land aneinander gebunden sind. Der Entfaltung städtischen Lebens ging die Kultivierung des Landes voran. Das Land, wenn es nicht einem Feudalherrn gehörte, bedurfte des Schutzes der Stadt.

Die Geschichte der Toscana beginnt im 7. vorchristlichen Jahrhundert, als sich die Etrusker politisch organisierten und Städte gründeten. Das Gebiet der Toscana gehört zum Kernland jenes rätselhaften Volkes, dessen Sprache wir nur wenig verstehen, über dessen Herkunft und Volkwerdung vieles im Dunkeln liegt. Antike Autoren berichten von zwölf Städten, von denen sechs im Gebiet der heutigen Toscana lagen: in Küstennähe Vetulonia, Roselle und Populonia, im Landesinnern Chiusi, Volterra und Arezzo. Weitere Etruskerzentren waren Cortona und Fiesole.

In den meisten Etrusker-Städten fand man Zeugnisse der älteren Villanova-Kultur: Aschenurnen aus Ton, bronzene Waffen und Schmuckstücke. Träger dieser Kultur waren die Vorfahren der Etrusker, die sich noch nicht mit eingewanderten Völkern aus Kleinasien vermischt hatten. Der Mensch der Villanova-Zeit lebte in bescheidenen Holz- oder Lehmhütten, trieb Ackerbau und Viehzucht. Die ausgedehnten dörflichen Siedlungen lagen auf den Kuppen der Hügel oder in der Nähe von Flüssen – vielfach an Stellen, wo die Etrusker später ihre Städte bauten.

Etruria (Fig. S. 27) war kein Staat im heutigen Sinne. Die Städte waren autonom, sie bildeten einen der griechischen Polis vergleichbaren Stadtstaat. In auffallender Parallele zu den Städten des Mittelalters erstreckte sich ihr Herrschaftsbereich auf das umgebende Landgebiet. Im Unterschied zu den mittelalterlichen Stadtstaaten aber führten die Etrusker-Städte keine Kriege gegeneinander: Voraussetzung, alle natürlichen Vorteile Etruriens auszunutzen.

Man baute die Erze und Mineralien der Colline Metallifere und Elbas ab, entsumpfte die Maremmen, baute eine Flotte auf, die das fruchtbare Küstengebiet sicherte und Seehandel ermöglichte. Die rivalisierenden Stadtstaaten des Mittelalters hingegen konnten den Reichtum der Toscana nicht in demselben Maße wahrnehmen. Ihre einzige Seemacht, Pisa, bemühte sich wenig um den Schutz der Maremma, denn diese war im Besitz verschiedener weltlicher und geistlicher Feudalherren. So wurde das Küstengebiet immer wieder von seefahrenden Völkern, insbesondere den Sarazenen, geplündert. Die systematische Kultivierung des Landes war ebenso wenig möglich wie der kontinuierliche Abbau der Mineralien.

Seit dem 4. Jahrhundert v. Chr. dehnte Rom seinen Machtbereich auf Etrurien aus. Im Laufe zweier Jahrhunderte wurden die Städte des etruskischen Kernlandes durch Bündnispolitik oder Eroberungen an Rom gebunden. Einige dieser Städte, insbesondere Volterra, Arezzo und Fiesole, erlebten in republikanischer Zeit eine neue Blüte – sie wurden mit Tempeln, Theatern und Thermen ausgestattet. Bedeutsam für die spätere Geschichte der Toscana wurde die Gründung der Kolonialstädte *Pisa, Lucca, Pistoia* und *Florenz*. Neue Straßen wurden angelegt, die Etrurien mit Rom verbanden. Ihren Trassen folgen die modernen Landstraßen auf weiten Strecken noch heute.

Die 241 v. Chr. begonnene *Via Aurelia* verlief entlang der Tyrrhenischen Küste bis zum später versandeten Hafen von Luni, von dem aus der Carrara-Marmor verschifft wurde. Die *Cassia*, um 200 v. Chr. angelegt, führte über Bolsena, Chiusi, Arezzo nach Fiesole. Eine Nebenstraße der Cassia verband Fiesole mit Pistoia, Lucca und Pisa. Eine weitere Straße, die *Via Clodia*, führte von Rom über Tuscania und Setania nach Roselle.

Seit dem 2. Jahrhundert v. Chr. zeigten sich die ersten Anzeichen eines wirtschaftlichen Niederganges. In Etrurien wurden wiederholt Bürgerkriege ausgetragen. Getreideeinfuhr aus Ägypten führte zur Verödung weiter Gebiete. Bald fehlte es an Menschen, die das Land kultivierten, die Sümpfe entwässerten und Mineralien förderten. Auf einer Reise durch die Maremmen wurde Tiberius Gracchus 137 v. Chr. von der Malaria befallen. Den Niedergang des Landes versuchte Kaiser Augustus durch Anlage von Veteranenkolonien und Verwaltungsreformen aufzuhalten: Er gründete die ›VII. regio Etruriae‹, die Diokletian auf Umbrien erweiterte; Florenz wurde Hauptstadt der Region, Sitz des *corrector Italiae*.

Nach dem Untergang des Weströmischen Reiches, 476, erlebte die Toscana – wie die übrige Apenninenhalbinsel – Jahrhunderte der Fremdherrschaft. Zunächst hatte das Land unter Kämpfen zu leiden, die Theoderich mit seinen gotischen Heeren zur Rückeroberung Italiens für Ostrom führte. Theoderich, der ein Königreich der Ostgoten und Römer begründen wollte, der in Ravenna eine Renaissance der Antike einleitete, vermochte dem Verfall der Städte, der Verödung des Landes keinen Einhalt zu bieten. Die anschließenden Kriege zwischen Byzanz und den Ostgoten verwüsteten die Toscana vollends. Die römischen Straßenzüge verfielen, sie waren bald nicht mehr mit dem Wagen, sondern nur noch zu Fuß oder auf Mauleseln passierbar. Die Entwässerungsanlagen der Tiefebenen brachen zusammen. Nicht nur die Maremmen-Küste, auch die Valdichiana (Chiana-Tal) und Teile des unteren Arno-Tales versumpften. Die Bewohner konnten zwar vor der Malaria in höher gelegene Gebiete fliehen, hier waren sie jedoch nicht vor Hungersnöten oder Pestepedemien geschützt. Das Leben in der Stadt und auf dem Lande war auf einem Tiefpunkt angelangt. Die geschrumpfte Bevölkerung lebte von bescheidenem Landbau und kleinen Herden. Selbst in den Städten gab es kaum Handwerk oder Handel.

Wie es die römischen Amphitheater von Florenz und Lucca (Farbt. 6, 14) noch heute veranschaulichen, richtete man sich in den Ruinen Wohnungen ein. Zerfallende Gebäude verwendete man als Steinbruch.

GESCHICHTLICHER ÜBERBLICK

Lucca: ehemaliges römisches Amphitheater. Stich von Gaetano Nerici, 1820

Als die *Langobarden,* die 'Langbärte' aus dem Norden, Oberitalien und anschließend um 568 kampflos die Toscana einnahmen, mußte das verarmte Land zusätzlich die Eroberer ernähren. Papst Gregor I. berichtete: »Schon erleben wir, daß alles auf dieser Welt verloren ist, wie die Schrift sagt, daß es untergehen soll: Zerstört sind die Städte, die Burgen gebrochen, in Trümmer liegen die Kirchen, und auf dem Land wohnt niemand mehr, der es bebaut.«

Die Langobarden erwählten Pavia zur Hauptstadt ihres *Regnum Italiae.* Als nach dem Tode ihres Königs Cleph das Reich in unabhängige Herzogtümer zerfiel, wurde im Gebiet der Toscana Lucca als Herzogsresidenz erwählt. Die günstige Verbindung über den Cisa-Paß zu Pavia dürfte für die Wahl dieses Ortes ausschlaggebend gewesen sein. Der Stellvertreter des Herzogs residierte in *Pisa,* das mit seinem Hafen Zugang zum Meere ermöglichte. Lucca und Pisa erreichten als langobardische Residenzstädte gegenüber Florenz, der ehemaligen Hauptstadt der *VII. regio Italiae,* einen wirtschaftlichen Vorsprung, den jene Stadt erst im 12. Jahrhundert aufzuholen vermochte.

Im Jahre 774 eroberte Karl der Große das Langobardenreich. Das *Regnum Italiae* wurde fränkische Provinz, doch behielten das langobardische Volksrecht und die Verwaltungsstruktur weiterhin ihre Gültigkeit. Das Langobardenreich war in *iudicaria* eingeteilt, denen Herzöge oder Gastalden vorstanden. Aus diesen *iudicaria* gingen die karolingischen *comitati*, Grafschaften, hervor, deren Grenzen weitgehend denen der Diözesen entsprachen. Die Bistümer hatten die ältere, in die späte römische Kaiserzeit zurückreichende Tradition. Ihre Ausdehnung entsprach römischen Verwaltungsbezirken, deren Hauptfunktion in der Überwachung und Instandsetzung der Straßen bestand, eine Aufgabe die nach dem Untergang des Römischen Reiches von den Bischöfen übernommen wurde. Da jeder römischen Stadt ein Straßenverwaltungsbezirk und ein Bischofssitz zugeteilt war, wird verständlich, daß zwei Bischofsitze, die von Florenz und Fiesole, nur 6 Kilometer voneinander entfernt liegen.

Die Karolinger stärkten die Macht der Bischöfe, sie statteten sie u. a. mit der Gerichtsbarkeit aus, die vorher die Grafen innehatten. Machtkämpfe zwischen Bischöfen und Grafen waren die unvermeidliche Folge. Die weltlichen Rechte der Bischöfe waren in Oberitalien ausgeprägter, wo ihnen auch die Regierungs- und Polizeigewalt übertragen wurde. In der Toscana waren nur den Graf-Bischöfen von Volterra, Arezzo und Fiesole außer der Gerichtsbarkeit weitere weltliche Rechte über Stadt und Land verliehen worden.

Die fränkischen Herrscher errichteten die *Markgrafschaft Tuszien* (Fig. S. 27), die später durch das Hausgut der Azzonen, der Markgrafen von Canossa, auch auf Gebiete nördlich des Apennin, auf Modena, Ferrara, Mantova, ausgedehnt wurde, d.h. sie verliehen die verschiedenen Grafschaften einem einzigen Grafen, der wegen der Ämterkumulierung den »auszeichnenden Titel eines Markgrafen« führte (Robert Davidsohn). Erst seit der Mitte des 10. Jahrhunderts wurde den Comitaten jeweils ein Graf vorgesetzt, und zwar vermutlich aus dem Grunde, daß der fränkische König die Macht der Markgrafen zu beschränken suchte.

Während der Karolingerherrschaft zeichnete sich die mittelalterliche Feudalstruktur des Landes, deren Grundlage bereits von den Langobarden gelegt wurde, deutlicher ab. Zur Sicherung des Landes wurden – wohl seit dem 7. Jahrhundert – an allen strategisch wichtigen Punkten, vor allem in den Grenzgebieten, Kastelle errichtet, aus denen zahlreiche toscanische Ortschaften hervorgingen (s. Farbt. 13). Im Laufe der Jahrhunderte wurde ihre Zahl beträchtlich erweitert, da diese Kastelle auch der Landbevölkerung Schutz boten (Abb. 69), 70; Farbt. 36; Fig. S. 19). Nahten Feinde, konnte der Bauer mit seiner Familie, mit Vieh und Gerät in das Kastell flüchten und dort vorübergehend wohnen. Die Karolinger beriefen Franken, Bayern und Schwaben zu Burgherren. Doch nannte man in der Toscana den Signore des Kastells lange Zeit *lombardo*.

Zu den größten Grundbesitzern der Toscana zählten die geistlichen Feudalherren. Das von dem letzten Langobardenkönig Ratchis gegründete Kloster *San Salvatore* am Amiata-Berg besaß ein Landgebiet, das sich bis zur tyrrhenischen Küste erstreckte. Die von Karl dem Großen gestiftete *Abtei von Sant'Antimo* (Abb. 90–95) war so mächtig, daß sie Angriffen des benachbarten Montalcino bewaffneten Widerstand leisten konnte.

Mit dem 7. Jahrhundert begann das Land sich zu erholen. Das führte im 9. und 10. Jahrhundert zur Entfaltung des städtischen Lebens und des Handels. Sie erlaubte um das Jahr 1000

GESCHICHTLICHER ÜBERBLICK

einen ersten bescheidenen Wohlstand. Erfindungen wie die des Dreschflegels, der Wassermühle, des Geschirrs für Ochsen und Pferde verhalfen – wie auch im übrigen Europa – dazu, den Kultivierungsprozeß des Landes zu beschleunigen. Das traditionelle große Landgut, der *Curtis*, wurde in die noch immer bestehenden kleineren *Podere* aufgeteilt: aus Leibeigenen und Halbfreien wurden Halbpächter, *mezzadri*, oder Arbeiter – ein System, das noch heute Gültigkeit hat. Der jahrhundertelang brachliegende Boden erwies sich als äußerst fruchtbar. Straßen wurden instandgesetzt oder neu angelegt, die Bevölkerungszahl nahm allmählich zu.

Noch bevor die Wirtschaft der Städte aufblühte, bemühten sich die Bürger um politischen Einfluß. Bereits im Jahre 800 sind für *Arezzo*, im Jahre 808 für *Lucca* Volksversammlungen bezeugt, in denen über die Verwaltung des Gemeineigentums, über Markthaltung und Arbeit an Straßen, Brücken und Mauern entschieden wurde. Doch bis ins 11. und 12. Jahrhundert lag die Macht in der Hand der Grafen oder des mit Grafenrechten ausgestatteten Bischofs.

Ihre Autonomie erlangten die Städte unter der 1115 verstorbenen Markgräfin Mathilde von Canossa, der 'Gran Contessa' (s. Fig. S. 27). Bereits 1080 wählten die Bürger von *Pisa*, etwa gleichzeitig wie die von *Lucca*, ihre obersten Beamten, die Konsuln. Im Jahre 1096 folgte *Arezzo*, 1105 *Pistoia*. Die Konsuln kamen zunächst aus dem städtischen Patriziat. Ihre Amtszeit war im allgemeinen auf ein Jahr festgesetzt. Volksversammlungen wurden einberufen, insbesondere dann, wenn über wichtige Entscheidungen, wie über Krieg und Frieden oder Bündnispolitik, abzustimmen war.

Aus der weltlichen und geistlichen Herrschaft suchten sich auch kleinere Landgemeinden zu befreien. Noch bevor die Städte ihre Autonomie erlangten, bildeten sich freie Landkommunen, die Statuten zu ihrer Selbstbestimmung aufstellten. Neue Ansiedlungen entwickelten sich außerhalb des Einflußbereiches der Feudalherren: Die zunehmende Landwirtschaft ermöglichte stärkeren Warenaustausch. Es bildeten sich Marktorte, die sich zu selbständigen Zentren entwickelten.[1]

Am Ende des 11. Jahrhunderts zeichnete sich der wirtschaftliche Aufschwung der Städte deutlicher ab. *Pisa* entwickelte sich nach dem Seesieg über die Sarazenen (1062) zur mächtigsten Stadt der Toscana. Die Handelsbeziehungen dieser Seemacht reichten bis in den Orient. In den Städten im Landesinnern entfaltete sich die Tuchindustrie. Die Kaufleute von *Lucca, Pistoia, Florenz* und *Siena* tauschten Waren auf den Märkten in Flandern und Frankreich. Sie wurden die Geldgeber der Mächtigen – des Papstes, des Kaisers, des Königs von Frankreich.

Das Anwachsen der Bevölkerung, die divergierenden Interessen von Adel, Kaufmannsschicht und Handwerk erforderten das Amt eines juristisch geschulten Stadtoberhauptes, das des *Podestà*. Der Podestà war oberstes Exekutivorgan: er traf politische Entscheidungen, verfügte über die Finanzen, war für die öffentliche Sicherheit verantwortlich, er war

---

1 Beispielsweise Greve im Chianti, ein jüngerer Ort als das benachbarte kleine Montefioralle, das aus einem Kastell hervorging.

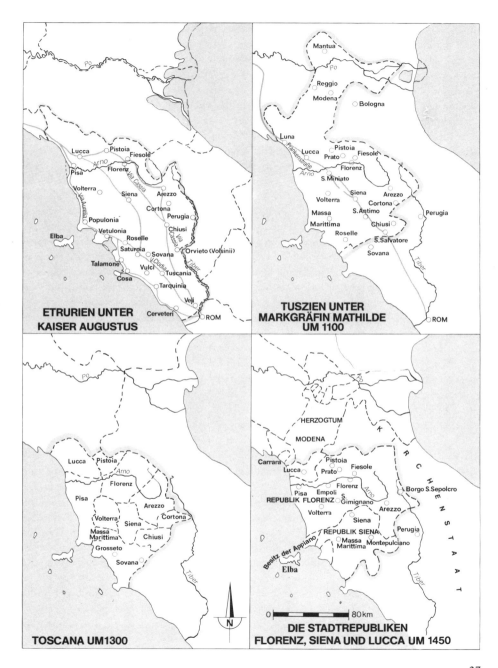

GESCHICHTLICHER ÜBERBLICK

Anführer des Heeres und oberster Richter. Rechenschaft schuldig war er allein dem großen Rat. Während seiner Amtszeit durfte er keinen privaten Kontakt mit der Einwohnerschaft aufnehmen. Es erwies sich als vorteilhaft, einen Auswärtigen für dieses Amt zu berufen. Meist kam der Podestà aus oberitalienischen Adelsgeschlechtern. Hatte er während seiner Amtsperiode praktisch alle Befugnisse, wurden seine Entscheidungen am Ende seiner Regierungszeit von *sindici* in allen Details überprüft. Nicht selten wurden dem Podestà hohe Geldstrafen auferlegt. Für Wohnung und Amtssitz mietete die Kommune anfangs Privatpaläste (s. Abb. 118), später errichtete sie für diesen Zweck spezielle Paläste, an denen alljährlich das Wappen des Podestà angebracht wurde (Farbt. 32). Das bekannteste Beispiel eines Podestà-Palastes, ist jener in Florenz, den man später 'Bargello' nannte (Abb. 36). Der Anstieg der Bevölkerung ließ regelmäßige Volksversammlungen nicht mehr zu. Stattdessen wurden *große und kleine Räte* als gesetzgebende Instanzen gewählt.

Im 12. Jahrhundert begannen die Städte ihren Einfluß auf die umgebende Diözese auszudehnen, sich ein Landgebiet, einen *contado,* zu erobern. Der gesicherte Contado brachte eine Reihe von Vorteilen: Der Warenaustausch mit dem Lande wurde erleichtert, die Stadt gelangte in den Besitz von Mineralien und anderen Bodenschätzen, die Straßen konnten überwacht werden, der Handel wurde nicht mehr durch Wegezölle behindert. Der Stadtstaat wurde volkreicher, wirtschaftlich mächtiger und wehrkräftiger. Doch auf dem Lande saß seit der Langobardenzeit der Adel, der seine Rechte auf Kastelle und Landgebiete verteidigte. Die Städte versuchten, den Landadel zur Übersiedlung in ihre Mauern zu bewegen. Man versprach Steuerfreiheit, stellte Paläste zur Verfügung oder aber man zerstörte die Kastelle und legte neue befestigte Orte an, die man im Italienischen ebenfalls *castelli* oder auch *terre murate* nennt (Abb. 106).[1] Die um ihre Autonomie bemühten Landkommunen verbanden sich oft mit den Städten gegen die Feudalherren.

Einigen mächtigen Adelsfamilien, den Guidi im Casentin, den Alberti von Prato, gelang es, die Expansion der Städte über ein Jahrhundert aufzuhalten. Erst am Ende des 13. Jahrhundert war die Macht des Adels nahezu gebrochen.

Die *conquista del contado,* die Eroberung des Landgebietes, wurde von italienischen Historikern bereits *riconquista,* Rückeroberung, genannt, denn schon zur Zeit der Etrusker und Römer gehörte das Landgebiet zur Stadt. Die mittelalterliche Kommune konnte sich auf die weitgehende territoriale Einheit von Grafschaft und Diözese berufen, wobei beide, Grafschaft wie Diözese, von der Stadt aus verwaltet wurden. Der antike Ursprung der Diözese bestätigt, daß der Contado »wie seit jeher von der Stadt abhängt« (Moretti – Ruschi – Stopani): Im Landgebiet der Etrusker, im Straßenbezirk der Römer, in Diözese, Grafschaft und Contado gingen Rechtsprechung und Verwaltung von der Stadt aus. Selbst die moderne Einteilung Italiens in Provinzen berücksichtigt die einstige Bedeutung der Städte, während das von den 'Fremdherrschern' eingeführte Feudalsystem ihrem Wesen nicht gerecht wurde. (Die Feudalherrschaft war nach dem Verfall des Römischen Reiches

---

1 Bekannte Beispiele sind S. Giovanni Valdarno, 1296 von Florenz gegründet, um die Macht der Ubertini von Arezzo einzuschränken, oder das 1203 von Siena errichtete Kastell Monteriggioni.

historisch notwendig: Sie war die Voraussetzung zur Sicherung und Kultivierung des Landes und damit zum Wiederaufblühen der Städte.)

Bei der Ausbildung des Contado waren *Florenz* und *Fiesole* durch ihre enge Nachbarschaft gegenüber den anderen Städten benachteiligt, da jede der beiden Städte eine eigene Diözese besaß und folglich das sie umgebende Landgebiet in zwei Diözesen aufgeteilt war. Doch diesen Nachteil wußte Florenz auszuschalten, indem es im Jahre 1125 Fiesole kurzerhand zerstörte und damit jenen ersten bedeutenden Schritt tat, sein Territorium auf eine andere Diözese auszudehnen. Von da an war Florenz den anderen Städten gegenüber im Vorteil: es besaß einen wesentlich größeren, und dazu besonders fruchtbaren Contado. In der zunächst beengenden Nachbarschaft der Bischofssitze Florenz und Fiesole lag einer der Gründe für die spätere Vormachtstellung von Florenz. Bei der Eroberung Fiesoles wurden jedoch die Rechte des Bischofs nicht angetastet: Noch heute bestehen die beiden Bistümer Florenz und Fiesole nebeneinander.

Für die Entfaltung des Handels war die Anlage neuer Straßen unumgänglich. Das römische Straßennetz führte durch versumpfte Tiefebenen, es wurde nur teilweise wieder instandgesetzt. Wollte man vor Überschwemmungen durch die Flüsse und vor der Malaria sicher sein, mußte man den beschwerlichen Weg über die Hügel nehmen. Unter den zahlreichen mittelalterlichen Straßen der Toscana war die *Via francigenia*, die Frankenstraße, die bedeutendste. Die Langobarden hatten diese Straße errichtet, um ihre Hauptstadt Pavia mit Rom zu verbinden. Auf ihrer ganzen Länge verlief sie durch das Landesinnere. »Sie war daher relativ gut geschützt vor byzantinischen Störunternehmungen und Plünderungen sarazenischer Seeräuber« (Werner Goez). Als im 7. Jahrhundert die Pilgerfahrten nach Rom sprunghaft zunahmen, benutzten die Pilger aus dem Norden diese Straße, die man nun auch *Via Sancti Petri* oder *Strata Romea* nannte. Ziel der Pilgerfahrten war das Grab des in den nordischen Ländern als »mächtigster Schutzherr«, »Gefolgsherr«, »Kriegsmann« hoch verehrten Apostelfürsten Petrus (Karl Bosl).

Die Frankenstraße ermöglichte *Lucca* den Fernhandel. *Siena* und *San Gimignano* gelangten durch diese Pilger- und Handelsroute zu wirtschaftlicher und kultureller Blüte. Als man die Straße von den Hügeln in das entsumpfte Elsa-Tal verlegte, war San Gimignano seines 'Lebensnervs' beraubt. Die Stadt stagnierte und konnte deshalb ihre mittelalterliche Gestalt bis heute erhalten.

Während der Zeit, da die Städte noch gegen Kirche und Graf um ihre Autonomie kämpften, entzündete sich ihre wirtschaftliche und politische Rivalität. Den Anfang machte *Florenz* mit der Eroberung und Zerstörung Fiesoles. In den nächsten vier Jahrhunderten erweiterte die Stadt durch Eroberung und Kauf ihr Territorium um ein Vielfaches. Die mächtigste Rivalin war *Siena*, die sich im Süden der Toscana durch Einnahme von Montepulciano (1249), Massa Marittima (1335), Grosseto (1336) und Chiusi (1416) ebenfalls ein weites Staatsgebiet sicherte.

In den Kämpfen des 13. und 14. Jahrhunderts waren *Siena* und *Pisa* meist gegen den gemeinsamen Feind *Florenz* verbündet, wobei die wirtschaftliche Rivalität ein entscheidender Faktor war. *Lucca* stand in Gegnerschaft zum nahen Pisa und zum ebenfalls an der Via

29

GESCHICHTLICHER ÜBERBLICK

Francigenia gelegenen Siena, so daß Lucca wie auch San Gimignano 'natürliche' Verbündete von Florenz wurden.

Die Rivalität der toskanischen Stadtstaaten wurde in die Machtkämpfe zwischen Kaiser und Papst verwickelt. Der Kaiser versuchte den Expansionsdrang der Städte einzuschränken und an ihrem wirtschaftlichen Wohlstand teilzuhaben. Die Städte, obwohl sie die Oberhoheit des Kaisers niemals formal in Frage stellten, weigerten sich, Abgaben zu zahlen und kaiserliche Vikare in ihren Mauern zu dulden. Unter den toscanischen Städten führten *Florenz*, *Lucca* und *San Gimignano* meist eine papstfreundliche Politik gegen den Kaiser, zumal die Kirche durch ihre internationalen Verbindungen den Fernhandel begünstigte. *Siena* und *Pistoia* dagegen erhofften vom Kaiser Unterstützung gegen den Expansionsdrang der Republik Florenz. Seit etwa 1240 nannte man die Parteigänger des Heiligen Stuhles *Guelfen*, die des Reiches *Ghibellinen*. Die Guelfen oder Welfen waren ursprünglich die Anhänger des Welfen Ottos IV., dem Papst Innozenz III. anstatt seines Mündels Friedrich II. die Kaiserkrone verliehen hatte, die Ghibellinen die des Staufers Friedrich II., des Waiblingers, der nach seiner schwäbischen Heimatstadt so benannt wurde. Eine Familienfehde zwischen den Buondelmonti und den Amidei in Florenz soll 1215 die Parteibildung ausgelöst haben. Zu den Parteigängern der Ghibellinen zählte vor allem der Adel, während die Großkaufleute auf der Seite der Guelfen standen. In allen Städten waren beide Parteien vertreten, so daß in Florenz eine zeitlang die Ghibellinen, zu denen auch Dante zählte, die Überhand hatten und sich in Siena seit 1287 eine guelfische Regierung der Kaufleute bildete, die bis 1350 fortbestand. Während der heftigen Auseinandersetzungen in der Mitte des 13. Jahrhunderts zählte die Zugehörigkeit zur Partei mehr als die zur Heimatstadt. Ghibellinische Florentiner kämpften auf Seiten Sienas, guelfische Sienesen für Florenz.

Die Ghibellinen setzten auf eine Macht, deren Ideale von Vasallentum und Reich der Vergangenheit angehörten, deren politische und militärische Kraft im Schwinden begriffen war. Die Guelfen dachten zeitgemäßer. Sie gaben den Großkaufleuten, die am Wohlstand der Städte wesentlichen Anteil hatten, die politische Macht.

Als sich in Florenz nach einem Sieg der Guelfen 1250 der sogenannte *primo popolo* bildete, waren zum ersten Male in der Neuzeit die unteren Volksschichten, d. h. Handwerker und kleine Händler, an der Regierung beteiligt, der Adel dagegen ausgeschlossen. Der Sieg des Volkes war für jedermann sichtbar: die Geschlechtertürme der Adelshäuser wurden auf eine Höhe von 26 m geschleift. Die Regierung des *primo popolo* währte nur zehn Jahre. 1260 mußten die Guelfen die Niederlage bei Montaperti unter der Führung von Siena hinnehmen, doch siegten sie 1269 bei Colle di Val d'Elsa. Man klagte die Ghibellinen der Häresie an und konfiszierte ihr Vermögen. Die Ghibellinen-Partei verlor allmählich ihre Anhängerschaft. Als die Guelfen keine Gegenspieler mehr hatten, entwickelte sich ihre Partei zu einer konservativen, patriotischen Institution, die in enger Verbindung mit dem Hause Anjou stand.

Um 1300 verzeichneten die Städte eine Einwohnerzahl, die sie erst wieder im 19. Jahrhundert erreichten. Die Stadtzentren von Siena, San Gimignano, Volterra, Arezzo und Massa Marittima erhielten zu dieser Zeit jene Gestalt, wie sie uns bis heute weitgehend erhalten blieb. Die wirtschaftlich-politische und kulturelle Überlegenheit von *Florenz* zeichnete sich deutlicher ab. Die Stadt eroberte oder erwarb Pistoia (1329), Prato (1351), Volterra (1361), Cortona (1411); San Gimignano unterstellte sich 1354 freiwillig dem Schutz der Arnostadt. 1406 verschaffte die Eroberung von Pisa den seit langem begehrten Zugang zum Meer. Nur Siena und Lucca konnten noch ihre Unabhängigkeit bewahren.

Wie die übrigen Städte wurde auch Florenz von wirtschaftlichen Rückschlägen und sozialen Problemen betroffen. Das 14. Jahrhundert war gekennzeichnet durch den Bankrott großer Bankhäuser, durch Hungersnöte (1365–74) und Pestepedemien (1348 und 1374). Die sozialen Spannungen zwischen Adel und Bürgertum verlagerten sich nun auf Besitzende, den *popolo grasso*, und Mittellose, den *popolo minuto*. Überall in den großen Städten drängten die unteren Volksschichten an die Macht. Man war bereit, auf demokratische

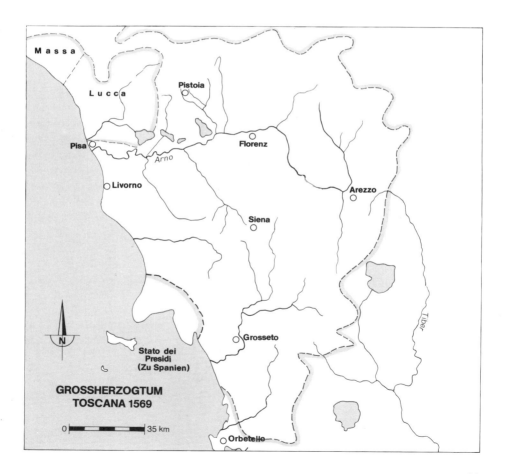

GESCHICHTLICHER ÜBERBLICK

Formen zu verzichten, und die Stadtherrschaft, die *Signoria*, einer starken Persönlichkeit anzuvertrauen. In Florenz hatten von 1434 bis 1494 die Medici und ihre Freunde – unter scheinbarer Wahrung demokratischer Spielregeln – alle wichtigen Ämter inne. Die Stadt erlebte eine kulturelle Glanzzeit ohnegleichen.

In den von Florenz abhängigen Städten dagegen kamen die kulturellen Impulse nahezu zum Erliegen. Dies änderte sich erst, als Florenz selbst aufgehört hatte, eine autonome Stadt zu sein und seit 1531 dem Herzog der Toscana unterstand. Nachdem Cosimo I. (1537–1574), aus dem Geschlecht der Medici, endlich auch Siena mit seinem weiten Territorium dem Herzogtum eingegliedert hatte (1555–59) und so das Staatsgebiet verdoppelte, ließ er sich vom Papst, der dazu eigentlich nicht berechtigt war, 1570 zum Großherzog krönen.

Cosimo und seine Nachfolger, insbesondere Ferdinando I. (1587–1609), begannen mit der Entwässerung der Sümpfe in Chiana-Tal, in der Ebene von Pistoia, im Val di Niévole, sie ließen neue Landgebiete kultivieren, Hafen und Stadt von Livorno anlegen. Sie förderten die Wissenschaft und das kulturelle Leben der Provinzstädte. Pisa erhielt eine Universität, wurde Sitz des Ritterordens von St. Stephan. In allen Städten wurden Festungen errichtet. Sie dienten dem Schutz, aber auch der Vorbeugung gegen Aufstände.

Unter den letzten Medici zeichneten sich nach dem Tode Ferdinandos I. (1609) in Wirtschaft, Verwaltung und Rechtsprechung Verfallserscheinungen ab, wie sie das Land jahrhundertelang nicht erlebt hatte. Als Gian Gastone de'Medici 1737 kinderlos verstarb, erhielt Herzog Franz Stephan von Lothringen (der spätere Kaiser Franz I.) das Großherzogtum zugesprochen. Sein Sohn Peter Leopold (1765–1792) entwickelte die Toscana zu einem 'Musterland der Aufklärung': Er förderte den Handel und die Manufaktur, verbesserte die Landwirtschaft, ließ neue Straßen anlegen, stellte die Todesstrafe und die Folter ein, vergrößerte die Hospitäler, reformierte das Steuersystem und die Gemeindeverwaltung. Mit Ausnahme der Napoleonischen Zeit von 1799 bis 1814 regierten die Habsburger bis 1859. Im darauffolgenden Jahr wurde die Toscana Teil des vereinten Italiens. *Florenz* war für sechs Jahre Hauptstadt des neuen Königreiches.

Großherzogliches Wappen der Medici

1 Pisa Domplatz ▷

2 Pisa   Dom, 1063–1160

3 Pisa   S. Paolo a Ripa d'Arno, um 1200

4 PISA S. Piero a Grado, Mitte 11. Jh., Fresken um 1300

5 PISA S. Piero a Grado, Mitte 11. Jh.

6 Pisa Camposanto: ›Triumph des Todes‹, um 1340–45

7 Pisa Camposanto, 1278 begonnen

8 PISA Baptisterium, Kanzel des Nicola Pisano, 1259/60: ›Anbetung der Könige‹
9 PISTOIA S. Andrea: Kanzel des Giovanni Pisano, um 1298–1301

10 PISA Museo Nazionale di S. Matteo: Auf Holz gemaltes Kruzifix, zweite Hälfte 12. Jh.

12 PISA Museo Nazionale di S. Matteo: Gemaltes Kruzifix, um 1220–40

14 Lucca S. Michele in Foro: Fassade, um 1200

◁ 11 ›Fußwaschung‹, Detail aus Abb. 10

◁ 13 Pisa ›Beweinung Christi‹, Detail aus Abb. 12

15 Lucca   S. Frediano, Fassade, 1118 begonnen, mehrfach erweitert

16 Lucca   S. Michele in Foro, 12. u. 13. Jh.

17 LUCCA Dom San Martino, begonnen Ende 12. Jh.

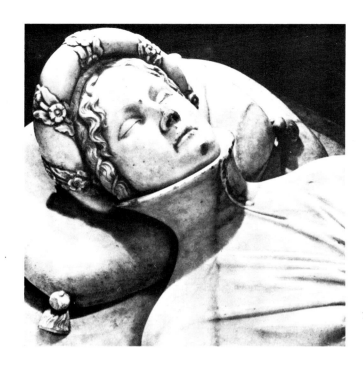

18 LUCCA Dom: Grabmal der
    Ilaria del Carretto, von Jacopo
    della Quercia, um 1406

19 LUCCA S. Frediano: ›Die
    Überführung des Volto Santo
    von Luni nach Lucca‹, von
    Amico Aspertini, 1508/09

20 Lucca S. Frediano: Taufbecken, Mitte 12. Jh.

22 Pieve di S. Gennaro westlich Pescia, Ende 12. Jh.

◁ 21 LUCCA S. Giusto, begonnen Ende 12. Jh.

24 Pieve di S. Gennaro: Kanzel, 1162

23 Pieve di S. Gennaro: Kapitell, Ende 12. Jh.

25 Pescia S. Francesco: Franziskus-Tafel von Buonaventura Berlinghieri, 1235

Die Anfänge toscanischer Kunst

Architektur

Der Überblick über toscanische Baukunst beginnt gewöhnlich mit dem 1063 begonnenen Pisaner Dom und dem etwa gleichzeitigen Florentiner Baptisterium. Die großen schöpferischen Leistungen der folgenden Jahrhunderte schließen sich an: die Dome von Lucca, Siena, Arezzo und Florenz, die Florentiner Bettelordenskirchen und Kommunalpaläste. Betrachten wir allein diese Bauten der Städte, erscheint die toscanische Baukunst wenig einheitlich. Ein Entwicklungszusammenhang ist nicht leicht ersichtlich, wenn wir nicht auch die Architektur des Landes berücksichtigen. Die künstlerischen Impulse gingen im allgemeinen von den Städten aus, doch die Baukunst der Städte war erst vor dem Hintergrund einer einfacheren Architektur möglich, wie sie uns vorwiegend auf dem Lande erhalten blieb. Die Dome und großen Ordenskirchen, die Stadt- und Kommunalpaläste sind 'Sonderleistungen', die wir als solche erst aus den Pfarr- und Bettelordenskirchen kleinerer Gemeinden, der Wehrarchitektur der Kastelle verstehen.

Die von der nicht-italienischen Forschung bisher wenig beachteten Landkirchen gehören zu den ältesten Zeugnissen toscanischer Sakralbaukunst. Sie bilden gleichsam das *Volgare*, die Volkssprache, von der sich die Kunstsprache der Städte abzuheben sucht. Diese Kirchen entstanden seit dem 11. Jahrhundert, gleichzeitig mit der Kultivierung neuer Landgebiete. Aus der Zeit vor der Jahrtausendwende sind keine vollständigen Bauten mehr erhalten. Aus Fundamenten und Fragmenten wissen wir, daß es sehr bescheidene Räume waren, für eine zahlenmäßig geringe und arme Bevölkerung errichtet, die alle in der Zeit der 'Romanik', zwischen 11. und 13. Jahrhundert, erneuert wurden. Vom Baueifer kurz nach der Jahrtausendwende berichtete Raoul Glaber, Mönch zu Saint-Bénigne in Dijon: »Im Jahre 1003 geschah es, daß man in der ganzen Welt, vor allem in Italien und Gallien, begann, neue Kirchen zu bauen, obschon viele noch in gutem Zustand waren und keine Wiederherstellung benötigten. Es erschien wie ein Wettstreit zwischen den Gemeinden: man kann sagen, daß sich die Welt die älteren Kleider vom Leibe zog, um sich ein weißes Gewand neuer Kirchen anzulegen. Alle großen Bischofskirchen, eine beträchtliche Zahl der Abteikirchen bis hin zu den Oratorien der Dörfer, wurden von den Gläubigen neu errichtet« (Historiarium III, IV).

DIE ANFÄNGE TOSCANISCHER KUNST

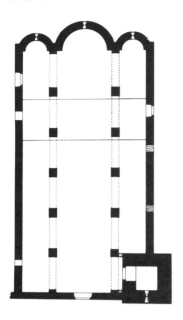

Links: Pieve mit drei Apsiden: San Donato in Chianti

Rechts: Pieve mit einer Apsis: Cellole bei San Gimignano

Die wichtigste Gruppe der romanischen Landkirchen bilden die *pievi*, mit besonderen Rechten ausgestattete Pfarrkirchen. Nur die Pieve besaß ein Taufbecken und einen Friedhof. Die Bezeichnung *pieve* ist abgeleitet vom vulgärlateinischen *plebes*, den christlichen Gemeinden auf dem Lande, über die die Pieve auch die Rechtsprechung besaß und von der sie den Zehnten einnahm. Die Pieve wurden in der Römerzeit häufig in der Nähe des ländlichen Verwaltungszentrums, des *pagus*, errichtet. Von diesem übernahm sie wahrscheinlich die Funktion der *lustratio*, des Reinigungsopfers, das später zur christlichen Bittprozession wurde.

Die Pieve liegt oft außerhalb der dörflichen Ansiedlung, an Orten, wo die Landschaft zu einem besonderen Ausdruck gelangt. So möchte man lokalen Überlieferungen Glauben schenken, daß die Kirchen an Stellen errichtet wurden, wo bereits Etrusker und Römer in ländlichen Heiligtümern Opfer brachten und Hilfe suchten.[1]

In ihrem Aufbau führt die Pieve das Schema der altchristlichen Basilika weiter (also den Kirchentypus mit erhöhtem Mittelschiff, das von eigenen Fenstern beleuchtet wird). Die Pieve ist gewöhnlich dreischiffig, sie besitzt eine oder drei Apsiden und wird von einem offenen Dachstuhl bedeckt. Gewölbe finden sich nur in Krypten und sehr vereinzelt in den Seitenschiffen. Nicht immer besitzt das Mittelschiff einen sogenannten Lichtgaden, eine

---

1 Vor wenigen Jahren stieß man bei Ausgrabungen unter der Pieve von Sócana (nördlich von Arezzo) auf Fundamente eines etruskischen Tempels, vgl. auch S. 253.

eigene Fensterreihe. Die Stützen sind meist rechteckig oder quadratisch. Rundstützen oder antikisierende Säulen sind anfangs seltener. Diese sind charakteristisch für Kirchen des späten 12. und des 13. Jahrhunderts.

In den toscanischen Landkirchen zeigen sich Wesenszüge der italienischen Baukunst des Mittelalters besonders ausgeprägt. Die Wände sind ungegliedert, die Pfeiler besitzen keine oder nur wenige Vorlagen. Der Baukörper setzt sich aus einfachen geometrischen Formen zusammen. Man nennt den Stil dieser Kirchen 'romanisch', obschon ihre Schlichtheit der Stilstufe der Vorromanik nördlich der Alpen entspräche. Die toscanischen Landkirchen sind von den romanischen Kirchen des Nordens grundverschieden. Während in Frankreich oder Deutschland die Wände außen und innen gewöhnlich durch Lisenen und Gesimse unterteilt sind, breiten sich hier weite Flächen aus. Durch Verzicht auf die vielgestaltige Gliederung erreichen die toscanischen Kirchen ein geschlossenes und übersichtliches Raumbild.

Im Unterschied zur Pieve besitzen die ihr untergeordneten kleineren Kirchen, die *ecclesia*, die für eine Priestergemeinschaft bestimmte *canonica*[1] oder das vom Volk errichtete *oratorium*, häufig nur ein einziges Schiff. Das Querhaus ist charakteristisch für Klosterkirchen.

Einen ersten Hinweis auf die Entstehungszeit gibt das Mauerwerk. Während die älteren Kirchen des 11. Jahrhunderts in roh behauenen Steinen erbaut wurden, setzt sich im 12. Jahrhundert die präzise Bearbeitung der Quader durch.[2] Die typisch toscanische Formenklarheit prägte sich erst im Laufe des 12. Jahrhunderts aus, während die älteren Stilmerkmale zeigen, wie wir sie auch in der Lombardei finden: Die Apsiden sind mit Bogenfriesen geschmückt, die Scheidbögen tragen Zahnschnittornamente, die quadratischen Stützen ruhen auf Sockeln. Diese älteren Kirchen wurden von Baumeistern und Steinmetzen aus Oberitalien, den sogenannten *commacini*[3] errichtet. Im 12. Jahrhundert verschwinden diese lombardischen Schmuckformen. Besonders in den Diözesen von Florenz und Fiesole wird die Formensprache einfacher. Nur hier findet sich innerhalb der Toscana der regelmäßig-geometrische Halbkreis der Portalbögen (s. S. 54 Fig. 4). Im Westen der Toscana strahlte das Dekorationssystem des Pisaner Domes (mit Rhomben und Kreisen gefüllte Blendbögen) auch auf die Landkirchen aus. Unter den zahlreichen Beispielen seien genannt: die Pievi von Calci und Vicopisano östlich von Pisa, die Pieve von Villa Basilica oberhalb von Pescia. Das pisanische Dekorationssystem findet sich selbst auf Sardinien, vereinzelt auch in Süditalien, nicht jedoch im Contado von Florenz.

Die Zeit der romanischen Landkirchen ging um 1250 zu Ende. Seit dem zweiten Viertel des 13. Jahrhunderts übernahmen die neuen Orden der Franziskaner und Dominikaner einen Teil der seelsorgerischen Betreuung der schnell anwachsenden Bevölkerung. Während die älteren Klostergemeinschaften meist in ländlicher Einsamkeit lebten, zogen die von

---

1   *canonica* bedeutet sowohl die Kirche als auch das Priesterhaus.
2   Unterschiedliche Steinbearbeitungen veranschaulichen Abb. 93 und 11.
3   Dieser Ausdruck ist wahrscheinlich abzuleiten von *cum machina* ('mit dem Werkzeug'). Ein im Außenbau gut erhaltenes Beispiel des 'lombardischen' Stiles in der Nähe von Florenz ist die Pieve von Artimino.

DIE ANFÄNGE TOSCANISCHER KUNST

FENSTERFORMEN

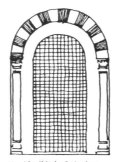
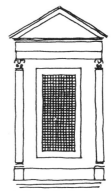

1 Pisa, S. Piero a Grado, um 1250

2 Abteikirche S. Antimo, 1118–60

3 Florenz, Baptisterium, um 1060 (›Aedikula‹)

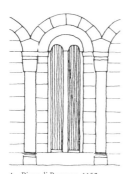
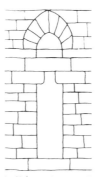
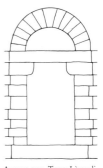

4 Pieve di Romena, 1152

5 Volterra, Casa-torre Toscano, um 1200

6 Arezzo, sog. Torre Làppoli, 13. Jh.

7 Florenz, Bargello, 1254 (Segmentbogen)

8 Florenz, Pal. Spini, 1289 (›Florentiner Bogen‹)

9 Volterra, Pal. dei Priori, um 1230–50

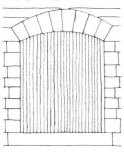

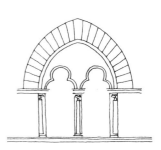

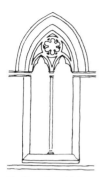 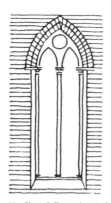 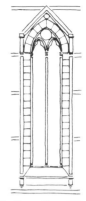

10 Zisterzienserkirche S. Galgano, 1224

11 Siena, S. Domenico, Anfang 14. Jh.

12 Florenz, Dom, 1357

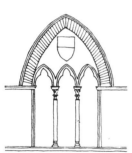 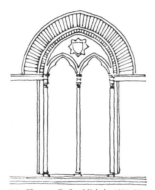 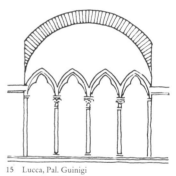

13 Siena, Pal. Pubblico, 1297 (sienesischer Typus)

14 Florenz, Or San Michele, 1336–50

15 Lucca, Pal. Guinigi (Luccheser Typus)

18 Segromigno, Villa Mansi, 1725–42

16 Florenz, Pal. Medici, 1446

17 Montepulciano, Pal. Cervini, um 1520–30

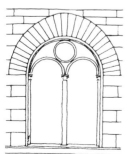  

DIE ANFÄNGE TOSCANISCHER KUNST

PORTALFORMEN

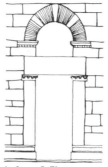

1   Pisa, Dom, um 1110

2   Lucca, S. Giusto, Ende 12. Jh.

3   Florenz, S. Miniato, etwa Mitte 11. Jh.

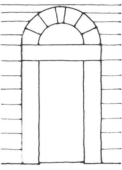
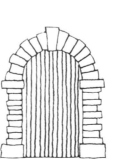
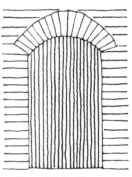

4   Pieve di S. Donato (im Chianti), um 1200
7   Siena, Pal. Pubblico, 1297 (›sienesischer Bogen‹)

5   Pienza, S. Francesco, Ende 13. Jh.

8   Cafaggiolo, Villa Medicea, 1451

6   Florenz, Pal. Vecchio, 1298

9   Pienza, Dom, 1460–62

54

Franz von Assisi und Dominikus gegründeten Bettel- und Predigerorden in die Städte. Da der Bauplatz im Zentrum vergeben war, errichteten sie ihre Konvente dort, wo sie den unteren Volksschichten am nächsten waren, am Rande der Städte oder in den *borghi*, den Vororten, außerhalb der Stadtmauer. Die Predigt in der Volkssprache verschaffte ihnen so großen Zulauf, daß bald die ersten Kirchen durch größere ersetzt wurden, daß sich auch in den Landgemeinden zumindest einer der beiden Orden niederließ.

Die Bettel- und Predigerorden erbauten ihre Kirchen in einem neuen Baustil, der sogenannten *Bettelordensgotik*. Sie unterscheidet sich wesentlich von der französischen Kathedralgotik. Eingeführt wurde die Gotik in Italien durch den Reformorden der Zisterzienser. Das einzige von ihnen selbst errichtete Kloster in der Toscana ist die *Abtei von San Galgano*, die uns freilich nur als eindrucksvolle Ruine erhalten blieb (Abb. 107, 110; Fig. S. 349 u. 350).

Von den Zisterziensern übernahmen die neuen Ordensgemeinschaften das Schema des Chores mit rechteckigen, flachschließenden Kapellen sowie einzelne gotische Formelemente wie Spitzbögen und Kreuzrippengewölbe. *San Domenico in Arezzo* (Abb. 61, 62) ist ein relativ gut erhaltenes Beispiel für den verbreiteten Typus der einschiffigen Bettelordenskirche mit offenem Dachstuhl, einer Haupt- und zwei Nebenchorkapellen. Anders als in der Gotik des Nordens wurde in der Bettelsordensgotik auf Strukturierung durch das Gliedergerüst der Dienste verzichtet. Der Anschluß an die Tradition der romanischen Landkirchen, insbesondere in ihrer einfachsten einschiffigen Form, ist offensichtlich. Doch wurde den weiten Wänden durch die schlanken spitzbogigen Fenster, auch durch den Verputz des Innern die Schwere des 'Romanischen' genommen.

Arezzo: San Domenico, Grundriß, Querschnitt und Längsschnitt

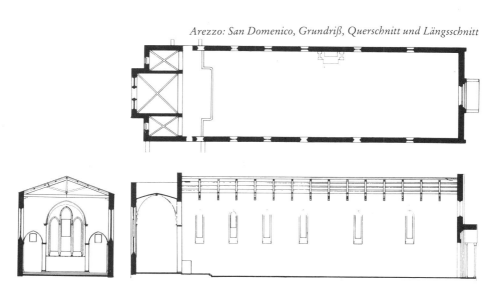

DIE ANFÄNGE TOSCANISCHER KUNST

In ihrer Weiträumigkeit ist die Kirche dazu geeignet, eine große Menschenmenge aufzunehmen. In diesen schlichten Räumen vermitteln lediglich die mit gotischen Fenstern und Rippengewölben ausgestatteten Chorkapellen den Eindruck des Sakralen. Die ausgebreiteten Wandflächen werden mit Fresken geschmückt. Diese tragen – wie die Predigt – dazu bei, das Heilsgeschehen zu veranschaulichen. (Im Unterschied zu den Bettelordenskirchen konzentriert sich im 'Skelettbau' der französischen Kathedralen das Bildprogramm bezeichnenderweise nicht auf die Wandreste, sondern auf die vom Licht durchleuchteten Glasfenster.)

Das Schema des einschiffigen flachgedeckten Raumes mit drei Chorkapellen wurde in den großen Ordenskirchen der Städte erweitert. In der Franziskanerkirche von Pistoia ist die Hauptchorkapelle von vier Nebenkapellen umgeben. Die Zahl der Querschiffskapellen erhöht sich in San Francesco zu Pisa und San Domenico zu Siena auf sechs, in San Francesco zu Siena auf acht, in Santa Croce zu Florenz auf zehn (s. Fig. S. 295, 294 u. 194). Die großen Florentiner Ordenskirchen sind dreischiffig angelegt, wobei die Dominikanerkirche Santa Maria Novella statt des offenen Dachstuhls ein Gewölbe trägt.

Das Schema und architektonische Einzelheiten der Franziskaner- und Dominikanerkirchen wurde von anderen Ordensgemeinschaften, den Augustinern, Serviten und Vallombrosanern übernommen und selbst die neu errichteten Dome von Arezzo und Florenz entstanden in enger Auseinandersetzung mit der Bettelordensgotik.

Dieselbe Einfachheit der Formen finden wir im Bereich der Profanarchitektur. Auf die Entsprechungen zwischen einschiffiger Kirche und Scheune wurde bereits hingewiesen. Der *Palazzo Vecchio* in Florenz (Farbt. 12) ist ein prägnantes Beispiel eines blockartig geschlossenen Baukörpers. Diesem Kommunalpalast ist kaum anzusehen, daß bereits sieben Jahrzehnte vor seinem Baubeginn die Zisterzienser in der Toscana die Gotik eingeführt hatten. Lediglich die Fensterform mit eingestellten Säulchen und Dreipaßbögen gehören zum gotischen, von San Galgano ableitbaren Formenschatz und geben einen Hinweis auf die Entstehungszeit.

Die Beziehungen zwischen Sakral- und Profanarchitektur sind vielfältig und beschränken sich nicht allein auf formale Übereinstimmungen: Im frühen Mittelalter besaß der *Campanile* die Funktion des Stadtturmes. Noch im 13. Jahrhundert wurden die Brücken mit Kapellen ausgestattet und vom Bischof erbaut. Die charakteristischen weitgespannten Gewölbe des 14. Jahrhunderts finden wir nicht nur in Kirchen und Kapitelsälen, sondern ebenso in Stadtloggien, Märkten und Ratssälen. Arkaden und Gewölben der Kreuzgänge kehren in den Innenhöfen der Patrizier- und Kommunalpaläste wieder.

Einen wesentlichen Zug toscanischer Baukunst wird man darin sehen, daß sie sehr traditionsgebunden ist. Sie behielt ältere Bautypen und Gestaltungsprinzipien bei, so daß wir die Stilbegriffe 'Romanik' und 'Gotik' nur unter Vorbehalten verwenden können. Die Profanarchitektur gab bis in das 15. und 16. Jahrhundert ihren wehrhaften Charakter nicht auf. Sie führte Motive der Verteidigungsarchitektur weiter, auch als diese keine praktischen

56

Funktionen mehr hatte. Die *Brunnenhäuser* Sienas wurden noch im 14. Jahrhundert mit einem Zinnenkranz ausgestattet, der einst sinnvoll war, als die Brunnen noch außerhalb der Stadtmauern lagen und des Schutzes durch Mauern und Zinnen bedurften. Cosimo de'Medici ließ 1451 die *Villa Cafaggiolo* im Stile eines Castello mit Verteidigungstürmen und Wehrgängen anlegen (Abb. 49; Fig. S. 18). Noch im 17. und 18. Jahrhundert wurde die toscanische *casa colonica* mit einem Turm bekrönt, den man als Taubenschlag verwendete, der jedoch seinen Ursprung in den Späh- und Verteidigungstürmen der Frühzeit hatte (Farbt. 17, 22). Als die Adelsfamilien im 12. Jahrhundert gezwungen wurden, sich in den befestigten Städten anzusiedeln, wollten sie auch innerhalb des Mauerkreises auf ihre Wehrtürme nicht verzichten. Die Türme galten ihnen als Zeichen ihrer einstigen Autonomie; ihre Höhe suchte die Stadtverwaltung durch Gesetzgebung freilich bald einzuschränken. Verteidigungsfunktion erfüllten sie erst wieder, als guelfische und ghibellinische Adelsfamilien in Fehde lagen. Drohte Gefahr, flüchtete man in den Turm und trug die Gefechte über den Häuptern der Bürger aus. Die vielen hundert Türme, die einst Pisa, Lucca, Florenz und Siena auszeichneten, blieben nur als Stümpfe erhalten. Hatten Florenz oder Siena eine Stadt eingenommen, trug man gewöhnlich deren Türme ab. Als in Florenz 1251 die unteren Volksschichten zur Regierung des *primo popolo* gelangten, wurden sämtliche Adelstürme auf eine Höhe von 26 m reduziert. Nur in San Gimignano stehen einige der vielen Türme noch in voller Höhe (Abb. 115).

Der Geschlechterturm war Bestandteil der *casa-torre*, des Turmhauses, des charakteristischen städtischen Feudalpalastes im 12. und 13. Jahrhundert (Abb. 60, 118, 119). Da der Wohnraum in den schmalen Palästen knapp bemessen war, dehnten sich die Familien auf benachbarte Häuser aus. Erst im 14. Jahrhundert bildete sich der Typus des breiteren Stadtpalastes mit regelmäßig angeordneten Fenstern und Portalen, dem bald ein Innenhof hinzugefügt wurde.

Aus der *casa-torre* entwickelte sich der toscanische Kommunalpalast, der *palazzo pubblico*. Bevor die Gemeinde für ihre Konsuln und den Podestà eigene Gebäude errichtete, mietete sie Paläste oder Turmhäuser des Adels an. Die Volksversammlungen fanden in Kirchen oder im Freien statt. Das älteste erhaltene Beispiel eines eigenständigen toscanischen Kommunalpalastes ist der um 1208 begonnene *Palazzo dei Priori* in Volterra (Abb. 117). Er unterscheidet sich in seinem viergeschossigen Aufbau von dem in Oberitalien verbreiteten zweigeschossigen Typus mit großem Saal über einer offenen Loggia (in der Toscana durch die ursprüngliche Gestalt des *Palazzo del Comune* in Pistoia vertreten; Abb. 28). Der Kommunalpalast in Volterra wurde Vorbild für den Florentiner *Palazzo Vecchio* (Farbt. 12): Dessen wehrhafter Charakter ist in solchem Maße ausgeprägt, daß ihn ein Chronist des 15. Jahrhunderts »Rocca« (Zwingburg) nannte. Er besitzt einen 'Wachtturm', der in seiner Substanz auf einen früheren Geschlechterturm zurückreicht, und einen dreifachen Zinnenkranz. Er ist darüber hinaus mit einem Wehrgang ausgestattet und ist in der gesamten Höhe mit Bossenquadern versehen. Das Bossenwerk, die sogenannte Rustika, das trotz seiner regelmäßigen Steinbearbeitung den Eindruck des Roh-Behauenen und Schweren vermittelt, war ursprünglich der Befestigungsarchitektur vorbehalten.

DIE ANFÄNGE TOSCANISCHER KUNST

Der Palazzo Vecchio wurde Vorbild für die Familienpaläste der Frührenaissance. Sein monumentaler Charakter, der nach außen hin geschlossene Baukörper und architektonische Einzelheiten wie die Geschoßgliederung durch schmale Gesimsstreifen, die auf der Höhe der Fensterbänke verlaufen, kehren beim *Palazzo Medici* oder beim *Palazzo Strozzi* wieder. Das Bossenwerk vermittelt nach außen hin das Bild des Uneinnehmbaren und Abweisenden. Es wurde im 15. Jahrhundert zum Ausdruck der Macht einzelner Familien.

Plastik

Über ein Jahrhundert später als die Architektur entfaltete sich in der Toscana die Bildhauerkunst. Die Einfachheit der Kirchen ließ zunächst keine figürliche Bauskulptur zu. Die Kapitelle der Klosterkirche San Salvatore am Monte Amiata aus dem Anfang des 11. Jahrhunderts gehören zu den Ausnahmen, die durch internationale Verbindungen des Mönchstums und der Stifter zu erklären sind.

In der West-Toscana, wo die Baukunst schmuckfreudiger war, nahm die Hauptrichtung der Plastik ihren Anfang. Sie erreichte erst am Ende des 13. Jahrhunderts die Städte Siena und Florenz. In Pisa, Lucca und Pistoia versahen seit 1159 eine Reihe von Bildhauern ihre Werke mit ihren Namen und dem Entstehungsjahr. Diese Meister standen unter dem Einfluß der damals führenden Plastik der Lombardei und der Emilia oder waren aus Oberitalien eingewandert. Auf den vielleicht bedeutendsten dieser Bildhauer des 12. Jh., GUGLIELMUS, gehen der Skulpturenschmuck der neuen Pisaner Domfassade (Abb. 2) und einer Kanzel (1159–62) zurück, die später von Pisa nach Cagliari auf Sardinien gelangte.

Wie die Pisaner Architektur nicht ohne östliche und antike Vorbilder möglich war, so hatte die Bildsprache des GUGLIELMUS Voraussetzungen nicht nur in der lombardischen, sondern ebenso in byzantinischer, islamischer und römisch-antiker Kunst. In der Nachfolge des Guglielmus schuf 1162 ein Meister PHILIPPUS die Kanzel von San Gennaro (Abb. 24), wirkte in Pistoia GRUAMONTE, der sich voller Selbstvertrauen *magister bonus* nannte. In Lucca arbeiteten BIDUINUS (1180), ROBERTUS (Abb. 20) und GUIDETTO (1204).

Diese lombardisch-romanische Stilströmung setzte sich bis in die Mitte des 13. Jahrhunderts fort. Erst in NICOLA PISANO begegnet uns ein Bildhauer mit einem ausgeprägten individuellen Figurenstil. Nicola schuf zwei berühmte *Kanzeln*, die des Pisaner Baptisteriums (Abb. 8) und des Sieneser Domes.

Wer zum ersten Male das *Baptisterium von Pisa* betritt, wird kaum ermessen, von welcher Bedeutung die 1259 vollendete Kanzel für die Entwicklung der italienischen Skulptur und einer eigenständigen toscanischen Bildsprache ist. Nicola war mit römischen Sarkophagen und frühchristlichen Elfenbeinreliefs ebenso vertraut wie mit der Skulptur der Gotik. Doch er vermied die der gotischen Skulptur eigentümliche Stilisierung ins Zierliche. Er schuf ernsterfüllte Gestalten von antikischer *gravitas,* wie wir sie im Mittelalter fast ausschließlich in der Toscana und auch hier nur bei wenigen Künstlerpersönlichkeiten finden – so bei

Florenz: Palazzo Vecchio, mit rekonstruierter Ringhiera

DIE ANFÄNGE TOSCANISCHER KUNST

Nicolas Schüler ARNOLFO DI CAMBIO, bei TINO DI CAMAINO, bei GIOTTO und MASACCIO.

Sucht man für Nicolas antikisierende Bildsprache eine Stilbezeichnung, begegnen wir denselben Schwierigkeiten wie bei der gleichzeitigen Architektur, denn als 'romanisch' oder 'gotisch' kann man Nicolas breite und untersetzte Gewandfiguren mit großen ausdrucksvollen Köpfen nicht bezeichnen. Von seiner Herkunft war Nicola Pisano freilich kein Toscaner. Er kam aus Apulien, wo er möglicherweise am Hofe Kaiser Friedrichs II. wirkte. Sein bildhauerischer Stil wurde von seinen Schülern und Nachfolgern in verschiedenen Richtungen weitergeführt. ARNOLFO DI CAMBIO und TINO DI CAMAINO (der Mitarbeiter von Giovanni Pisano war) betonten das Monumentale, Blockhaft-Geschlossene, die kompakte Massigkeit. Nicolas Sohn GIOVANNI beschäftigte sich eindringlich mit gotisch-französischen Bildvorstellungen. Er kannte wahrscheinlich die Kathedrale von Reims aus eigener Anschauung. In *Siena* entwarf er die erste Fassade Italiens, die reich mit Skulpturen ausgestattet ist (Farbt. 30). Die Auseinandersetzung mit der französischen Skulptur verhalf ihm zu größerer Wirklichkeitsnähe, zu organischer Durchgestaltung der Körper, zur Rhythmisierung der plastischen Formen im Relieffeld (s. Abb. 9). Kein zweiter Künstler des Mittelalters besaß wie Giovanni die Möglichkeiten, Schmerz, Trauer und Leidenschaft auszudrücken. Nachdem der Vater Nicola den heiligen Gestalten antikische Würde verliehen hatte, konnten für seinen Sohn Giovanni die Gefühlswelt und die zwischenmenschlichen Beziehungen zum zentralen Thema werden. Sein expressiver Figurenstil, sein Sinn für Dramatik, stehen im größten Gegensatz zum Verfeinert-Höfischen der französischen Gotik, wie auch zum Maßvoll-Regelmäßigen toscanischer Formvorstellung.

Die Werkstattgehilfen Giovannis verbreiteten seinen Stil bis Neapel und Oberitalien. Doch unter den Nachfolgern Giovannis, Arnolfos und Tino di Camainos wurde die Plastik von der europäischen Stilströmung der Gotik so stark durchdrungen, daß sie mehr und mehr ihre Eigenständigkeit und Ausdruckskraft verlor. Allein in *Florenz* wurde der Prozeß der Gotisierung für einige Jahrzehnte aufgehalten. Die dem Gotischen entgegenwirkende Bildsprache des Malers GIOTTO beeinflußte auch die Bildhauerkunst. Dies veranschaulicht die Entwicklung des mit den älteren Pisani nicht verwandten ANDREA PISANO. Die vielleicht unter Giottos Mithilfe entstandenen Reliefs am Campanile zeigen weniger gotische Stilzüge als seine älteren Reliefs der Baptisteriums-Türen.

In der zweiten Hälfte des 14. Jahrhunderts ließen auch in Florenz die schöpferischen Kräfte nach. Die Nischen des Or San Michele und des Campanile standen jahrzehntelang leer. Erst die Renaissance, die neue Generation der GHIBERTI, DONATELLO und NANNI DI BANCO vermochte sie mit Skulpturen auszufüllen: mit überlebensgroßen Bronze- und Marmorstatuen von einer Eigenbedeutung, wie man sie seit nachantiker Zeit nicht mehr gekannt hatte (Abb. 38). In Siena wirkte zu dieser Zeit ein den Florentinern Ebenbürtiger: JACOPO DELLA QUERCIA, ein Bildhauer von vielfältigen, außergewöhnlichen Ausdrucksmöglichkeiten. Ihm gelang es in seinem Werk, die Linienschönheit einer gotischen Gewandfigur, das Zart-Subtile eines Frauenantlitzes, die dramatische Belebung plastischer Volumina zu vereinen (Abb. 18, 100). Fast ein Jahrhundert später wird MICHELANGELO von diesem krafterfüllten Bildhauer wesentliche Anregungen empfangen.

Malerei

In vielen Kirchen und Museen der Toscana begegnen wir gemalten Kruzifixen (Abb. 10–13) und Altarbildern (Abb. 25, 39), den ältesten Zeugnissen der Tafelmalerei, aus denen das uns vertraute Gemälde auf Holz oder Leinwand, das sogenannte Tafelbild hervorging. Die Toscana kennt keine frühmittelalterlichen Wandbilder. Die große Zeit der Freskenmalerei beginnt im späten 13. Jahrhundert, während die gemalten Kruzifixe und Altarretabel hier zahlreicher sind als in anderen Landschaften.

In dieser frühen toscanischen Tafelmalerei liegen die Anfänge der neuzeitlichen Bildkunst. Ihre Entwicklung, die in zwei Jahrhunderten von der Romanik zu GIOTTO, und in einem weiteren Jahrhundert von Giotto zur Renaissance führte, vollzog sich in der Toscana. Es ist der Weg aus einer 'archaischen', in Glaubensinhalten wurzelnden Bildwelt zur 'Kunst' im neuzeitlichen Sinne, deren Gesetze man rational zu ergründen suchte. Eine Toscana-Reise bietet die Möglichkeit, die einzelnen Stufen dieser Entwicklung in den Museen von Pisa, Lucca, Florenz und Siena an eindrucksvollen Zeugnissen nachzuvollziehen.

Die formalen Veränderungen in der Raum- und Flächenorganisation, der Plastizität der Figuren, in wirklichkeitsnaher Wiedergabe sind Ausdruck eines sich verändernden Bewußtseins. Sie spiegeln die Geschichte des modernen Menschen wider. Wie die Architektur und Plastik, entwickelte sich die Malerei nicht ohne Berührung mit anderen Kunstkreisen. Insbesondere Byzanz hat die Toscana beeinflußt.

Die Anfänge der toscanischen Malerei liegen wiederum im Westen, in *Pisa* und *Lucca*. Möglicherweise hat Lucca die etwas ältere Tradition, denn das früheste uns erhaltene Zeugnis, ein gemaltes Kruzifix (1135) im Dom zu Sarzana (jenseits der Grenze zu Ligurien), gehört der lucchesischen Schule an. Die auf Holz gemalten Kruzifixe, die *croci dipinte*, schlossen sich der älteren Tradition der plastischen Kruzifixe an, wie wir sie aus den Ländern nördlich der Alpen kennen und von denen es auch in Mittelitalien vereinzelte Beispiele gibt, so den berühmten ›Volto Santo‹ in Lucca. Wie jene plastischen Kruzifixe hatten die *croci dipinte* ihren festen Platz im Kirchenraum. Sie standen auf Lettnern oder Triumphbalken.

Das Thema des *Kruzifixes* hat die Maler bis zu Giotto und Pietro Lorenzetti zu ihren großartigsten Schöpfungen geführt (Cesare Gnudi). Um die formalen Veränderungen wahrzunehmen, bedarf es freilich eines sehr genauen Hinsehens. Für drei der älteren Typen finden wir im *Museo San Matteo* in Pisa charakteristische Beispiele anhand derer wir die Anfänge jener bedeutsamen Entwicklung kennenlernen können. Im älteren Kruzifix, zweite Hälfte 12. Jahrhundert (Abb. 10, 11), ist Christus mit geöffneten Augen dargestellt, aufrecht vor dem Kreuzesbalken stehend. Der Gekreuzigte erscheint als Sieger über den Tod, als ›Triumphierender Christus‹. Nur durch eine leichte Drehung weicht der Körper von der strengen Frontalität ab. Die fest umrissenen Gestalten der umgebenden Szenen sind neben- und hintereinandergereiht, ohne daß ein räumlicher Eindruck entsteht. Die Linien zeichnen auf fast schematische Weise einfache Formen. Die kontrastierenden Farben sind deutlich voneinander abgesetzt. Eine zweite Stufe lernen wir in einem Kruzifix aus der Kirche San

DIE ANFÄNGE TOSCANISCHER KUNST

Matteo kennen, das um 1220–1240 entstanden sein dürfte (Abb. 12, 13). Das Haupt des Gekreuzigten fällt auf die rechte Schulter, die Augen sind geschlossen. Christus ist tot. Er verkörpert trotz der milden hingebungsvollen Gesichtszüge den Typus des ›Leidenden Christus‹. Den Körper belebt eine S-förmige Kurvatur, die in der Linienführung der begleitenden Szene der ›Beweinung‹ in ausladende, rhythmische Schwingung gerät. Engel und Frauen erscheinen zwar in mehrfacher Wiederholung, doch ist durch Unterschiede der Größe und des Neigungsgrades jede Monotonie vermieden. Es entsteht der Eindruck eines Bewegungsablaufs, der zum Haupt Christi führt. Bewegung und Rhythmus bringen Emotionen - Trauer und Zuwendung – zum Ausdruck. Der von dem älteren Kruzifix wesentlich verschiedene Stil ist nicht mehr romanisch und nicht allein aus lokaler Tradition ableitbar. Die verfeinerte Formensprache – wie auch der Typus des leidenden Christus – gingen aus enger Berührung mit der hochentwickelten byzantinischen Hofkunst hervor, vielleicht unter zusätzlichen Einflüssen gotischer Malerei des Nordens. Byzantinische Formensprache und Ikonographie wirkten bis zu DUCCIO und seinen Schülern auf die toscanische Malerei bereichernd, wenn auch das Kruzifix von S. Matteo in der einzigartigen Verfeinerung und einheitlichen Durchgestaltung keine direkte Nachfolge fand.

Das neben dem Kruzifix zweite wichtige Thema des 13. Jahrhunderts ist die thronende Muttergottes; ein drittes ist die *Darstellung der Heiligen* umgeben von Szenen ihres Lebens. Das früheste erhaltene Beispiel ist die Franziskus-Tafel in Pescia des Luccheser Malers Buonaventura Berlinghieri (Abb. 25), sie entstand 1235, nur sieben Jahre nach dem Tode des Heiligen.

Das zweite Thema, die *thronende Muttergottes,* wurde dann auch in Florenz und Siena mit zunehmender Häufigkeit dargestellt. In der frühen Altartafel aus San Martino in Pisa (ebenfalls im Pisaner Museo San Matteo) ist die Darstellung der Muttergottes im byzantinischen Typus der Hodegetria ein Beispiel der *maniera greca,* die man in späteren Jahrhunderten als starr empfand. Doch die Nebenszenen aus dem Leben der Muttergottes und ihrer Eltern Joachim und Anna verdeutlichen, wie befruchtend Byzanz auf die toscanische Malerei wirkte. Transparente Farben und Weißhöhungen binden auf malerische Weise die Figuren in die Atmosphäre der Landschaft ein.

Einen gegensätzlichen Weg ging GIUNTA PISANO, dessen Kruzifixe, im Aufbau vereinfacht, in den Körperformen organischer erscheinen und plastischer durchgebildet sind. Der schmerzverzerrte Gesichtsausdruck der Christusgestalt entstand unter dem Eindruck franziskanischer Leidensvisionen. Giunta Pisano schuf den Typus des *klassischen Kruzifixus,* der noch für CIMBABUE Gültigkeit besaß (Abb. 63). Sein Stil wirkte vor allem in Florenz weiter, während der Meister von San Martino als ein Vorläufer der Maler Sienas erscheint.

Florenz und *Siena* entwickelten sich seit der Mitte des 13. Jahrhunderts – gleichzeitig mit dem großartigen Aufschwung der Stadtbaukunst – zu führenden Zentren der Tafel- und Freskenmalerei. Noch um 1240 standen diese Städte im Schatten der Luccheser und Pisaner Schule. Sowohl in Florenz als auch in Siena nahm die Malerei dem Stadtcharakter entsprechende Züge an. In Florenz, der in römischen Quadraten errichteten Stadt der Ratio und des politischen Bewußtseins, deren Protorenaissance bereits im 11. Jahrhundert von

Abstraktionsvermögen zeugt, entwickelte sich das intellektuell Faßbare, das Gesetzmäßige: die Organisation der Bildfläche und des Raumes, die klar umrissenen Formen – Bemühungen, die in der Renaissance zur systematischen Erforschung der perspektivischen Gesetze, zu theoretischen Abhandlungen und zum Begriff des 'Disegno' führen. Siena dagegen, die auf steilabfallendem Hügelrücken erbaute Stadt der großen Heiligen, hielt länger – bis in die Renaissance – an überlieferten, von Byzanz übernommenen, geheiligten Bildvorstellungen fest und war gleichzeitig – wie auch in der Architektur – aufgeschlossen für die von Frankreich ausgehende Stilströmung der Gotik. Florenz bemühte sich um klaren Bildaufbau, Siena um die unsere Intuition ansprechende melodische Linienführung, um Kostbarkeit der Farbmaterie.

Die unterschiedlichen florentinischen und sienesischen Züge äußern sich bereits bei den frühesten uns namentlich bekannten Malern – bei dem Florentiner COPPO DI MARCOVALDO und bei GUIDO DA SIENA (in Florenz auch bei noch älteren, anonym gebliebenen). Um von diesen frühen Zeugnissen einen Eindruck zu gewinnen, müssen wir uns in verschiedene Kirchen und Museen begeben, in den Palazzo Pubblico von San Gimignano, in den Dom von Pistoia (Kruzifix des Coppo di Marcovaldo), nach Florenz in die Accademia, das Dommuseum, in die Kirche Santa Maria Maggiore (Magdalenen-Retabel, Zenobius-Retabel, ›Madonna del Carmine‹ von Coppo di Marcovaldo) und nach Siena in den Palazzo Pubblico und die Pinakothek (Retabeln von Guido da Siena). Hingegen ist es ein ausgesprochener Glücksfall, daß die Meister der folgenden Generationen, CIMABUE, DUCCIO und GIOTTO im ersten Saal der Florentiner Uffizien mit großen Madonnentafeln ausgestellt sind und sich zum exemplarischen Vergleich anbieten (Abb. 39–41; Farbt. 38): Für Duccios Retabel ist das Entstehungsdatum überliefert – sie wurde dem Sieneser Maler 1285 für die Florentiner Kirche Santa Maria Novella in Auftrag gegeben, während nicht geklärt ist, ob Cimabues undatierte Tafel früher, gleichzeitig oder später entstand. Die beiden Gemälde sind demselben byzantinischen Darstellungstypus der Hodegetria verpflichtet, der uns bereits in Pisa begegnete: daher die Ähnlichkeit in Haltung und Gesichtszügen der Muttergottes. Auf Cimabues Tafel ist der frontal dargestellte hohe Thron in seiner Räumlichkeit überschaubar. Duccio stellt seinen Thron von wesentlich leichteren Formen schräg ins Bild und gibt dennoch – aufgrund der Flächigkeit der Farben – weniger den Eindruck einer tiefen-räumlichen Ausdehnung. Da das Blau des Madonnenmantels nur wenig Helligkeitsstufen aufweist, wirkt die Muttergottes flach, unkörperlich, während die Engel von vergleichbarer Plastizität erscheinen wie bei Cimabue. Duccios Modellierung ist weicher, geschmeidiger. Dies ist für die sienesische Malerei ein ebenso charakteristischer Zug wie eine gewisse Härte bei den Florentinern – sie wird bei Cimabue vor allem bei den Aposteln und Engelköpfen deutlich. Die Vorliebe der Sienesen für schöne Linienführung zeigt sich u. a. an der Säumung des Marienmantels. Grundverschieden ist auch die Farbgebung. Die Florentiner, und so auch Cimabue, bevorzugen monochrome oder wenige bunte, kontrastierende Grundfarben, die sie dicht auftragen und symmetrisch anordnen. Duccios Farbenpalette ist unvergleichlich reicher. Er wählt von den Grundfarben abweichende Zwischentöne (Karminrot, Lila, zartes Blau, Grün), die durch Lasierung, d. h. nicht

DIE ANFÄNGE TOSCANISCHER KUNST

deckenden Farbauftrag, zu edelsteinhaftem Glanz gelangen. Duccios Madonna auf niedrigerem Thron erscheint uns räumlich näher, gleichzeitig wirkt sie infolge ihrer wenig entwickelten Körperlichkeit entrückt. Cimabues hoheitsvolle Gestalt dagegen erreicht durch den Blickkontakt, den sie – wie auch das Christuskind und die Engel – mit dem Betrachter eingeht, einen ganz anderen Grad der Präsenz (der dann in Giottos Ognissanti-Madonna von 1310 – im gleichen Raum der Uffizien – noch gesteigert wird; Abb. 39; Farbt. 40).

Das Thema der thronenden Muttergottes spielte in *Siena*, der Stadt der Jungfrau, eine besondere Rolle. Für den Hauptaltar des Domes malte Duccio ein großes Madonnenretabel, auf dem die Muttergottes von Heiligen, darunter den Stadtheiligen, umgeben ist, eine sogenannte ›Maestà‹ (s. vordere Umschlagklappe). Diese heute im Dommuseum ausgestellte große Holztafel sollte die Stelle des älteren, dem Zeitgeschmack nicht mehr genügenden Hauptaltarbildes einnehmen, der sogenannten ›Madonna mit den großen Augen‹, vor der die Sienesen vor der Schlacht von Montaperti, 1260, ihre Stadtschlüssel niederlegten (heute ebenfalls im Dommuseum). Als Duccios Tafel nach dreijähriger Arbeit 1311 fertiggestellt war, trugen sie die Bürger in einer feierlichen Prozession durch die Straßen ihrer Stadt. Auf der heute abgetrennten Rückseite ist ein ausführlicher Marien- und Leben-Jesu-Zyklus dargestellt, der andere Züge Duccios und der sienesischen Malerei des Trecento verdeutlicht: die oft wenig strenge Komposition, das Beibehalten stilisierter Felsenpartien der byzantinischen Tradition, die wenig entwickelte Standfestigkeit der zierlichen, fast wie tänzelnd anmutenden Gestalten.

In Siena blieb das Bild der thronenden Muttergottes nicht nur auf den kirchlichen Raum beschränkt. Vier Jahre später stellte SIMONE MARTINI das Thema der ›Maestà‹ auf einer großen Wand im Palazzo Pubblico dar (Abb. 102). Simone Martini ist unter den toscanischen Malern des frühen Trecento derjenige, der am meisten von der französischen Gotik annahm (s. a. Farbt. 36, 39). Dies zeigt, ebenso wie der Linienfluß der Gewänder, auch die Lilienkrone und die Thronarchitektur, während einige Heiligengestalten noch das byzantinische Vorbild erkennen lassen. Die perspektivische Konstruktion des Baldachins hingegen macht bereits die Auseinandersetzung mit den Raumvorstellungen Giottos deutlich. Simone Martini, der die letzten Jahre seines Lebens in Avignon verbrachte und dort starb, begründete ebenso wie Duccio eine Schule. Zu seinen direkten Nachfolgern zählt LIPPO MEMMI, der für den Palazzo Pubblico in San Gimignano die ›Maestà‹ seines Lehrers wiederholte. Die Bildsprache des frühen Trecento, des Duccio und Simone Martini, blieb für das ganze 14. Jahrhundert und darüber hinaus bis in die zweite Hälfte des 15. Jahrhunderts Vorbild. Viele Besucher der Pinacoteca Nazionale in Siena, der umfangreichsten Sammlung sienesischer Malerei, werden bei einem flüchtigen Rundgang nur wenige Veränderungen innerhalb des 14. und 15. Jahrhunderts wahrnehmen. Siena, so läßt sich vereinfachend sagen, behielt den hieratischen, zeichenhaften Charakter der älteren Malerei, wie er vor allem im Goldgrund zum Ausdruck kommt, bei, ohne auf die Errungenschaften der Florentiner Malschule – perspektivische Konstruktion, Plastizität der Figuren, wirklichkeitsnahe Wiedergabe – zu verzichten: Diese Erneuerungen werden nur partiell eingesetzt, so daß sie dem religiösen Bildcharakter keinen Abbruch tun. Das bedeutet beispielsweise, daß die perspektivische Konstruktion gewöhnlich nicht die Grundlage des gesamten Bildraumes wird oder daß die wirklichkeitsnahe Wiedergabe sich auf Einzelheiten, vor allem auf die materielle Dingwelt beschränkt, wie etwa auf den Brokatvorhang vor dem Thron auf Duccios Tafel in Florenz.

Zu den wenigen eigenständigen Sieneser Malern zählen die Brüder LORENZETTI, wenngleich auch sie bei Duccio ihren Ausgangspunkt nahmen und darüber hinaus nachhaltig von Giotto beeinflußt wurden. In den Fresken des Palazzo Pubblico in Siena (Farbt. 35) zeigt AMBROGIO LORENZETTI, daß er in der wirklichkeitsnahen Wiedergabe von Landschaft und Stadtarchitektur, in der Schilderung von Alltagsbegebenheiten seinen florentinischen Zeitgenossen voraus war. Dies gilt selbst für die perspektivische Konstruktion des Bildraumes in der ›Verkündigung‹ (Siena, Pinacoteca Nazionale; vgl. Farbt. 37). Dabei ist dieser Maler, wie auch sein Bruder PIETRO, erfüllt von sienesischer Leidenschaft und lyrischem Empfinden. Ambrogios Verkündigungsengel (Farbt. 37) findet in seinem beseelten Gesichtsausdruck eine Parallele zu Werken des Bildhauers Giovanni Pisano, nicht aber zu denen der Florentiner, die mehr um die äußere Form bemüht waren. Ambrogios berühmte Gestalt der ›Pace‹ (Abb. 101; Farbt. 35) dürfte florentinischem Schönheitsempfinden nicht entsprechen.

Die vorbildhafte Rolle des Duccio und Simone Martini in Siena erfüllte in *Florenz* GIOTTO (Abb. 39; Farbt. 40). Mit diesem, um 1266 in dem kleinen Mugello-Dorf Vespignano geborenen Maler beginnt eine neue Epoche der bildenden Kunst. Während die ältere Malerei die Inhalte zeichenhaft repräsentiert, bringt sie uns Giotto menschlich näher. Er wendet sich an unser Einfühlungsvermögen, kommt einem Bedürfnis entgegen, religiöse Inhalte auch mit dem Verstand zu erfassen. Giottos Gestalten sind körperhaft gegenwärtig, sind Menschen dieser Erde, sie stehen jedoch auf Grund ihrer Monumentalität den traditionellen Heiligengestalten an Würde keineswegs nach, sie wirken insofern nicht profan. Sein Formideal ist nicht das Verfeinert-Gotische, nicht die Schönlinigkeit – es ist die uns aus der toscanischen Architektur bereits vertraute Regelmäßigkeit und Geschlossenheit einfacher Formen. Giotto war der erste, der auf dem Gebiet der Malerei die toscanische Formenstrenge verwirklichte. Durch die plastische Gestaltung der Figuren erhält das Geschehen eine nie zuvor realisierte Gegenwärtigkeit. Die Plastizität der Gestalten erfordert die Ausbildung des Bildraumes: Giotto kennt die perspektivische Verkürzung, wenn auch nicht in der von Brunelleschi entdeckten Gesetzmäßigkeit der Linearperspektive. Er beschränkt sich auf eine schmale Bildbühne, die eine von der Handlung ablenkende Tiefenwirkung vermeidet. In der Wiedergabe von Natureindrücken ging Giotto nur so weit, als sie zur Vergegenwärtigung der Erzählung beitragen. Dinglichkeit wird nicht zum Selbstzweck. Felsen, Bäume, vereinfacht wiedergegebene Bauwerke – sie dienen einzig der Akzentuierung des Geschehens; Bildraum und Ausstattung bleiben auf den Menschen bezogen. Gleichzeitig verlieh Giotto dem Bild eine bisher nicht gekannte Stabilität, indem er z. B. die Horizontalen und Vertikalen des rechteckigen Bildrahmens in der Bildarchitektur und in den Figuren wiederholt.

DIE ANFÄNGE TOSCANISCHER KUNST

Der persönliche Stil Giottos prägte die Malerei eines ganzen Jahrhunderts. Seine Schüler und Nachfolger, TADDEO GADDI, BERNARDO DADDI und viele andere, bereicherten Giottos Errungenschaften auf verschiedene Weise – durch erzählerische Ausschmückung, durch Zunahme des Dekorativen – Bereicherungen, die mit dem Verlust der dramatischen Vergegenwärtigung einhergingen.

Die Städte

Pisa

Wer von Florenz oder Siena nach Pisa kommt, wird die ehemalige Hafenstadt als wenig toscanisch empfinden. Die Nähe des Meeres läßt den Domplatz in einem hellen, weichen Licht erscheinen, wie wir es vom Landesinnern her nicht kennen. Fremdartig wirken die reichverzierten, blendend weißen Marmorbauten: Als man 1063 mit dem Bau des Domes begann, zählte Pisa zu den führenden Seemächten des Mittelmeeres. Die Stadt hatte zweimal die Sarazenen besiegt. Ihre Handelsbeziehungen reichten bis an die kleinasiatische Küste. Pisa war Sammelpunkt einer internationalen Völkerschaft.

Ausdruck dieser Weltoffenheit ist der *Heilige Bezirk*, die *Piazza dei Miracoli*. Die Kathedrale, die mit San Marco in Venedig zu den ersten Monumentalbauten des mittelalterlichen Italiens zählt, ist nicht allein aus europäischer Baukunst ableitbar. Ihre Vorbilder liegen – außer in frühchristlichen Basiliken – in der Architektur des Ostens: in byzantinischen Kreuzkuppel- und Emporenkirchen, in islamischen Moscheen.

Pisas Orientierung zum Meere reicht bis in die Antike zurück, als die Stadt an einem großen, bis Livorno sich erstreckenden Lagunensee lag, der bereits den Etruskern von Volterra als Hafen diente. Kaiser Augustus ließ im Süden dieser Lagune einen wichtigen Flottenstützpunkt, den *portus pisanus*, anlegen. Die Stadt selbst bildete sich als römische Militärkolonie. Sie lag im versumpften Mündungsgebiet zweier Ströme, des Arno und des Serchio. *Pisa*, lateinisch *Pisae*, ist im Etruskischen das Wort für 'Mund': Hier mündete der Serchio in den Arno und der Arno in jenen Lagunensee, den Flußablagerungen allmählich versanden ließen. Seit der Völkerwanderungszeit fließt der Arno 11 km weiter westlich ins offene Meer, der Serchio besitzt eine eigene Mündung.

Nach dem Zerfall des Weströmischen Reiches gelangte die Stadt, in der der stellvertretende Langobardenherzog Sitz nahm, früh zu urbanem Leben. Als in den übrigen tyrrhenischen Küstenstädten Sarazeneinfälle und Sumpffieber das Leben verkümmern ließen, bauten die Pisaner ihre Flotte auf, stellten Schiffe für Pilgerfahrten ins Heilige Land und für die Kreuzzüge. Sie vertrieben die Muselmanen von Palermo (1063) und den Balearen-Inseln (1114), nahmen Sardinien (1065), Reggio di Calabria (1015), Karthago, Bona und die Liparischen Inseln (1030–35) in Besitz, sie sicherten sich Handelsstützpunkte an der syrischen und kleinasiatischen Küste. Pisa war eine 'internationale Stadt', die – in den Augen eines Geistlichen, der zu Besuch hier weilte – »befleckt« war »von Heiden, Libyern, Türken, Parthern und finsteren Chaldäern...«

Stadtansicht von Pisa zu Anfang des 17. Jh.

Als erste Bürger südlich des Apennin gelangten die Pisaner zur Autonomie: Sie stellten einen Zwölferrat auf und wählten selbst ihre Konsuln. Diese »Pisaner Gebräuche« bestätigt 1081 Kaiser Heinrich IV. Zur selben Zeit ließ die Stadt, die mit Amalfi, Genua und Venedig zu den vier mächtigen Seerepubliken der Apenninen-Halbinsel zählte, die »Gesetze und Gewohnheiten auf dem Meere« aufzeichnen.

In den Machtkämpfen zwischen Kaiser und Papst, zwischen Ghibellinen und Guelfen, nahm Pisa Partei für Kaiser und Ghibellinentum. Kaiser Friedrich Barbarossa hatte die Macht dieser Stadt gestärkt, indem er ihr ein weites Territorium von Portovenere bis Civitavecchia zuerkannte. Die 'natürlichen' Rivalen zur See und zu Lande, Genua und Lucca, später auch die neue Großmacht Florenz, wurden Parteigänger der Guelfen. Pisa hatte mit diesen Städten immer wieder Kriege auszutragen. Ihre gefährlichste Rivalin wurde die aufsteigende Seemacht Genua …

Nach dem Untergang der Staufer hatte sich die politische Lage für die Ghibellinen-Städte verschlechtert. Genua gelang es 1284, die pisanische Flotte zu vernichten. Über zwanzigtausend Pisaner fanden am 6. August in der Schlacht beim Felsriff Meloria (wenige Meilen vor Livorno) den Tod. Die Stadt konnte sich von diesem Verlust nie wieder ganz erholen.

69

Pisa: Lungarno. Aus: ›Viaggio Pittorico della Toscana‹ von Francesco Fontani, 1801

Pisa hörte auf, eine 'Weltmacht' zu sein. Nach der Niederlage wählte man den achtzigjährigen Flottenadmiral, Ugolino della Gherardesca, zum Podestà. Dieser schloß, um bei den Verhandlungen mit Genua über das Schicksal der pisanischen Gefangenen eine günstigere Ausgangsbasis zu schaffen, Frieden mit den Guelfen-Städten Florenz und Lucca – ein Schritt, der von seinen Mitbürgern mißverstanden wurde: Man bezichtigte Ugolino des Hochverrats und machte ihn nachträglich für die Niederlage bei Meloria verantwortlich. Mit seinen Kindern und Neffen hielt man ihn im Turm der Gualandi gefangen, wo er – wie Dante im ›Inferno‹ klagt – des Hungers starb.

Pisas bedeutende Epoche waren die zwei Jahrhunderte zwischen der Vertreibung der Sarazenen bei Palermo (1063) und der Niederlage bei Meloria (1284). In dieser Zeit, als Pisa die unbestrittene Beherrscherin des westlichen Mittelmeeres war, wuchsen der Dom mit seinem Campanile, das Baptisterium und der Camposanto heran – ein Ensemble hochmittelalterlicher Architektur, dem auf italienischem Boden nichts Gleichrangiges zur Seite zu stellen ist (Abb. 1, 2).

Auch in Pisa war das 14. Jahrhundert eine Zeit politischer Niederlagen und wirtschaftlicher Rückschritte. Die Republik verlor Korsika und Sardinien. Die kommunale Selbstverwaltung wurde durch die Herrschaft eines Einzelnen abgelöst: *Signori* von Pisa waren u. a. Uguccione della Faggiuola (1324–1325) und Castruccio Castracani (1327–1328), bis schließlich 1405 die Stadtherrschaft an die Visconti von Mailand gelangte, die sie – gegen eine hohe Summe – an Florenz weitergaben. Um sich nicht von ihren Erbfeinden regieren zu lassen, verschlossen die Pisaner ihre Tore. Florenz ließ die Stadt aushungern und hielt am 9. Oktober 1406 Einzug. Wie in anderen Städten, in denen der *Marzocco*, der Florentiner Löwe, errichtet wurde, verkümmerte die Kultur. Erst nachdem sich das Herzogtum Toscana konstituiert hatte, förderten die Mediceer die Stadt aufs großzügigste: Sie ließen den Flußlauf des Arno und Serchio regulieren, bauten Brücken und einen Verbindungskanal zum Hafen. 1563 stiftete Cosimo I. den Militärorden der ›Ritter von St. Stephan‹ und bestimmte das einstige politische Zentrum der Republik, die Gebäude um die *Piazza dei Cavalieri* zu ihrem Sitz. Durch den Ausbau von Livorno (seit 1577) verlor Pisas Hafen an Bedeutung, während die von Cosimo gegründete Universität sich zu einer führenden Italiens entwickelte.

Dombezirk

(Abb. 1) Der Bau des Domes wurde im Jahre 1063 begonnen, unmittelbar nachdem die Pisaner bei Palermo die Sarazenen besiegt hatten. »... Sechs große, mit Schätzen reich beladene Schiffe fielen in ihre Hände, mit dem Erlös ist dieser Bau errichtet worden«: so lautet die Inschrift an der Fassade. Für den Bauplatz hielt man Ausschau nach einem festen und trockenen Boden und wählte das Gräberfeld außerhalb der alten Stadtmauern. Dennoch ist nicht nur der Campanile schon während seiner Entstehung zum 'schiefen Turm' geworden, auch der Dom, desse Fassade sich 45 cm neigt, und viele andere Gebäude des Stadtgebietes, die auf dem jungen Schwemmland errichtet wurden, sind leicht geneigt. Die Lage des Domes ist keine Pisaner Eigenart. Auch in anderen Städten der Ebene, in Lucca, Prato und Florenz, in Parma und Piacenza wurden die Dome außerhalb des ursprünglich bebauten Gebietes errichtet.

In größeren zeitlichen Abständen wurden dem Dom innerhalb der 'großen Epoche' das Baptisterium (1157), der Campanile (1173) und der Camposanto (der Friedhof, 1278) hinzugefügt. Liegen auch zwischen Baubeginn von Dom und Camposanto

mehr als zwei Jahrhunderte, so wirkt die Baugruppe dennoch homogen. Ihre einheitliche Wirkung erreicht sie zum einen durch das Baumaterial – weiße Marmorblöcke, die per Schiff von Carrara geholt wurden –, zum anderen durch das Dekorationssystem: Um alle vier Bauten reihen sich im Erdgeschoß Bögen auf Lisenen oder auf Halbsäulen, die in ihrer endlosen Folge an den Säulenkranz antiker Tempel erinnern. Am Campanile, am Baptisterium, an der Fassade und der Apsis des Domes finden wir als weitere Gemeinsamkeit in den Obergeschossen 'Zwerchgalerien' (Laufgänge in Form von Bögen, die auf Säulchen ruhen), die bereits zuvor an romanischen Domen am Rhein auftraten.

Die Gestaltung des Domplatzes ist von gänzlich anderem Charakter als die der Plätze aus der Zeit der bürgerlichen Selbstverwaltung des 13. und 14. Jahrhunderts: Beim *Campo* in Siena, bei der *Piazza della Cisterna* in San Gimignano, der *Piazza Grande* in Arezzo umrahmen die dicht nebeneinander stehenden Bauwerke die Platzfläche. In Pisa stehen Dom, Campanile und Baptisterium – wenn auch achsial bezogen – in lockerer Beziehung zueinander inmitten des Platzes.

71

PISA

Bevor man im 19. Jahrhundert die Verbindungswege zwischen den Sakralbauten anlegte, war die Beziehung der Gebäude noch weniger artikuliert als heute. Begrenzt – aber nicht geschlossen – wird die Piazza von Bauten verschiedenen Charakters: von der Stadtmauer, dem Camposanto, dem Hospital, von einer Zypressenreihe und einer Hecke.

1* Dom Santa Maria

(Abb. 2; S. 54 Fig. 1) Geöffnet 7–12.45, 15–19 Uhr, im Winter bis 17 Uhr. – 1063 von Baumeister BUSKETOS begonnen. Um 1100 bis 1130 verlängerte RAINALDUS das Langhaus um drei Joche (erkennbar u. a. an anderen Kapitellen im Mittelschiff) und errichtete das Untergeschoß einer neuen Fassade, die bis ca. 1160 von GUGLIELMUS vollendet wurde. Als Bildhauer schuf Guglielmus auch die ältere Bauskulptur. Die mit Wimpergen geschmückte 'gotische' Zwerchgalerie am äußeren Kuppeltambour ist von 1380.

Bemerkenswert ist die kreuzförmige Anlage, für die es in Italien keine Voraussetzungen gab: ein fünfschiffiges basilikales Langhaus mit Emporen, das im Chor fortgesetzt wird, und ein dreischiffiges Querhaus, ebenfalls mit Emporen. Alle drei Kreuzarme enden in einer Apsis. Die Emporen werden durch 'Brücken' über mächtigen Spitzbögen über die Querschiffe hinaus in den Chorbereich fortgesetzt. Oberhalb der rechteckigen 'ausgeschiedenen Vierung' erhebt sich auf Trompen und oktogonalem Tambour eine ovale Kuppel. Im Wandaufbau des Mittelschiffs ruhen im Erdgeschoß Rundbögen auf 68 monolithen Säulen, darüber Emporen mit Biforienarkaden und

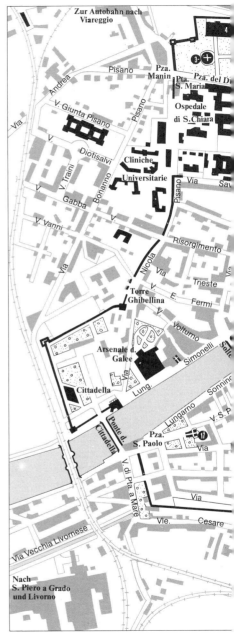

* Die Ziffern nehmen Bezug auf den Stadtplan

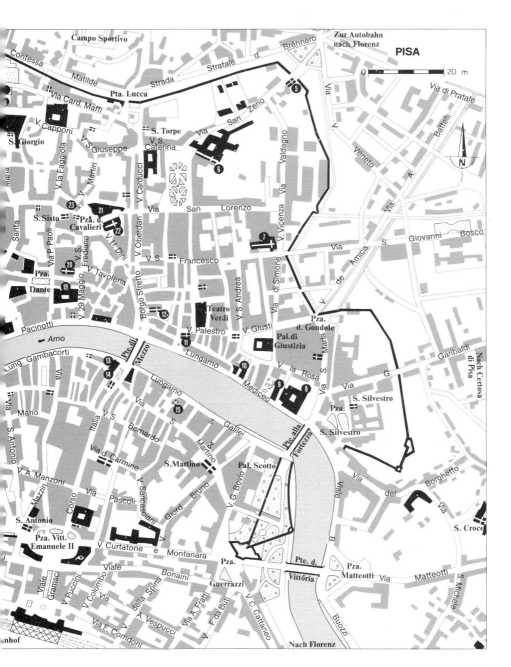

PISA

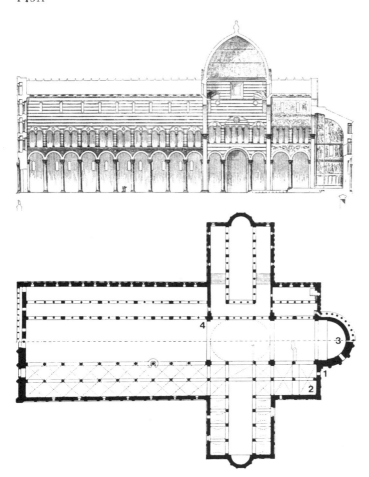

Pisa: Dom,
Längsschnitt und
Grundriß

Lichtgaden. Die Säulen sind nicht, wie in älterer Literatur meist angegeben, antiker Herkunft. Die Schäfte sind aus Granit der nahegelegenen Inseln Elba und Giglio. Im Querschiff finden sich einige antike Kapitelle. Die meisten Kapitelle des Langhauses wurden einheitlich nach dem Muster eines antiken Kompositkapitels in der Entstehungszeit der Kathedrale angefertigt.

Spitzbogige Arkaden trennen die Seitenschiffe. Mittelschiff und Emporen sind flachgedeckt. Auch das Mittelschiff trug ursprünglich einen offenen Dachstuhl. Die Kassettendecke wurde 1595 hinzugefügt, zur selben Zeit wurden die Seitenschiffe gewölbt.

Der Pisaner Dom wurde gleichzeitig mit anderen bedeutenden Kirchenbauten begonnen – mit dem Markusdom in Venedig, mit Sant'Abbondio in Como und dem Florentiner Baptisterium. Er ist die erste italienische Kirche mit Vierungskuppel und ausladendem Querschiff. Baumeister BUSKETOS, von dem Vasari berichtet, er sei griechischer Herkunft gewesen, holte sich Anregungen in frühchristlichen und byzantinischen Kirchen und in islamischen Moscheen. Liegen die Vorbilder für die Weite des fünfschiffigen Langhauses im frühchristlichen Rom, so führen die Emporen nach Thessaloniki und Konstantinopel (Hagia Sophia). Die Kenntnis islamischer Architektur von Damaskus und Kairouan zeigt sich nicht nur in der Dekoration des Äußeren, sondern ebenso in den Spitzbögen der Seitenschiffe und in der Konstruktion der Kuppel auf oktogonalem Tambour und Trompen. Das 'romanische' Dekorationssystem mit Blendbögen und Lisenen, das letztlich auf Ravenna zurückgeht, ist in der Lombardei und auch in den Ländern nördlich der Alpen verbreitet. In Pisa wurde es mit Rauten und Kreisformen (Oculi) bereichert. Es findet sich dieses Muster zum ersten Male nicht am Dom selbst, sondern in älteren Bauten der Stadt und der nächsten Umgebung: in San Zeno und San Matteo, in San Piero a Grado (Abb. 5). Dekorationssystem und Fassadenschema (Zwerchgalerien über einer 'Blend-Vorhalle', d. h. Bögen auf Halbsäulen) fanden Verbreitung in den Kirchen von Pisa und Lucca. Diese ihre charakteristischen Merkmale wurden in vereinfachter Form von zahlreichen Landkirchen der westlichen Toscana übernommen. Weitere Beispiele gibt es auch außerhalb der Toscana, auf Sardinien, Korsika und in Apulien, nicht im Landgebiet von Florenz.

Als Siena und Florenz im 13. Jahrhundert ihre Dom-Neubauten errichteten, versuchten sie der Pisaner Kathedrale Gleichrangiges entgegenzusetzen. Beide Städte übernahmen – bei grundverschiedenen künstlerischen Gestaltungsweisen – die Pisaner Kombination von basilikalem Langhaus mit Kreuzesform und Kuppel.

Ausstattung (s. den Grundriß S. 74)

1 Der Besucher betritt die Kirche durch die *Porta San Ranieri* im südlichen Querhaus. Die Bronzetür des BONANUS, um 1180, gehört zu den hervorragendsten Beispielen ihrer Art. Die Reliefs stellen Szenen aus dem Leben Jesu und Mariens dar. Wie in Italien üblich, sind die Felder gegossen und auf Holz montiert. Die Relieftechnik, bei der nur die Köpfe vollplastisch sind, ist die gleiche wie bei den Bronzetüren von Hildes-

Pisa: Der Dom zu Ende des 19. Jh. ohne die 1926 wiederaufgebaute Kanzel Giovanni Pisanos

PISA

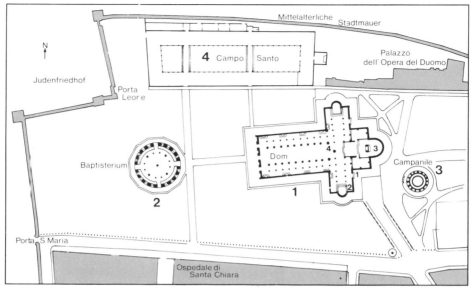

Pisa: Domplatz

heim und Verona. Für die Komposition einzelner Szenen ging Bonanus von Vorbildern byzantinischer Elfenbeinarbeiten aus. Bonanus schuf auch die Bronzetüren für die Westfassade, die nach dem Brand von 1595 von dem Florentiner Bildhauer GIAMBOLOGNA und seinen Schülern erneuert wurden.

2 *Grabmal Heinrichs VII.*, der 1313 bei Buonconvento starb, von TINO DI CAMAINO. Die vielleicht zu diesem Grabmal gehörenden Statuen des sitzenden Kaisers und seiner Berater sind im Museum des Camposanto ausgestellt.

3 *Mosaik der Apsis: ›Thronender Christus, umgeben von Maria und Johannes dem Evangelisten‹.* Unter den Künstlern, die an diesem Mosaik in byzantisierendem Stil arbeiteten, ist für 1302 CIMABUE bezeugt, auf den die Figur des Johannes zurückgeht.

4 *Kanzel* von GIOVANNI PISANO, 1302–1311. Von den vier Kanzeln ist diese die späteste und reichste. Die Reliefs der Kanzelbrüstung, die hier zum ersten Male gerundet ist, stellen dar: ›Geburt Johannes des Täufers‹, ›Verkündigung und Heimsuchung‹, ›Christi Geburt und Verkündigung an die Hirten‹, ›Anbetung der Könige‹, ›Darstellung im Tempel‹, ›Flucht nach Ägypten‹, ›Bethlehemitischer Kindermord‹, ›Verrat des Judas und Geißelung Christi‹, ›Kreuzigung‹. Die beiden letzten Reliefs gaben das Jüngste Gericht mit Seligen und Verdammten wieder. Zwischen den Relieffeldern stehen Propheten und Heilige. Dieses 'Lehrgebäude' des Neuen Testaments wird 'getragen' von Propheten (in den Zwickeln der zu Voluten umgeformten Bögen) und Sibyllen (über den Kapitellen).

Von den neun äußeren Säulen sind vier durch menschliche Figuren ersetzt (die die Funktion des Tragens im historischen und geistigen Sinne zum Ausdruck bringen): durch den heidnischen Helden Herkules und den christlichen Kämpfer Michael, durch Christus (auf dessen Sockel vier Evangelisten) und Ecclesia (über vier Kardinaltugenden).

An Stelle der mittleren Säule stehen drei weltliche Gestalten – vermutlich Personifikationen von Glaube, Hoffnung und Liebe. Diese Kanzel ersetzte die ältere von Guglielmus (dem Baumeister des oberen Teils der Fassade), die 1325 in den Dom von Cagliari (Sardinien) gelangte. Giovannis Kanzel wurde 1559 abgebrochen und 1926 in nicht authentischer Weise wieder aufgebaut.

2 Baptisterium

(Abb. 1, 8) In Italien findet man häufig selbständige Taufkirchen vor dem Dom – innerhalb der Toscana in Florenz, Pistoia und Volterra. Es sind stets Zentralbauten – wie bereits das Baptisterium vor der Lateransbasilika in Rom –, entweder runder oder oktogonaler Form, in deren Mitte das Taufbecken steht. Taufkirchen scheinen ihren Ursprung darin zu haben, daß nur der Getaufte das Gotteshaus betreten darf.

Die Bauzeit des Pisaner Baptisteriums betrug mit Unterbrechung über zweihundert Jahre. Deutlich läßt sich die romanische Struktur des Untergeschosses von den gotischen Zierformen und der Gestalt der Kuppel (die von mit Krabben besetzten Rippen aufgegliedert ist) unterscheiden. 1153 begann Baumeister DIOTISALVI den Bau (Inschrift auf dem Pfeilerpaar links und rechts des Eingangs), den er vermutlich bis ins zweite Geschoß führte, wobei er sich in der

Grundstruktur und in vielen Einzelheiten (Portal- und Fensterbildung, Marmorstreifung) an die Fassade und die Seitenwände des Domes anlehnte. Sicherlich geht auch die Säulenloggia ('Zwerchgalerie') auf diese erste Bauphase zurück. Die gotischen Wimperge mit figürlichem Schmuck und Fialen wurden erst zu einer Zeit hinzugefügt, als u. a. NICOLA PISANO (1260) und GIOVANNI PISANO (1285–1293) mit der Bauleitung beauftragt waren. Erst 1358 wurde die Taufkirche eingewölbt. Hierfür war ein Tambour erforderlich, für den im Innern die Emporengewölbe abgerissen werden mußten. 1359 wurde ein Teil der Dachziegel durch helle Marmorsteine ersetzt.

Die 3,30 m hohe Statue Johannes des Täufers auf der Spitze der Kuppel ist vermutlich vom Ende des 14. Jahrhunderts.

Im Innern sondert ein Kranz von acht Säulen, die mit vier Pfeilern abwechseln, einen Umgang ab, über dem sich im Obergeschoß Emporen erheben.

Ausstattung

Das *Taufbecken* ist von GUIDO BIGARELLI, einem Meister aus Como (1246, Inschrift).

Kanzel, 1259/60 von NICOLA PISANO vollendet. Die sechseckige Kanzel steht frei im Raum. Sie ist nicht mehr wie die älteren (im Dom zu Barga oder in San Bartolomeo in Pistoia) an der Wand oder an einem Pfeiler angelehnt. Wie üblich stehen die Säulen auf Löwen, welche Stärke symbolisieren. Der Kanzelkasten liegt hier zum ersten Male auf Bögen, und zwar auf Dreipaßbögen, die – wie die Knospenkapitelle – ihren Ursprung in der französischen Gotik haben. Die großen Reliefs zeigen Szenen aus der Kindheit Jesu, die ›Kreuzigung‹ und das ›Jüngste Gericht‹. In den Zwickeln der Bö-

gen sind Propheten und Evangelisten dargestellt. Diese 'tragen' gemeinsam mit sechs
Statuetten, von denen fünf Tugenden perso-
nifizieren und eine Johannes den Täufer
darstellt, Szenen des Neuen Testaments.
Die Figur der ›Stärke‹ tritt in der Gestalt des
Herkules auf. Nicola Pisano hat sich hier
einen griechisch-römischen Statuentypus
im Kontrapost zum Vorbild genommen. In
den Reliefs ist die Auseinandersetzung mit
antiker Plastik zunächst weniger deutlich.
Doch die rechteckige Form des Bildfeldes,
das Verhältnis der Figuren innerhalb des
Rahmens und die Relieftiefe gehen auf römische Sarkophage zurück, die der Bildhauer
auf dem Gräberfeld des Domplatzes täglich
vor Augen hatte. Die Sarkophage gelangten
1279 in den neuerbauten Camposanto, wo
wir sie noch heute finden. Vom Sarkophag
mit der Reliefszene aus der Phädra-Sage, in
welchem Markgräfin Beatrice von Tuszien
beigesetzt wurde, hat Nicola zwei Motive
übernommen: Die Gestalt der sitzenden
Phädra kehrt spiegelbildlich als Muttergottes in der ›Anbetung der Könige‹ (Abb. 8)
wieder, das Stadttor findet sich beim Kan-
zelrelief mit der ›Verkündigung‹ und der
›Geburt Christi‹. Von weiteren antiken Re-
miniszensen zeugen speziell die ersten beiden Kanzelfelder: die liegende Muttergottes
in der Geburtsszene gleicht in ihrer Haltung
den Verstorbenen auf etruskischen Sarkophagen. Ihr großer ausdrucksvoller Kopf –
wie auch der des Verkündigungsengels und
des stehenden Königs – erinnert an spätan-
tik-frühchristliche Elfenbeinarbeiten, denen die ersten beiden Kanzelreliefs auch in
ihrer Gesamtwirkung sehr nahe stehen.
Doch auch von gotischer Skulptur des Nordens hatte Nicola Pisano Kenntnisse. Dies
zeigt sich u. a. am Faltenwurf, auch wenn er

hier flacher und eckiger fällt als bei französischen Gewandfiguren.

3 Campanile

(Abb. 1) Öffnungszeiten: 6. April bis 6.
September: 8–19 Uhr, November und Dezember 9–16 Uhr, während der übrigen
Jahreszeit 8–17 Uhr. – Der, wie in Italien
üblich, freistehende Glockenturm wurde
1173 begonnen, laut Vasari von BONANUS,
dem Meister der Bronzetüren, der nach der
Überlieferung in seinem Turm bestattet
wurde. Ein Fragment der Inschrift seines
Sarkophags wurde später links vom Eingang
in den Campanile eingemauert. Bald nach
Baubeginn begann sich der Turm zu neigen,
so daß Bonanus nur bis zum dritten Geschoß gelangte. Erst ein Jahrhundert später,
ab 1275, führte GIOVANNI DI SIMONE die
Arbeit weiter, indem er versuchte, der Neigung des Turms durch eine deutliche Krüm-
mung in die Gegenrichtung entgegenzuwir-
ken. Doch das Schwemmland gab weiter
nach. Der Turm, dessen Glockenstube erst
in der zweiten Hälfte des 14. Jahrhunderts
vollendet wurde, steht zur Zeit um 4,54 m
über. Wie genaue Messungen ergeben, neigt
er sich jährlich um einen Millimeter. Doch
ein Einsturz – so versichern die Statiker – ist
vorerst nicht zu befürchten.

Die Blendbögen und Halbsäulen des Erdgeschosses, die gleichförmige Geschoßbil-
dung und die endlose Reihung der Säulenloggien gleichen sich den übrigen Gebäuden
des Dombezirks an. Der Campanile unterscheidet sich von den üblichen quadratischen Türmen Mittelitaliens. Er bildet den
denkbar größten Gegensatz zu den steil
aufsteigenden, spitz zulaufenden Türmen
des Nordens. Der tausendfach reproduzier-

te 'Schiefe Turm', die *torre pendente,* wie ihn die Italiener nennen, in welchem Galileo Galilei seine Fallgesetze erprobte, wurde für alle Welt zu einem Symbol italienischer Bauschönheit.

4 Camposanto

(Abb. 6, 7) Öffnungszeiten wie der Campanile. – Als letztes monumentales Bauwerk des Dombezirks begann man 1278 den Friedhof. Die Bauleitung hatte GIOVANNI DI SIMONE, der gleichzeitig mit der Weiterführung des Campanile beauftragt war. Die Arbeiten zogen sich bis ins 15. Jahrhundert hin. Nach alter Überlieferung soll Erzbischof Ubaldo dei Lanfranchi als Anführer der pisanischen Flotte im Ersten Kreuzzug Schiffsladungen voll heiliger Erde von Golgatha für den ·Friedhof nach Pisa geholt haben. Da man die Juden der Stadt von der heiligen Erde nicht ausschließen konnte, ihren Friedhof aber nicht innerhalb der Stadtmauern duldete, scheidet die Mauer links vom Camposanto ein Viereck aus, in dem die jüdische Gemeinde noch heute ihre Toten bestattet (s. Fig. S. 76).

Der Camposanto hat die Form eines großen langgestreckten Kreuzganges, der sich zum Innenhof in Rundbogenarkaden öffnet, die nachträglich, in der zweiten Hälfte des 14. Jahrhunderts, mit reichem vierteiligen Maßwerk gefüllt wurden. Nach außen hin ist er von einer Mauer umschlossen, die in Angleichung an die übrigen Bauten des Domplatzes mit einer Blendarkatur versehen und nur durch zwei Portale geöffnet ist. Zu beachten ist das *Tabernakel über dem Eingangsportal* mit einer Figurengruppe (›Muttergottes mit Heiligen‹) aus der Schule GIOVANNI PISANOS. Seit dem Mittelalter zur

Bestattung wiederverwendete römische Sarkophage und Grabplatten zeugen davon, daß der Camposanto bis ins 18. Jahrhundert als Begräbnisstätte diente.

Das 14. und 15. Jahrhundert schmückte den Friedhof mit einer Folge von Wandmalereien, die 1944 bei einem Brand während der Kämpfe zwischen Alliierten und Deutschen schwere Schäden, insbesondere auch Farbveränderungen erlitten. Sie wurden von den Wänden abgenommen – wobei häufig die Vorzeichnungen (Sinopien) zutage traten – und sind nun zum Teil in den *Museumsräumen nördlich vom Kreuzgang* ausgestellt.[1]

Der ›Triumph des Todes‹ (Abb. 6) zählt zu den bedeutendsten Monumentalmalereien aus der Mitte oder der zweiten Hälfte des 14. Jahrhunderts. Über Namen und Herkunft des unbekannten Meisters sowie über die Datierung gibt es zahlreiche Hypothesen. Die jüngste Forschung nennt als Entstehungszeit 1340–1345. Als Maler wird BONAMICO BUFFALMACO vorgeschlagen. Die Szene der ›Begegnung zwischen Lebenden und drei toten Königen in offenen Särgen‹ ist aus der französischen Buchmalerei bekannt: Der Mönch Makarios weist auf die Vergeblichkeit menschlicher Vorhaben gegenüber dem Tode hin. Andere Szenen zeigen das ›Weltgericht‹ mit ›Paradies‹ und ›Hölle‹ und konfrontieren das Leben der Eremiten mit dem gesellschaftlichen Treiben höherer Stände angesichts des Todes.

---

1   Mit Sinopia bezeichnet man die originalgroße Vorzeichnung auf dem ersten, rauhen Wandverputz. Der Name *sinopia* wird von der Stadt Sinope am Schwarzen Meer abgeleitet, woher das rote Erdpigment stammt. Weitere Sinopien zeigt das im Juli 1979 eröffnete Museo dell'Opera della Primaziale im Gebäude des Ospedale di Santa Chiara an der Piazza del Duomo.

PISA

Im Saal dieser Wandgemälde sind auch beachtenswerte Skulpturen versammelt: ein Madonnenfragment GIOVANNI PISANOS, die Gruppe mit Kaiser Heinrich VII. und seinen Ratgebern von TINO DI CAMAINO (um 1315). Es ist nicht gesichert, ob diese Skulpturengruppe vom Grabmal im Dom oder aus einem anderen Zusammenhang stammt. Bronze-Greif, islamisch, 11. Jh., von den Pisanern auf den Balearen erbeutet, bekrönte früher einen Dom-Giebel.

5 San Zeno

Die von Benediktinern gegründete Kirche aus dem frühen 11., vielleicht schon 10. Jahrhundert, zählt zu den ältesten der Stadt. Basilikale Anlage mit charakteristischem einfachen Wandaufbau und offenem Dachstuhl, Säulen und quadratischen Stützen. Kapitelle z. T. römischen Ursprungs.

6 Santa Caterina

Seit 1251 Kirche der Dominikaner. Der romanischen Fassade wurden um 1330 Zwerchgalerien und eine Rosette hinzugefügt. *Beidseitig vom Hauptaltar:* Verkündigungsgruppe aus Marmor mit Spuren originaler Bemalung, von NINO PISANO, um 1340–60.

7 San Francesco

Schon zu Lebzeiten des Hl. Franz, 1211, gründeten die Franziskaner einen ersten Konvent. 1265–70 erbaute GIOVANNI DI SIMONE den jetzigen Bau mit sechs Querschiffskapellen. Die Fassade wurde 1603 vollendet.

8 Museo Nazionale di San Matteo

9–14 Uhr, sonntags 9–13 Uhr, montags

geschlossen. Im ehemaligen Benediktinerkloster wurde nach dem Zweiten Weltkrieg eine bedeutende Sammlung toscanischer, speziell pisanischer Skulptur und Malerei eingerichtet. Besondere Aufmerksamkeit verdienen die Bauskulpturen vom Baptisterium (darunter die ›Tanzende‹ und Heiligenbüsten von GIOVANNI PISANO, ein weiblicher Kopf von NICOLA PISANO), Marmorskulptur von NINO PISANO aus Santa Maria della Spina, um 1340/50, mehrere frühe gemalte Kruzifixe (Abb. 10–13) und eine Muttergottestafel aus San Martino (vgl. S. 61 ff.), ein Polyptychon von SIMONE MARTINI, die zu einem Polyptychon gehörende Tafel des ›Hl. Paulus‹ von MASACCIO, 1426, ein Madonnenbild von GENTILE DA FABRIANO, erstes Viertel 15. Jahrhundert, ›Göttliche und Weltliche Liebe‹, von GUIDO RENI, erste Hälfte 17. Jahrhundert.

9 Palazzo dei Medici

Im 13. Jahrhundert errichtet, im 14. vergrößert. Im 15. Jahrhundert gelangte der Palast in Besitz der Medici, jetzt Sitz der Präfektur.

10 Palazzo Toscanelli

Etwa Mitte 16. Jahrhundert, Sitz des Staatsarchivs.

11 San Pietro in Vinculis (San Pierino)

Seit 1074 an der Stelle eines römischen Tempels errichtet (Weihe 1119). An der Fassade zweibogige Fenster über dem Türbalken. Im dreischiffigen Inneren wurden antike Säulen und Kapitelle wiederverwendet. Weiträumige Krypta mit Kreuzgratgewölben.

26 PISTOIA S. Giovanni Fuorcivitas, Seitenfassade, 13. Jh.

27 Pistoia Dom S. Zeno, 1108 begonnen, Vorhalle 1311

28 Pistoia Palazzo del Comune, begonnen nach 1294, erweitert 1339–1385

29 PISTOIA Dom: Silberaltar des Hl. Jakobus, ›Berufung der Jünger‹, von Leonardo di Giovanni, 1367–71

30 Ponte della Maddalena bei Borgo a Mozzano, 14. Jh.

31 Prato Castello dell'Imperatore, 1248 im Auftrag Friedrichs II. errichtet

32 PRATO S. Maria delle Carceri, von Antonio da Sangallo, 1484 begonnen

33 PRATO   Palazzo Pretorio, 13. bis 15. Jh.

34 PRATO   Dom S. Stefano, 1211 begonnen, Fassade 1385–1457. Außenkanzel von Donatello und Michelozzo, 1434–38

35 FLORENZ   Baptisterium S. Giovanni, 1059–1150

36 FLORENZ   Bargello, 1254–61, 1340 aufgestockt

37 FLORENZ Dom, begonnen 1296, fortgeführt 1357, Kuppel 1418–66

38 FLORENZ Or San Michele: ›Hl. Matthäus‹, Bronzestatue von Ghiberti, 1419–23

39 FLORENZ Uffizien: ›Thronende Muttergottes‹, von Giotto, 1310

40, 41 FLORENZ Uffizien: ›Thronende Muttergottes‹, links von Cimabue, rechts von Duccio

42 FLORENZ Dom, Südseite

43 FLORENZ S. Croce, begonnen 1295

44 a, b FLORENZ   Uffizien, von Vasari, 1559–80; links: Arno-Seite

45 FLORENZ   Ponte Vecchio

46   GALLUZZO   Kartäuser-Kloster, großer Kreuzgang, 1498-1516

47   BOSCO AI FRATI   Franziskaner-Konvent, 1420–27 von Michelozzo errichtet

48 ARTIMINO   Villa Medicea, von Buontalenti, 1594

49 CAFAGGIOLO   Villa Medicea, von Michelozzo, 1451

50 POGGIO A CAIANO Villa Medicea, von Giuliano da Sangallo, 1480–85
51 CAREGGI Villa Medicea, nach 1457 erweitert von Michelozzo

52 Landschaft bei Fiesole

53 FIESOLE Badia, Fassade eines Vorgängerbaus, 11. Jh.

54 FIESOLE Römisches Theater

55 QUINTO FIORENTINO Dromos des etruskischen Tumulus-Grabes ›La Montagnola‹, um 625–600 v. Chr.

56 SAN GIUSTO am Monte Albano   Ehemalige Abteikirche, Fassade Ende 12. Jh.

12 San Michele in Borgo
Im Untergeschoß der Fassade romanische Blendarkaden, im oberen Teil Zwerchgalerien mit gotischen Dreipaßbögen aus dem Anfang des 14. Jahrhunderts. Dreischiffiges Innere ohne Apsis. *Über dem linken Portal:* ›Hl. Michael‹, Fresko aus der Mitte des 13. Jahrhunderts.

13 Palazzo Gambacorti
14. Jahrhundert, Palast des Pietro Gambacorti, Signore von Pisa, der hier 1393 ermordet wurde.

14 Logge di Banchi
Ehemaliger Tuchmarkt. 1603–05 nach Plänen des Florentiner BERNARDO BUONTALENTI errichtet.

15 San Sepolcro
Oktogonalbau, laut Inschrift am Campanile 1153 von DIOTISALVI errichtet.

16 Santa Maria della Spina
Begonnen um 1325. Steingewordener Reliquienschrein für einen Dorn *('spina')* der Christuskrone. Charakteristisches Beispiel für die an Schmuckformen reiche Tabernakel- und Kapellenarchitektur aus der Mitte des 14. Jahrhunderts. Lokale Tradition (Marmorstreifung, farbige Inkrustation, Rundbögen) und Elemente der französischen Gotik, die in ihrer architektonischen Funktion teilweise mißverstanden wurden (Tabernakel auf den Spitzen von Wimpergen!), verbinden sich. Die Kirche mußte 1871 abgetragen und an einer höheren Stelle des Flußufers wieder aufgebaut werden.

Pisa: Santa Maria della Spina. Aus: ›Viaggio Pittorico della Toscana‹ von Francesco Fontani, 1801

PISA

17 San Paolo a Ripa d'Arno

(Abb. 3) Ende 12. Jahrhundert bis Anfang
13. Jahrhundert. In ihrem Äußeren zeigt
diese Klosterkirche der Vallombrosaner
deutlich den Einfluß des Domes. Das dreischiffige Langhaus bildet mit dem weit aus-
ladenden Querschiff eine Vierung, über der
sich eine in der toscanischen Romanik selte-
ne Pendentif-Kuppel erhebt. Nach starker
Beschädigung im Zweiten Weltkrieg wurde
die Kirche wiederaufgebaut.

18 San Nicola

Mitte 12. Jahrhundert. Nur der untere Teil
der Fassade aus der Entstehungszeit.

Achteckiger *Campanile*, an den Ecken
mit Lisenen besetzt, durch ein Gesims in
zwei Geschosse gegliedert. Im Inneren des
Campanile windet sich eine Treppe um
einen offenen runden Schacht. Laut Vasari
soll sie Bramante zum Bau der Treppe des
Belvedere im Vatikan angeregt haben.

19 Università

Die Anfänge der Pisaner Universität reichen
ins 12. Jh. zurück. Sie wurde im 15. Jh. von
Lorenzo Il Magnifico und nochmals im
16. Jh. von Cosimo I. erneuert. Die Universität ist berühmt als Lehrstätte der Natur-
wissenschaften und der Mathematik.

20 San Frediano

Errichtet im 11. und 12. Jahrhundert. An
der Fassade begegnen wir wiederum dem
charakteristischen pisanischen Motiv der
mit Rhomben gefüllten Blendbögen. Das
Innere wurde nach einem Brand von 1675
barockisiert.

Piazza dei Cavalieri

Sie ist das mittelalterlich-weltliche Stadtzentrum, um das sich die Kommunalpaläste

gruppierten. Nach der Überlieferung lag an
dieser Stelle das römische Forum. Der Platz
verdankt seine heutige Gestalt Herzog Cosimo de' Medici, der die Gebäude des 1561
gegründeten Ritterordens von St. Stephan
an diesem Platz vereinigte, wobei die ursprüngliche Bezeichnung *Piazza delle sette
vie* (Platz der sieben Wege) in *Piazza dei
Cavalieri* (Platz der Ritter) umgewandelt
wurde.

21 Palazzo dei Cavalieri

Der mittelalterliche Kommunalpalast (Palazzo degli Anziani, Palast der Ältesten)
wurde im Auftrag Cosimos I. 1562 von
GIORGIO VASARI umgebaut, der auch die
erneuerten Sgrafitti-Malereien entwarf.
Nach Aufhebung des Ritterordens durch
Napoleon, bestimmte dieser den Palazzo
zum Sitz der von ihm gegründeten *Scuola
Normale Superiore*, einer noch heute bestehenden Elite-Universität.

22 Santo Stefano dei Cavalieri

1565–1596 von GIORGIO VASARI errichtet.
Der Fassadenentwurf geht wahrscheinlich
auf Giovanni de' Medici zurück. Die Kirche
besitzt eine berühmte Orgel mit vielen alten
Registern und ein Meisterwerk DONATEL-
LOS: ein vergoldetes Bronzereliquiar des Hl.
Rochus, 1427. *An den Wänden*: Siegestrophäen und Erinnerungsstücke an die See-
schlacht bei Lepanto (1571): Türkische Fahnen sowie Holzfiguren der Galeere des Ste-
phansordens.

23 Palazzo dell'Orologio

Ein weiteres Gebäude des Stephanordens.
Ein Torbogen verbindet zwei ehemalige
Turmhäuser – links das mittelalterliche
Staatsgefängnis, rechts der Palazzo Gualan-
di, der sogenannte 'Hungerturm', in dem

die Republik Pisa Adler als lebendige Wappentiere hielt und Graf Ugolino della Gherardesca verhungert sein soll.

Weitere Monumente der Piazza dei Cavalieri:
Statue des Großherzogs Cosimo I. und *Brunnen* von PIETRO FRANCAVILLA, 1596. An der *Westseite* des Platzes: Renaissance-Paläste, von rechts nach links: *Palazzo del Collegio Puteano*, nach 1605, mit kleiner Kirche, und *Palazzo del Consiglio* (Palast der Rates der Stephans-Ritter), von PIETRO FRANCAVILLA, 1603.

24 San Piero a Grado
(Abb. 4, 5; S. 52 Fig. 1) 6 km vom Stadtzentrum, an der einstigen Mündung des Arno, des damals noch nicht versandeten

San Piero a Grado bei Pisa, Grundriß

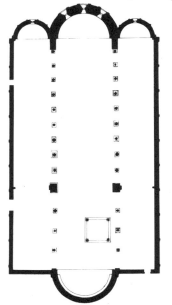

sinus pisanus errichtet. Die Kirche wurde vermutlich vor dem Pisaner Dom, in der Mitte des 11. Jahrhunderts, erbaut.

Nach der Legende wurde der Apostel Petrus auf dem Wege nach Rom an die Arnomündung verschlagen, wo er über einem steinernen Altar die *Ecclesia ad gradus* erbaute und die erste christliche Gemeinde der Apenninenhalbinsel versammelte.

Am *Außenbau* (Tuffgestein und Marmor) finden wir das uns aus frühen Pisaner Kirchen bereits vertraute Dekorationssystem: Bögen, in die Rhomben und Kreise eingelassen wurden, sowie schmale Lisenen. Der im Zweiten Weltkrieg zerstörte Campanile wurde im Untergeschoß rekonstruiert.

Inneres. Die dreischiffige basilikale Anlage besitzt drei Apsiden im Osten und – als Besonderheit – eine weitere Apsis im Westen. 24 Säulen mit Kapitellen antiker Herkunft und ein Pfeilerpaar tragen die Scheidbögen, wobei im Westteil die Abstände der Säulen und folglich auch die Bogendurchmesser größer sind. In diesem Westteil steht ein Ziborium, unter dem man bei Ausgrabungen (1910–20 und seit 1958) die Fundamente eines Vorgängerbaus fand, in dessen mittlerer Ostapsis ein Altar stand, möglicherweise jener, der nach der Legende vom Hl. Petrus errichtet wurde. Man nimmt heute an, daß man diesen ehrwürdigen Altar beim Neubau des 11. Jahrhunderts nicht verrücken wollte und es daher zur Errichtung des westlichen Chores kam.

Das Hauptschiff ist ausgestattet mit Fresken von DEODATO ORLANDI, um 1300. *Untere Zone:* Papstporträts; *mittlere Zone:* Szenen aus dem Leben des Hl. Petrus; *obere Zone:* Mauern des Himmlischen Jerusalem, aus dessen Fenstern Engel schauen.

PISA

Certosa di Pisa. Aus: ›Viaggio Pittorico della Toscana‹ von Francesco Fontani, 1801

Certosa di Pisa

Etwa 14 km östlich vom Stadtzentrum. Barocke Anlage des 1366 gegründeten Kartäuserklosters. (Besuch nur in Begleitung eines Führers)

Der Weg zur Certosa führt in die Nähe der *Pieve di Calci*, 11. Jahrhundert, Fassade mit pisanischen Dekorationsmustern, Taufbecken aus der zweiten Hälfte des 12. Jahrhunderts.

Lucca

Für viele Reisende gehört die von außerordentlich starken Mauern umgürtete, in fruchtbarer Ebene gelegene, von nahen Hügeln und Bergen umgebene Stadt zu den reizvollsten der Toscana. Dem Ort ist eine Atmosphäre eigen, die man vielleicht mit *dolce*, lieblich, bezeichnen könnte. Schmuckfreudige romanische Kirchen aus weißem Marmor und dunkelrotem Verrucano-Gestein (vom Monte Pisano) verbinden sich aufs harmonischste mit späteren Patrizierpalästen von nobler Zurückhaltung. Gegenüber dem vorwiegend durch die Gotik geprägten Siena ist Lucca die ältere und zugleich jüngere Stadt. Man sieht es ihr nicht an, daß ihre Häuser stets erneuert wurden, daß sie größtenteils dem 18. und 19. Jahrhundert angehören – so 'maßvoll' fügen sie sich in die mittelalterliche, auf das römische Castrum zurückzuführende Stadtstruktur ein.

Daß man vom 11. bis 19. Jahrhundert kontinuierlich gebaut hat, ist Ausdruck eines glücklichen Geschichtsverlaufes. Als einzige Stadt der Toscana konnte Lucca bis 1847, wenige Jahre vor der Vereinigung Italiens, seine Unabhängigkeit gegenüber dem Florentiner Staat und dem Großherzogtum bewahren.

In vorrömischer Zeit war Lucca eine ligurische Siedlung in einem Sumpfgebiet zwischen den Flußarmen des Serchio. Das etruskische Wort *luk*, das 'Sumpf' bedeutet, wurde von den Römern als *Luca* für ihre 180 v. Chr. gegründete *colonia* übernommen. Diese erhielt 89 v. Chr. die Bürgerrechte eines *municipium*. Luca lag an einem Knotenpunkt des römischen Straßennetzes – der Verlängerung der *Via Cassia* und einer Abzweigung der *Via Aurelia*. Von der Römerstadt[1] zeugt noch heute der schachbrettartige Straßenverlauf. Die Hauptachse in nordsüdlicher Richtung, den Cardo, bilden *Via Beccheria* und *Via del Moro*, den west-östlichen Decumanus *Via San Paolino* und *Via Santa Croce*. Cardo und Decumanus kreuzten sich an der *Piazza San Michele*, dem Ort des Forums. Außerhalb der römischen Stadtmauern lag das Amphitheater (Farbt. 14), in dessen Tribünenkonstruktionen sich nach dem Untergang des Römischen Reiches die Bewohner der zerfallenden Stadt häuslich einrichteten (Farbt. 6; Fig. S. 24).

---

1 Im Westen wurde die Römerstadt von der heutigen *Via Galli Tassi*, im Osten von der *Via Guinigi*, im Süden vom *Corso Garibaldi*, im Norden, wo die römische Stadtmauer unregelmäßig verlief, von der *Via Mordini* begrenzt.

LUCCA

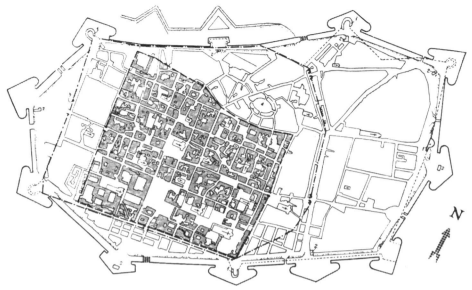

Die Stadtentwicklung Luccas
– – – – – Römische Mauern, 2. Jh. v. Chr.
– · – · – · – Mittelalterliche Mauern, Ende 12. Jh. bis 1265
· · · · · · · Erweiterungen der mittelalterlichen Mauern, Ende 15. Jh.
─────── Letzter Mauerkreis 1504–1645

Als 568 die Langobarden Tuscia kampflos einnahmen, wählten sie nicht Florenz, die bedeutendste der Römerstädte, sondern Lucca zum Sitz des Herzogs. Diese Stadt hatte über den Cisa-Paß die günstigere Verbindung zur Langobardenhauptstadt Pavia. Lucca erlangte eine Vorzugsstellung, die es auch später unter den von Karl dem Großen eingesetzten Markgrafen behielt, die hier häufiger als in anderen Städten Tusziens residierten. Lucca blieb bis Ende des 11. Jahrhunderts die einzige Stadt Mittelitaliens, in der sich eine königliche Münzstätte befand. In der Zeit, als sich Pisa zur führenden Seemacht entwickelte, gelangte Lucca durch Herstellung von Blattgold, Seiden- und Brokatstoffen zu frühem Wohlstand. Die Lage an der Frankenstraße begünstigte den Handel. Luccheser Luxusgüter bot man auf den Märkten Europas und des Orients feil.

Die Bürger dieser Stadt lehnten sich früh gegen die Herrschaft der Grafen auf und kämpften für ihre Unabhängigkeit. Bald nach den Pisanern wählten sie, um 1080, Konsuln und erklärten ihre Stadt zur freien Kommune, für die sie freilich erst dreiundvierzig Jahre später die kaiserliche Anerkennung erhielten.

Vom Reichtum des 11. und 12. Jahrhunderts zeugen die vielen romanischen Kirchen, die noch heute zum Ruhme der Stadt zählen. In Konkurrenz zum Dom errichteten die

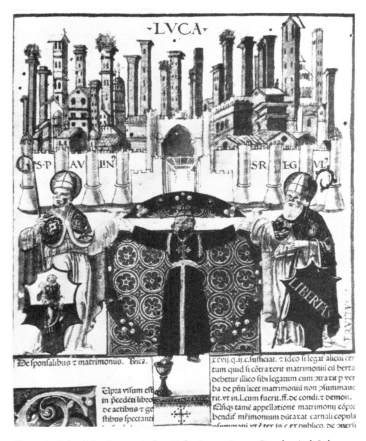

Das mittelalterliche Lucca mit dem Volto Santo. Lucca, Domkapitel, Inkunabel 157, 1477

erstarkten Bürger am ehemaligen Römerforum, das weiterhin politisches und wirtschaftliches Zentrum blieb, ein Gotteshaus, das sie einem Kämpfer und Richter, dem Erzengel Michael, weihten: *San Michele in foro* wurde in seiner Marmorgestalt, mit seiner reichen Schaufassade Ausdruck des Bürgerstolzes. In dieser Kirche versammelte sich der große Bürgerrat, der *consiglio generale*. Einen eigenen Stadtpalast hat die mittelalterliche Kommune nicht erhalten. Die *Anziani*, der Ältestenrat, residierten in einem gemieteten Privatpalast, der an der Stelle des heutigen Regierungspalastes an der *Piazza Napoleone* stand. Erst 1492 errichtete man gegenüber von San Michele als Sitz des Podestà und des Strafgerichts (des Bargello) den *Palazzo Pretorio*.

LUCCA

Der wirtschaftliche Aufschwung ließ Lucca bereits im 11. Jahrhundert über die römischen Mauern hinauswachsen. 1206 begann man einen neuen erweiterten Mauerring, der auch die Kirchen *San Frediano* und *Santa Maria Forisportam* einschloß. Wie Pisa, Florenz und Siena bemühte sich auch Lucca um Sicherung und Erweiterung des Landgebietes. Als die Stadt versuchte, bei Viareggio einen Hafen anzulegen, kam es zum ersten der vielen Kriege mit Pisa, die erst 1284 ein Ende fanden, als Pisas Vorherrschaft durch Genua gebrochen wurde.

In Florenz erwuchs der Stadt eine mächtige Handelsrivalin: die Florentiner Kaufleute traten über den Futa-Paß in Geschäftsverbindungen mit Bologna. Durch Trockenlegung der Sümpfe wurden neue, für Florenz günstige Verkehrswege erschlossen. Lucca geriet vorübergehend in wirtschaftliche Schwierigkeiten, die dadurch verstärkt wurden, daß bei Unruhen 1314 Handwerker nach Florenz und Venedig auswanderten, die Produktionsgeheimnisse für die Herstellung von Brokatstoffen und Edelmetall weitergaben und so Lucca seine Monopolstellung verlor.

Die üblichen Familienfehden zwischen Guelfen und Ghibellinen betrafen die Stadt besonders heftig. Es kam zu Bürgerkriegen zwischen einzelnen Vierteln, die zahlreiche Opfer forderten. Die Stadt wurde derart geschwächt, daß sie 1314 in die Hände des Pisaner Ghibellinenführers Uguccione della Faggiuola fiel. Bald darauf entriß ihm ein junger Luccheser, Castruccio Castracani, die Signoria. Castruccio war einer der erfolgreichsten *condottieri* des 14. Jahrhunderts. Ihm gelang es, die Herrschaft über weite Gebiete der westlichen Toscana – von Pistoia bis Pisa, von Volterra bis Carrara – auszudehnen. Im Süden der Stadt ließ er die *Fortezza Augusta* anlegen, die etwa ein Fünftel des ummauerten Gebietes umfaßte. Als Baumaterial dienten Steine von abgetragenen Adelstürmen. Nach dem Tode des Feldherrn, 1328, war Luccas Kraft verbraucht. Die Stadt konnte von Pisa eingenommen werden. Vier Jahrzehnte später, 1369, als Lucca die Freiheit durch Kaiser Karl IV. zurückerlangte, war es ein Freudenfest für die Bewohner, die Festung in ihren Mauern abzutragen. Die Wirtschaft erholte sich allmählich. Von 1400 bis 1430 erlebte die Stadt die 'zweite Signoria' durch den friedvollen, aus reicher Luccheser Familie stammenden Paolo Guinigi.

Nach Wiederaufrichtung der Republik wurde Lucca – wie vor 1314 – von Patriziern regiert, die sich – nicht zuletzt, um als Kaufleute ihre Handelsinteressen wahrzunehmen – für eine Frieden sichernde Politik einsetzten. Vom Wohlstand der Luccheser Kaufleute, die seit dem 16. Jahrhundert vielfach ihre Kapitalien aus dem Handelsunternehmen zogen und in die Landwirtschaft investierten, zeugen außer den Stadtpalästen die nahe gelegenen Villen (Villa Mansi, Torrigiani, Collodi), die zum Teil bis heute in Familienbesitz blieben (Farbt. 7, 8). Anfang des 16. Jahrhunderts begann Lucca mit dem Bau der berühmten *Stadtmauern*. Diese gewaltige, erst 1645 vollendete Befestigungsanlage mit elf Bastionen sollte die Stadt vor Artilleriegeschossen schützen: 30 m breite Erdwälle wurden außen mit 12 m hohen Mauern aus Ziegelstein umgeben. Doch brauchten Luccas Mauern nie einer Belagerung, wohl einer Überschwemmung des Serchio, standzuhalten. In unserem Jahrhundert schirmen die Mauern den alten Stadtkern von den Vorstädten ab.

Lucca, Stadtansicht zu Anfang des 17. Jh., als die letzte Befestigungsanlage noch nicht vollendet war. Von Merian

Ein englischer Gelehrter, John Evelyn, der 1645 Lucca und sein »kleines, doch hübsches Territorium« besuchte, notierte in seinem ›Tagebuch‹: »Die Stadt selbst ist sauber und gut befestigt. Auf den Wällen sind angenehme, schattige Alleen angelegt, wo Patrizier und vornehme Damen zu promenieren pflegen. Die Bewohner sind außerordentlich höflich zu den Fremden, freundlicher als in anderen Städten Italiens, und sie sprechen das reinste Italienisch ... Der ganze Staat hat einen Umfang von nur knapp zwei Tagesreisen und grenzt an das Gebiet des Herzogs von Toscana. Doch da Lucca unter dem Schutze Spaniens steht ... und die Stadt befestigt ist, läßt man sie in Frieden.«

Die Luccheser Republik bestand bis 1799. Napoleon ließ sie in ein Fürstentum umwandeln, das er seiner Schwester Elisa übertrug. Der Wiener Kongreß bildete das *Herzogtum Lucca* und ließ es von Maria Luisa Bourbon Parma regieren. Ihr Sohn Lodovico trat das Territorium 1847 dem Großherzogtum Toscana ab, dem es wenige Jahre bis zur Vereinigung Italiens (1860) angehörte.

LUCCA

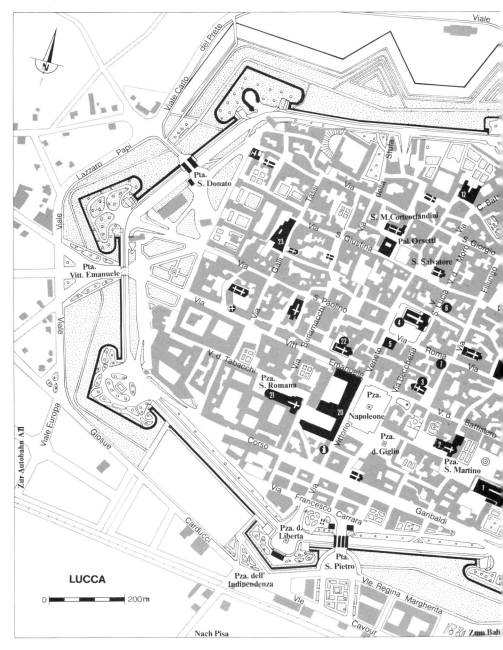

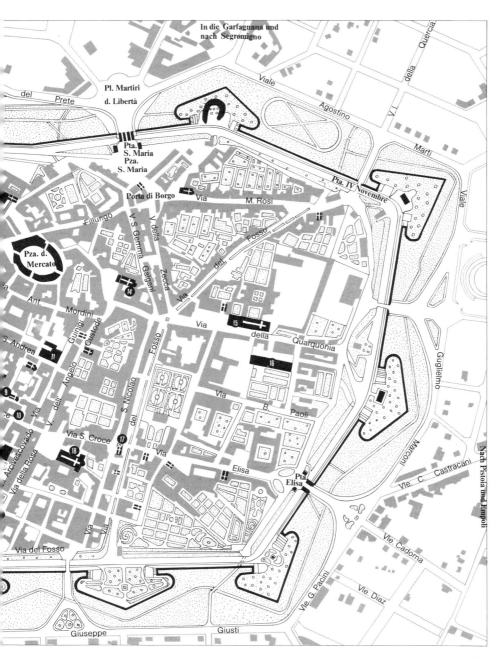

LUCCA

1* Dom San Martino

(Abb. 17) Die vermutlich vom Hl. Fredianus gegründete Kirche am Rande des Stadtgebietes war ursprünglich dem Hl. Regulus geweiht. Als Dom fungierte zu dieser Zeit das benachbarte San Giovanni. Als am Ende des 18. Jahrhunderts der Bischof seinen Sitz in die St.-Regulus-Kirche, den Vorgängerbau des jetzigen Domes, verlegte, wählte er zum Kirchenpatron Martin von Tours, den Schutzheiligen der Franken, die 774 die Toscana und das übrige Langobardenreich eingenommen hatten.

In seiner jetzigen Gestalt wurde der Dom Ende des 12. Jahrhunderts 'romanisch' begonnen, seit 1372 dann an den Seitenwänden und im Innern mit Formelementen der Gotik umgebaut.

Die *Fassade* gehört zur ältesten Bauperiode. Ein lombardischer Bildhauer, GUIDETTO DA COMO, hinterließ seine Signatur 1204 in der ersten Zwerchgalerie. Vergleicht man die Fassade mit der ähnlichen von San Michele, so fällt auf, daß der obere Abschluß mit einer vierten Galerie und spitzem Giebel nicht ausgeführt wurde. Anders als die Fassaden von San Michele und auch des Pisaner Domes, die mit Blendbögen geschmückt sind, öffnen sich hier im Erdgeschoß drei weite, echte Bögen zu einer Vorhalle, wie sie uns in der Pisaner Kirche San Zeno begegnete. Die rechte Arkade ist aus Rücksicht auf den bereits bestehenden Turm schmaler.

Diese *Vorhalle* wurde 1233–57 von lombardischen Bildhauern (darunter GUIDO BIGARELLI aus Como) mit plastischem Schmuck ausgestattet: *Rechtes Portal, Tympanon:* ›Enthauptung des Hl. Regulus‹, *Türsturz:* ›Disputation des Hl. Martin mit den Arianern‹. – *Mittleres Portal, Tympanon:* ›Christus in der Mandorla‹; *Türsturz:* ›Muttergottes unter den Aposteln‹. – *Linkes Portal, Tympanon:* ›Kreuzabnahme‹ von NICOLA PISANO, um 1260–70; *Türsturz:* ›Verkündigung‹, ›Christi Geburt‹ und ›Anbetung der Könige‹. Dieses Relief wird ebenfalls NICOLA PISANO zugeschrieben. – *Zwischen den Portalen:* Vier Szenen aus dem Leben des Hl. Martin und Darstellungen der zwölf Monate mit den charakteristischen Arbeiten.

Das gotische *Innere* des Doms des späten 14. und frühen 15. Jahrhunderts zeigt eine dreischiffige Anlage mit einem doppelschiffigen Querhaus. *Wandaufbau des Mittelschiffs:* Rundbogige Arkaden ruhen auf Pfeilern mit vorgelegten Pilastern, darüber nicht-belichtete Emporen, die sich in jedem Joch in doppelten Dreierfenstern mit eingestellten Säulchen öffnen und von einem spitzen Blendbogen überhöht werden. Wie im Pisaner Dom werden die Emporen in leicht veränderter Form als 'Brücken' über das Querschiff hinaus in den Chor fortgesetzt.

Ausstattung (s. den Grundriß S. 109)

1 ›Hl. Martin mit Bettler‹, Marmorgruppe eines vermutlich pisanischen Bildhauers, erste Hälfte 13. Jahrhunderts. Sie stand ehemals an der Außenfassade, wo sie durch eine Kopie ersetzt ist. Die stilistisch schwer einzuordnende vollplastische Gruppe zeigt die Auseinandersetzungen mit frühgotischer und antiker Skulptur.

2 ›Abendmahl‹, Altargemälde TINTORETTOS, um 1590.

3 *Sakristei:* ›Madonna mit Heiligen‹, Al-

---

* Die Ziffern nehmen Bezug auf den Stadtplan S. 106/107

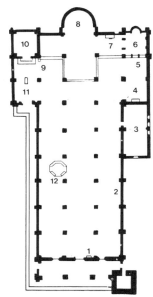

Lucca: Dom, Grundriß

tarbild von DOMENICO GHIRLANDAIO, zweite Hälfte 15. Jahrhundert.

4 *Grabmal des Pietro da Noceto*, Sekretär von Papst Nikolaus V., von MATTEO CIVITALI, 1472.

5 *Grabmal des Domenico Bertini*, ebenfalls von MATTEO CIVITALI.

6 *Sakramentskapelle*, zweite Hälfte 16. Jahrhundert. Fresken von STEFANO TOFANELLI, um 1800. Zwei Engelsfiguren (von einem auseinandergenommenen Altar), von MATTEO CIVITALI, 1477.

7 *Altar des hl. Regulus*, von MATTEO CIVITALI, 1484.

8 *Glasfenster*, von PANDOLFO DI UGOLINO DA PISA, 1485.

9 ›Johannes der Evangelist‹, Statue von JACOPO DELLA QUERCIA, um 1410.

10 *Cappella del Santuario*: ›Madonna mit Johannes dem Täufer und dem Hl. Stephan‹, Gemälde von FRA' BARTOLOMEO, 1509.

11 *Grabmal der Ilaria del Carretto*, von JACOPO DELLA QUERCIA, um 1406 (Abb. 18). Der sienesische Bildhauer verbindet in diesem seinem ersten uns bekanntgewordenen Werk Körpergefühl und Motive der klassischen Antike mit verfeinertem gotischen Linienstil. Die im Kindbett verstorbene Gemahlin des Signore von Lucca, Paolo Guinigi, ruht auf einem freistehenden Sarkophag, der ursprünglich von einem Baldachin bedeckt war. Ihr jugendlicher Körper ist von weichfließenden Falten des Gewandes umhüllt, das zarte Antlitz von einer in europäischer Bildhauerkunst ungewöhnlichen Beseelung. Zu ihren Füßen ein Hund »zum Zeichen der Treue, die sie ihrem Gemahl entgegenbrachte« (Giorgio Vasari). Die kräftigen Putten (Kinderengel oder Todesgenien?) an den Wänden der Tumba tragen Girlanden mit schweren Blättern und Früchten – ein römischen Sarkophagen entlehntes Motiv, das etwas später von der Florentiner Renaissance aufgegriffen wird.

12 *Tempietto del Volto Santo*. Oktogonaler Marmorbau, von MATTEO CIVITALI, 1484 für das berühmte, ›Volto Santo‹ (Heiliges Antlitz) genannte Holzkruzifix (11. Jahrhundert?). Nach der Legende hatte es der Hl. Nikodemus aus einer Zeder des Libanon geschnitzt, wobei ein Engel half, das Antlitz zu vollenden. Ein Boot ohne Besatzung brachte es 782 nach Luni. Man verlud das Kreuz auf einen Karren, den ungebändigte Rinder nach Lucca zogen. Der ›Volto Santo‹ wurde im Mittelalter auf lucchesischen Münzen dargestellt; er erlangte in ganz Europa Berühmtheit. Der Typ der sogenannten ›Hl. Kümmernis‹, einer bärtigen gekreuzigten Jungfrau, geht auf ihn

LUCCA

Lucca: Dom, Apsis

zurück. Bereits Ende des 11. Jahrhunderts war er im fernen England bekannt: König Wilhelm II. legte Eidschwüre »per vultum de Luca« ab. Am 13. September jedes Jahres wird das Kruzifix in einer Prozession durch die Straßen der Stadt getragen.

2 San Giovanni

Ursprünglich der Hl. Reparata geweiht, bis ins 8. Jahrhundert Bischofskirche, im 12. Jahrhundert neu erbaut. Fassade aus dem 16. Jahrhundert mit romanischem Mittelportal. An das linke Querschiff schließt sich das quadratische *Baptisterium* aus dem 14. Jahrhundert an. Die hohe spitzbogige Kuppel wurde 1393 gewölbt.

3 San Giusto

(Abb. 21; S. 54 Fig. 2)   Begonnen Ende des 12. Jahrhunderts. Die Sandsteineinfassade (unter Verwendung von Marmor für Portalpfeiler, Türstürze und horizontale Streifung) gehört zu den ausgewogensten Luccas. Das Untergeschoß ist ähnlich gegliedert wie bei San Pietro Somaldi (Nr. 14): Über den Seitenportalen liegen den relativ hohen Kämpfern sichelförmige, leicht gestelzte 'pisanische' Rundbögen auf. Das größere Mittelportal wurde – wohl zu Beginn des 13. Jahrhunderts – mit reichem antikisierenden Ornamentschmuck und Löwenfiguren versehen. Das *Innere* wurde im 17. Jahrhundert barockisiert.

4 San Michele in Foro

(Abb. 14, 16)   Die Bürger Luccas errichteten im 12. Jahrhundert die Michaels-Kirche am zentralen Marktplatz, der einst das römische Forum bildete (daher *'in foro'*, – 'auf dem Forum' genannt). Die Arbeiten an der Außenverkleidung und an der Fassade erstreckten sich bis in die zweite Hälfte des 13. Jahrhunderts. Die Mittel- und Seitenschiffswände wurden nachträglich, Ende des 13. Jahrhunderts, aufgemauert. Zur Erhöhung des linken Seitenschiffes kam es jedoch nicht.

Die basilikale Anlage mit Querschiff ist in der Toscana selten. Sie erinnert an den Pisaner Dom, wenn auch dessen Form hier vereinfacht ist. Wie die Bauten des Pisaner Domplatzes präsentiert sich San Michele ganz in Marmor. Wie in Pisa laufen Blendarkaturen und Zwerchgalerien um die gesamte Kirche. Während jedoch bei den älteren Seitenwänden des Pisaner Domes die Blendbögen auf Pilastern ruhen, wurde in Lucca einheitlich Halbsäulen verwendet.

Die *Fassade* überragt als Schauwand das Mittelschiff. Dieses war jedoch im 13. Jahr-

Lucca: Piazza San Michele. Aus: ›Viaggio Pittorico della Toscana‹, von Francesco Fontani, 1801

hundert höher geplant. Die Marmorinkrustation des oberen Teiles erinnert an orientalische Teppichmuster. Von reicher Phantasie zeugen die verschiedenartig geformten Säulchen und der Kapitellschmuck. Die Fassade ist der des Domes sehr ähnlich. Sie wurde vermutlich von derselben Bauhütte ausgeführt. Sie wird 'beherrscht' von einer Statue des Erzengels Michael. Am *Südpfeiler* brachte man nach der überstandenen Pest von 1476–80 eine Strahlenkranzmadonna an, die MATTEO CIVITALI schuf.

Das dreischiffige *Innere* wurde im 16. Jahrhundert seines romanischen Charakters beraubt, indem die Holzdecke durch Gewölbe ersetzt wurde. Der linke Vierungspfeiler am Triumphbogen trägt das Datum 1143. Es bezieht sich vermutlich auf eine Weihe.

Ausstattung

Rechtes Querschiff: Gemaltes Kruzifix lucchesischer Schule, 13. Jahrhundert.
Linkes Querschiff: Altartafel mit vier Heiligen von FILIPPINO LIPPI, um 1480–1500.

5 Palazzo Pretorio

1492 nach Plänen von MATTEO CIVITALI begonnen, 1588 durch VINCENZO CIVITALI erweitert.

6 Torre delle Ore

'Turm der Stunden', früher auch 'Turm des Streites' genannt, 13. Jahrhundert. Er diente bis 1471 als Uhrenturm.

An der gegenüberliegenden Straßenseite: Ein anderer Turm des 14. Jh. und mittelalterliche Häuser, u. a. *Casa Barletti* (13. Jh.).

7 Palazzo Cenami
Anfang des 16. Jahrhunderts vermutlich nach Plänen von NICOLAO CIVITALI in Stilelementen florentinischer und römischer Palastarchitektur errichtet.

8 Palazzo Bernardini
1512 von NICOLAO CIVITALI erbaut. In der Pilastergliederung des Erdgeschosses an ALBERTIS Florentiner Palazzo Rucellai anknüpfend.

9 Oratorio Santa Giulia
14. Jahrhundert, Marmorfassade mit gotischen Fenstern. Einschiffiger Bau mit Apsis. Im Innern gemaltes Kruzifix, 13. Jahrhundert, von demselben Meister, der das Kruzifix von San Michele schuf.

10 Palazzo Mazzarosa
17. Jahrhundert. Im Innern eine Skulpturensammlung, u. a. ›Einzug in Jerusalem‹, Relief von BIDUINUS, 12. Jahrhundert.

11 Palazzo Guinigi
(S. 53 Fig. 15) Um 1400 für die Familie Guinigi errichtet. Auf dem Turm des verfallenden Palastes sind Steineichen gepflanzt. Gegenüber ein ähnlicher Palast, der ebenfalls der Familie Guinigi gehörte. Die Familie besaß außerdem vor den Toren der damaligen Stadtmauern eine Villa (Nr. 16).

12 Palazzo Controni-Pfanner
Erbaut 1667. Von der Stadtmauer Blick auf das offene Treppenhaus und den Garten des 18. Jahrhunderts. Statuen ebenfalls aus dem 18. Jahrhundert.

13 San Frediano
(Abb. 15, 19, 20) An der Stelle des heutigen Kirchengebäudes gründete im 6. Jahrhundert der Heilige Bischof Fredianus eine Kirche, die er den Heiligen Vincentinus, Stephanus und Laurentius weihte. Teile des Fundamentes der kreuzförmigen Anlage konnten 1950 freigelegt werden: Sie war in üblicher Weise nach Osten gerichtet und lag außerhalb der römischen Stadtmauern. Im 8. Jahrhundert wurde sie dem Hl. Fredianus geweiht. Fredianus war irischer Herkunft. Er wurde Bischof von Lucca. Außer San Frediano gründete er den Dom und einige Pievi der Umgebung.

Der heutige Bau (Farbt. 13) wurde 1118–1147 in basilikaler Form mit niedrigen Mauern, ohne Kapellen und ohne Chorstufen errichtet. Da der Mauerkreis inzwischen

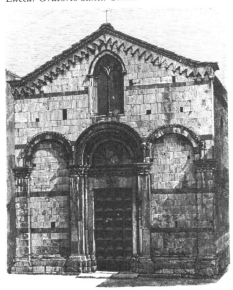

Lucca: Oratorio Santa Giulia

erweitert worden war, lag die Kirche innerhalb des Stadtgebietes. Um die Fassaden nicht gegen die neuen Mauern zu richten, wurde sie zur Ostseite verlegt. Im 13. Jahrhundert wurden dann die Langhausmauern um 3,30 m erhöht, wobei das Mittelfeld der Fassade ihre jetzige charakteristische hohe Gestalt erhielt. Zu dieser Zeit wurden auch die bereits bestehenden *Taufkapelle* und die *Kapelle Santa Croce* (rechts und links vom Eingang) geöffnet und in den Kirchenraum miteinbezogen. Andere Kapellen wurden im Laufe von drei Jahrhunderten hinzugefügt.

Die *Fassade* (Abb. 15) bestand ursprünglich nur aus den drei mittleren Feldern. Das im 19. Jahrhundert stark ergänzte Mosaik (Farbt. 5) ist aus dem Umkreis des Luccheser Malers BERLINGHIERO (erste Hälfte 13. Jahrhundert). Es zeigt die ›Himmelfahrt Christi‹ in der älteren Art des thronenden Christus in der von Engeln getragenen Mandorla. Bei der Anlage des oberen spitzbogigen Fensters ging die Gestalt der Muttergottes inmitten der zwölf Apostel verloren. Ein weiteres Fassadenmosaik findet sich innerhalb der Toscana nur noch an San Miniato al Monte in Florenz.

Den besten Blick auf den *Campanile* und die *Apsis* gewinnt man von der Stadtmauer. Die Apsis ist nach dem Vorbild des Pisaner Domes mit einer Zwerchgalerie geschmückt. Beim Campanile, 12. Jahrhundert, nimmt mit jedem Geschoß die Zahl der Fenster zu.

Turm des Palazzo Guinigi in Lucca

LUCCA

Der hohe *Innenraum* mit offenem Dachstuhl gehört trotz der Veränderungen im 13. Jahrhundert zu den eindrucksvollsten Räumen der Luccheser Romanik. Im Mittelschiff ist das Verhältnis der Breite zur Höhe dasselbe wie im Dom von Pisa (1:2). Die Säulen tragen antikisierende Kompositkapitelle der Entstehungszeit und einige Kapitelle römischer Herkunft.

Ausstattung

Erste Seitenschiffskapelle rechts: Taufkapelle mit Taufbecken aus der Mitte des 12. Jahrhunderts, an dem verschiedene Bildhauer mitwirkten (Abb. 20). Im unteren Becken vier Szenen aus der Geschichte des Moses: ›Auszug aus Ägypten‹, ›Moses wird der Tochter des Pharao überreicht‹, ›Die Verwandlung des Dornbusches in eine Schlange‹, ›Der Aussatz‹, ›Zug durch das Rote Meer‹, ›Überreichung und Erklärung der Gesetzestafeln‹. Zwei andere Felder zeigen vermutlich Christus als Guten Hirten, der von sechs Propheten umgeben ist: Sie sind von der Hand eines anderen Bildhauers, der seine Signatur hinterließ: »*Me fecit Robertus in arte peritus*« (Mich schuf Robertus, erfahren in der Kunst). Auf dem Deckel des oberen Beckens sind die Monate und die Apostel dargestellt.

Vierte Seitenschiffskapelle links: Die Kapelle wurde 1413 im Auftrage des Luccheser Kaufmanns Lorenzo Trenta errichtet, der hier mit seiner Gemahlin begraben liegt. Die stark abgetretene Grabplatte schuf JACOPO DELLA QUERCIA. Der vierteilige Marmoraltaraufbau (1422) ist vom selben Künstler unter Mitarbeit von GIOVANNI DI FRANCESCO DA IMOLA (eigenhändig sind die Muttergottes und die Predella-Szenen). Unter dem Altartisch steht ein römischer Sarkophag, der die Gebeine eines um 720 in Lucca verstorbenen Rompilgers enthält: des angelsächsischen Kleinkönigs Richard, dem Vater dreier Heiliger, des Willibald (erster Bischof von Eichstätt), des Wynnibald (Gründer des Klosters Heidenheim bei Gunzenhausen) und der Walburga.

Zweite Seitenschiffskapelle links:
Fresken von AMICO ASPERTINI (1508/09), *links:* ›Der Hl. Ambrosius tauft Augustinus‹, ›Die Überführung des Volto Santo von Luni nach Lucca‹ (Abb. 19; vgl. den Volto Santo im Dom); *rechts:* ›Die Umleitung des Serchio durch den Hl. Fredianus‹ und ›Geburt Christi‹.

14 San Pietro Somaldi

Um 700 von dem Langobarden Sumuald gegründet. Der romanische Bau wurde um 1200 begonnen. Oberer Teil der Sandstein-

Lucca: San Pietro Somaldi, Grundriß

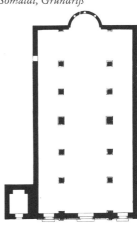

fassade mit Marmorstreifung, Erhöhung des Mittelschiffs, oberer Teil des Campanile und Apsis sind vom Ende des 14. Jahrhunderts. *Türsturz des Hauptportals:* ›Schlüsselübergabe an Petrus‹ von GUIDO DA COMO, 1203. Das dreischiffige Innere wurde später eingewölbt.

15 San Francesco

Die einschiffige Franziskanerkirche wurde im Todesjahr des Hl. Franziskus, 1228, begonnen. In der jetzigen Gestalt ein Bau des 14. und 17. Jahrhunderts. Der obere Teil der Fassade wurde stark ergänzt. Im *Innern* ein Chorgestühl mit Intarsien, Fresken des 15. Jahrhunderts und Grabmäler, u. a. von Boccherini.
Kreuzgang: Grabmal des Buonagiunta Tignosini, 1274, mit dem Muttergottes-Fresko von DEODATO ORLANDI.

Porta di San Gervasio. Lithographie von A. Durand – E. Ciceri. Lucca, Staatsarchiv

16 Villa Guinigi

1418 für den Signore von Lucca, Paolo Guinigi, errichtet. Die nach dem Zweiten Weltkrieg vorbildlich restaurierte Backsteinvilla mit vorwiegend gotischen Stilelementen beherbergt seit 1968 das *Museo Nazionale* (9–14 Uhr, sonntags 9–13 Uhr, montags geschlossen), mit etruskischen und römischen Funden, mittelalterlicher Bauplastik und Tafelmalerei, ein vorzüglich erhaltenes Kruzifix von BERLINGHIERO, um 1210–20, sowie Gemälde des 16. bis 18. Jahrhunderts, darunter ›Heimsuchung‹ von FRANCESCO DI GIORGIO MARTINI, Ende 15. Jahrhundert, ›Enthaltsamkeit Scipios‹ von DOMENICO BECCAFUMI, Anfang 16. Jahrhundert, ›Bildnis des Alessandro de' Medici‹, von PONTORMO, 1525.

17 Porta di San Gervasio e San Protasio

Sie gehört zum Mauerkreis des 13. Jahrhunderts. Die beiden Türme sind halbkreisförmig.

18 Santa Maria Forisportam

Auch *Santa Maria Bianca* genannt. Um 1200 außerhalb des zweiten römischen Mauerkreises errichtet. Unvollendete Marmorfassade in pisanischem Stil, ohne bunte Intarsien. Das Langhaus wurde im 16. Jahrhundert erhöht.

19 Santa Maria della Rosa

1309 von der *Università dei Mercanti* errichtet, mehrmals erweitert. Die Kirche ist der römischen Stadtmauer angelehnt, die im Innern sichtbar ist.

LUCCA

20 Palazzo della Provincia

Regierungssitz der Provinz Lucca, ehemaliger Herzogspalast, daher auch *Palazzo Ducale* genannt. 1578 an der Stelle des *Palazzo degli Anziani* vom Florentiner AMMANNATI begonnen, nach dessen Plänen der linke Teil mit dem Schweizer Hof errichtet wurde, der rechte Teil ist von FRANCESCO PINI, 1728. Innenausstattung von LORENZO NOTTOLINI, 1819–47.

21 San Romano

Ehemalige Dominikanerkirche, um 1280 errichtet. Im Bereich der Apsis um 1373 erweitert. Inneres 17. Jahrhundert.

22 Sant'Alessandro

Älteste der in ursprünglicher Gestalt erhaltenen Luccheser Kirchen, wohl noch 11. Jahrhundert. Sie zeigt noch keine Einflüsse der Pisaner Romanik. Das Äußere ist sehr schlicht, weiße Marmorblöcke werden durch zart-graue Horizontalstreifen belebt. Die *Fassade* der dreischiffigen basilikalen Kirche ist nur durch ein einziges Portal geöffnet, das nicht von einem Rundbogen, sondern von einem vermutlich späteren 'klassischen' Dreiecksgiebel bekrönt ist. Sie besitzt keine Zwerchgalerie und keinen ursprünglichen Figurenschmuck. Das Relief, das den Hl. Papst Alexander darstellt, ist eine Hinzufügung des 13. Jahrhunderts. Die Blendbögen der *Apsis* sind aus dem 12. Jahrhundert, *Baldachinseitenportal* 16. Jahrhundert, Tympanon 19. Jahrhundert.

23 Palazzo Mansi

Im 17. Jahrhundert als Stadtpalast von der Familie Mansi errichtet, die außerhalb von Lucca (bei Segromigno) die Villa Mansi (Farbt. 7) besaß. Das Äußere ist schlicht. Das *Innere* dagegen wurde im 18. Jahrhundert äußerst prunkvoll ausgestattet. Der Palast beherbergt eine staatliche *Gemäldesammlung*, die größtenteils von Großherzog Leopold II. gestiftet wurde (geöffnet 9–14 Uhr, sonntags 9–13 Uhr; montags geschlossen).

Pistoia

Wie die anderen Städte der Ebene – Pisa, Lucca und Florenz – war Pistoia eine Gründung der Römer. Als *oppidum* war *Pistoriae* ein kleiner befestigter Ort an der *Via Cassia*, der sich in Größe und Bedeutung freilich nicht mit Lucca, Florenz oder der Hafenstadt Pisa messen konnte. Diese etwas schwächere Position behielt Pistoia gegenüber den mächtigeren Nachbarstädten auch im Mittelalter bei, als Pistoias Textilhersteller und Großhändler eine gefürchtete Konkurrenz waren: Mit etwa 12 000 Einwohnern war Pistoia kleiner als Pisa, Lucca und Florenz, größer freilich als Prato und San Gimignano, aber zu schwach jedenfalls, um über das 13. Jahrhundert hinaus seine Eigenständigkeit zu behalten.

Pistoia trat in der mittelalterlichen Geschichte später hervor als Lucca, erlebte keinen so großartigen Anfang wie die Seemacht Pisa mit ihrem Sieg über die Sarazenen und dem Dombau. Doch auch in Pistoia brach – wie in Pisa – die Entwicklung dann relativ früh, in der Mitte des 13. Jahrhunderts, ab. Die Blütezeit war nur von kurzer Dauer. Sie reichte vom Ende des 11. Jahrhunderts bis 1251, als Florenz der Stadt einen harten Frieden diktierte.

Der Mangel an Kontinuität ist dem Stadtbild ablesbar. Die romanischen Kirchen der Blütezeit, die vergleichsweise wenigen Paläste des Trecento und der Renaissance wirken heute ein wenig verloren in einer Stadt, die weitgehend durch das 19. Jahrhundert geprägt wurde und darüber hinaus starke Kriegsschäden erlitt.

Pistoia war zu klein, um eigenständige Kunststile zu entwickeln. Die Stadt stand bis in die Mitte des 13. Jahrhunderts künstlerisch unter dem Einfluß von Pisa. Die romanischen Kirchenfassaden führen – bereichert durch farbige Steinanlagen – das Pisaner Vorbild weiter. Noch um 1300 schuf ein Pisaner Bildhauer, GIOVANNI PISANO, Pistoias berühmtestes Kunstwerk, die *Kanzel von Sant'Andrea*. Die *Stadtpaläste* und das *Baptisterium* des 14. Jahrhunderts gehören zum Teil, die Bauwerke des 15. und 16. Jahrhunderts, *Santa Maria delle Grazie* und das *Ospedale del Ceppo* (Farbt. 33), gehören ganz in die Florentiner Kunstgeschichte. Dasselbe gilt für Pistoias Maler, die ausnahmslos in die Abhängigkeit des von GIOTTO geprägten Stiles und der Florentiner Renaissance gerieten.

Die politische Entwicklung verlief in der typischen Abfolge. Auf die Herrschaft durch kaiserliche Vikare, die in Pistoia anstelle der Grafen regierten, folgten seit 1105 die selbstgewählten Konsuln, die vom Podestà abgelöst wurden. Seit der Mitte des 13. Jahrhun-

PISTOIA

derts erlebte die Stadt eine unruhige, wechselhafte Zeit. Sie hatte unter den üblichen Familienfehden, den Kämpfen zwischen Parteigängern der Guelfen und Ghibellinen, der Schwarzen und Weißen, besonders stark zu leiden. In Pistoia siegten die Ghibellinen. Die kaisertreue Stadt war den Guelfen-Städten Lucca und Florenz ausgesetzt, die zu gemeinsamen Angriffen nach Pistoia zogen. Die von inneren Kämpfen geschwächte, von Florenz und Lucca belagerte Stadt mußte 1254 einen ungünstigen Friedensvertrag hinnehmen. Eine 'gute Regierung' erlebte sie unter dem Florentiner Podestà Giano della Bella, der den *Palazzo del Comune* (Abb. 28) anlegen ließ. Doch dieser Stadtpalast konnte ebensowenig wie der gegenüberliegende *Palazzo Pretorio* von 1367 zu einem Wahrzeichen der Stadt werden. Beide Paläste erhielten keinen Turm. »Die Pistoieser hatten sich mit dem Campanile ihres Domes als Stadtturm zu begnügen« (Wolfgang Braunfels). Im Jahr der Grundsteinlegung des Palazzo Comunale, 1294, begannen die Franziskaner im Westen und etwa gleichzeitig die Dominikaner im Süden der Stadt mit dem Bau ihrer Kirchen und Konvente.

1306 kam es zu einer erneuten Belagerung durch Florentiner und Luccheser Truppen, die elf Monate dauerte. Die Stadt wurde eingenommen, ihre Mauern mit sechzig Wachttürmen (auf das Ende des 12. Jahrhunderts zurückgehend) wurden niedergerissen. Pistoia geriet 1315 unter die Herrschaft des Signore von Lucca, Castruccio Castracani, und anschließend, 1324, unter Florentiner Protektorat. Doch konnte die Stadt eine gewisse Autonomie wahren. Die Wirtschaft erlitt wenig Einbußen. So erbaute Pistoia im Lauf des 14. Jahrhunderts den noch weitgehend erhaltenen Mauerkreis. Er umschließt ein Gebiet von 125 ha – das Dreifache der Stadtfläche des 13. Jahrhunderts, das Zehnfache der des 11. und 12. Jahrhunderts und der Römerstadt. 1530 wurde Pistoia mit den übrigen Städten des Florentiner Staates dem Herzogtum Toscana eingegliedert.

1* Dom San Zeno

(Abb. 27) Die dreischiffige Anlage wurde nach 1108 begonnen, als der alte Dom aus dem 5. Jahrhundert abgebrannt war. Der obere Teil der Fassade variiert das Pisaner Vorbild, indem die Zwerchgalerien vor dem Mittelschiff durch eine Rahmung von den Säulchenloggien der Seitenschiffe abgesondert sind. Anders als in Pisa und Lucca wirken die Bögen wie ausgeschnitten aus der grün-weiß gestreiften Fläche. Die Fassade ist strenger gegliedert, weniger reich an kleinteiligem plastischen Schmuck.

Die *Vorhalle* mit halbkreis- und hufeisenförmigen Bögen, die auf schlanken Säulen ruhen, gehört einer späteren Stilstufe an – sie wurde erst 1311 errichtet. Ihre Marmorstreifung wurde von der Zwerchgalerie übernommen, während die rechteckigen Felder der Attika an den Florentiner Inkrustationsstil erinnern. Die Tonne des mittleren Bogens ist mit Majolika-Kassetten von ANDREA DELLA ROBBIA ausgestattet, der auch 1505 das Marienrelief des Tympanons schuf.

Der 67 m hohe *Campanile* (Farbt. 3) wurde vermutlich 1199 begonnen. Als befestigter Wachtturm wurde er *Fortezza del Cam-*

---

* Die Ziffern nehmen Bezug auf den Stadtplan S. 119

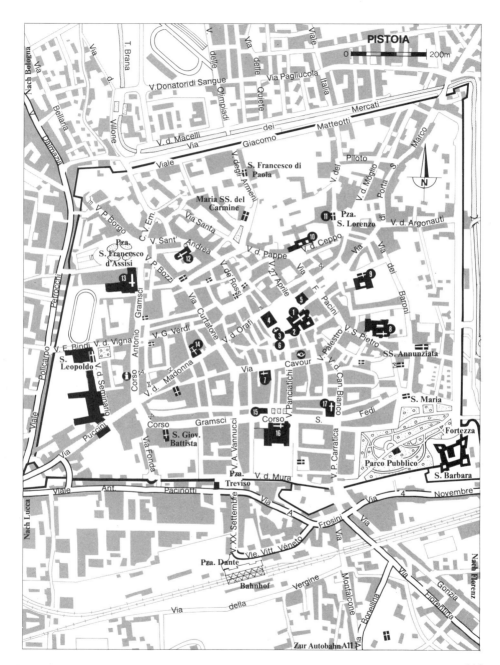

PISTOIA

panile genannt. Gegen die verbreitete, dokumentarisch nicht belegbare Meinung, er sei in seinem unteren Teil langobardischer Herkunft, spricht das Mauerwerk, das auf spätere Zeit hinweist. Laut Vasari sollen GIOVANNI PISANO und FRA GUGLIELMO DA PISA die drei Geschosse mit Zwerchgalerien hinzugefügt haben. Die Turmspitze entstammt dem 16. Jahrhundert.

Inneres. Das breite Mittelschiff ist flach gedeckt. Die Säulen und das Pfeilerpaar besitzen vielfältigen Kapitellschmuck.

Ausstattung (s. den Grundriß S. 120)

1 *Grabmal des Cino da Pistoia,* 1337 von einem sienesischen Bildhauer ausgeführt.
2 *Gemaltes Kruzifix* von COPPO DI MARCOVALDO, unter Mitwirkung seines Sohnes SALERNO, 1275.
3 *Cappella di San Jacopo* mit dem Silberaltar des Hl. Jakobus, einem Hauptwerk toscanischer Silberschmiedekunst, an dem viele Generationen von Goldschmieden von 1287 bis 1456 arbeiteten (Abb. 29). Die fünfzehn Szenen des Neuen Testaments am Antependium, der Vorderseite der Mensa, von dem Pistoiesen ANDREA DI JACOPO D'OGNABENE, 1316. An der linken Seite: Neun Szenen aus dem Leben des Hl. Jakobus, von LEONARDO DI GIOVANNI, 1367–71. An der linken Seite des Altaraufsatzes: zwei halbfigurige Propheten in Vierpaßfeldern von BRUNELLESCHI, der noch weitere Figuren schuf.
4 Das *Museo Capitolare* (sonn- und feiertags geschlossen) enthält die Schatzkammer des Domes.
5 *Bronzekandelaber,* von MASO DI BARTOLOMEO, 1440.
6 ›Thronende Muttergottes mit Johannes dem Täufer und dem Hl. Zeno‹ (sogenannte

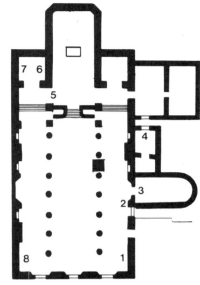

Pistoia: Dom, Grundriß

›Madonna di Piazza‹), vermutlich von VERROCCHIO entworfen und begonnen, von seinem Schüler LORENZO DI CREDI 1485 fortgeführt.
7 *Reliefstele* des Bischofs Donato de'Medici, ANTONIO ROSSELLINO zugeschrieben, drittes Viertel 15. Jahrhundert.
8 *Grabmonument* des Kardinals Niccolò Forteguerri (1419–1473), VERROCCHIO und seinen Mitarbeitern, u. a. LORENZO DI CREDI, zugeschrieben.

2 Palazzo Vescovile
Alter Bischofspalast, Ende 14. Jahrhundert, mehrfach umgebaut.

3 Baptisterium San Giovanni
(Farbt. 3) Nach Plänen von ANDREA PISA-

no 1338–59 durch CELLINO DI NESE ausgeführt. Der Oktogonalbau mit gestreifter
Marmorverkleidung erinnert an das Florentiner Baptisterium.

Türsturz des mittleren Portals: Szenen aus
dem Leben Johannes des Täufers; *im Tym-
panonfeld:* ›Muttergottes mit Kind‹, von
TOMMASO und NINO PISANO, den Söhnen
und Schülern des ANDREA PISANO, umgeben von Johannes dem Täufer und dem Hl.
Rochus. *Im Innern:* Taufbecken von LAN-
FRANCO DA COMO, 1226.

4 Palazzo del Podestà

Errichtet 1367 für den Podestà, als *Palazzo
Pretorio* später Sitz des Florentiner Statthal-
ters, heute Justizgebäude. Ursprünglich besaß der Palast nur fünf Fensterachsen und
zwei Geschosse. 1844 aufgestockt und im
rechten Teil erweitert. *Im Hof* steht unter
dem Portikus mit freskierten Gewölben und
Wappen der Podestà eine 1507 erneuerte
steinerne Gerichtsbank mit der Inschrift:
»Hic locus odit, amat, punit, conservat,
honorat: Nequitiam, leges, crimina, iura,
probos« (»Dieser Ort haßt Verruchtheit,
liebt Gesetze, bestraft Verbrechen, bewahrt
die Rechte, ehrt die Rechtschaffenen«).

5 Palazzo del Comune

(Abb. 28) Beschlossen 1294 unter dem
Florentiner Podestà Giano della Bella, der
auch den Palazzo Vecchio in Florenz errichten ließ. Der ehemalige *Palazzo degli Anziani* umfaßte zwei Geschosse und die drei
rechten Fenster- und Arkadenachsen. Das
Erdgeschoß bestand aus einer geöffneten
Halle, das Obergeschoß wurde von einem
einzigen großen Saal eingenommen. Der
Kommunal-Palast verkörperte den Typus
der oberitalienischen Stadtpaläste (wie etwa

der von Piacenza). Nach Ende der Signoria
des Castruccio Castracani erhielt der Palast
1339–53 die heutige Breite und einen Innenhof. 1385 wurde das obere Stockwerk hinzugefügt. 1637 führte man die Verbin-
dungsbrücke zum Dom aus.

*Über dem Mittelfenster des Hauptge-
schosses:* Medici-Wappen mit den päpstlichen Schlüsseln zu Ehren von Leo X. *Links
von diesem Fenster:* schwarzer Marmor-
kopf, der für das Konterfei verschiedener
Personen, u. a. für das des von den Pisanern
1113 besiegten ʻMaurenkönigsʼ Mugahîd
von Mallorca gehalten wurde.

Im *Inneren* Säle mit Fresken des 15. und
16. Jahrhunderts, im Obergeschoß das *Museo Civico* (geöffnet 9.30–12.30, 15–18 Uhr,
sonntags 10–13 Uhr; montags geschlossen),
die städtische Kunstsammlung mit Gemälden, Keramik und Münzen.

6 Palazzo del Capitano del Popolo

Anbau von 1292 an einen älteren Turm.

7 San Giovanni Fuorcivitas

(Abb. 26) Die ursprünglich außerhalb der
Stadt, d. h. außerhalb des römischen bzw.
frühmittelalterlichen Mauerringes gelegene
Kirche des 8. Jahrhunderts wurde Mitte des
12. Jahrhunderts in der heutigen Gestalt begonnen, im 13. und 14. Jahrhundert fortgeführt. Die Seitenfassade mit regelmäßiger
grün-weißer Marmorstreifung ist nach pisanischem Vorbild mit drei Reihen von (mit
Rhombenmustern gefüllten) Blendbögen
geschmückt.

Türsturz des Seitenportals: ›Abendmahl‹,
Relief, das der Bildhauer GRUAMONTE 1162
(?) bezeichnete: »Gruamons Magister Bonus Fecit Hoc Opus«.

121

PISTOIA

Einschiffiges *Innere* mit offenem Dachstuhl. *An der Innenfassade:* Holzkruzifix, 13. oder 14. Jahrhundert. *In der Mitte des Schiffes:* Weihwasserbecken, für das GIOVANNI PISANO die Skulpturen der weltlichen Tugenden schuf. *Rechte Seite:* Kanzel von FRA' GUGLIELMO DA PISA, Nachfolger des NICOLA PISANO, beendet 1270. *Links vom Hauptaltar:* Polyptychon von TADDEO GADDI, 1353–55. *Linke Schiffswand:* ›Heimsuchung‹, Marmorgruppe von ANDREA DELLA ROBBIA.

8 San Pietro Maggiore

Im Jahre 748 von Langobarden gegründet. Der untere Teil der Fassade und die rechte Außenseite des jetzigen Baues entstanden in pisanisch-romanischem Stil, vermutlich 1263. *Türsturz des Hauptportals:* ›Christus übereicht Petrus die Schlüssel‹, und ›Maria inmitten der Apostel‹. Das *Innere* im 17. Jahrhundert umgestaltet.

9 San Bartolomeo in Pantano

Eine erste Kirche wurde im 8. Jahrhundert außerhalb der Stadtmauer in einem Sumpfgelände errichtet. Daher die Bezeichnung *in pantano,* 'im Sumpf'. Unterer Teil der Fassade ähnlich der von San Pietro Maggiore, wenn auch der jetzige Bau bereits 1159 begonnen wurde. Der obere unvollendete Fassadenteil 17. Jahrhundert. *Türsturz:* ›Christus unter den Aposteln‹, in antikisierendem Stil, der an römische Sarkophage erinnert, 1167.

Im dreischiffigen *Inneren:* Kanzel, um 1250, von GUIDO BIGARELLI aus Como begonnen. Sie entstand vor den berühmten Kanzeln der NICOLA und GIOVANNI PISANO. In Aufbau und Bildprogramm mit Szenen aus dem Leben Christi ist sie einfacher

als jene (vgl. die Kanzel des Giovanni Pisano in Sant'Andrea). *In der Apsis:* Holzkruzifix, evtl. byzantinischer Herkunft, bereits 1187 erwähnt.

10 Ospedale del Ceppo

Hospital für die im 13. Jahrhundert gegründete Wohltätigkeitsinstitution, die den Namen *ceppo* nach dem ausgehöhlten Baumstumpf erhielt, mit dem sie Almosen sammelte und verteilte. Nachdem das Hospital zu Anfang des 16. Jahrhunderts dem Florentiner Ospedale di Santa Maria Nuova unterstellt worden war, errichtete man, nach dem Vorbild von BRUNELLESCHIS Florentiner Findelhaus, einen Portikus und gab 1514 der DELLA-ROBBIA-Werkstatt Tondi und einen Majolika-Fries in Auftrag. (Farbt. 33). Dargestellt sind verschiedene Arten der Wohltätigkeit: Einkleiden der Armen, Beherbergen der Pilger, Kranken- und Gefangenenbesuche, Totenbestattung, Speisung der Hungernden, Labung der Durstenden. Den Fries führte SANTI BUGLIONI aus (das letzte Feld in bemalter, nicht glasierter Terrakotta von FILIPPO PALADINO), die Tondi (weltliche und theologische Tugenden) schuf vermutlich GIOVANNI DELLA ROBBIA.

11 Santa Maria delle Grazie

Einschiffiger Raum, 1452–69 nach Plänen von MICHELOZZO errichtet.

12 Sant'Andrea

Im 9. Jahrhundert begonnen, in der zweiten Hälfte des 12. Jahrhunderts in der Länge erweitert. Die unvollendete Fassade ist nach pisanischem Vorbild mit Blendarkaden und Rhomben geschmückt. *Türsturz des Hauptportals:* ›Zug der Heiligen Drei Könige‹,

›Begegnung mit Herodes‹ und ›Anbetung des Kindes‹, Reliefs von GRUAMONTE und seinem Bruder ADEADATO, 1166 (Inschrift). *Im Bogenfeld:* ›Muttergottes‹, in der Art des GIOVANNI PISANO, um 1300.

Inneres. Steiles dreischiffiges Langhaus mit offenem Dachstuhl. Die *Kanzel* ist von GIOVANNI PISANO, 1298–1301 (Abb. 9). Diese dritte in der Reihe der Kanzeln, die Nicola und Giovanni Pisano schufen, stellt – wie jene im Pisaner Baptisterium und im Sieneser Dom – am Kanzelkasten neutestamentarische Szenen dar (Verkündigung, Geburt, Anbetung der Könige, Bethlehemitischer Kindermord, Kreuzigung, Jüngstes Gericht). Dieses Lehrgebäude der Evangelien wird 'getragen' von Propheten (in den Bogenzwickeln) und Sibyllen (über den Kapitellen, die hier anstelle der Tugenden stehen). Zum Stil der Kanzel s. S. 60.

Von GIOVANNI PISANO ist ferner das *Holzkruzifix* nach dem ersten Altare rechts, vielleicht auch das *Taufbecken* im linken Seitenschiff und ein weiteres *Kruzifix* am ersten Altar des linken Seitenschiffs.

13 San Francesco

Begonnen 1294, um 1400 fertiggestellt, Fassade 1717. Einschiffige Kirche mit weitem Querschiff und fünf Chorkapellen. Das Innere erhielt die übliche Ausstattung mit Barockaltären, wobei die Fresken der Entstehungszeit übertüncht und dann im 20. Jahrhundert in Fragmenten freigelegt wurden. Die Fresken der *Hauptchorkapelle*, mit Szenen aus dem Leben des Hl. Franziskus, wurden dem Giotto-Schüler PUCCIO CAPANNA zugeschrieben.

Die Fresken der Kapelle links der Hauptchorkapelle sind von Pistoieser Künstlern des 14. Jahrhunderts. *Linke Wand oben:* ›Tod der Muttergottes‹, darunter: ›Christus erscheint Paulus‹. *Rechte Wand oben:* ›Verlöbnis und Tod Mariens‹, darunter: ›Triumph des Hl. Augustinus‹. Durch die *Sakristei* (Fresken um 1400) gelangt man in den 1291 erbauten *Kapitelsaal,* der seit 1386 mit Fresken ausgemalt wurde.

14 Madonna dell'Umiltà

Begonnen 1495 von VENTURA VITONI in der Formensprache Brunelleschis. Nach dem Tode Vitonis, 1522, von GIORGIO VASARI

Pistoia: Madonna dell'Umiltà, Längsschnitt und Grundriß

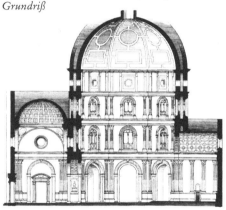

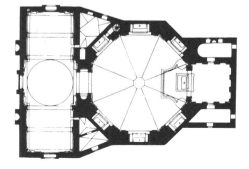

bis 1568 fortgeführt. Die Kirche entstand an der Stelle einer älteren Marienkirche (Santa Maria Forisportae). Als 1490 ein Freskenbild, die ›Madonna dell'Umiltà‹, zweite Hälfte 14. Jahrhundert (das jetzige Hauptaltarbild), zu schwitzen begann, war dies der Anlaß zum Bau der neuen Kirche. Dem 1509 begonnenen oktogonalen Zentralbau ist das von einer Kuppel und zwei Tonnen gewölbte *Vestibül* (1495) vorgelagert.

15   Sant'Antonio dei Frati del T

Die 1774 profanisierte Kirche der zweiten Hälfte des 14. Jahrhunderts wird nach dem griechischen Buchstaben T (Tau) genannt, den die Kanoniker des Hl. Abtes Antonius, die sich kranken Pilgern widmeten, auf den Mänteln trugen. Das einschiffige *Innere* enthält umfangreiche Freskenzyklen mit Szenen des Alten und Neuen Testaments, des Lebens des Hl. Antonius Abbas und der Legende des Hl. Gürtels, von NICCOLÒ DI TOMMASO und ANTONIO VITE (?), Ende 14. Jahrhundert.

16   San Domenico

Begonnen Ende 13. Jahrundert, um 1380 erweitert, nach Schäden im Zweiten Weltkrieg seit 1970 wiederaufgebaut. Charakteristischer T-förmiger Grundriß der Bettelordenskirchen mit flach schließender Hauptchorkapelle (Fresken des 14. Jahrhunderts).

Nach dem ersten Seitenaltar rechts: Grabmal des Filippo Lazzari, von BERNARDO und ANTONIO ROSSELLINO, 1467/68. *Nach dem dritten Seitenaltar rechts:* Grabmal des Seligen Lorenzo da Ripafratta, gestorben 1475, aus dem Umkreis des BERNARDO ROSSELLINO. Im *Kapitelsaal* und benachbarten Räumen des *Kreuzganges* Fresken des 14. bis 16. Jahrhunderts, darunter ›Maria Magdalena‹ von einem Nachfolger TADDEO GADDIS, 14. Jh., und ›Hl. Hieronymus‹, in der Art des POLLAIOLO, 15. Jahrhundert.

17   San Paolo

Errichtet 1291–1302. Die im 14. und 15. Jahrhundert überarbeitete Fassade (Portal 1327) verbindet Stilelemente der Pisaner Romanik (Blendbögen, Lisenen) und der Gotik (Rosette, Wimperg, Zwerchgalerie, Giebel, auch die von Spitzbögen gewölbten Grabnischen, vgl. Santa Maria Novella in Florenz). Einschiffiges Inneres mit offenem Dachstuhl.

Prato

Der Ruhm der Stadt als Textilerzeugerin, ihr schnelles Wachstum in den letzten Jahrzehnten hält viele Reisende davon ab, in den historischen Ortskern vorzudringen. Doch das kleine, überschaubare Zentrum überrascht mit Kunstwerken, die auch den von Florenz Verwöhnten zu beeindrucken vermögen.

Mit etwa 10 000 Einwohnern um 1300 konnte die mittelalterliche Gemeinde keine eigenständige Baukunst oder Malerei entwickeln: Der *Dom* geht auf pisanisch-lucchesische Vorbilder zurück, das *Castello*, die Kaiserburg, gehört zum Umkreis staufischer Hofkunst Apuliens und Siziliens, die Renaissancekirche *Santa Maria delle Carceri* wurde von dem Florentiner GIULIANO DA SANGALLO erbaut, ein anderer Florentiner, FILIPPO LIPPI, hinterließ im Dom einen der schönsten Freskenzyklen der Frührenaissance.

Prato war weder eine römische noch eine etruskische Stadt. Zahlreiche Funde in der Umgebung, in Comeana, Artimino und Carmignano, lassen vermuten, daß auch das spätere Stadtgebiet am Bisenzio-Fluß von Etruskern ländlich besiedelt war. In der Römerzeit befand sich an der Stelle des späteren Domplatzes ein *pagus*, den man *Cornius* nannte. Mit *pagus* bezeichneten die Römer – im Gegensatz zum kleineren *vicus* (italienisch *vico*) – ein größeres wirtschaftliches Zentrum auf dem Lande. Aus dem *Pagus Cornius* bildete sich in langobardischer Zeit der *Borgo al Cornio*, für den seit dem Jahre 874 Schöffen bezeugt sind. Außerhalb des Borgo lag beim *prato*, einer Wiese, auf der Markt gehalten wurde, eine *Festung*, von der noch heute zwei Turmstümpfe von der Anlage der Kaiserburg erhalten sind. Die Festung war in der ersten Hälfte des 11. Jahrhunderts im Besitz des Grafen Hildebrand, nach dessen Sohn Alberto sich die Familie langobardischer Herkunft später *Alberti* nannte. Die Alberti zählten zu den mächtigsten Feudalherren der Toscana. Ihr Landgebiet reichte bis ins Val di Niévole, ins Elsa-Tal, wo sie unter anderem Certaldo und Castelfiorentino besaßen, und weiter bis in das Küstengebiet der Maremmen. Der *Borgo al Cornio*, auf den bald der Name *Prato* überging, gelangte im 11. Jahrhundert unter Schutz und Herrschaft der Alberti, die zu Grafen von Prato ernannt wurden. Ihre Macht versuchte Markgräfin Mathilde von Canossa 1107 durch eine dreimonatige erfolglose Belagerung der Festung und des Borgo, an der sie selbst teilnahm, zu brechen.

Da Prato in der Spätantike keine Stadt war, ließ sich hier kein Bischof nieder und folglich wurden dem mittelalterlichen Borgo nicht die Rechte einer Stadt verliehen. Erst 1653 erhielt

PRATO

Prato beides, Stadtrechte und Diözese, wobei es freilich den Bischofssitz bis 1954 mit Pistoia zu teilen hatte. Prato besaß daher im Mittelalter keinen Dom, sondern lediglich eine Pieve.

Die *Pieve Santo Stefano* wurde von Pröbsten geleitet, die in ihren Befugnissen und im Ansehen jedoch Bischöfen vergleichbar waren. Sie übten Rechtssprechung aus bis vor die Tore von Pistoia. Zu den Pröbsten von Santo Stefano zählte Carlo de'Medici, unehelicher Sohn Cosimos d. Ä. Ihm und dem Einfluß seines Vaters verdankt das ehemals kleine Prato, daß in seinen Mauern Florentiner Künstler wie FILIPPO LIPPI und DONATELLO wirkten.

Die politische Entwicklung des Borgo verlief ähnlich wie die der Städte. Die Prateser wählten eigene Konsuln, bildeten anschließend die übliche Regierungsform des Podestà und der Räte, erreichten kaiserliche Anerkennung als freie Kommune (1187).

Noch bevor sich in Florenz das Priorat bildete, kannte Prato bereits eine Regierung der *Priori*, der Vorsteher der Zünfte. Auch den Pratesern blieben die Fehden zwischen ghibellinischen und guelfischen Familien nicht erspart. Hier waren es die ghibellinischen Dagomari und die guelfischen Guazzalotti. Im Machtkampf zwischen Kaisertum und Papst siegten schließlich die Anhänger der Guelfen: Prato wurde 1282 Sitz der guelfischen Liga.

Unter dem Druck der mächtigen Nachbarstädte Lucca und Florenz begab sich Prato 1313 in den Schutz der Anjou von Neapel, die die Signoria 1351 für 17000 Gulden an Florenz verkauften. Prato behielt eine beschränkte politische Autonomie, und es gab mehrere Versuche, die volle kommunale Freiheit zurückzugewinnen.

Der kleine Ort konnte im 13. Jahrhundert mit anderen toscanischen Städten, wie Pistoia, Florenz und Siena, in der Textilerzeugung, besonders in der Wollverarbeitung konkurrieren. Tuche von Prato waren begehrt auf den Märkten Europas. Die sechzig Goldschmiede, die um 1270 in Prato angesiedelt waren, arbeiteten größtenteils für den Export. Einer der erfolgreichsten Kaufleute und Bankiers war Francesco di Marco Datini (1330–1410), der Handelsniederlassungen in vielen Städten Europas unterhielt. Sein immenses Vermögen stiftete er einer von ihm gegründeten Wohltätigkeitsorganisation, dem *Ceppo*.

Wie in anderen Städten schrumpfte in nachmittelalterlicher Zeit die Einwohnerschaft. Zählte Prato am Ende des 13. Jahrhunderts rund 10000 Bewohner, so waren es 1372 nur noch 6405, 1429 war die Zahl auf 3533 gesunken. Erst seit Ende des 19. Jahrhunderts, als die Prateser Textilindustrie durch die Verarbeitung von Lumpen einen rapiden Aufschwung erreichte, schnellte die Bevölkerungsziffer nach oben. Heute zählt Prato rund 150000 Bewohner. In den vier Jahrzehnten zwischen 1920 und 1960 verzehnfachte sich die Einwohnerschaft. Die Stadt wuchs weit über das größtenteils erhaltene Mauersechseck von 1334 bis 1335 hinaus.

Prato ist die viertgrößte Stadt Mittelitaliens, ohne jedoch, was den Stolz vieler Prateser kränkt, Hauptstadt einer Provinz zu sein.

126

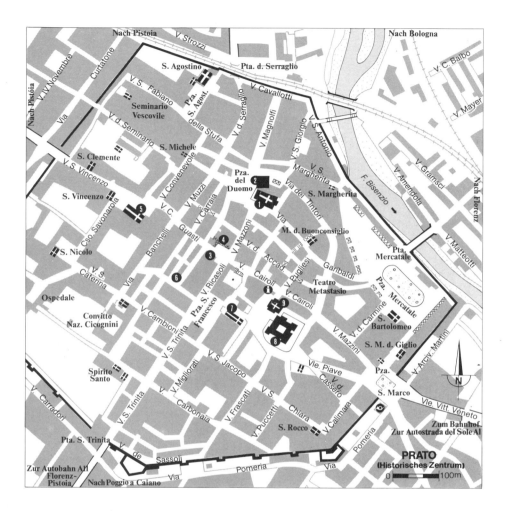

1* Dom Santo Stefano

(Abb. 34) Ursprünglich Pieve, seit 1653 Bischofskirche. An Stelle einer älteren Pfarrkirche, von der Nachrichten bis ins 10. Jahrhundert zurückreichen, 1211 nach Plänen oder unter Mitwirkung von GUIDO DA COMO begonnen, in den folgenden Jahrhunderten erweitert und umgestaltet. Vom ursprünglichen Außenbau sind die Langhauswände mit Blendbögen nach pisanischlucchesischem Vorbild erhalten, während die Fassade 1385 bis 1457 mit Stilelementen der Gotik umgestaltet wurde. 1317–68 wurde das Querschiff mit fünf Kapellen hinzu-

* Die Ziffern nehmen Bezug auf den obigen Stadtplan

PRATO

Der Dom zu Prato. Aus: ›Viaggio Pittorico della Toscana‹, von Francesco Fontani, 1801

gefügt. 1434–38 schufen DONATELLO und MICHELOZZO die *Außenkanzel*, die zum Vorzeigen des *Heiligen Gürtels* dient. Ihre Reliefs mit den tanzenden Putten sind Abgüsse nach den Originalen, die seit 1972 im Dommuseum ausgestellt sind.

Der *Campanile* entstand im 13. Jahrhundert, sein Obergeschoß 1340–56.

Inneres. Die Anlage des Langhauses, das auf den Neubau von 1211 zurückgeht, zeugt von der Auseinandersetzung mit verschiedenen Stilen: Die Weite der Bögen, das Gedrungene der Säulen sind auf lombardischen Einfluß zurückzuführen, während die grün-weiße Marmorstreifung eine Eigentümlichkeit pisanisch-lucchesischer Romanik ist. Ursprünglich war das Bodenniveau 43 cm niedriger, die Säulenbasen ruhten auf Sockeln, Haupt- und Seitenschiffe wurden von offenen Dachstühlen bedeckt. Jetziger Fußboden 1542. Die für Bischofskirchen obligatorischen Gewölbe erhielt die Kirche 1676, dreiundzwanzig Jahre nach der Erhebung zum Dom.

In unerwarteter Weite öffnet sich das von farbigen Glasfenstern beleuchtete Querhaus mit 'gotischen' Rippengewölben. Die Anlage mit flachen Chorkapellen geht auf Zisterzienser- und Bettelordenskirchen zurück. An den Pilastern, den Diensten und Eingangsbögen der Kapellen finden wir die grünweiße Marmorstreifung des Langhauses wieder. Die Pläne für das Querschiff sollen auf GIOVANNI PISANO zurückgehen. Dieser Erweiterungsbau (1317–68) war erst möglich, nachdem zwei Grundstücke an der Ostseite der Kirche erworben waren.

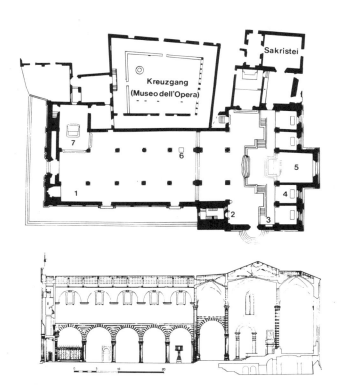

Prato: Dom, Grundriß und Längsschnitt

Ausstattung (s. den Grundriß S. 129)

1 *Holzkruzifix* von GIOVANNI PISANO, um 1317 (?).
2 *Tabernakel* mit der sogenannten ›Madonna dell'Olivo‹ von GIOVANNI und BENEDETTO DA MAIANO, 1480. Das Werk stammt von einem Landgut der Familie, seit 1867 im Dom.
3 ›Tod des Heiligen Hieronymus‹ Tafelbild von FILIPPO LIPPI, 1452.
4 *Cappella dell'Angelo Custode*. Die Schutzengel-Kapelle wurde zwischen 1443 und 1455 von zwei verschiedenen Malern ausgestattet. Um 1445 schuf der sogenannte PRATO-MEISTER folgende Freskenbilder:

Kapelleneingangsbogen: Vier Heiligenfiguren; *Gewölbe:* ›Glaube‹, ›Hoffnung‹, ›Liebe‹, ›Tapferkeit‹; *Lünette der linken Seitenwand:* ›Disput des Hl. Stephan‹; *Lünette der rechten Seitenwand:* ›Geburt Mariens‹; *Bildfeld darunter:* ›Tempelgang Mariens‹.

Der bedeutende unbekannte Maler dieser Fresken, der sich durch weich fließende Linienführung, perspektivische Raumkonstruktionen und – in der ›Geburt Mariens‹ – durch hoheitsvolle, leicht überlängte Gestalten auszeichnet, konnte bisher nicht überzeugend namhaft gemacht werden. Er wurde von mehreren Forschern mit PAOLO UCCELLO, von anderen mit DOMENICO VENEZIANO identifiziert.

PRATO

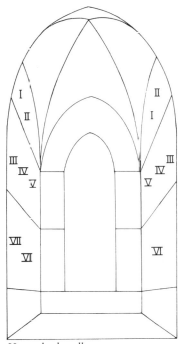

Hauptchorkapelle

Der 1455 verstorbene ANDREA DI GIUSTO vollendete die Wandbemalung. *Linke Wand, Mittelfeld:* ›Martyrium des Hl. Stephan‹; *unten:* ›Auffindung der Gebeine der Heiligen Stephan und Laurentius‹; *rechte Wand, unten:* ›Verlöbnis Mariens‹.

5 *Hauptchorkapelle.* Die beiden Freskenzyklen malte FILIPPO LIPPI (unter Mitwirkung von FRA' DIAMANTE) mit langen Unterbrechungen zwischen 1452 und 1568. Sie wurden finanziert von der Wohltätigkeitsorganisation *Ceppo;* das Wappen des 1410 verstorbenen Stifters Francesco di Marco Datini findet sich im Bildfeld VI. – *Linke Seitenwand:* Szenen aus dem Leben des Märtyrers Stephan, des Titelheiligen der Kirche: ›Geburt‹ (I) – ›Ein Priester übergibt das von einer Hirschkuh ernährte Kind einer frommen Frau‹ (II) – ›Diakonsweihe‹ (III) – ›Heilung des Besessenen‹ (IV) – ›Disput mit Hebräern‹ (V) – ›Steinigung‹ (VI) – ›Begräbnis‹ (VII). – *Rechte Seitenwand:* Szenen aus dem Leben Johannes des Täufers: ›Geburt‹ (I) – ›Namensgebung‹ (II) – ›Abschied von den Eltern‹ (III) – ›Gebet in der Wüste‹ (IV) – ›Predigt‹ (V) – ›Gastmahl des Herodes, Enthauptung des Johannes, die tanzende Salome, Übergabe des Kopfes an Herodias‹ (VI). – *Im Gewölbe:* Vier Evangelisten.

In diesem Freskenzyklus, der zu den bedeutendsten der Frührenaissance zählt, gehen das Prunkvoll-Festliche und das Heiter-Anmutige mit dem Logisch-Konstruktiven eine einzigartige, glückliche Verbindung ein. Die Linienschönheit der tanzenden Salome verdeutlicht, daß von FILIPPO LIPPI BOTTICELLI seinen Ausgangspunkt nahm.

Am Hauptaltar: Bronzekruzifix von FERDINANDO TACCA, 1653.

6 *Kanzel,* mit Reliefs von MINO DA FIESOLE (›Gastmahl des Herodes‹, ›Enthauptung des Täufers‹) und ANTONIO ROSSELLINO (›Mariä Himmelfahrt‹, ›Steinigung und Begräbnis des Hl. Stephan‹), 1473. Basis mit Sphingen von MATTEO DA MONTEPULCIANO.

7 *Kapelle des Hl. Gürtels.* Errichtet 1385/95 zur Aufbewahrung und Verehrung des Heiligen Gürtels. Nach der Legende überließ die Muttergottes bei der Himmelfahrt ihren Gürtel dem Apostel Thomas, der ihn einem Priester schenkte. Als der Prateser Kaufmann Michele Dagomari in Jerusalem ein Mädchen namens Maria heiratete, erhielt er den Gürtel als Mitgift. Nach der Rückkehr nach Prato bewahrte er ihn heimlich in

einem Schilfkorb auf und legte sich abends auf die Reliquie schlafen. Engel wiesen ihn auf die Unbotmäßigkeit seines Handelns hin und legten den schlafenden Michele auf den Boden. Vor seinem Tode überreichte er den Gürtel dem Probst und Vertretern der Kommune. Kirche und Kommune machten sich die Rechte auf die Reliquie streitig. Sie wird daher im Schrein der Altarmensa aufbewahrt, zu der es zwei verschiedene Schlüssel – im Besitz des Bischofs und der Stadt – gibt. Der Heilige Gürtel wird an kirchlichen und weltlichen Feiertagen zur Schau gestellt (Weihnachten, Ostern, 1. Mai, 15. August, 8. September; vgl. Abb. 34).

Die Fresken der Kapelle von AGNOLO GADDI, 1392–95, stellen das Leben der Muttergottes und die Gürtel-Legende dar. Auf dem Hauptaltar: ›Muttergottes mit Kind‹ von GIOVANNI PISANO, um 1317. Bronzegitter, 1438–67, begonnen von MASO DI BARTOLOMEO, fortgeführt von ANTONIO DI SER COLA, beendet von PASQUINO DI MATTEO DA MONTEPULCIANO.

2   Museo dell'Opera del Duomo

(9.30–12.30, 15–18.30 Uhr, sonntags und feiertags 9.30–12.30 Uhr). Ausgestellt sind Altargemälde, liturgische Bücher mit Miniaturen, Goldschmiedearbeiten. Hervorzuheben sind ein den Seligen Jacopo da Todi darstellendes Fresko, um 1440, ein Tafelgemälde von FILIPPINO LIPPI ›Hl. Lucia‹, die Originalreliefs der Außenkanzel von DONATELLO, eine Truhe für den Hl. Gürtel von MASO DI BARTOLOMEO, erste Hälfte 15. Jahrhundert.

Vom *Kreuzgang* des 12. Jahrhunderts mit Marmoreinlegearbeiten ist das Untergeschoß eines Flügels erhalten.

3   Palazzo Pretorio

(Abb. 33)   Der ehemalige Kommunalpalast besteht – an der Nord-Ost-Ecke – aus einem älteren Teil aus Backstein vom Anfang des 13. Jahrhunderts, der ursprünglich ein privates Turmhaus war, das die Stadt 1284 erwarb und nach 1333 in Hausteinen erweiterte. Neben den Fenstern des frühen 13. und des 14. Jahrhunderts gibt es Fenster des 15. Jahrhunderts mit Fensterkreuzen. Die stark erneuerte Treppe ist aus dem 16. Jahrhundert. Der ursprünglich für den Capitano del Popolo vorgesehene Palast beherbergt in drei großen Sälen (mit vorzüglich erhaltenen mittelalterlichen Balkendekken) und in einigen kleineren Räumen die *Galleria Comunale* (9–19 Uhr; montags geschlossen), die städtische Kunstsammlung mit Gemälden und Kunstgegenständen des 14. bis 18. Jahrhunderts. Besondere Beachtung verdienen einige Gemälde, die eng mit der Geschichte der Stadt verbunden sind: BERNARDO DADDIS Predella-Tafel vom ehemaligen Hauptaltar des Domes, 1337, stellt die Geschichte vom Gürtel Mariens dar (vgl. die ausführliche Darstellung der Legende in der Gürtelkapelle des Domes), FILIPPO LIPPIS ›Madonna del Ceppo‹, mit den Stifterfiguren: Francesco di Marco Datini und Mitglieder der aus seinem Vermögen gegründeten Wohltätigkeitsorganisation Ceppo. Filippino Lippis Tabernakel der Hl. Margerita, 1498, befand sich am Hause, das er für seine Mutter, die früher Nonne im Convent Santa Margherita war, gegenüber dem Kloster, erworben hatte. Das Haus wurde 1944 bei einem Luftangriff zerstört. Tabernakel und Fresko wurden aus Fragmenten zusammengefügt. Von FRA' BARTOLOMEO, der in Prato geboren wurde, und LUCA SIGNORELLI sind je ein Tondo ausgestellt.

131

PRATO

4 Palazzo Comunale

14. Jahrhundert. Die Fassade wurde Ende des 18. Jahrhunderts vollständig in klassizistischem Stil umgearbeitet

Auf der Piazza del Comune: Denkmal des Prateser Kaufmanns Francesco di Marco Datini, 1896. Bacchus-Brunnen, von FERDINANDO TACCA, 1659. Die originalen Bronzeteile werden in der *Galleria Comunale* aufbewahrt.

5 San Domenico

1283 von FRA' MAZETTC begonnen. Um 1322 nach veränderten Plänen vollendet. Nach dem Vorbild von Santa Maria Novella in Florenz hat die Kirche außen spitzbogige Grabnischen. Das Innere wurde 1647 barockisiert. Im Kloster wurde das *Museo di Pittura murale* (9–12, 15–17 Uhr) eingerichtet, das abgelöste Fresken und Sinopien (Vorzeichnungen) aus Prateser Kirchen zeigt und einen Einblick in die Technik der Freskenmalerei und ihrer Restauration ermöglicht.

6 Palazzo Datini

Wohn- und Geschäftspalast von Francesco Datini (1330–1410), der zu den reichsten Kaufleuten Italiens zählte. Der Palast war vollständig mit Marmorimitationen und mit sechzehn Szenen aus dem Leben des Kaufmanns bemalt (1411), von denen lediglich Reste der Sinopien erhalten sind. Die Fenster des Erdgeschosses 17. Jahrhundert, Loggia 16. Jahrhundert.

7 San Francesco

Vermutlich 1294 begonnen. Die *Fassade* des frühen 14. Jahrhunderts wurde im 19. Jahrhundert mit einem Renaissancegiebel bekrönt. Im dreischiffigen, in jüngster Zeit

weißgetünchten *Inneren* (mit drei Chorkapellen) sind keine Wandmalereien erhalten. *Linke Seitenwand:* Grabmal des Gimignano Inghirami, gestorben 1460, im Stile des BERNARDO ROSSELINO. *Vor dem Presbyterium:* Grabmal des Francesco Datini, von NICCOLÒ LAMBERTI, 1411. *Am Hauptaltar:* Holzkruzifix, 15. Jahrhundert.

Der *Kapitelsaal* des Kreuzganges, die *Cappella Migliorati*, wurde um 1395 mit Fresken (Szenen aus dem Leben des Hl. Abtes Antonius und des Apostels Matthäus) von NICCOLÒ DI PIETRO GERINI ausgemalt.

8 Castello dell'Imperatore

(Abb. 31) Die Festung wurde 1248 von Kaiser Friedrich II. von Staufen als Stützpunkt an der von Deutschland nach Apulien und Sizilien führenden Kaiserstraße errichtet. Diese einzige Kaiserburg in Nord- und Mittelitalien ist in vielen Einzelheiten den Stauferkastellen Apuliens vergleichbar. Wie im Castel del Monte wird das *Hauptportal* von einem Giebel bekrönt. Seine grün-weiße Marmorstreifung hingegen hat lokale Tradition, während die Blattkapitelle und Profile der Bögen von der gotischen Baukunst des Nordens abzuleiten sind.

Das Kastell geht auf eine Festung des 10. Jahrhunderts zurück, die im 11. Jahrhundert im Besitz der Grafen Alberti war. Von der alten Burg wurden beim Bau der jetzigen Anlage zwei Turmstümpfe als Wachttürme (die jeweils mittleren der Nord- und Westseite) übernommen, die bis 1768 eine mehr als doppelte Höhe hatten.

9 Santa Maria delle Carceri

(Abb. 32) Der freistehende, kreuzförmige Zentralbau wurde 1484, als ein Muttergottesbild wundertätig wurde, von GIULIANO

132

Prato: Santa Maria delle Carceri, Querschnitt und Grundriß

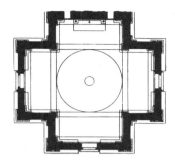

DA SANGALLO an dieser Stelle, die von Kerkern, *carceri*, eingenommen wurde, begonnen. Von Zentralbauten BRUNELLESCHIS ausgehend, schuf GIULIANO DA SANGALLO eine freistehende Kirche mit vier Kreuzesarmen, die zum Vorbild für Zentralbauten der Hochrenaissance wurde – in der Toscana für San Biagio bei Montepulciano (Farbt. 18). Brunelleschis Stil ist vor allem im Inneren und am äußeren Kuppeltambour ablesbar, während die rechteckigen Felder in ihrer weiß-grünen Marmordekoration auf altflorentinische Vorbilder (Baptisterium, San Miniato) zurückzuführen sind. Die Marmorverkleidung des Obergeschosses ist nicht ursprünglich, sie wurde 1885 ausgeführt. – Im *Innern* Majolika-Fries und Majolika-Tonden (mit Darstellungen von Evangelisten) von ANDREA DELLA ROBBIA, 1492.

Prato: Santa Maria delle Carceri. Aus: ›Viaggio Pittorico della Toscana‹ von Francesco Fontani, 1801

Florenz – Ein Kurzbesuch

VORBEMERKUNG Empfiehlt es sich, auf einer Toscana-Reise auch Florenz zu besuchen? Diese Frage ist nicht leicht zu beantworten: Sie war bei der Konzeption dieses Buches, das den Leser auf seiner Reise begleiten möchte, Gegenstand langer Vorüberlegungen. Florenz stellt besondere Anforderungen an das Aufnahmevermögen ebenso wie an die Fähigkeit zu geistiger Durchdringung. Anders als Pisa oder Siena hat diese Stadt zu verschiedenen Epochen – vom 11. bis 16. Jahrhundert, von der Protorenaissance bis zum Manierismus – bedeutende eigenständige, wahrlich epochemachende Kunstwerke hervorgebracht. Diese lassen sich in ihrer Vielfalt, in ihrer geschichtlichen und kunstgeschichtlichen Bedeutung nicht auf einer Reise erfassen, die der Toscana als Ganzem – ihren Städten und ihrer Landkultur gilt. Andererseits ist eine Reise in diese Landschaft unvollständig, klammert man ihr bedeutendstes Zentrum aus: Ihre politische, ihre geistig-künstlerische Geschichte läßt sich nicht verstehen, ohne die Stadt einzubeziehen, die machtpolitisch die erfolgreichste war, deren Formvorstellungen in Baukunst und Bildwelt seit dem 14. Jahrhundert in der gesamten Landschaft und über ihre Grenzen hinaus Allgemeingut wurden, die Stadt, die zuvor – insbesondere im Dugento, dem 13. Jahrhundert – Anregungen von außen aufgenommen hatte – von den romanischen Landkirchen und der Bettelordensgotik, von der Pisaner und Luccheser Bildhauerkunst und der frühen Tafelmalerei.

Doch bedeutet ein Aufenthalt in Florenz mehr als Einsicht in kunstgeschichtliche Bezüge, wie sie vorrangig den mit Kunstwerken eng Vertrauten und den Fachgelehrten interessieren: Wer Florenz noch nicht kennt, sollte die Stadt vor allem deshalb in die Toscana-Reise einbeziehen, weil sie mit ihren Bau- und Bildwerken von außergewöhnlichem Rang dem Auge die Möglichkeit der Schulung bietet, weil sie den Blick für die Schönheit der einfachen Form öffnet. Und umgekehrt: wer die Ruinen der mittelalterlichen Kastelle, die Bettelordenskirchen des Landes gesehen hat, dem werden die Florentiner Großbauten – Palazzo Vecchio, Santa Maria Novella oder Santa Croce – zu einem besonderen Erlebnis. Erst hier wird er ermessen, zu welch ungeahnten formalen Lösungen einfache Bauprinzipien führen können.

Reisende, die während eines Ferienaufenthaltes auf dem Lande auch Florenz besuchen, oder die Stadt als verkehrsgünstiges Standquartier für Ausflüge wählen, müssen sich beschränken. Es empfiehlt sich, selbst unter den herausragenden Werken noch eine engere

Auswahl zu treffen, sich auf einige Bau- und Bildwerke zu konzentrieren, die aus jener Epoche des Mittelalters stammen, als die anderen toscanischen Städte noch nicht zur provinziellen Bedeutungslosigkeit herabgesunken waren, sondern als selbständige Kunstzentren ein Gegengewicht zu Florenz bildeten und mit dieser Stadt in wechselseitiger Beziehung standen. So wurden hier beispielsweise nicht MICHELANGELOS *Medici-Projekte oder* RAFFAELS *Palazzo Pandolfini aufgenommen, denn diese Monumente tragen zum Verständnis von nur wenigen Bauwerken der übrigen Toscana bei. Es wurden vielmehr die mittelalterlichen Kirchen und Paläste ausgewählt, die in unserem Bewußtsein von toscanischer Baukunst einen nicht fortzudenkenden Platz einnehmen, die sich gleichzeitig als Einführung in Florentiner Geschichte und Kunstgeschichte besonders eignen: Es sind jene Monumente, die man bereits im 14. Jahrhundert – zusammen mit den Brücken und Mauern – den Besuchern dieser Stadt vorführte und in Stadtbeschreibungen hervorhob.*

Wie Pisa, Lucca und Pistoia liegt Florenz in der fruchtbaren westtoscanischen Ebene und war wie jene Städte eine Gründung der Römer. Im Gegensatz zu Fiesole war Florenz keine Etruskerstadt. Auf Florentiner Boden fand man zwar Zeugnisse der Villanova-Kultur, doch gibt es keine Hinweise für eine etruskische Besiedlung.

Von Caesar 59 v. Chr. als Veteranenkolonie an der Via Cassia gegründet, besaß *Florentia* ('die blühen möge') ein Kapitol, Thermen und Theater. Die schachbrettförmige römische Anlage bildete die Grundlage der mittelalterlichen Stadt. Sie ist noch heute im Luftbild oder auf dem Stadtplan ablesbar: die römischen Mauern verliefen im Westen bei der *Via Tornabuoni,* im Norden bei der *Via de' Cerretani,* im Osten bei der *Via del Proconsolo,* im Süden jenseits der *Via Porta Rossa.* Der *Cardo maximus* (Hauptstraße in nord-südlicher Richtung) wurde durch die heutige *Via Calimala* und *Via Roma* gebildet, während der *Decumanus* (Hauptstraße in ost-westlicher Richtung) am *Corso* und seiner Verlängerung, der *Via Strozzi,* verlief. Dort, wo sich Cardo und Decumanus kreuzten, entstand das *Forum,* das einen Teil der heutigen *Piazza della Repubblica* einnahm. Außerhalb der Mauern lagen – beim Palazzo Vecchio – das Theater und – in der Nähe von Santa Croce – das Amphitheater, dessen Struktur im Verlauf der *Via Torta* (der 'gewundenen Straße') erkennbar blieb.

FLORENZ

Florenz, aus dem 'Kettenplar', um 1480: Or San Michele, Palazzo del Podestà (Bargello), Palazzo Vecchio, Loggia dei Signori (dei Lanzi)

Nach dem Zerfall des Weströmischen Reiches widerfuhr Florenz das Schicksal der anderen Städte Etruriens: Verwüstungen durch Völker des Nordens. Die Stadt litt besonders unter den Kämpfen zwischen Byzantinern und Ostgoten. Um 541 wurde sie mehrmals erobert und geplündert, die Gebäude verfielen, nicht einmal mehr 1000 Einwohner lebten in ihren Mauern. Der von den Byzantinern angelegte Verteidigungsring faßte ein Gebiet, das um ein Viertel kleiner war als das der Römerstadt; die sechzehn *insulae* im Norden wurden nicht umschlossen.

Erst nachdem die Langobarden um 568 die Toscana erobert hatten, gab es Anzeichen für ein wiederbeginnendes städtisches Leben. Kirchen wurden errichtet, von denen drei – darunter Or San Michele – dem Erzengel Michael, dem Schutzheiligen der Langobarden, geweiht wurden. Florenz, die ehemalige Hauptstadt der Siebenten Region verlor ihre führende Position an die Residenzstädte des Herzogs und seines Stellvertreters – an Lucca und Pisa. Die neue Verkehrsader, die Frankenstraße, zog an Florenz vorbei. Im 9. Jahrhundert, zur Zeit der Karolingerherrschaft, stieg die Einwohnerzahl auf etwa 15 000 an. Ein neuer, erweiterter Mauerring war erforderlich, der auch das Dreieck zwischen der alten Südmauer und dem Arno umschloß.

Auch wenn sich Florenz mit Lucca und Pisa noch immer nicht wirtschaftlich messen konnte, so erlebte die Stadt bereits im 11. Jahrhundert eine erste kulturelle Blütezeit, in der die Bauten der Protorenaissance errichtet wurden. Diese erste Periode Florentiner Kultur wurde getragen von Persönlichkeiten antikaiserlicher Haltung und kirchlichen Reformdenkens, die sich zwischen 1045 und 1059 in dieser Stadt niederließen: von Gottfried von Lothringen, der als zweiter Gemahl der Beatrice von Tuszien die Markgrafenrechte der Toscana beanspruchte und um 1050 seine feste Residenz vor den Toren der Stadt errichtete (nachdem sie die Markgrafen bereits seit Anfang des 11. Jahrhunderts gegenüber Lucca als Aufenthaltsort vorgezogen hatten); von Bischof Gerhard, einem Anhänger der cluniazensischen Reform (dem späteren Papst Nikolaus II., 1058–61) und dem aus Deutschland gekommenen Mönch Hildebrand, der später als Gregor VII. (1073–85) Kaiser Heinrich IV. mit dem Bann belegte. Ein weiterer Kämpfer gegen die Verweltlichung der Kirche, Johannes Gualbertus, ging einen anderen Weg: er zog sich in die Einsamkeit des Pratomagno zurück und gründete den Orden der Vallombrosaner.

In der Auseinandersetzung um weltlichen Einfluß auf die Kirche, im Machtkampf zwischen Kaiser und Papst – dem Investiturstreit – unterstützte die Stadt die papstfreundliche Politik ihrer Markgräfin Mathilde. Mathilde, Tochter der Beatrice von Tuszien, war Vertraute Gregors VII., auf ihren Gütern in Canossa unterwarf sich Heinrich IV. dem Papst. Die Markgräfin förderte ihrerseits die Städte auf ihrem Weg zur Selbstverwaltung.

Um den Bewohnern der Stadt Schutz zu bieten, ließ Mathilde eine neue, die vierte Stadtmauer, errichten, die *cerchia antica* Dantes. Sie lehnte sich im Norden dem römischen Mauerverlauf an und schloß somit auch das Baptisterium, die Vorgängerkirche des Domes, den Bischofspalast und den markgräflichen Palast ein.

Beim Tode der *Gran Contessa* war die Kommune de facto konstituiert. Aus Kreisen des Adels und der Großkaufleute wählte man zwölf Konsuln, aus jedem Stadtviertel drei, denen

FLORENZ

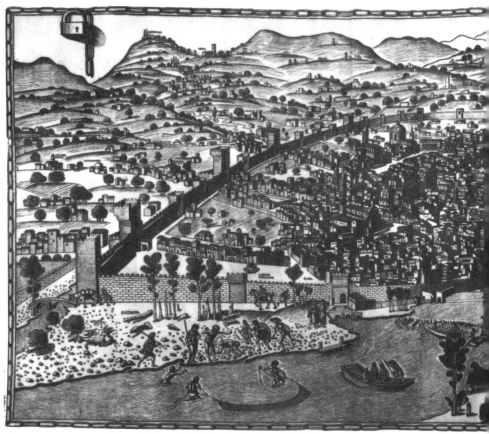

Florenz: sogenannter 'Kettenplan', um 1480. Berlin, Kupferstich-Kabinett

man den Rat der Hundert, die *cento buonomini* und die Volksversammlung, den *consiglio generale,* zur Seite stellte.

Den Bauten der Protorenaissance hatte Florenz in den kommenden zwei Jahrhunderten nichts Gleichwertiges zur Seite zu stellen. Erst mit der Errichtung der Dominikanerkirche *Santa Maria Novella* (1246) beginnt eine neue Periode der Kunstgeschichte dieser Stadt. Im 12. und frühen 13. Jahrhundert, als in Pisa der Dom erweitert, Campanile, Baptisterium und Camposanto erbaut wurden, als man in Lucca, Pistoia, Prato und später auch in Arezzo und Siena Dome und Bürgerkirchen errichtete, entstand in Florenz kein Bauwerk gleichen Ranges. Während sich Pisa und Lucca zu Zentren der Bildhauerkunst und Malerei entfalteten, ist für Florenz kaum eine Skulptur, kein Tafelgemälde bezeugt. Man

beschränkte sich auf die Errichtung verhältnismäßig bescheidener Kirchen wie *San Jacopo sopr'Arno*, erbaute eine neue *Mauer* (ab 1173), die eine fast dreifache Stadtfläche umfaßte und erstmals auch ein Gebiet jenseits des Arno umschloß, man pflasterte die Stadt und legte neue Brücken an: Ponte alla Carraia (1218–20), Ponte alle Grazie (1232) und Ponte a Santa Trinita (1252).

In dieser fast zwei Jahrhunderte andauernden künstlerischen Pause schuf Florenz die wirtschaftlichen und politischen Voraussetzungen für seine spätere Vormachtstellung. Wie in den anderen Städten beruhte die Wirtschaft auf Handwerk und Handel. So galt es, durch Verträge Absatzmärkte zu schaffen, die Handelswege zu sichern, ein Landgebiet aufzu-

FLORENZ

bauen, Kastelle zu erobern, den Landadel einzubürgern. Was Florenz von Lucca oder Siena unterscheidet, ist die Zielstrebigkeit und Skrupellosigkeit, mit der die spätere 'Kunststadt' ihre Wirtschafts- und Machtpolitik verfolgte. Ungeheuerliches geschah: 1125 zerstörte die Arnostadt aus nichtigem Anlaß ihre Rivalin auf dem nahen Hügel, *Fiesole,* bis auf die Fundamente. Dieser Schritt verhalf der Stadt zu einem doppelten Contado. Als sich *Semifonte,* ein kleiner aufblühender Borgo im Elsa-Tal zur Stadt erheben wollte und damit zur wirtschaftlichen Konkurrentin zu werden drohte, wurde auch dieser Ort vollständig niedergerissen. Florenz war die erste mittelalterliche Stadt, die – über ein kaiserlich-königliches Privileg sich hinwegsetzend – 1252 Goldmünzen prägte.

Das Florentiner Handwerk zeichnete sich durch industrielle Fertigungsmethoden und Vielseitigkeit aus. Außer der Woll- und Seidenmanufaktur waren die Goldschmiedekunst, die Verarbeitung von Leder, Metall und Marmor wichtige Erwerbszweige. Als günstig für den Handel erwies sich inzwischen auch die geographische Lage, nachdem die Franken-straße als Verkehrsweg zurücktrat und die Via Cassia wieder instandgesetzt wurde. Begünstigt war Florenz ferner durch den zu dieser Zeit noch schiffbaren Arno, auf dem u. a. das Bauholz aus dem Casentin und der Carrara-Marmor in die Stadt gelangten.

In keiner anderen toscanischen Kommune erreichten die Gewerbetreibenden, die Hand-werker und Kaufleute, vergleichbaren politischen Einfluß. Dies kommt u. a. darin zum Ausdruck, daß sie sich früh – schon im 12. Jahrhundert – zu Zünften, *arti,* zusammenschlos-sen und sodann – seit 1282 – die Regierung bildeten, das sogenannte *Priorat:* Dieses bestand aus den Vorstehern der sieben Hauptzünfte *(priores septem artium)* und dem *gonfaloniere di giustizia,* 'dem Bannträger des Rechtes'. Es bildete bis zur Zeit der Medici die formale Grundlage der Regierung.

Das Priorat fiel in den Beginn der großen Epoche der Stadtbaukunst: Profane und kirchliche Baumaßnahmen wurden zu den wichtigsten Aufgaben der Kommune. Die Gemeinde beschloß nicht nur große Bauprojekte, selbst konstruktive und ästhetische Details – so beim Dombau – wurden unter Anteilnahme der Öffentlichkeit von hierzu eigens berufenen Gremien beraten.

Durch Zuzug vom Lande wuchs die Einwohnerschaft am Ende des 13. Jahrhunderts auf etwa 100000. 1283 beschloß das Priorat die 'große Mauer': den sechsten und letzten, südlich des Arno noch weitgehend erhaltenen Verteidigungsring. Mit einer Länge von 8,5 km und 73 Türmen umschloß er alle Vororte und ließ dennoch freien Raum für Gartenanlagen.

Betrachten wir die öffentliche Bautätigkeit in der zweiten Hälfte des 13. Jahrhunderts, so ist auffallend, daß ein Großteil der Neubauten während zweier Regierungen begonnen bzw. beschlossen wurde – der des *primo popolo* (eine Volksregierung der Kaufleute und Handwerker, 1250–60) und der des *Priorats* (ab 1282). Dies gilt nicht nur für die bereits erwähnte große Mauer, die beiden Kommunalpaläste (Bargello 1255, Palazzo Vecchio 1299) und den Dom (1296), sondern ebenso für einige Ordenskirchen. Nach der Grundsteinle-gung für die Dominikanerkirche *Santa Maria Novella* (1246) bauten die Serviten *Santis-sima Annunziata* (1250), die Augustiner *Santo Spirito* (1250), die Vallombrosaner *Santa*

140

Trinita (1258), die Karmelitermönche *Santa Maria del Carmine* (1268), die Franziskaner *Santa Croce* (1295), wobei die Serviten-, die Augustiner- und die Karmeliterkirchen in späteren Jahrhunderten durch Neubauten ersetzt wurden.

Die vielen Kirchenbauten wurden nicht nur durch private Stiftungen, sondern zum Teil auch durch öffentliche Gelder finanziert. Für den Dombau wurden spezielle Steuern erhoben, die nach Aussetzen der Bauarbeiten auf Santa Croce übertragen wurden. Eine weitere Geldquelle war das konfiszierte Vermögen politischer Gegner, d. h. der der Häresie angeklagten Ghibellinen. (Dabei war den Franziskanern, durch ihren Ordensheiligen Ludwig von Toulouse mit dem Hause Anjou und der Guelfenpartei verbunden, das Amt der Inquisition übertragen worden.)

Im 14. Jahrhundert setzte das wirtschaftlich erstarkte, zu den größten europäischen Städten zählende Florenz seine Hegemoniebestrebungen fort durch Kauf und Eroberungen von Pistoia (1329), Prato (1351), San Gimignano (1354), Volterra (1361), Arezzo (1380), Pisa (1406), Cortona (1411) und Livorno (1420). Doch das 14. Jahrhundert, das mit einer Spaltung der Guelfenpartei und der Verbannung Dantes begann, brachte auch Florenz wirtschaftliche Einbußen, machtpolitische Niederlagen und Katastrophen. Die Bankhäuser der Peruzzi und Bardi meldeten Bankrott an, die Stadt verlor zwei Schlachten gegen Pisaner und Luccheser Ghibellinen (1315 und 1325), sie wurde von einer Arno-Überschwemmung (1333), von Hungersnöten (1315–17) und von Epidemien (u. a. 1340, 1348, 1371–74) heimgesucht. Die Pest von 1348 reduzierte die Einwohnerschaft auf etwa 40 000.

Soziale Spannungen zwischen Adel und Bürgertum übertrugen sich auf Wohlhabende *(popolo grasso)* und Mittellose *(popolo minuto)*, die 1378 im *Aufstand der ciompi*, der Wollkämmer, einen Höhepunkt fanden. Zweimal vertraute sich die Stadt – ohne Glück – einem auswärtigen Signore an; 1325 dem Herzog von Kalabrien, 1342 Gualtier de Brienne, dem Herzog von Athen. Am Ende des Jahrhunderts wurde Florenz von einer Oligarchie regiert, den Optimaten aus führenden Florentiner Familien – von Rinaldo degli Albizzi, Gino Capponi, Angiolo Pandolfini, Niccolò da Uzzano. Das sich gegen diese Herrschaft auflehnende Volk fand Unterstützung durch eine verhältnismäßig junge Patrizierfamilie – durch die Medici. So kam es schließlich zur Verbannung Cosimos durch Rinaldo degli Albizzi und seiner triumphalen Rückkehr als *Pater patriae,* Vater des Vaterlandes, 1434.

Ungeachtet der Rückschläge setzte sich im 14. Jahrhundert die große Epoche der Stadtbaukunst fort. ARNOLFO DI CAMBIO hatte als Dom- und Stadtbaumeister nicht nur den Neubau des *Domes* (Abb. 37), sondern ebenso den der *'großen Mauer'* zu leiten. Er war möglicherweise auch an den Plänen für *Santa Croce* und den *Palazzo Vecchio* beteiligt. Nach seinem Tode (1302) wurde der Dombau zunächst nicht fortgesetzt. Die öffentliche Bautätigkeit konzentrierte sich auf die Stadtmauern, den Priorenpalast (Palazzo Vecchio) und *Santa Croce* (Abb. 43). Nachdem 1330 der Maler GIOTTO als Nachfolger Arnolfos ernannt worden war, führte er nicht den Dombau seines Vorgängers zu Ende. Er begann ein neues Projekt, den *Campanile* (1334). Der drei Jahre später begonnene *Or San Michele*, Getreidemarkt und Oratorium zugleich, gehört als ursprünglich offene Halle zu den charakteristischen Bauten dieses Jahrhunderts, zu den gewölbten Hallen. Zu dieser Gruppe

FLORENZ

zählen ebenso die *Loggia del Bigallo* (gegenüber dem Baptisterium), in dem Findelkinder zur Adoption ausgestellt wurden und die repräsentative *Loggia dei Lanzi,* die in ihrer Offenheit den denkbar größten Gegensatz zum schräg gegenüberstehenden Palazzo Vecchio bildet. Drei der Neubauten des 14. Jahrhunderts, *Or San Michele,* die *Loggia del Bigallo* und *San Carlo,* liegen an der parallel zum römischen Cardo maximus verlaufenden *Via dei Calzaiuoli,* die die weltlichen und religiösen Zentren, die Piazza Signoria und die Piazza San Giovanni verbindet. Eine spezielle Verordnung bestimmte für diese »monumentale Achse« (Wolfgang Braunfels), daß hier die Häuser bis zu einer Höhe von 16 Ellen (gleich 9,40 m) aus Steinen aufzumauern seien – eine Vorschrift, die außerdem nur noch für die Piazza San Giovanni und die Piazza Signoria galt.

Am Ende des Jahrhunderts nahm die Stadt keine neuen Projekte mehr in Angriff, sie konzentrierte sich seit 1357 auf die Vollendung des *Domes.* Dessen Stadtsymbol gewordene Kuppel wußte freilich erst ein Baumeister der Renaissance, BRUNELLESCHI, zu schließen (1420–36).

Zur Zeit der ersten Medici besaß das Stadtzentrum bereits weitgehend die Gestalt, wie sie uns überliefert wurde. Die Renaissance konzentrierte sich weniger auf öffentliche Gebäude, vielmehr waren mächtige Geschlechter – die Medici, die Strozzi, die Pitti, die Antinori – bedacht, ihre Paläste wirkungsvoll zur Geltung zu bringen. Dies war nicht immer vorteilhaft für den Gesamtorganismus. »Die Kommune als Ganzes hatte aufgehört, Gegenstand von Planungen zu sein, die ihrer Selbstdarstellung dienten« (Wolfgang Braunfels). Das 15. Jahrhundert schuf Bauten und Platzanlagen außerhalb des monumentalen Stadtkerns: Die Kirchen *Santo Spirito* und *San Lorenzo,* das *Ospedale degli Innocenti.* Die neuen Platz- und Raumvorstellungen, die Vornehmheit und Leichtigkeit dieser Architektur trugen wesentlich zum Bilde von Florenz als 'Stadt der Renaissance' bei – eine geläufige Apostrophierung, die angesichts der großen Leistungen des 'Mittelalters' zu einseitig ist. Der von der Renaissance ausgehende Glanz hat lange Zeit den Blick für die Leistungen des Trecento verstellt. »Die Kunstgeschichtsschreibung des 19. Jahrhunderts hat den Mythos, den die Humanisten von sich selbst aufgebaut hatten, übernommen. Sie hat den Bruch zwischen dem Mittelalter und der Renaissance bestätigt, indem sie im Humanismus eine Rückkehr zur Klassik sah und daher den Begriff 'rinascità' schuf. Die heutige Forschung betont dagegen die Kontinuität zwischen 'Mittelalter' und 'Renaissance'« (Giovanni Fanelli).

Einen neuen städtebaulichen Akzent im Zentrum setzte erst wieder Cosimo I., als Florenz zur Residenzstadt des Großherzogtums geworden war, indem er VASARI die *Uffizien* errichten ließ. Dieses langgestreckte, um einen Hof angelegte Verwaltungsgebäude (Abb. 44 a, b) brachte eine Verbindung zwischen der Piazza Signoria und dem Arno. Dem großzügigen Projekt mußte freilich die romanische Kirche San Pier Scheraggio und – wie bereits im 14. Jahrhundert bei der Anlage der Piazza Signoria – ein dicht bebautes Gebiet geopfert werden – eine Maßnahme, die angesichts des Ergebnisses vertretbar erscheint. Dies läßt sich von den einschneidenden Veränderungen im 19. Jahrhundert, als Florenz vorübergehend Hauptstadt des Königreiches Italien sein mußte, nicht sagen. Die Anlage der *Piazza della Repubblica,* für die der Mercato Vecchio abgerissen wurde, die Vergrößerung der

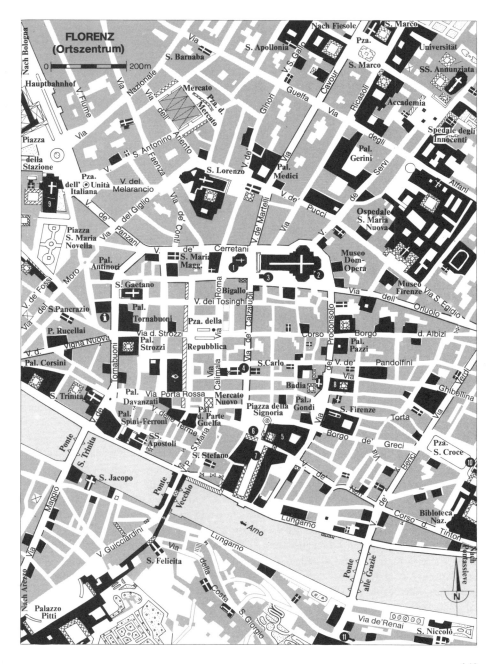

FLORENZ

Piazza San Giovanni durch Versetzung des Bischofspalastes, die Fassadengestaltung des Domes und des kulissenhaft wirkenden Versicherungsgebäudes gegenüber vom Palazzo Vecchio ..., alle diese Baumaßnahmen bestätigen die Vorurteile gegen das 19. Jahrhundert – trotz aller Neubewertung, die historisierende Architektur und Stadtbaukunst in jüngster Zeit erfuhr. Das hier anders lautende Urteil mag darin begründet sein, daß wir in Florenz nicht den Maßstab der Nachkriegsarchitektur, sondern den des Mittelalters und der Renaissance zugrunde legen.

1* Baptisterium San Giovanni

(Abb. 35; S. 52 Fig. 3) Die dem Hl. Johannes geweihte Taufkirche und die Klosterkirche San Miniato al Monte (Farbt. 4) sind die ältesten mittelalterlichen Bauten der Stadt. Ihren Stil bezeichnet man treffend als 'Protorenaissance', denn sie wurden zum Vorbild für die Renaissancearchitektur.

Das Baptisterium entstand in seiner heutigen Gestalt vermutlich zwischen 1059 und 1150 (eine Weihe durch Papst Nikolaus II., 1059–61, betraf wahrscheinlich die Grundsteinlegung; 1150 errichtete man über dem Zeltdach die Laterne). Doch konnte der Baubeginn noch nicht sicher bestimmt werden. Im Jahre 897 wird zum erstenmal ein Vorgängerbau erwähnt, der in langobardischer Zeit, im 6. oder 7. Jahrhundert, entstanden sein dürfte. Wir wissen jedoch nicht, ob dieser bereits die Form eines Oktogons hatte und im jetzigen Bauwerk fortbesteht. Auch ist nicht gesichert, ob die Marmordekorationen des Äußeren in das 11. Jahrhundert zurückreichen oder ob sie erst im 12. Jahrhundert begonnen wurden. Bei Ausgrabungen stieß man neben der Kirche auf ein germanisches Gräberfeld und unter ihr auf einen Mosaikfußboden, den man zunächst als einer Thermenanlage, neuerdings als einer römischen Bäckerei zugehörig deutet.

Auf den alten Brauch zurückgehend, daß nur der Getaufte die Kirche betreten darf, wurde bereits im frühchristlichen Rom neben der Laterans-Basilika ein Baptisterium errichtet; so später in anderen Städten, in Pisa, Parma, Cremona, in Volterra und Pistoia. Bis ins 19. Jahrhundert war das Baptisterium die einzige Florentiner Taufstätte. Im Mittelalter fanden nur zweimal jährlich Taufen statt, wobei man die Zahl ermittelte, indem für jeden Täufling eine Bohne abgegeben wurde, eine schwarze für Knaben, eine weiße für Mädchen. Dante nannte den Bau *ovile*, 'Lämmerstall'. Er hielt ihn für einen ehemaligen römischen Mars-Tempel. Noch in der Renaissancezeit, als Brunelleschi und Alberti antike Denkmäler in Rom studierten, glaubte man an seinen römischen Ursprung. Das zweischalige Wandsystem mit den in Nischen eingestellten Säulen antiken Ursprungs erinnert tatsächlich an das römische Pantheon. Doch sind der achteckige Grundriß und viele architektonische Details eher mit frühchristlichen, byzantinischen und karolingischen Bauten in Verbindung zu bringen. Mit den Oktogonalbauten der Aachener Pfalzkapelle und San Vitale in Ravenna ist das Baptisterium nicht nur in formaler Hinsicht verwandt, sondern ebenso in der Funktion als 'Palastkapelle' für den Bischof. »Aus dieser engen Verbindung von Bischofshof und Taufkapelle ist es

---

* Die Ziffern nehmen Bezug auf den Stadtplan S. 143

1 Landschaft bei SAN GIMIGNANO ▷

2 Morgendämmerung im Chianti zwischen SIENA und QUERCIAGROSSA ▷ ▷

3 Pistoia Domplatz: Campanile, 13. Jh., Baptisterium, 1338–59, Palazzo del Podestà, begonnen 1367

4 Florenz S. Miniato al Monte, 1013–63

5 Lucca S. Frediano: Mosaik der Fassade, erste Hälfte 13. Jh.

7 SEGROMIGNO bei Lucca   Villa Mansi, 16. bis 18. Jh.

◁ 6 LUCCA   Piazza del Mercato: Wohnungen im römischen Amphitheater

8 SEGROMIGNO bei Lucca   Villa Torrigiani, 16. und 17. Jh.

9   Landschaft bei Pienza
10 Val di Niévole bei Buggiano

11 Bei Artimino westlich Florenz ▷

13 LUCIGNANO   Im Zentrum die Collegiata und S. Francesco
12 FLORENZ   Blick von der Dom-Kuppel auf den Palazzo Vecchio
14 LUCCA   Römisches Amphitheater und S. Frediano

16   San Miniato

◁ 15   ›Crete‹ bei Vescona südöstlich Siena

17   Mittelalterliches Landgut im Chianti (Torre di Grignano) ▷

18 Madonna di S. Biagio bei MONTEPULCIANO, 1518–40

19 SIENA Blick von S. Domenico auf den Dom

20 Garfagnana zwischen Barga und Castelnuovo

21 Sorano ▷

22 Landgut bei Castellina in Chianti

23 Chianti-Bauernhaus bei Querciagrossa

24 Siena Neuer Dom, 1338–48, Madonnenrelief von Giovanni d'Agostino

25　SIENA　Palio auf dem Campo, Kurve von S. Martino
26　SIENA　Palio: Fahnenschwinger des historischen Festzuges

27 SIENA Blick vom neuen Dom auf den Campo und den Palazzo Pubblico

28 ›Crete‹ südwestlich von Siena

29 ›Crete‹ südwestlich von Siena ▷

30 SIENA   Dom-Fassade mit Skulpturen von Giovanni Pisano, 1284–97
31 MASSA MARITTIMA   Dom, 1228–67, und Bischofspalast, 1914

32 AREZZO   Palazzo Pretorio, 14. Jh.

33 PISTOIA   Ospedale del Ceppo: Majolika-Fries der Della-Robbia-Werkstatt, Anfang 16. Jh.

34 AREZZO   S. Francesco: ›Anbetung des Heiligen Holzes‹ von Piero della Francesca, 1453–64

35 SIENA Palazzo Pubblico: ›Auswirkung der Guten Regierung auf Stadt und Land‹, von Ambrogio Lorenzetti, 1337–39

36 SIENA Palazzo Pubblico: ›Guidoriccio da Fogliano reitet zur Belagerung des Kastells Montemassi‹, von Simone Martini, 1328

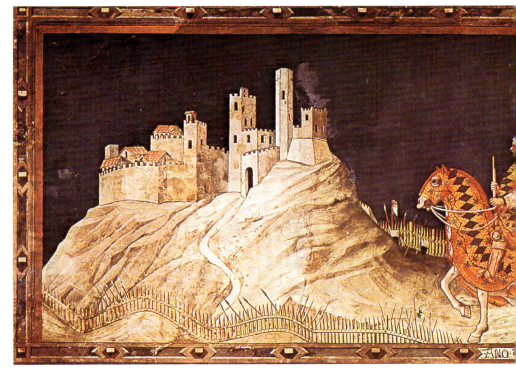

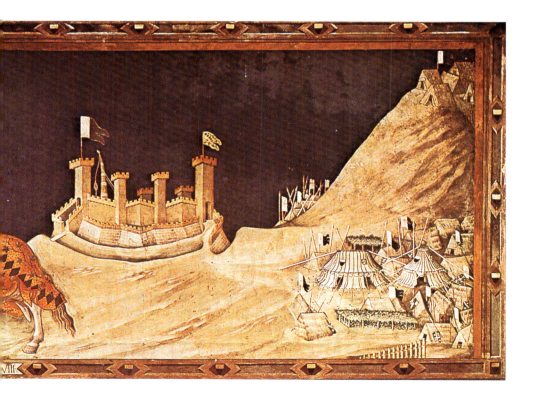

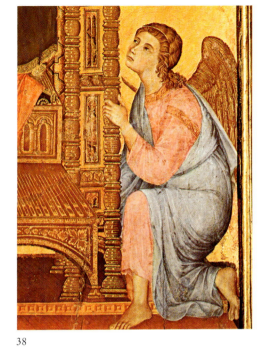

37

38

39

40

zu erklären, daß auch das Baptisterium wiederholt als Kathedrale der Stadt in den Urkunden genannt wird, und daß sein Titelheiliger sehr bald zum eigentlichen Stadtheiligen aufstieg und so Santa Reparata und San Zenobio zurückdrängte. Der Johannestag wurde zum Festtag der Stadt« (Wolfgang Braunfels).

Außengestalt. In der Marmorverkleidung des Baptisteriums ebenso wie von San Miniato und der Badia Fiesolana begegnen uns zum erstenmal spezielle Florentiner Gestaltungsmöglichkeiten. Das Studium ihres Inkrustationsstils sei als Einstieg in die Florentiner Kunstgeschichte dringend empfohlen:

Die ersten beiden Geschosse sind durch ein schwach hervortretendes Gebälk getrennt. Das untere Geschoß ist – an den Seiten ohne Portal – mit Pilastern, das zweite mit zweifarbigen, eckigen Stützen besetzt, die runde Blendbögen tragen (diese sind über den Portalen ein wenig breiter und höher). Über dem Gesims erhebt sich ein zurückgesetztes drittes, ein sogenanntes Attika-Geschoß: es ist mit kannelierten Pilastern verziert.

Wie im vermutlich gleichzeitig begonnenen Pisaner Dom (Abb. 2) werden die Bögen um den ganzen Bau herumgeführt. Doch in Pisa ruhen diese auf Lisenen bzw. auf langen, dünnen 'Säulen', die Fenster-

◁ 37 SIENA Pinacoteca: Verkündigungsengel von Ambrogio Lorenzetti, 1344
38 FLORENZ Uffizien: Muttergottes-Retabel von Duccio, 1285, Detail (vgl. Abb. 41)
39 FLORENZ Uffizien: Verkündigungsengel von Simone Martini, 1333
40 FLORENZ Uffizien: Muttergottes-Retabel von Giotto, um 1310, Detail (vgl. Abb. 39)

und Portalgeschoß zusammenfassen. In Florenz dagegen sondert das Gebälk das Portal- vom Fenstergeschoß ab. Gleichzeitig ermöglicht es den vertikalen Gliedern – den Pilastern und den eigenwilligen eckigen Stützen – die Proportion antiker Säulen. Daß jedoch die Trennung der beiden unteren Geschosse vom Auge nicht sehr deutlich wahrgenommen wird, ist ein Zugeständnis an die übliche mittelalterliche Längung vertikaler Elemente (wie wir sie auch in Pisa finden).

Eine Eigenart der Florentiner Protorenaissance ist die Marmorinkrustation, die nicht wie in Pisa aus massiven Blöcken, sondern aus dünnen, etwa 4 bis 5 cm starken Platten besteht, die den Mauern aus Bruchgestein vorgelegt sind. In Florenz verzichtete man auf die bunte Polychromie, man beschränkte sich auf zwei Farben, auf weißen Carrara-Marmor und Verde di Prato, d. h., man 'zeichnete' einfarbig mit dunklem Grün auf Weiß.

Betrachten wir einige Details: Unter den Fenstern erkennt man vertikale Linien und Halbkreise. Sie erinnern an eine Zwerchgalerie (wie etwa am Dom zu Pisa). Diese ist hier jedoch nicht nur bloß auf die Fläche projiziert, in Zeichnung umgesetzt, sie ist zusätzlich abstrahiert: Die Zeichen für 'Säule' und 'Bogen' verbinden sich mit den geometrischen Formen der Rechtecke aller drei Geschosse.

Während die horizontalen Streifen in Pisa, Lucca und Pistoia keine Rücksicht auf die architektonische Gliederung nehmen, zeichnet in Florenz der dunkle Marmor architektonische Formen nach. Das Ornamentale ist dem architektonischen Denken untergeordnet. So verlaufen die horizontalen Streifen des zweiten Geschosses be-

177

FLORENZ

zeichnenderweise auf der Höhe der Fensterbänke (wie später die Gesimse der Kommunal- und Familienpaläste), das heißt, sie stehen im Bezug zur Architektur, sie tragen zur Gliederung der Fläche bei. Wir begegnen bereits hier der florentinischen Fähigkeit, abstrakt zu denken, die Gesetze der Fläche zu wahren, mit Formen zu komponieren, sie parallel zum Rahmen in eine Komposition einzuführen – Gestaltungsprinzipien, wie wir sie später z. B. in der Malerei Giottos wiederfinden. Indem die Architektur der Protorenaissance sich auf die Gestaltung der Fläche konzentrierte, konnte sie konsequenterweise keine Bauskulptur hervorbringen. Florentinische Plastik gibt es erst, seitdem man für die Domfassade einen Künstler von auswärts holte, den Architekten und Bildhauer ARNOLFO DI CAMBIO, Schüler von NICOLA PISANO. Anregungen der Sieneser Domfassade GIOVANNI PISANOS aufnehmend, entwarf er für Florenz eine Fassade mit reichem Skulpturenschmuck. Arnolfo war es auch, der die Eckpfeiler des Baptisteriums mit weiß-grünen Streifen verzierte und damit ein fremdes, von Pisa und Siena übernommenes Dekorationsprinzip in Florenz einführte.

Die Protorenaissance entstand im 11. Jahrhundert, als in dieser Stadt führende Vertreter der christlichen Reformbewegung und antikaiserlicher Haltung wirkten. Der Inkrustationsstil des Baptisteriums und der San Miniato-Kirche hat die Kunst der Stadt über Jahrhunderte geprägt. Im Trecento, dem 14. Jahrhundert, führten ihn die Marmorverkleidungen von Santa Maria Novella, des Domes und des Campanile – motivisch bereichert – fort. Die Frührenaissance lehnte sich nicht direkt an antike Bauwerke an; sie nahm sich die Bögen und Portalum-

rahmungen von San Miniato (vgl. S. 54 Fig. 3 und 9; Farbt. 4 und Abb. 86), die zierlichen Fensterumrahmungen des Baptisteriums (S. 52 Fig. 3; vgl. Abb. 35 und Abb. 86) und die Feinheit der Kapitelle von Santi Apostoli zum Vorbild. Die eigentümliche Leichtigkeit und Klarheit der Frührenaissance sind das Erbe dieses ersten Florentiner Baustils, den unbekannte, wahrlich schöpferische Baumeister fast ohne mittelalterliche Voraussetzungen schufen.

Ausstattung, außen (s. den Grundriß S. 179)

1 *Bronzetür*, von ANDREA PISANO, 1330 begonnen. Die Reliefs in Vierpaßfeldern schildern das Leben Johannes des Täufers. Die acht unteren Felder zeigen Personifikationen der Tugenden. Der Rahmen entstand erst 1453–61 durch VITTORIO GHIBERTI, vielleicht nach Entwurf seines Vaters LORENZO. – *Darüber:* ›Enthauptung Johannes des Täufers‹ von VINCENZO DANTI, 1570–71.

2 *Bronzetür* von LORENZO GHIBERTI, 1403–24, mit Szenen aus dem Leben Jesu, der vier Evangelisten und vier Kirchenväter. – *Darüber:* ›Johannes als Lehrer der Pharisäer und Leviten‹, 1506–11 von FRANCESCO RUSTICI (vielleicht unter Mitwirkung LEONARDO DA VINCIS).

3 *Bronzetüren* (sogenannte 'Paradiestüren') mit Szenen des Alten Testaments von LORENZO GHIBERTI, 1426–52. – Die *Porphyrsäulen* beiderseits der Türen waren ein Geschenk der Pisaner im Jahre 1117. – *Darüber:* ›Taufe Christi‹, von ANDREA SANSOVINO, 1502 begonnen, 1564 von VINCENZO DANTI fortgesetzt.

Ausstattung, innen (s. den Grundriß S. 179)

Der *Marmorfußboden* wurde im 12. Jahrhundert mit einfachen Mustern begonnen, im 13. und 14. Jahrhundert fortgesetzt.

Kuppelmosaik, um 1270 von venezianischen Künstlern (vielleicht unter Mitwirkung von Florentinern) begonnen, im frühen 14. Jahrhundert vollendet. – In der Mitte thront Christus auf einem Regenbogen beim Jüngsten Gericht. Die *erzählenden Bildstreifen* stellen von oben nach unten dar: Die Schöpfungsgeschichte, die Josephsgeschichte, Szenen aus dem Leben Marias und Christi, das Leben Johannes des Täufers.

4 *Grabmal für den Gegenpapst Johannes XXIII.* (Baldassare Coscia), um 1424–27. Entwurf von DONATELLO; Bronzefigur des Verstorbenen von MICHELOZZO; Madonnenrelief und Vorhang möglicherweise spätere Hinzufügung. Baldassare Coscia wurde auf dem von ihm berufenen Konzil zu Konstanz in seiner Papstwürde nicht bestätigt; statt seiner wurde Martin V. gewählt. Die Übersetzung der Inschrift lautet: »Johannes, einst als Dreiundzwanzigster Papst, starb zu Florenz im Jahre 1418, am 23. Dezember.« Daß dieser offiziell als Papst nicht Anerkannte eine Grabstätte an diesem Ort erhielt, verdankt er dem Betreiben der Medici, die lange seine Finanziers waren und DONATELLO mit diesem Grabmal beauftragten.

2 Dom Santa Maria del Fiore

(Abb. 37, 42; S. 53 Fig. 12) An der Stelle des 1296 begonnenen Domes stand eine wesentlich kleinere der Hl. Reparata geweihte Kirche des 11. Jahrhunderts. Ihre Überreste können unter dem jetzigen Dom besichtigt werden (Zugang zur Krypta Santa Reparata im Langhaus hinter dem zweiten rechten Mittelschiffspfeiler). Im Jahre 1296

Florenz: Domplatz

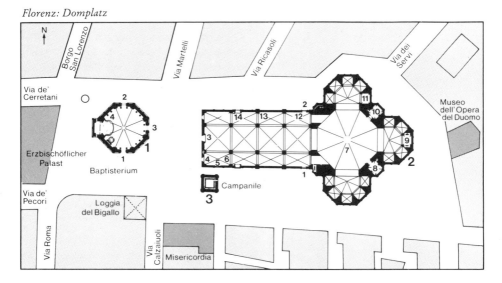

179

wurde der aus Rom berufene Bildhauer und Architekt ARNOLFO DI CAMBIO mit dem Neubau beauftragt. Als Arnolfo 1302 starb, waren nur der untere Teil der Fassade und die ersten drei Fensterachsen der Seitenschiffswände bis etwa zur halben Höhe ausgeführt. Die Fassade wurde 1588 auf Anordnung des Großherzogs Ferdinando I. unter Protest der Bevölkerung abgerissen.

Arnolfo hatte die Breite (38 m) des jetzigen Domes festgelegt, doch sah sein Projekt ein wesentlich kürzeres Langhaus vor, für das vermutlich ein offener Dachstuhl geplant war. Es ist nicht gesichert, ob für diesen Bau bereits eine Kuppel vorgesehen war.

Nach dem Tode Arnolfos ruhten die Arbeiten am Dom. Für den Gottesdienst stand inmitten der Baustelle die alte Reparata-Kirche weiterhin zur Verfügung. Erst fünfundfünfzig Jahre später, 1357, wurde der Baubetrieb nach Plänen FRANCESCO TALENTIS wieder aufgenommen. Es kam zu einer Planänderung, die sich an den äußeren Seitenschiffswänden ablesen läßt: Ab der vierten Achse sind die Fenster größer und setzen höher an (Abb. 42). Nur diese entsprechen den inneren Fenstern, die älteren hingegen sind blind. In Form und Schmuck entsprechen die jüngeren jenen des Campanile, die auf einen Entwurf GIOTTOS zurückgehen. Giotto hatte sich seinerseits an den älteren Seitenschiffsfenstern ARNOLFOS orientiert. Auch die weiß-grün-rote Marmorinkrustation übernimmt die Farben des Campanile. 1366 kam es zu einer erneuten Planänderung: Maler, Goldschmiede und Baumeister, zu denen ORCAGNA und TADDEO GADDI zählten, erstellten ein endgültiges Modell (mit einem um ein Joch verlängerten Langhaus und einem Kuppeltambour), auf das alle Dombaumeister bis hin zu Brunelleschi vereidigt wurden.

BRUNELLESCHI hatte 1418 einen Wettbewerb zur Ausführung der Kuppel gewonnen. Ghiberti wurde dem als Baumeister unerfahrenen Brunelleschi zur Seite gestellt. Nach Brunelleschis Plänen wurde die zweischalige Kuppel ohne Verwendung eines Lehrgerüstes ausgeführt, wobei die Ziegelsteine im Fischgratverband mit schnell trocknendem Mörtel zusammengefügt wurden. Brunelleschi gewann einen zweiten Wettbewerb zur Gestaltung der Laterne, die jedoch erst nach seinem Tode 1466 durch MICHELOZZO und andere zur Ausführung gelangte.

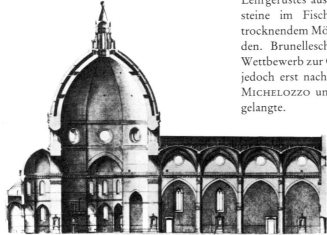

Florenz: Dom, Längsschnitt

Wie die älteren Dome der rivalisierenden Städte Pisa und Siena verbindet der Florentiner Dom ein basilikales Langhaus mit Querschiffen und Kuppel. Die Kuppel wurde zum Wahrzeichen, die Marmorverkleidung zum schönsten Schmuck der in braunem piètra-forte-Gestein errichteten Stadt.

Das farbige Gewand bereitet nicht auf das *Innere* vor. Viele Besucher sind von der kühlen, farblosen Atmosphäre dieses im 19. Jahrhundert von einem Großteil der Ausstattung 'gereinigten' Raumes, von der Strenge der Gliederung enttäuscht. Anders als in den lichterfüllten französischen Kathedralen wirkt hier die das menschliche Maß überschreitende Höhe der Arkaden und Gewölbe nicht 'erhebend', eher drükkend und abweisend. Die Ausmaße sind gewaltig. Der Florentiner Dom ist mit einer Länge von 153 m und einer Breite von 38 m nach der römischen Peterskirche, der Londoner Saint Paul's Cathedral und dem Mailänder Dom die viertgrößte Kirche der Christenheit. Man vergegenwärtige sich, daß die langen Schiffe nur durch vier Joche gegliedert sind. Die weit gespannten spitzen Arkaden ruhen auf Pilasterpfeilern, deren Laubkapitelle einen unvermittelten Kontrast zu ihrer Kantigkeit bilden. Ein ununterbrochenes, als Laufgang ausgebildetes Konsolgesims zerschneidet den gesamten Innenraum in zwei Zonen – in die der Arkaden und die der Gewölbe.

Wie Santa Maria Novella, Santa Croce und Santissima Trinita verbindet der Dom gotisches Formengut mit der toscanischen Tradition. Unter den Florentiner Kirchen des Trecento ist das Innere des Domes in seiner heutigen 'Nacktheit' wohl nicht die ansprechendste, aber eine entschiedene, zukunftweisende Lösung von baulicher Logik. Ein Raum wie dieser bedarf der Belebung durch Dekorationen, Zeremonien und Musik. Erst bei festlichen Anlässen zeigt er seine Großartigkeit.

Ausstattung, außen (s. den Grundriß S. 179)

1 *Porta dei Canonici*, im Tympanon ›Madonna mit Kind‹, von LORENZO DI GIOVANNI D'AMBROGIO, 1402 (der linke Engel von NICCOLÒ LAMBERTI).

2 *Porta della Mandorla*. Zunächst entstanden die Archivolten und das Türgewände (1391–97). Man beachte die antikisierende Figurenauffassung des Herkules, dessen Bildhauer unbekannt blieb (linkes Gewände).

Das *Giebelfeld* zeigt ›Himmelfahrt und Gürtelspende Mariens‹ von NANNI DI BANCO, zwischen 1414 und 1421. Zum Thema der Gürtelspende: Nach der Legende hatte der Apostel Thomas die Himmelfahrt Mariens bezweifelt, daher warf Maria dem Ungläubigen Thomas ihren Gürtel hinab (der Gürtel wird im Dom zu Prato aufbewahrt; siehe dort). – Die beiden Propheten auf den *Fialen* entstanden 1407–08. Sie wurden NANNI DI BARTOLO, CIUFFAGNI und dem jungen DONATELLO zugeschrieben.

Ausstattung, innen (s. den Grundriß S. 179)

Bei der Restaurierung 1841–43 verlor der Dom den größten Teil der Wandgemälde und der plastischen Bildwerke. Erhalten blieb ein Zyklus von Glasmalereien der Frührenaissance, für den GHIBERTI, DONATELLO, UCCELLO, ANDREA DEL CASTAGNO Entwürfe lieferten.

3 *Innenfassade:* Uhr mit Zifferblatt von PAOLO UCCELLO, 1443. – *Lünette der Mit-*

FLORENZ

teltür: ›Krönung Mariens‹, GADDO GADDI zugeschrieben, um 1310.

4 *Büste Brunelleschis,* von seinem Adoptivsohn BUGIANO, 1447.

5 *Isaias,* NANNI DI BANCO zugeschriebene Statue, 1408.

6 *Büste Giottos,* von BENEDETTO DA MAIANO, 1490.

7 Die Kuppel wurde von GIORGIO VASARI und FEDERICO ZUCCARI 1572–79 ausgemalt; Thema: ›Jüngstes Gericht‹.

8 *Alte Sakristei,* im Bogenfeld über dem Eingang: ›Christi Himmelfahrt‹, Majolikarelief von LUCA DELLA ROBBIA, 1446–51.

9 *Kapelle des Hl. Zenobius. Unter dem Altar:* Bronzeschrein mit den Reliquien des Stadtheiligen, von LORENZO GHIBERTI, 1432–42.

10 *Neue Sakristei,* Tür von LUCA DELLA ROBBIA und MICHELOZZO, 1446–67.

11 ›Pietà‹ von MICHELANGELO, um 1550 begonnen, 1555 unvollendet zerschlagen, nach seinem Tode von TIBERIO CALCAGNI wieder zusammengesetzt und ergänzt. Die Gestalt der Maria Magdalena und die Unterarme Christi gehen auf Calcagni zurück (Jetzt im Dom-Museum).

12 ›Dante‹, Gemälde von DOMENICO DI MICHELINO, nach einem Entwurf von BALDOVINETTI, 1465.

13 *Gemaltes Reiterstandbild des John Hawkwood* von PAOLO UCCELLO, 1436.

14 *Gemaltes Reiterstandbild des Niccolò da Tolentino* von ANDREA DEL CASTAGNO, 1456.

3 Campanile

(Abb. 37) Als GIOTTO 1334 zum Dom- und Stadtbaumeister ernannt worden war, setzte er den unvollendeten Dombau ARNOLFO DI CAMBIOS nicht fort. Er begann einen neuen Campanile, obgleich der alte an der Nordseite noch stand. Eine vermutlich getreue Kopie nach Giottos Entwurf hat sich in der Sieneser Dom-Opera erhalten: Der Turm sollte mit einer durchbrochenen Spitze enden und eine Höhe von 122 m erreichen. Der ausgeführte Turm ist dagegen 84 m hoch. Als Giotto 1337 starb, war nur das untere Geschoß vollendet. Die Nachfolger im Dombauamt behielten den quadratischen Grundriß mit Verstärkung durch achteckige Pfeiler an den Kanten, die Einteilung und Gliederung der Flächen sowie die farbige Marmorinkrustation bei. Die Marmordekoration gleicht sich – um die Farbe Rot zu einem Dreiklang erweitert – dem Vorbild des Baptisteriums an.

ANDREA PISANO, der Meister der ersten Baptisteriums-Türe, schuf die zweite Zone mit Nischen für Statuen. Nach dessen Entlassung errichtete FRANCESCO TALENTI ab etwa 1343 bis 1359 die oberen drei Geschosse, wobei er sich in den mit Krabben besetzten Wimpergen und den mit gedrehten Säulchen geschmückten Fenstern an Giottos Entwurf anlehnte.

Der Campanile erhält bedeutenden plastischen Schmuck, allerdings nur in Kopien, die Originale kamen ins Dommuseum (Museo dell'Opera del Duomo, 9.30–16 Uhr, sonn- u. feiertags 10–13 Uhr).

Die sechseckigen Reliefs der unteren Zone stammen von ANDREA PISANO (mit Ausnahme von fünf Platten der Nordseite): Inwieweit sich Andrea auf Entwürfe Giottos stützt, ist fraglich. Die Reliefs, besonders an der Westseite, stehen Giotto näher als die Bronze-Reliefs der Baptisteriums-Tür, doch zeigen die Gewandfalten eine gotische Linienführung, die Giotto fremd ist.

Das Thema der Reliefs der Sockelzone ist die Verherrlichung der Künste. Hier wurden zum ersten Male die *artes minores,* die notwendigen Künste, das Handwerk, außerdem die bildenden Künste – Architektur, Bildhauerei, Malerei – zusammen mit den *artes liberales,* den freien Künsten, in einer Folge dargestellt. Es ist ein politisches Programm, das zu einer Zeit formuliert wurde, als die unteren Volksschichten, und so auch die unteren Handwerkszünfte, die *artes minores,* um die Beteiligung an der Regierung kämpften.

Dem Zyklus liegt der Gedanke zugrunde, daß der Sündenfall die notwendigen Künste bedingt. Er beginnt an der Westseite mit der Erschaffung Adams und Evas, mit ihrer Feldarbeit und den Werken der drei Kainssöhne Jabal (des ersten Viehzüchters und Zeltebauers), Jubal (des Erfinders der Pfeifen und Geigen) und Tubalkain (des ersten Schmiedes), denen sich Noah, der erste Weinbauer, anschließt. Die folgenden Reliefs stellen dar: Gionitus, den ersten Astronomen – die Hausbaukunst – die Medizin – die Jagd – die Weberei – Fornerius, den ersten Gesetzgeber – Dädalus, den ersten Mechaniker – die Schiffahrt – Herkules besiegt den Giganten Cacus (soziale Gerechtigkeit) – die Landwirtschaft – Theatrica (als Wagenrennen und sportliche Wettkämpfe, aber auch als Theaterspiele zu deuten) – Bildhauerei – Malerei – Grammatik – Logik und Dialektik – Poesie – Geometrie und Arithmetik (durch die Gestalten des Euklid und Pythagoras) – Musik. Die letzten fünf Reliefs schuf ein Jahrhundert später LUCA DELLA ROBBIA, 1437–39. Ein Stilvergleich dieser Renaissance-Reliefs mit den älteren ist lohnend: Luca della Robbia konstruierte den Bildraum nach den Regeln der Zentral-perspektive, seine Formensprache ist vereinfacht, sie ist ruhiger, weniger organisch als die des ANDREA PISANO.

Die rhombenförmigen Reliefs des zweiten Geschosses stellen die sieben Planeten, die sieben Tugenden, und nochmals die sieben Sakramente dar, sie stammen von ALBERTO ARNOLDI, drittes Viertel des 14. Jahrhunderts. Das Bildprogramm der beiden unteren Geschosse zeigt (nach Eve Borsook) den Weg des Menschen von der Erbsünde in den Stand der göttlichen Gnade. Er gelangt zu diesem Ziel durch Handarbeit und Ausübung der freien Künste, versehen mit Sakramenten, geleitet von Tugenden und dem Einfluß der Gestirne.

Im dritten Geschoß stehen in Nischen Statuen von Propheten und Sibyllen, von DONA-TELLO, NANNI DI BANCO und anderen (durch Kopien ersetzt, Originale im Museo dell'Opera del Duomo).

4 Or San Michele

(Abb. 38; Fig. S. 184 u. 185; S. 53 Fig. 14) Dieses einzigartige Bauwerk in der Gestalt eines Palastes mit der doppelten Funktion eines städtischen Getreidespeichers und eines Oratoriums wurde zwischen 1336 und 1350 errichtet. Der Name *Or San Michele* ist von *San Michele in Orto* (ital. *orto* = Garten) abzuleiten. An der Stelle des heutigen Baues stand seit dem 8. Jahrhundert ein Nonnenkloster, dessen Kirche dem Hl. Michael geweiht war. Die Gemeinde bestimmte 1240 das Gelände zum Getreidemarkt und ließ die kleine Kirche abreißen. Dombaumeister ARNOLFO DI CAMBIO erhielt den Auftrag, eine offene

183

Halle, eine Loggia zu errichten, um die Händler vor Regen und Sonne zu schützen. Zur Erinnerung an die ehemalige Kirche brachte man an zwei Pfeilern Bildnisse des Hl. Michael und der Muttergottes an. Das Bild der Madonna wurde wundertätig. Bald drängten sich Andächtige, um zu Ehren der ›Madonna der Gnaden‹ Loblieder, *laudi*, zu singen. Eine Bruderschaft, die *Compagnia dei Laudesi* bildete sich, die seit 1325 von sechs *capitani* angeführt wurde. Nach einem Brand 1304 nur notdürftig wiederhergestellt, beschloß der Stadtrat 1336, den jetzigen repräsentativen Neubau zu errichten. »Eine Kirche, in Form eines Palastes sollte errichtet werden«, so lautet die Urkunde, »in dem man die ruhmreiche Jungfrau Maria besser verherrlichen und das Korn und das Mehl besser aufbewahren könne«. In die Fundamente wurde eine zu diesem Zweck eigens geprägte Münze eingemauert: »Daß sich die Großzügigkeit des Florentiner Volkes an ihren Künsten und Künstlern zeige«, lautet ihre Inschrift, die von der Bedeutung der Zünfte und Künstler im Florenz des 14. Jahrhunderts zeugt.

Das Untergeschoß des dreigeschossigen Bauwerks war ursprünglich für den Marktbetrieb geöffnet. Erst 1380 wurden die äußeren Arkaden durch SIMONE TALENTI geschlossen und mit besonders kunstvollen Maßwerken 'Florentiner Gotik' verziert. Der Marktbetrieb wurde an einen anderen Ort verlegt. Das Untergeschoß diente fortan ausschließlich als Oratorium. Über die Gründe der Verlegung des Getreidemarktes sind wir genau unterrichtet: Im Pestjahr 1348 war die Bruderschaft der Laudesi sehr reich geworden. Die von der 'Strafe Gottes' Verschonten spendeten ihr aus Schuldgefühl und Sühnedrang 350000 Florentiner Gul-

Florenz: Or San Michele, Aufriß des ursprünglichen Zustandes, bevor die Arkaden geschlossen wurden

den. Das war mehr als die Jahreseinnahmen der Stadtregierung. So konnte 1352 die Bruderschaft dem Bildhauer und Architekten ORCAGNA ein kostbares Marmortabernakel in Auftrag geben. Noch bevor das Tabernakel vollendet war, kam es zur Verlegung des Getreidemarktes, und zwar »weil wegen des Korns, das dort verkauft und wegen des Marktes, der dort stattfindet, der Glanz und die Schönheit des Tabernakels verblasse«. Wohl zum ersten Male spielt in der Florentiner Kunst die *Schönheit* eines einzelnen Kunstwerkes eine so entscheidende Rolle. »Es gibt einen Erlaß, nach dem der Pförtner von Or San Michele berechtigt ist, gegen Entgelt den Vorhang vor dem Madonnenbild zurückzuziehen, falls Fremde es zu sehen wünschen. Das Ästhetische rückt zunächst unabhängig von jedem Bezug auf ein antikes Vorbild in den Vordergrund.« (Wolfgang Braunfels). Die oberen Geschosse behielten die profane Funktion als Getreidesilo für Notzeiten noch bis ins 16. Jahrhundert bei. Bietet eine Ausstellung dazu Gelegenheit, sollte man sich den Besuch dieses wohl schönsten aller Lagerräume mit hohen Gewölben nicht entgehen lassen. Das über den Dächern von Florenz sich erhebende Obergeschoß bietet einen einzigartigen Blick auf den nahen Dom.

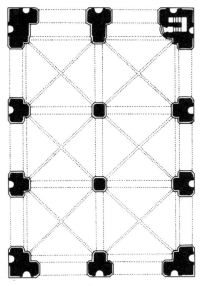

Hl. Egidius, von Nanni di Banco, um 1415

Hl. Stephanus, von Lorenzo Ghiberti, um 1425–29

Hl. Matthäus, von Lorenzo Ghiberti, um 1419–23

Hl. Markus, von Donatello, 1411–13

Hl. Georg, von Donatello, um 1417 (Kopie, Original im Bargello)

Hl. Jakobus, von Niccolò di Piero Lamberti, 1410–25

Die vier gekrönten Heiligen (Quattro coronati), die das Martyrium unter Kaiser Diokletian erlitten, von N. di Banco, nach 1408

›Madonna della Rosa‹ eines unbekannten Meisters, um 1399

Hl. Philippus, von Nanni di Banco, um 1412–16

Johannes der Evangelist, von Baccio da Montelupo, 1515

Hl. Petrus, Donatello oder Ciuffagni zugeschrieben, um 1415

Via dei Calzaiuoli

Johannes der Täufer, Bronzestatue von Ghiberti, 1412–16

›Christus und der ungläubige Thomas‹ Bronzegruppe von Verrocchio, 1465–83; Nische von Michelozzo und Donatello

Hl. Lukas, von Giambologna, 1601

Florenz: Or San Michele, Grundriß des ursprünglichen Zustandes

185

FLORENZ

Im 14. Jahrhundert erhielt das Gebäude eine weitere Funktion: es wurde Zentrum der Zünfte. Noch heute bringen am Johannistag die Florentiner Zünfte ihre Banner an Or San Michele an.

Ausstattung, außen (s. den Grundriß S. 185)

In den Nischen (die meisten aus dem 14. Jahrhundert) stehen Statuen von GHIBERTI, DONATELLO, NANNI DI BANCO und anderen. Es sind frühe Zeugnisse der Renaissance-Skulptur. Die vierzehn Nischen in den Erdgeschoßpfeilern wurden 1336 den wichtigsten Zünften und der Parte Guelfa zur Verfügung gestellt, damit sie ihrem Schutzheiligen eine Statue errichteten. Als zu Beginn des 15. Jahrhunderts erst eine einzige Nische mit einer Statue besetzt war, setzte die Kommune 1406 eine Zehnjahresfrist, so daß die meisten Statuen bald darauf zwischen 1406 und 1426 entstanden (vgl. Abb. 38).

Ausstattung, innen

Im rechten Seitenschiff: Das erwähnte Marmortabernakel von ORCAGNA, 1355–59, mit Szenen aus dem Marienleben. Man beachte insbesondere die für Florenz und Prato charakteristische ›Gürtelspende‹ an den ungläubigen Thomas‹ auf der Rückseite, kompositionelles Vorbild für die spätere Darstellung an der Porta della Mandorla des Domes. Das Tabernakel umgibt die ›Madonna der Gnaden‹ in einer Fassung von BERNARDO DADDI, 1347, die das verbrannte Pfeiler-Bild ersetzte.
Im linken Seitenschiff: Sankt-Anna-Altar mit der Marmorgruppe ›Anna selbdritt‹ von FRANCESCO DA SANGALLO, um 1526. Der

Annenkult geht in Florenz auf die Vertreibung des Herzogs von Athen am Sankt-Anna-Tag 1342 zurück.

5 Palazzo Vecchio

(Farbt. 12; Fig. S. 59; S. 54 Fig. 6) 1294 beschlossen, 1299 vielleicht nach Plänen des ARNOLFO DI CAMBIO begonnen; um 1314 war der vordere Teil vollendet. Erweiterungen im 14., 15. und 16. Jahrhundert. Dieser Stadtpalast diente ursprünglich als Amtssitz und Wohnung der Prioren, der mit der Regierung beauftragten Vorsteher der Zünfte, die den Titel *Signori* trugen. Er war außerdem Versammlungsort der beiden Räte des *Consiglio speciale* und des *Consiglio generale*. Die Prioren durften den Stadtpalast während ihrer zweimonatigen Regierungszeit nur zu Amtsgeschäften verlassen. Der ursprünglich *Palatium populi* (Palast des Volkes) genannte Kommunalpalast wird im Italienischen auch als *Palazzo della Signoria* bezeichnet. Erst nachdem die Großherzöge der Toscana in den Palazzo Pitti übergesiedelt waren, kam die Bezeichnung *Palazzo Vecchio* auf.

Dieser Stadtpalast wurde zum Symbol der Städtefreiheit, er ist zudem Ausdruck für das Ansehen, das in Florenz die zu Zünften *(arti)* vereinigten Handwerker, Kaufleute, Richter und Bankiers genossen.

Wie auch in Siena suchte man lange nach einem geeigneten Bauplatz. Man bestimmte nicht den traditionellen Mittelpunkt der Stadt, die heutige Piazza della Repubblica, das ehemalige Römerforum, zu seinem Standort. Der Stadtpalast von Volterra (Abb. 117, s. a. S. 52 Fig. 9), dem die Vorstellung der *casa-torre* zugrunde lag, war Vorbild: Hier wie dort ein dreigeschossiger Palast mit Turm und Zinnenkranz. Bedeutend sind die Unterschiede: Während der Volterraner Palast von Galerien umgeben war, wurde der Florentiner als ein geschlossener Baukörper mit nur kleinen Eingängen konzipiert. »… durch die unruhige, rauhe Haut der Bossenquaderung wird die ganze Oberfläche vereinheitlicht und erweckt den Eindruck, als sei sie durch und durch massiv. Ein mächtiger Klotz entsteht, durch schmale Gurtgesimse wie durch Nähte gegliedert. Über sich hebt er einen ungeheuren, vortretenden und zinnengekrönten Wehrgang empor, der ihm die Aufwärtsbewegung verleiht … Die Verwendung dieses Wehrgangs ist die eigentlich geniale Tat des Architekten. Gibt es aus der Bodensicht dem Unterbau die Kraft des Tragens einer gewaltigen Last, so hat es aus der Fernsicht die umgekehrte Wirkung, als hebe es den Block über die Dächer hinaus. Aus dem Wehrgang wächst der Turm heraus. Bis an die Vorderfront vorgeschoben, hängt er über dem Platz, aus der Mittelachse merklich nach rechts vorgelegt« (Jürgen Paul).

Der *Hof* wurde 1453 durch MICHELOZZO im Stile der Frührenaissance umgestaltet. Für die Hochzeit des Francesco de'Medici mit Johanna von Österreich, 1565, wurden die Säulen mit einem Stuckmantel umgeben und die Wände mit Fresken österreichischer Städte des Hauses Habsburg, die Gewölbe mit Grotesken geschmückt.

In der Mitte des Hofes: Porphyrschale, 1565, mit Bronzefigur eines Puttos, der einen Delphin hält (Kopie), von VERROCCHIO, 1476. Eine von VASARI entworfene Treppe führt in Räume des 15. und 16. Jahrhunderts, darunter der ›Saal der Fünfhundert‹ und das Studierzimmer Francescos I. (Städtisches Museum, 9–19 Uhr, sonntags

9–13 Uhr, samstags geschlossen). Zum Besuch dieser Räume sei auf spezielle Florenz-Führer verwiesen. Vom Wehrgang Blick auf den Dom, auf Or San Michele, Santa Croce, die Uffizien.

Vor dem Palazzo: u. a. Kopie des ›David‹, Marmorskulptur von MICHELANGELO, 1504 (Original in der Accademia), ›Judith und Holofernes‹, Bronzegruppe von DONATELLO, um 1455–60 (z. Z. entfernt); ›Marzocco‹ (Löwe mit Florentiner Wappen), von DONATELLO, 1420 (Kopie, Original im Bargello). *Neptun-Brunnen* von AMMANNATI, 1563–75.

6 Loggia dei Lanzi

1356 und 1374 beschlossen, 1376–81 von der Dombauhütte unter der Leitung von BENCI DI CIONE und SIMONE TALENTI errichtet. Die Reliefs der ›Tugenden‹ von AGNOLO GADDI, 1384–89.

Während die offenen Hallen der oberitalienischen Stadtpaläste dem Marktleben dienten, war diese große dreijochige Stadtloggia mit weiten Gewölben auf hohen Pfeilern in erster Linie ein Repräsentationsbau, in dem der Stadtstaat Kundgebungen und Empfänge abhielt. Sie wurde bei einem Besuch des Erzbischofs von Ravenna, 1381, eingeweiht. Vorläufer hatte diese Loggia in verschiedenen kleineren Stadtloggien von San Gimignano, Massa Marittima und Montalcino, die ihrerseits auf Loggien der Adelsfamilien zurückzuführen sind. Die Bezeichnung ›Loggia dei Lanzi‹ kam erst im 16. Jahrhundert auf, als hier die Schweizer Garde Cosimos I., die *Lanzichenecchi* (Landsknechte), untergebracht war.

Unter den Arkaden und in der Loggia: ›Perseus‹, Bronzeskulptur von BENVENUTO CELLINI, 1545–54, u. a.: ›Herkules und

187

Nessos‹, 1599, und ›Raub der Sabinerin‹, 1583, Marmorgruppen von GIAMBOLOGNA; ›Menelaos und Patroklos‹, römische Kopie nach griechischem Original des 4. Jh. v. Chr.

7 Uffizien

(Abb. 44 a, b; Abb. 39–41; Farbt. 38–40) Errichtet 1559 bis 1580 nach Plänen von GIORGIO VASARI. Die *Uffici* (ital. *ufficio* = Amt, Büro) entstanden nach der Einverleibung der Republik Siena in das Herzogtum Toscana als zentrales Verwaltungsgebäude. Den Ostflügel des Obergeschosses bestimmte Francesco I. 1580 zur Unterbringung der großherzoglichen Kunstsammlung, aus der dann die berühmte Gemäldegalerie, die Antiken- und Skulpturensammlungen des Archäologischen Museums und des Bargello hervorgingen. (Zu den frühen Tafelgemälden siehe S. 63 ff.) – (Öffnungszeiten: 9–14.00 Uhr, sonn- und feiertags 9–13 Uhr, montags geschlossen).

8 Bargello

(Abb. 36; S. 52 Fig. 7) Ältester erhaltener Florentiner Kommunalpalast. Der ursprünglich zweigeschossige Baublock an der Via del Proconsolo wurde 1250 von der Regierung des *Primo popolo* beschlossen, 1254–61 erbaut, 1340 durch drei Flügel um einen Innenhof erweitert und aufgestockt. Gleichzeitig wurde der große Saal im Obergeschoß eingewölbt. Freitreppe des Innenhofes 1367.

Die Rundbogenfenster mit Dreipaßformen zeigen bereits den Einfluß der Zisterziensergotik (vgl. San Galgano, S. 53 Fig. 10). Das große Fenster zur Piazza San Firenze wurde erst 1340 angelegt. Unter den Fenstern des ersten Obergeschosses verläuft

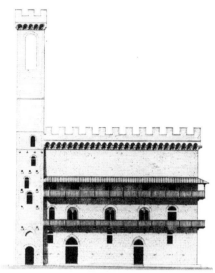

Florenz: Bargello, Rekonstruktion des ursprünglichen Zustandes mit Holzgalerien

ein schmales Gesims – ein Motiv, das beim Palazzo Vecchio und den Renaissancepalästen aufgegriffen wurde. Bis ins 19. Jh. trug der Palazzo in zwei Reihen Holzgalerien, deren Konsolen erhalten blieben.

Ursprünglich für das neue Amt des *Capitano del popolo* errichtet, wurde der Palazzo 1260–61 zusätzlich Amts- und Wohnsitz der *Podestà*. 1574–1859 nahm hier der *Bargello*, der Polizeihauptmann des Großherzogtums, seinen Sitz. Zur Entlastung der Uffizien richtete man 1859 ein Museum für Skulpturen und Kleinkunst ein (*Museo Nazionale*, 9–14 Uhr, sonn- und feiertags 9–13 Uhr, montags geschlossen). Neben Skulpturen von DONATELLO, DESIDERIO DA SETTIGNANO, VERROCCHIO, MICHELANGELO, GIAMBOLOGNA und vielen anderen ist die Sammlung reich an Goldschmiedekunst, Elfenbeinarbeiten, Teppichen, Waffen etc.

9 Santa Maria Novella

Die Dominikanerkirche wurde 1246 begonnen. Um 1300 war sie im Rohbau fertiggestellt. Campanile seit 1279.

Fassade. Das Untergeschoß wurde um 1350 mit weißgrünem Marmor im traditionellen Florentiner Inkrustationsstil der Protorenaissance verkleidet. Neben runden Blendbögen verwendete man auch Spitzbögen für die Nischengräber. 1458 finanzierte der Florentiner Kaufmann Giovanni Rucellai die Vollendung der Fassade. Der Architekturtheoretiker ALBERTI lieferte den Entwurf: Das Untergeschoß bereicherte er um Eckpilaster und klassische Architekturmotive wie Halbsäulen und verkröpftes Gebälk und gab dem mittleren Portal ein Tonnengewölbe. Der Fries des Gebälks zeigt geblähte Segel, die Insignien des Auftraggebers. Die schmale mittlere Zone, die Attika, das Obergeschoß mit Giebel und seitlichen Voluten sind Erfindungen Albertis. Lediglich die Rose war bereits vorhanden und durfte nicht verändert werden. Die rechte Volute wurde erst 1922 inkrustiert. Dreiecksgiebel und Voluten wurden Vorbild für Kirchen der Renaissance und der Barockzeit.

Florenz: Santa Maria Novella, Fassade im Zustand vor 1922

Inneres. Basilikale Anlage mit Querschiff und fünf Chorkapellen nach dem Vorbild der Zisterzienserkirchen (vgl. Abbazia di San Galgano, S. 349). Die Kirche ist nicht – wie üblich bei Bettelordenskirchen – flach gedeckt, sondern trägt gotisches Kreuzgratgewölbe (wie San Francesco in Assisi). Trotz der gotischen Stilelemente ist der Raumeindruck grundverschieden von Zisterzienserkirchen oder Kathedralen des Nordens. Das Langhaus wirkt wesentlich geschlossener und homogener als die korridorartigen, stark gegliederten Schiffe von San Galgano. Dies ist vor allem auf die hohen, weiten Arkaden zurückzuführen, die den Blick auf die Außenwände der schmalen seitlichen Schiffe freigeben. Zum Eindruck des Homogenen tragen auch die Spitzbögen in ihrem »leichten, geschmeidigen Schwung« (Werner Gross) bei. Die quadratischen Pfeiler mit halbkreisförmigen Vorlagen sind nahezu mit denen von San Miniato aus dem 11. Jahrhundert identisch. Der Obergaden mit kreisförmigen Fenstern (*oculi*) über hohen Arkaden ist sehr niedrig, in einem Verhältnis wie bei romanischen Pievi des Casentin und des oberen Arno-Tales (Gropina, S. 344, Romena, S. 343 f., Pieve di Arezzo, S. 229 f.).

Ausstattung (siehe den Grundriß S. 190)

Die Kirche ist reich an Werken der Frührenaissance, sie erhielt 1861 neugotische Altäre.

FLORENZ

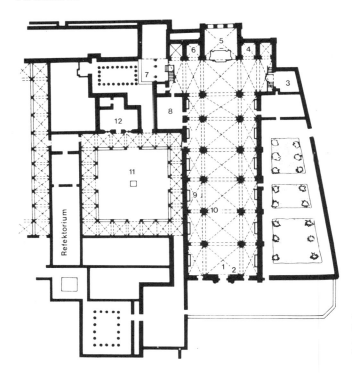

Florenz: Kloster und Kirche Santa Maria Novella, Grundriß

1 *Rundfenster*: ›Marienkrönung‹, ANDREA DA FIRENZE zugeschrieben, Mitte 14. Jahrhundert.
2 ›Verkündigung‹, Fresko, Ende 14. Jahrhundert *(zwischen den Portalen).*
3 *Cappella Rucellai,* zwischen 1303 und 1325 erbaut. *Auf dem Altar:* ›Madonna mit Kind‹, Marmorstatue von NINO PISANO, nach 1348. *In der Mitte des Fußbodens:* Grabplatte des Dominikanergenerals Fra' Leonardo Dati, von GHIBERTI, 1423.
4 *Cappella Filippo Strozzi.* Fresken von FILIPPINO LIPPI, 1487 begonnen, nach Unterbrechungen 1502 vollendet. *In den Deckenfeldern:* Erzväter Adam, Noah, Abraham und Jakob.

Rechte Seitenwand: Szenen aus dem Leben des Apostels Philipp (›Bändigung eines Drachens, der den Sohn des Königs getötet hat‹ und ›Kreuzestod des Heiligen‹).

Linke Seitenwand: ›Szenen aus dem Leben des Evangelisten Johannes‹: ›Erweckung der Drusiana‹, *Lünette:* ›Martyrium des Heiligen unter Domitian‹.

Hinter dem Altar: Grabmal des Filippo Strozzi, von BENEDETTO DA MAIANO, 1491–93. Die zugehörige Büste gelangte 1878 in den Louvre.

Glasfenster: ›Madonna mit dem Kind, umgeben von den Heiligen Johannes, dem Evangelisten, und Philippus‹, nach einem Entwurf von FILIPPINO LIPPI.

5 *Hauptchorkapelle.* Im Auftrag von Giovanni Tornabuoni »zur Lobpreisung seines Hauses und seiner Familie« 1485–90 von DOMENICO GHIRLANDAIO (unter Mithilfe seines Bruders DAVIDE, seines Schwagers SEBASTIANO MAINARDI und seiner Werkstattsgehilfen, darunter der junge MICHELANGELO) mit Fresken ausgestattet.

Die linke Seitenwand trägt Szenen aus dem Leben Mariens. *Unterer Streifen:* ›Joachims Opfer‹. Die Personen im Vordergrund zeigen Züge von Mitgliedern der Familie Tornabuoni (links) und des Malers (rechts). ›Geburt Mariens‹. Die junge Frau im Goldbrokatkleid trägt die Züge von Ludovica Tornabuoni, Tochter des Auftraggebers, die, fünfzehnjährig, im Kindbett verstarb. *Zweiter Streifen:* ›Darstellung im Tempel‹, ›Vermählung Mariens‹. *Dritter Streifen:* ›Anbetung der Könige‹, ›Kindermord‹; *Lünette:* ›Tod und Himmelfahrt Mariens‹.

Die rechte Seitenwand trägt Szenen aus dem Leben Johannes des Täufers. *Unteres Feld:* ›Der Engel erscheint Zacharias‹. Viele der Nebenpersonen konnten identifiziert werden, darunter acht Mitglieder der Familie Tornabuoni und die Humanisten Marsilio Ficino, Cristoforo Landino, Angelo Poliziano, Gentile de' Becchi (untere Gruppe links), ›Heimsuchung‹. *Zweiter Streifen:* ›Geburt des Täufers‹, ›Namensgebung durch den verstummten Zacharias‹. *Dritter Streifen:* ›Predigt des Täufers‹, ›Taufe Christi‹; *Lünette:* ›Gastmahl des Herodes‹.

Mittlere Kapellenwand: Glasfenster nach Entwürfen GHIRLANDAIOS. Die Fresken zeigen in der unteren Reihe den Auftraggeber der Kapellenausstattung, Giovanni Tornabuoni und seine Gemahlin Francesca Pitti. *Darüber:* ›Mariä Verkündigung‹, ›Jo-

hannes in der Wüste‹ und ›Der Hl. Dominikus verbrennt häretische Bücher‹, ›Martyrium des Dominikanerheiligen Petrus Martyr‹.

6 *Cappella Gondi.* Marmordekoration von GIULIANO DA SANGALLO, 1503–08. Holzkruzifix von BRUNELLESCHI, erste nackte Christus-Darstellung, um 1410–15. Vasari berichtete, Brunelleschi habe dieses Werk geschaffen, um DONATELLOS realistisches Kruzifix in Santa Croce zu korrigieren.

7 *Cappella Strozzi,* erbaut um 1340–50. Polyptychon von ANDREA ORCAGNA, 1357, ein charakteristisches Werk der Jahrhundertmitte in konservativem Figurenstil. Die Fresken malte etwa gleichzeitig NARDO DI CIONE, ein Bruder des Andrea Orcagna.

8 *Sakristei.* Weite Kreuzrippengewölbe von JACOPO TALENTI, 1350.

Eingangsseite: Gemaltes Kruzifix von GIOTTO, erst 1936 als dessen Frühwerk erkannt. Im Gegensatz zur Tradition (GIUNTA PISANO, CIMABUE) betont Giotto den menschlichen Aspekt und die Leidenszüge.

9 ›Trinität‹, Fresko von MASACCIO, um 1427. Die Darstellung der Dreieinigkeit (Gottvater, der Gekreuzigte und – über dem Haupt Christi – der Heilige Geist in Gestalt der Taube) wird von Maria und Johannes sowie den knienden Stiftern (dem Gonfaloniere Lenzi und seiner Gemahlin) umgeben. Der Sarkophag trägt die Worte: »Ich war, was du bist – was ich bin, wirst du sein«.

Die Kapellenarchitektur des Trinitäts-Freskos zeigt die antikisierende Formensprache BRUNELLESCHIS (kassettiertes Gewölbe, Pilaster, Säulen, Gebälk). Zum ersten Male kamen die von Brunelleschi gefundenen Gesetze der Linearperspektive

FLORENZ

zur Anwendung. Kapelle und Sarkophag finden einen gemeinsamen Fluchtpunkt in Augenhöhe des Betrachters, in der Mitte der Stufen, auf der die Stifter knien.

10 *Marmorkanzel*, 1443 von BRUNELLES-CHI entworfen, ausgeführt von Schülern.

Kreuzgänge (9–19 Uhr, sonn- und feiertags 9–13 Uhr, freitags geschlossen, Zugang links von der Fassade).

11 *Chiostro Verde* (Grüner Kreuzgang) zwischen 1330 und 1350 von GIOVANNI BRACCHETTI DA CAMPI und JACOPO TALENTI erbaut. Das Thema der Fresken ist die Schöpfungsgeschichte und die frühe Geschichte der Menschheit. Die Malereien wurden zwischen 1425 und 1450 ausgeführt, und zwar von mindestens vier Meistern, darunter Paolo Uccello (›Erschaffung der Tiere‹, ›Erschaffung Adams und Evas‹, ›Sintflut‹, ›Trunkenheit Noahs‹). *Terra verde* ist die dominierende Farbe, daher die Bezeichnung ›Grüner Kreuzgang‹. Weitere Fresken im Refektorium: ›Abendmahl‹ von A. ALLORI, 1583. *Im Vorraum:* ›Mannalese‹.

Kapitelsaal (Spanische Kapelle), 1348–55 errichtet, finanziert von Buonamico di Lapo Guidalotti, der das Recht erwarb, mit seiner Familie in der Altarkapelle bestattet zu werden. Der Kapitelsaal ist mit Fresken von ANDREA DA FIRENZE, 1365–67, ausgestattet. *Gegenüber der Eingangswand:* ›Kreuzigung‹, ›Kreuztragung‹ und ›Christus in der Vorhölle‹.

Linke Wand: ›Triumph des Hl. Thomas von Aquin‹. Der Kirchenlehrer thront im Ordensgewand der Dominikaner inmitten von kleiner dargestellten Evangelisten und Propheten: Über ihm fliegen die Sieben Tugenden, zu seinen Füßen hocken die Hä-

retiker Arianus, Averroes und Sebellius. Im Chorgestühl sitzen Personifikationen der Sieben Theologischen Wissenschaften und der Sieben Freien Künste, zu ihren Füßen Vertreter einer jeden Disziplin. *Von links nach rechts:* Zivilrecht (darunter Kaiser Justinian), Kirchenrecht (Papst Clemens V.), Moraltheologie (Pietro Lombardo), Dogmatik (Dionysus Areopagita), Scholastische Theologie (Boethius), Mystische Theologie (Johannes von Damaskus), Begründende und Verteidigende Theologie (Augustinus), Arithmetik (Pythagoras), Geometrie (Euklid), Astronomie (Ptolemäus), Musik (Tubalkain), Dialektik (Aristoteles), Rhetorik (Cicero), Grammatik (Priscian). Dieses Programm wird erweitert durch symbolische Figuren in den Tonden des gemalten Chorgestühls.

Rechte Seitenwand: ›Der Weg zum Heil über Christus und die Dominikaner‹. Links thront vor dem Florentiner Dom (als Symbol der Kirche) der Papst, umgeben von Kaiser Karl IV. (zu seiner Linken) und anderen geistlichen und weltlichen Würdenträgern, von Klerikern und Vertretern des Volkes. Das Kirchengebäude dürfte die Vorstellung des Malers zur Vollendung des Domes zeigen. ANDREA DA FIRENZE war Mitglied mehrerer Dombaukommissionen und nahm am Wettbewerb für die Errichtung der Kuppel teil. Hunde, deren schwarzweißer Fleckung das Gewand der Dominikaner (der *domini canes*, der 'Hunde des Herrn') entspricht, jagen Wölfe und Füchse, während die Patres, die Heiligen Thomas von Aquin, Petrus Martyr und Dominikus, Seelsorge ausüben. In der Bildmitte weist Dominikus auf die Paradiespforten, wo Petrus die Seligen empfängt. Oben erscheint Gott als Weltenrichter, umgeben von den Vier Wesen und himmlischen Chören.

Eingangswand: Szenen aus dem Leben des Dominikaner-Heiligen Petrus Martyr. *Gewölbe:* ›Auferstehung Christi‹, ›Christi Himmelfahrt‹, ›Pfingstwunder‹ und das ›Schiff Petri‹ *(Navicella),* als Symbol der Kirche.

Der Kapitelsaal wurde 1540 dem spanischen Gefolge der Eleonora von Toledo, Gemahlin des Großherzogs Cosimo I., zur Verfügung gestellt – daher die Bezeichnung ›Spanische Kapelle‹. Um 1590 wurde der *Altarraum* mit Fresken von ALESSANDRO ALLORI ausgestattet. *Altarretabel:* Polyptychon von BERNARDO DADDI, 1344.

Ein zweiter Kreuzgang *(Chiostro Grande),* ist unzugänglich, da hier eine Carabinieri-Schule untergebracht ist.

10 Santa Croce

(Abb. 43) Schon kurz nach dem Tode des Hl. Franziskus (1226) errichteten die Franziskaner im Osten der Stadt einen Vorgängerbau bescheidenen Ausmaßes. Der Neubau wurde 1295 begonnen – laut Vasari nach Plänen von ARNOLFO DI CAMBIO; um 1300 war bereits das Querhaus, um 1385 das Landhaus vollendet; Campanile 1842, Marmorfassade 1863 nach einem Entwurf des 17. Jahrhunderts.

Inneres. Keinem Besucher dürfte das Einzigartige dieses Raumes entgehen, den wir gleich beim Eintreten in seiner ganzen Tiefenausdehnung (116 m) und Breite erfassen. Mit diesem Raum gewaltigen Ausmaßes übertrafen die Franziskaner die Größe von Santa Maria Novella, der einige Jahrzehnte zuvor begonnenen Kirche des konkurrierenden Predigerordens. Indem auf Gewölbe verzichtet wurde, konnte das Mittelschiff eine Breite von 19,5 m erreichen.

(Kathedrale von Reims: 12 m). Dem Baumeister von Santa Croce gelang es, dem Raumbild eine Geschlossenheit und Festigkeit zu verleihen, wie sie uns von kleineren einschiffigen Bettelordenskirchen vertraut ist, wie sie aber bei einer dreischiffigen Anlage mit weiten, hohen Arkaden eigentlich nicht möglich ist. Daß dennoch ein geschlossener Raumeindruck entsteht, ist darauf zurückzuführen, daß die Seitenwände, der Fußboden und die horizontale Balkendecke des Dachstuhls in ihrer Flächigkeit ausgeprägt sind und einen kubischen Körper bilden. Dazu trägt wesentlich die Chorwand, die »Innenfassade im Raum« bei, ein »klares, festes Rechteck«, die dem Raum Haltung verleiht (Werner Gross). Aber auch die anderen rechteckigen Wandfelder und selbst die Achtkantpfeiler tragen mit ihren schmalen Rechteckflächen zur Bildung des geometrischen Raumkörpers bei. Im Langhaus werden die Flächenfelder durch den *ballotoio* (den von Konsolen getragenen Laufgang), durch die Lisenen (Pilaster) und Pfeiler gebildet; die »umspannenden Rahmen« (Werner Gross) der Wandfelder umfassen auch die Arkaden und nehmen ihnen so ihre Bewegung, wie wir sie in Santa Maria Novella kennenlernten. Dabei bilden die einzelnen architektonischen Elemente wie Pfeiler, Pilaster, Konsolen, Wände etc. nicht nur den Raum, sie sind von ausgeprägter eigener Wertigkeit. Der Unterschied zu den gotischen Kirchenräumen des Nordens ist offenkundig. Die Gotik mit Rippengewölben und hohen Glasfenstern ist den ursprünglich Laien nicht zugänglichen Chorkapellen vorbehalten.

Ausstattung (s. den Grundriß S. 194)

Santa Croce ist die an Kunstwerken reichste

193

FLORENZ

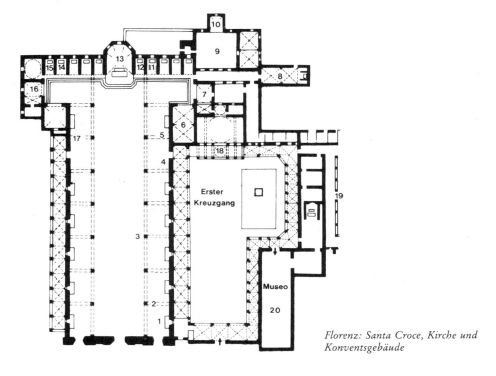

Florenz: Santa Croce, Kirche und Konventsgebäude

Florentiner Kirche. Sie besitzt eine große Zahl von Glasgemälden und Grabstätten der Entstehungszeit. Von den Fresken des 14. Jahrhunderts wurden die des Langhauses übermalt, als VASARI 1566–84 den Raum modernisierte, indem er in den Seitenschiffen symmetrisch angeordnete, gleichförmige Altäre errichtete. Seit dem 16. Jahrhundert wurde die Kirche zum Pantheon der Florentiner. Michelangelo, Machiavelli, Galileo Galilei, der Patriot und Dichter Alfieri, die Komponisten Rossini und Cherubini liegen in diesem Gotteshaus begraben. Dem 1301 im Exil von Ravenna verstorbenen Dante errichtete die Stadt als verspätete Wiedergutmachung 1829 ein Kenotaph, ein leeres Grabmonument.

1 *Grabmal Michelangelos*, dessen Leichnam Großherzog Cosimo I. von Rom holen ließ, von VASARI, 1564. Auf dem Sarkophag sitzen Personifikationen der Malerei (links) von BATTISTA LORENZI, der Skulptur (Mitte) von VALERIO CIOLI und der Architektur von GIOVANNI DELL'OPERA.

2 ›Madonna‹, Marmorrelief von ANTONIO ROSSELINO für das darunter befindliche Grabmal des bei der Pazzi-Verschwörung 1478 getöteten Francesco Nori.

3 *Kanzel* von BENEDETTO DA MAIANO, um 1474/75. Die Reliefs zeigen Szenen aus dem Leben des Hl. Franziskus: ›Bestätigung der Ordensregel‹, ›Feuerprobe vor dem Sultan‹, ›Stigmatisation‹, ›Tod und Martyrium der ersten Franziskaner‹. Darunter

fünf Personifikationen: ›Glaube‹, ›Hoffnung‹, ›Liebe‹, ›Stärke‹ und ›Gerechtigkeit‹.

4 ›Verkündigung‹, Macigno-Relief von DONATELLO, um 1433–35. Figurenszenen und Ornamentik des Rahmenwerkes sind der griechisch-römischen Antike verpflichtet.

5 *Grabmal des Leonardo Bruni*, von BERNARDO ROSSELLINO, um 1445–50. Der lorbeerbekränzte Verstorbene war Staatskanzler von Florenz, er übersetzte Aristoteles und verfaßte die *Storia fiorentina*, die er – wie bei seiner Begräbnisfeier – in den Händen hält. Der Sarkophag wird von Adlern getragen. Die Inschrift lautet: »Seit Leonardo aus dem Leben schied, trauert die Geschichte, die Beredsamkeit ist verstummt, und es heißt, daß die Musen, griechische wie lateinische, ihre Tränen nicht zurückzuhalten vermochten«. *(Postquam Leonardus e vita emigravit / Historia luget, eloquentia muta est / Ferturque Musas tum Graecas tum / Latinas lacrimas tenere non potuisse).* Der Verfasser dieser Inschrift, Carlo Marsuppini, Nachfolger Leonardos im Amt des Staatskanzlers, liegt schräg gegenüber begraben (Nr. 17). Der Madonnen-Tondo mit betenden Engeln bildet das einzige religiöse Motiv. »Alles andere dient der *memoria* der Toten« (Ludwig Heydenreich).

6 *Cappella Castellani,* angebaut nach 1383, freskiert von Nachfolgern des AGNOLO GADDI, mit Szenen aus dem Leben des Hl. Nikolaus (rechte Wand, erstes Joch), Johannes des Täufers (rechts, zweites Joch), Johannes des Evangelisten (links, erstes Joch), des Hl. Antonius Abbas (links, zweites Joch). – Gemaltes Kruzifix von NICCOLÒ DI PIETRO GERINI, 1380.

7 *Cappella Baroncelli,* 1328 angebaut. *Außenwand rechts:* Grabmal der Familie Baroncelli, 1327: es verbindet zum ersten Mal den Sarkophag mit einem Tabernakel; dem Pisaner GIOVANNI DI BALDUCCIO zugeschrieben.

Die Wände wurden von TADDEO GADDI, dem engsten Nachfolger GIOTTOS, noch zu dessen Lebzeiten 1332 mit einem Marien- und einem Leben-Jesu-Zyklus ausgestattet. Beachtenswert ist das erste Nachtbild der ›Verkündigung an die Hirten‹.

Altarretabel: ›Krönung Mariens‹, mit GIOTTOS Namen bezeichnet, doch ausgeführt von seiner Werkstatt.

Rechte Seitenwand: ›Himmelfahrt Mariens‹ (mit der ›Gürtelspende an Thomas‹), von SEBASTIANO MAINARDI nach einem Entwurf GHIRLANDAIOS, 1495.

8 *Noviziatenkapelle,* gestiftet von Cosimo de' Medici, um 1445 von MICHELOZZO erbaut. Terrakotta-Altarretabel von ANDREA DELLA ROBBIA, um 1490–1500.

9 *Sakristei,* gestiftet um 1340 von den Peruzzi.

Südwand: ›Kreuztragung‹ von einem Nachfolger des SPINELLO ARETINO, um 1400, ›Kreuzigung‹, TADDEO GADDI zugeschrieben, um 1340–55, ›Auferstehung‹ von NICCOLÒ DI PIETRO GERINI, um 1400, ›Himmelfahrt‹ von einem Nachfolger Gerinis, um 1400. Mancone (zum Auslegen der Meßgewänder), von GIOVANNI DI MICHELE, um 1440.

10 *Chorkapelle der Sakristei* (Cappella Rinuccini). Szenen aus dem Leben der Hl. Maria und dem Leben der Hl. Maria Magdalena, von GIOVANNI DA MILANO, um 1366, und einem unbekannten Meister (unterer Streifen). *Auf dem Altar:* Polyptychon von GIOVANNI DEL BIONDO, 1379. Gitter 1371.

11 *Cappella Peruzzi,* Wandmalereien (hauptsächlich in Temperatechnik) von

195

FLORENZ

GIOTTO und seiner Werkstatt, um 1326–36 (Spätwerke). *Linke Wand:* Geschichte Johannes des Täufers: ›Verkündigung der Geburt an Zacharias‹, ›Geburt‹ und ›Namensgebung‹, ›Gastmahl des Herodes‹.

Rechte Wand: Geschichte Johannes des Evangelisten: ›Johannes auf Patmos‹, ›Erweckung der Drusiana‹, ›Himmelfahrt‹.

Die Malereien hatte man 1740 übertüncht. Sie wurden 1958–61 restauriert.

12 *Cappella Bardi.* An den Wänden Szenen aus dem Leben des Hl. Franziskus, Fresken von GIOTTO und seiner Schule, um 1315–20 (1958–59 restauriert).

Linke Wand: ›Ablage der Kleider vor dem Bischof Guido und dem Vater‹, ›Erscheinung der Brüder in Arles‹, ›Tod des Hl. Franz‹. *Rechte Wand:* ›Verleihung der Regel‹, ›Feuerprobe vor dem Sultan‹, ›Visionen des Bruders Augustin und des Bischofs von Assisi‹.

Im Gewölbe: Drei franziskanische Tugenden: ›Armut‹, ›Gehorsam‹ und ›Keuschheit‹.

Auf dem Altar: Franziskus-Retabel, Luccheser Schule, Mitte 13. Jahrhundert (vgl. die 1235 datierte Tafel in Pescia; Abb. 25).

13 *Hauptchorkapelle,* gestiftet von der Familie Alberti, die auch die Wandmalereien in Auftrag gab: Legende des Hl. Kreuzes von AGNOLO GADDI, um 1390 (zur Ikonographie vgl. PIERO DELLA FRANCESCAS Fresken in Arezzo, San Francesco). Gemaltes Kreuz, um 1330–50, dem MEISTER DER FOGG-PIETÀ zugeschrieben. Das Altarretabel wurde aus Tafeln verschiedener Meister des Trecento zusammengesetzt.

An der *Außenwand der Chorkapelle, über der Bardi-Kapelle:* ›Stigmatisation des Hl. Franz‹, Fresko von GIOTTO. Nach dem Hl. Kreuz, der *Santa Croce,* der Vision des

Hl. Franziskus, erhielt die Kirche ihren Namen. *Über der Tosinghi-Kapelle (links der Chorkapelle):* ›Mariä Himmelfahrt‹, Werkstatt des GIOTTO.

14 *Cappella Pulci.* ›Martyrium des Hl. Laurentius‹ *(rechts),* ›Verurteilung und Martyrium des Hl. Stephanus‹ *(links),* Fresken von BERNARDO DADDI, um 1330. Altarretabel von GIOVANNI DELLA ROBBIA, 1520–30.

15 *Cappella Bardi di Vernio. Linke Wand:* Grabnische mit einem Fresko von MASO DI BANCO, um 1340. Dargestellt ist der beim Jüngsten Gericht auferstehende Bettino de' Bardi, auf seinem Sarkophag kniend, zu Christus betend. Die ›Grablegung‹ in der *benachbarten Nische* ist von TADDEO GADDI. *Darüber:* ›Traum des Konstantin mit der Vision der Heiligen Petrus und Paulus‹, von MASO DI BANCO, um 1340. – *Rechte Wand:* Szenen aus dem Leben des Hl. Papstes Sylvester: ›Der thronende Konstantin hört die Worte des Hl. Sylvester und läßt sich von ihm taufen‹, ›Der Heilige erweckt einen Stier zum Leben‹, ›Er schließt das Maul eines Drachen und erweckt getötete Magier‹, Fresken von MASO DI BANCO, um 1340, stark restauriert.

16 *Cappella Bardi.* Holzkruzifix von DONATELLO, um 1412–20, Donatellos Christus verglich BRUNELLESCHI mit einem »contadino«, einem Bauern, und suchte diese Auffassung durch sein Kruzifix in Santa Maria Novella zu korrigieren (siehe dort).

17 *Grabmal des Humanisten Carlo Marsuppini,* von DESIDERIO DA SETTIGNANO, zwischen 1453 und 1464.

Klosterhöfe (Museo dell'Opera di Santa Croce; 9–12,00, 15–18.00 Uhr; im Winter 9–12.00, 15–17.00 Uhr, mittwochs geschlossen; Zugang rechts von der Kirchenfassade).

18 *Cappella Pazzi,* erbaut als Kapitelsaal und Begräbniskapelle. Begonnen von BRU-NELLESCHI, wahrscheinlich zwischen 1429 und 1430. Die Kuppel war 1461 vollendet.

19 *Zweiter Klosterhof,* errichtet von einem Nachfolger BRUNELLESCHIS, vielleicht nach dessen Plänen, um 1452.

20 *Museum,* im ehemaligen Refektorium. CIMABUES gemaltes Kruzifix, um 1272–74, wurde bei der großen Flut 1966 stark beschädigt. Im Gebiet von Santa Croce stieg damals das Wasser auf eine Höhe von 7 m.

An der Schmalwand: ›Abendmahl‹, abgelöstes Fresko von TADDEO GADDI, um 1340, frühestes der Florentiner *cenacoli. Darüber:* ›Vision des Kruzifixes‹, auf Bonaventuras *Lignum vitae* zurückgehend, ein ebenfalls aus konservatorischen Gründen in einem Stück abgelöstes Fresko, von TADDEO GADDI. Weitere Fresken von ANDREA ORCAGNA: ›Triumph des Todes‹, um 1360; unter den Altären VASARIS im Langhaus der Kirche gefundene und abgelöste Fragmente. ›Johannes der Täufer und Hl. Franziskus‹, von DOMENICO VENEZIANO, um 1455–61.

Die vergoldete Bronzestatue des Hl. Ludwig von Toulouse ist von DONATELLO, 1423. Sie stand ursprünglich in der Nische der Parte Guelfa in Or San Michele, wo sie 1463 durch VERROCCHIOS ›Christus- und Thomas‹-Gruppe ersetzt wurde (vgl. Fig. S. 185).

11 San Miniato al Monte

(Farbt. 4; S. 54 Fig. 3) Erbaut über der Grabstätte des Hl. Minias, der bei der Christenverfolgung unter Kaiser Decius im Jahr 250 in Florenz das Martyrium erlitt. 1013 (oder 1018) wurde hier auf dem Arcetri-Hügel eine Benediktinerabtei cluniazensischer Reform gegründet. Möglicherweise begann wenig später der Bau der Kirche, doch konnte die Entstehungszeit ebenso wie die des Baptisteriums nicht befriedigend geklärt werden. Lediglich die in den Fußboden eingelassene Zahl 1207 berechtigt zu der Annahme, daß die Anlage damals vollendet war.

Die *Fassade,* trägt eine Verkleidung aus 5 cm dicken Platten aus weißem Carrara-Marmor und dunkelgrünem Serpentin (Verde di Prato). Sie ist ein weiteres Beispiel für den abstrakten Inkrustations-Stil der Florentiner Protorenaissance, an dessen antiken Ursprung die Renaissance-Architekten glaubten. Im Untergeschoß tragen Halbsäulen fünf Blendbögen in regelmäßigen Kreisformen, die BRUNELLESCHI u. a. zu den Arkadenformen des Ospedale degli Innocenti, des Findelhauses, anregten. Die feinprofilierte, unten umbiegende Türrahmung kehrt sowohl an der Loggia des Findelhauses, an ALBERTIS Palazzo Rucellai als auch an ROSSELLINOS Dom und Piccolomini-Palast zu Pienza wieder (vgl. Fig. S. 54 Fig. 3 u. Fig. 9; Farbt. 4 u. Abb. 85, 86).

Inneres. Wie die vielen romanischen Landkirchen ist San Miniato eine basilikale Anlage mit drei flachgedeckten Schiffen (Dachstuhl 1329 erneuert), ohne daß ein Querhaus ausgebildet ist. Die erhöhte Lage des Chores über einer Krypta ist für Abteikirchen charakteristisch. Die Besonderheiten des Kirchenraumes liegen 1. in der Unterteilung durch drei Schwibbögen ('schwebende Bögen') und dem damit verbundenen Stützenwechsel (nach jeder zweiten Säule folgt ein quadratischer Pfeiler mit Vorlagen), die zu einer in der Toscana ungewöhnlichen Strukturierung und Rhythmisierung des Raumes führen; 2. in der für Florenz und das Landgebiet charakteristischen Regelmäßigkeit und präzisen Ausführung der halbkreisförmigen Arkaden; 3. in den Einlegearbeiten des Fußbodens, 1207, der Chorschranken und der vorgetäuschten (gemalten) Marmorinkrustation der Mittelschiffswand und des Chores.

Die *Säulen* und *Pilastervorlagen* wurden bei Restaurierungen 1858 mit Marmor imitierendem Stuck überzogen. Sieben der korinthischen *Kapitelle* sind antik, eines ist byzantinisch, die restlichen aus der Erbauungszeit des Langhauses. Der *Dachstuhl* wurde 1322 in nicht ursprünglicher Form erneuert (Bemalung nach alten Spuren).

Die stark restaurierte siebenschiffige *Krypta* besitzt Kreuzgratgewölbe auf dünnen Säulen. Im Altar ruhen die Gebeine des Hl. Minias. Vor der Errichtung des Tabernakels von Michelozzo hatte man beim Betreten der Kirche »vollen Einblick in die (mit Kerzen erhellte) Krypta« (Günter Wachmeier).

Florenz: San Miniato al Monte, Grundriß

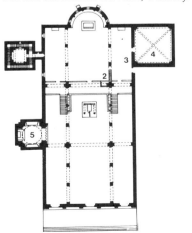

Ausstattung (siehe den untenstehenden Grundriß)

1 Tonnengewölbtes *Marmorziborium* von Michelozzo, 1448 im Auftrage von Piero de' Medici errichtet (auf dem Fries Pieros Devise: SEMPER = immer). Es erhebt sich über einem Altar, an dem Johannes Gualbertus, der Gründer des Vallombrosaner-Ordens, im 11. Jahrhundert das Kreuz verehrte. Majolika-Kassetten (innen) und -ziegel (außen) von Luca della Robbia. Altarbild von Agnolo Gaddi, zweite Hälfte 14. Jahrhundert.

2 *Kanzel* und *Chorschranken* mit Marmoreinlagen, um 1200.

3 *Chor, rechts vom Eingang in die Sakristei:* Heiligendarstellungen, wahrscheinlich früheste Florentiner Fresken, Anfang 13. Jahrhundert.

4 *Sakristei.* Der 1387 errichtete gewölbte Raum wurde durch Spinello Aretino bemalt. Die 1840 stark überarbeiteten Fresken zeigen Szenen aus dem Leben des Hl. Benedikt (vgl. die Darstellungen Luca Signorellis und Sodomas in der Abbazia Monte Oliveto).

5 *Kapelle des Kardinals von Portugal.* Diese Grabkapelle wurde 1461–66 im Auftrage König Alfons V. von Portugal für seinen in Florenz verstorbenen Neffen, Kardinal Jacob von Lusitanien, errichtet. Der Entwurf dieses angebauten Zentralraumes stammt von Antonio Manetti, Schüler Brunelleschis und dessen Nachfolger im Dombauamt. Bildhauerische Arbeiten von Antonio Rossellino unter Mithilfe seines Bruders Bernardo und anderer.

Die Grabkapelle vereinigt christliches und antikes Gedankengut.

Wie bei den älteren Bruni- und Marsuppi-ni-Grabmälern in Santa Croce steht der Sarkophag in einer Nische, die mit einem Rundbogen abgeschlossen ist. Dieses Grab ist durch den steinernen Vorhang, durch den Sockel (mit Darstellung eines Mithras-Opfers), durch Putten und Engel berei-chert. In der gegenüberliegenden Nische steht ein Thron als Hinweis auf den noch leeren Richterstuhl des Jüngsten Gerichtes.

Die *Wandmalereien* sind von ALESSIO BALDOVINETTI. Lediglich die Darstellun-gen der Engel, die den Vorhang an der Altarwand zur Seite ziehen und auch das Altargemälde (Kopie; Original in den Uffi-zien) sind von ANTONIO und PIERO POL-LAIOLO, *Terrakottatondi* mit Darstellun-gen des Hl. Geistes und den vier Kardinal-tugenden im Gewölbe von LUCA DELLA ROBBIA.

Rechts von der Kirche: Palazzo dei Vescovi, ehemalige Sommerresidenz der Florentiner Bischöfe, jetzt Teil des Klosters, erbaut 1295.

Fiesole

Die auf dem Sattel eines Bergrückens zwischen dem Arno- und Mugnone-Tal gelegene Stadt ist älter als Florenz: Sie wurde im 8. oder 7. Jahrhundert v. Chr. von den Etruskern gegründet. Fiesole zählte zu den bedeutendsten Städten des etruskischen Stammlandes, ohne daß es freilich Hinweise gibt, daß dieser Ort mit einer in ganz Etrurien geachteten Priesterschaft dem Zwölferbündnis beigetreten wäre. Ihre in Resten erhaltene Mauer aus mächtigen, sorgfältig gehauenen Quadern hat einen Umfang von 3 km. Während Fiesole noch im 3. Jahrhundert v. Chr. mit Rom gegen einfallende Gallier verbündet war, schloß es sich 90 v. Chr. dem Italiker-Aufstand an und wurde *ferro ignique* bestraft. Ein Jahrzehnt später degradierte Sulla die Stadt wegen ihrer Teilnahme am Kriege auf seiten des Marius zur *colonia*.

Von der wiederaufblühenden Römerstadt zeugen das 3000 Zuschauer fassende Theater, die Thermenanlagen und viele Funde im *Museo Civico*. In der Völkerwanderungszeit erlitt die Stadt die üblichen Verwüstungen, sie wurde von Goten und Byzantinern umkämpft. 539 ließ Belisar, der Befehlshaber der oströmischen Truppen, die Bewohner aushungern.

Seit 492 war Fiesole Diözese. Kirche und Palast des Bischofs lagen bis 1028 auf halber Höhe des Berges, an der Stelle der *Badia Fiesolana*. Kaiser Lothar stärkte um 823 die Macht der Bischöfe, indem er ihnen die weltliche Herrschaft über die zum Kastell geschrumpfte Stadt übergab. Die Rechte der Bischöfe erweiterten sich zu Anfang des 12. Jahrhunderts auf die sich ausdehnende Stadt und die nächste Umgebung, während die Grafen von Fiesole die Rechte über das Landgebiet der sich weitgehend mit der Diözese deckenden Grafschaft innehatten.

Im Gegensatz zu den meisten anderen toscanischen Städten konnte sich in Fiesole das Bürgertum nicht entfalten. Das durch die Lage im entsumpften Tal und dem schiffbaren Arno begünstigte Florenz hingegen konnte im 11. Jahrhundert seine Wirtschaft und seine militärische Macht entwickeln. 1125 zerstören aus nichtigem Anlaß Florentiner Truppen die Rivalin auf dem Berge. Lediglich Dom und Bischofspalast blieben verschont. Fiesole, das den Charakter einer Stadt, seine wirtschaftliche und politische Bedeutung verloren hatte, wurde dann im 15. Jahrhundert Villenvorort der Florentiner (vgl. Abb. 52).

1* Dom San Romolo

1028 begonnen, im 13. Jahrhundert und 1348 erweitert, 1878–83 weitgehend erneuert, was besonders am Außenbau (an der Fassade) sichtbar wird. Campanile 1213.

Dreischiffige Basilika mit Krypta und erhöhtem Chor. Zwei der Kapitelle sind römischen Ursprungs. Exakte halbkreisförmige Scheidbögen.

In der kreuzgratgewölbten *Krypta* Fresken des 15. Jh., das Eisengitter ist von 1349.

Salutati-Kapelle (im rechten Teil des erhöhten Chores): Grabmal des Bischofs Leonardo Salutati, um 1464 von MINO DA FIESOLE. Von diesem auch der marmorne Altaraufsatz in Form einer Ädikula (in den Nischen: Hl. Leonhard, die Muttergottes und Hl. Remigius).

Das Altarretabel im linken Teil des Chores mit der ›Krönung Mariä‹ ist von Giovanni del Biondo, 1372.

Die dem Dom vorgelagerte *Piazza Mino*

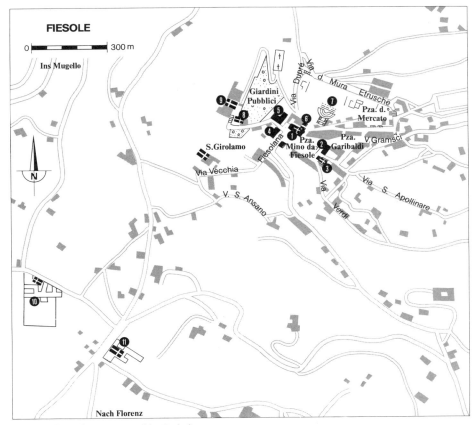

* Die Ziffern nehmen Bezug auf den Stadtplan

da Fiesole wurde an der Stelle des römischen Forums angelegt.

2 Palazzo Pretorio

14. Jahrhundert, in den folgenden Jahrhunderten mehrfach umgebaut.
Vor dem Palazzo: Reiterstandbild (Begegnung zwischen Vittorio Emanuele II. u. Garibaldi) von ORESTE CALZOLARI, 1906.

3 Santa Maria Primerana

Frühmittelalterliches Oratorium, im 16. Jahrhundert erneuert und mit einem Portikus versehen (1585). Im Innern Fresken des 14. Jahrhunderts und ein Holzkruzifix, ebenfalls 14. Jahrhundert.

4 Seminario

Priesterseminar, 1697 erbaut.

5 Palazzo Vescovile

Bischofspalast, auf das 11. Jahrhundert zurückgehend, mehrfach verändert. Fassade von 1675.

6 Museo Bandini

Geöffnet 9–12, 14–17 Uhr. Ins späte 18. Jahrhundert zurückreichende Sammlung des Kanonikers Angiolo Bandini, in einem 1913 errichteten Museumsgebäude. Gemälde (u. a. von BERNARDO DADDI und LORENZO MONACO), Skulpturen von NICOLA PISANO und LUCA DELLA ROBBIA, Majolika und Möbel.

7 Teatro Romano und Museo Civico

(Abb. 54) Geöffnet 10–12.30, 15–19 Uhr, im Winter 9–12, 14–17 Uhr. Das *römische Theater* wurde in republikanischer Zeit im 1. Jh. v. Chr. errichtet. Unter Claudius (41–54 n. Chr.) und Septimius Severus (193–211 n. Chr.) erneuert. Die Sitzreihen boten 2500 bis 3000 Zuschauern Platz.

Thermen, ebenfalls aus republikanischer Zeit, unter Hadrian (117–138 n. Chr.) erweitert. Erhalten blieben ein Schwimmbekken, Reste der Heizungsanlagen, des Caldariums, des Sudatoriums, des Tepidariums und des Frigidariums.
Etruskischer Tempel, etwa Anfang 3. Jahrhundert v. Chr., von den Römern übernommen.
Museo Civico, Archäologisches Museum, 1912–14 errichtet. Die etruskischen und römischen Fundstücke wurden hauptsächlich in Fiesole und der Umgebung gefunden.

8 Sant' Alessandro

Bereits in etruskischer Zeit war an dieser Stelle ein Heiligtum, von dem zwei Zisternen erhalten blieben. Ein römischer, dem Bacchus geweihter Tempel wurde zu Beginn des 6. Jahrhunderts unter dem Ostgoten Theoderich in eine christliche Kirche umgewandelt. Diese wurde vermutlich im 9. und im 11. Jahrhundert erneuert. Im dreischiffigen Innern ruhen Bögen auf sechzehn Säulen aus griechischem Marmor von der Insel Euböa, mit ionischen Kapitellen. Äußere Gestalt 19. Jahrhundert.

9 San Francesco

Im 14. Jahrhundert Oratorium der *Romite fiorentine,* einer Frauengemeinschaft unter der Regel der Augustiner, seit 1399 Franziskaner-Kloster. Kirche und Konventsgebäude wurden 1905–07 weitgehend erneuert. Einschiffiges *Inneres* mit Spitztonne. Der Chor wurde in der zweiten Hälfte des 15. Jahrhunderts verändert.
Hauptaltar: ›Verkündigung‹ von RAFFAELLINO DEL GARBO, Ende 15./Anfang 16. Jahrhundert.
Durch den Klostergarten gelangt man in das kleine *Museum* der franziskanischen

Missionare mit etruskisch-römischen, ägyptischen und chinesischen Stücken.

Beim Aufstieg zu San Francesco und Sant' Alessandro genießt man einen Blick auf Florenz und das Arno-Tal.

Unterhalb der Stadt, auf halber Höhe zwischen Florenz und Fiesole liegen San Domenico (Bus-Haltestelle) und die Badia Fiesolana.

10 Badia Fiesolana

Seit 1458 von der ROSSELLINO-Werkstatt errichtet. Die der nicht ausgeführten Fassade eingegliederte kleinere, ältere Marmorfassade im florentinischen Inkrustationsstil der Protorenaissance (Abb. 53) stammt von einem Vorgängerbau des 11. Jahrhunderts. An der Stelle der heutigen Kirche stand bis 1028 der Dom von Fiesole. Dieser Bau wurde abgetragen. Die Kamaldulenser errichteten – vermutlich noch im 11. Jahrhundert – ein Kloster und eine neue Kirche, deren Marmorfassade im florentinischen Inkrustationsstil der Protorenaissance dem Neubau von 1451 eingegliedert wurde. Den Kamaldulensern folgten im 13. Jahrhundert Benediktiner, im Jahre 1439 Augustiner-Chorherren, seit 1973 ist die Badia Sitz der Europa-Universität. Den Neubau des Klosters und der Kirche (1458) stiftete Cosimo de' Medici, der auch auf die Gestaltung der Anlage einwirkte. Laut Vasari soll BRUNELLESCHI das Modell für Kirche und Konventsgebäude geliefert haben. Doch Brunelleschi war bei Baubeginn bereits verstorben, die Forschung spricht den Entwurf ALBERTI oder dem Hausarchitekten der Medici, MICHELOZZO, zu. Die Kirche auf kreuzförmigem Grundriß ist keine Basilika: es fehlen die Seitenschiffe und der sogenannte Ober-

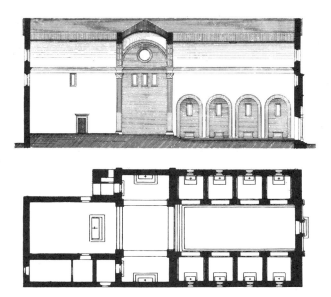

Badia Fiesolana, Längsschnitt und Grundriß

203

FIESOLE

gaden (das Mittelschiff beleuchtende seitli-
che Fensterreihen). Statt dessen besitzt das
Mittelschiff Seitenkapellen, sind Langhaus,
Chor und Querschiff durch eine geschlossene Tonne gewölbt – eine in der Toscana
ungewöhnliche Lösung, die weitgehend
dieses Raumbild bestimmt. Der einschiffige
Raum mit Seitenkapellen wird über Sant'
Andrea in Mantua und Il Gesù in Rom zum
bevorzugten Kirchenbautypus der Barockzeit. Pilaster, Bögen und Gesimse werden durch *pietra serena* als strukturierende
Elemente betont, auf weitere Dekorationen
wie Wandgemälde etc. wurde verzichtet.
Der weite Raum ist in seinen klaren Propor-
tionen, in der Sparsamkeit und Einfachheit
der architektonischen Mittel eine charakteristische Schöpfung der Frührenaissance.

11 San Domenico

1406–35 errichtet. Campanile 1611, Vorhalle 1632.

Das einschiffige *Innere* mit drei Kapellen
(Anregungen durch die Badia Fiesolana,
s. u.) wurde im 17. und frühen 18. Jahrhundert barockisiert.

Erste Kapelle links: Altartafel ›Madonna
umgeben von Dominikaner-Heiligen‹, 1428
von FRA' ANGELICO, der in diesem Konvent
lebte, bevor er 1437 nach San Marco in
Florenz ging. Der Hintergrund wurde von
LORENZO DI CREDI 1501 übermalt, dabei
erhielt das ursprüngliche Triptychon den
jetzigen Rahmen. Predella: Kopie nach dem
Original der National Gallery, London.

Im Kapitelsaal: ›Kreuzigung‹, Fresko von
FRA' ANGELICO, um 1430.

Arezzo

Arezzo ist durch eine äußerst verkehrsgünstige Lage im Zentrum der Apenninenhalbinsel ausgezeichnet. Bereits in römischer Zeit verband die Via Cassia *Arretium* mit Rom und Florenz. Die Stadt liegt inmitten einer muschelförmigen fruchtbaren Ebene. Diese ist von Bergketten umrandet, die sich jedoch zu den Nachbargebieten – zum Arno-Tal, zum Casentin, zum Valdichiana – hin öffnen und auch zum oberen Tiber-Tal leichten Zugang ermöglichen.

Die Stadt wurde auf einem sanft ansteigenden Hügel errichtet, dessen Kuppe vom Dom, dem Bischofspalast und der Mediceer-Festung eingenommen wird. Auf dieser Kuppe bauten die Etrusker ihre erste befestigte Stadtanlage, hier bildete sich das religiöse, militärische und politische Zentrum der Römer und bauten im 13. Jahrhundert der Bischof den Dom und seinen Palast, die Bürger ihren Palazzo pubblico. In früh- und hochmittelalterlicher Zeit dagegen lagen Dom und Bischofspalast auf einem anderen, niedrigeren Hügel, weit vor den Toren der Stadt, auf der *Colinetta di Pionta*, im heutigen Gelände der psychiatrischen Klinik.

Von dem um die Jahrtausendwende errichteten *Alten Dom*, dem bedeutendsten Kirchenbau der Toscana vor der Entstehung der Pisaner Kathedrale, zeugen außer einer Zeichnung Vasaris nur noch die Fundamente und einige Mosaik- und Marmorfragmente. Großherzog Cosimo I. ließ 1562 den verlassenen Dom zusammen mit der benachbarten zentralbauförmigen Gedächtniskirche für den Stadtheiligen Donatus abreißen – der größte Verlust, den Arezzo seit der Völkerwanderungszeit erlitt.

Kehren wir zurück zum Stadthügel, dem religiösen und politischen Zentrum der Antike und des Spätmittelalters. Der Hügel hat zwei Kuppen, den *Colle di San Pietro* (290 m), auf dem 1277 der jetzige Dom erbaut wurde, und den *Colle di San Donato* (305 m), auf dem Großherzog Cosimo I. die Fortezza errichtete. Die Senkung zwischen den beiden Hügelkuppen wurde im 16. Jahrhundert aufgeschüttet und wird heute von der Parkanlage, dem *Prato*, eingenommen. Von dieser Höhe breitet sich die etruskische, römische und mittelalterliche Stadt in konzentrischen halbkreisförmigen Straßenzügen in südlicher Richtung aus, während das Gelände nach Norden hin steil abfällt und nicht bebaut werden konnte.

Im Laufe ihrer Geschichte erlebte die Hügelstadt vier Blütezeiten: die erste im 4. bis 2. vorchristlichen Jahrhundert, als sie zu den mächtigsten Etruskerstädten zählte; sodann im

AREZZO

1. Jahrhundert n. Chr., als die hier produzierten 'Korallenvasen' in allen Städten des römischen Imperiums begehrt waren; eine dritte um das Jahr 1000, als die Bischöfe von Arezzo eines der führenden europäischen Kulturzentren schufen, an dem der Musiker GUIDO VON AREZZO (Guido Monaco) wirkte, der hier die Kirchenmusik leitete, die Notenschrift vervollkommnete, musikalische und didaktische Werke verfaßte, von denen er eines Bischof Theobald widmete, und schließlich im späten 12. und 13. Jahrhundert, als die sich selbst regierenden Bürger ihre mittelalterliche Stadt erbauten und in der Pieve eine der großartigsten spätromanischen Kirchen der Toskana schufen. Die stärkste Anziehungskraft auf Kunstreisende dürfte freilich von den Fresken PIERO DELLA FRANCESCAS ausgehen (Farbt. 34) – diese entstanden in einer Periode, als Arezzo aufgehört hatte, ein selbständiger Stadtstaat zu sein und nicht mehr als eigenständiges Kulturzentrum hervortrat.

Wenden wir uns nach diesem Überblick zu den Anfängen der Stadt zurück. Die Etrusker besiedelten den Hügel seit dem 7. Jahrhundert v. Chr. Ihre erste elipsenförmige Mauer umfaßte ein relativ kleines Gebiet, das im Süden bis zur *Via Albergotti* reichte. Die Stadt der Toten, die Nekropole, lag auf einer Erhebung westlich der Stadt, auf dem *Poggio del Sole*, wobei Zahl und Größe der Gräber nicht der Bedeutung entsprechen, die Arezzo Livius und anderen Autoren zufolge besaß. Von den bis ins 6. vorchristliche Jahrhundert zurückreichenden Funden ist eine Auswahl im *Archäologischen Museum* zu sehen: bemalte Terrakottagefäße, schwarze, Metall imitierende Bucchero-Vasen, Bronzestatuetten und aus Griechenland importierte Gefäße (darunter ein von EUPHRONIUS bemalter Krater). Töpferkunst und Metallverarbeitung waren hochentwickelt. Die bedeutendsten Zeugnisse der Etruskerstadt, der Bronzeguß der Chimäre (um 500 v. Chr.) und die Minervastatue (3. Jahrhundert v. Chr.) wurden bereits beim Bau der Festung im 16. Jahrhundert gefunden und von den Großherzögen nach Florenz geholt, wo sie heute im Archäologischen Museum zu sehen sind.

Die Chimäre von Arezzo. Florenz, Museo Archeologico

Bei den Einfällen der Gallier verbündete sich die Stadt mit Rom. Aufgrund ihrer günstigen strategischen Lage stationierten die Römer in Arretium bis zu vier Legionen – mit etwa 20 000 Söldnern.

In ihrer zweiten Blütezeit unter Kaiser Augustus wurde die Stadt in der wirtschaftlichen Entwicklung durch einen Freund und Minister des Kaisers unterstützt – durch Gaius Cilinius Maecenas, dem aus aretinisch-etruskischer Adelsfamilie stammenden Förderer von Horaz und Vergil, jenem 'Mäzen', dessen Name in alle europäischen Sprachen einging. Arezzo erhielt die üblichen öffentlichen Gebäude – ein Forum, Theater, Thermalbäder, von denen einzig das Amphitheater noch eine gewisse Vorstellung von der ursprünglichen Gestalt vermittelt. Die Römerstadt dehnte sich beträchtlich nach Süden zur Ebene hin aus.

Wie in den anderen Städten Etruriens hatte sich in Arezzo bereits im 3. Jahrhundert eine christliche Gemeinde gebildet. Die Stadt erhielt um 270 einen Bischofssitz. In einem lückenlosen Verzeichnis des 11. Jahrhunderts der Aretiner Bischöfe wird an zweiter Stelle der Hl. Donatus genannt, der 304 unter der Verfolgung von Diokletian das Martyrium erlitt. Donatus wurde auf dem *Hügel von Pionta* bestattet. Über seinem Grabe errichtete sein Nachfolger Gelasius eine Gedächtnisstätte und eine dem Hl. Stephan geweihte Kirche, die um 1000 durch den bereits erwähnten ersten Dom erneuert wurde. Kathedrale und Bischofspalast blieben bis 1203 auf dem Hügel von Pionta. Weltlichen Feudalherren vergleichbar, residierten hier die Bischöfe in einem befestigten Palast, während sich die nach dem Untergang des Römischen Reiches schrumpfende Bevölkerung auf den Stadthügel im Bereich der jetzigen Fortezza zurückzog. Seit der Völkerwanderungszeit übernahmen die Bischöfe die Verteidigung der Stadt. Als *defensores civitatis* werden sie in einem Dokument bezeichnet. Der Hügel von Pionta wurde allmählich zum politischen Zentrum: die Bischöfe übten etwa seit Mitte des 10. Jahrhunderts die Herrschaft über Stadt und Grafschaft aus, wenn auch erst Bischof Arnold (1052–62) als *episcopus et comes* (Bischof und Graf) unterzeichnete und offiziell die gräflichen Rechte der Steuereinnahme und Münzprägung innehatte.

Nach Pisa und Lucca war Arezzo die dritte toscanische Stadt, die sich das Recht nahm, ihre Konsuln zu wählen. Wie andere freie Kommunen waren auch die Aretiner bestrebt, ihre Feudalherren – und somit auch den Bischof und die Benediktinermönche von Torrito – im Stadtgebiet anzusiedeln. Ein erster Versuch, den Bischof durch Belagerung seiner Festung zum Verlassen des Pionta-Hügels zu bewegen (1111), schlug durch das Eingreifen kaiserlicher Truppen fehl. Kaiser Heinrich V. ließ die Mauern der Stadt abreißen und die aufsässige Bevölkerung ausplündern. Doch wenig später entschloß sich Bischof Buionus, in der Stadt zu residieren. Papst Innozenz III. ordnete dann 1203 die Verlegung der Kathedrale und des Priesterhauses an. 1277 begannen die Bischöfe den Bau des jetzigen Domes auf dem Colle di San Pietro.

Die wirtschaftliche Entwicklung führte zu einem Bevölkerungswachstum, das sich in der mehrfachen Erweiterung des Mauerringes spiegelt. Die frühmittelalterliche Einwohnerschaft hatte sich noch auf den Colle di San Donato zurückgezogen; nach der Zerstörung der Stadt durch Heinrich V. 1111 war ein wesentlich größerer Mauerkreis erforderlich. Doch

AREZZO

auch dieser erwies sich bereits am Ende des 12. Jahrhunderts als zu klein. 1194–1200 wird eine Mauer angelegt, deren Verlauf die halbkreisförmige *Via Garibaldi* wiedergibt. Sie umfaßt ein verdreifachtes Stadtgebiet von 51 ha. Das folgende letzte und größte mittelalterliche Befestigungswerk von 1317–37 umfaßte mit 107 ha eine nochmals verdoppelte Stadtfläche.

Im 12. und 13. Jahrhundert – der vierten Blütezeit – erhielt Arezzo jenes Stadtbild, das in der Struktur und in vielen Einzelgebäuden noch weitgehend erhalten blieb. Noch bevor der neue Dom begonnen wurde, bauten die Bürger – wohl seit dem Ende des 12. Jahrhunderts – die Pieve Santa Maria Assunta (Abb. 59). Die merkwürdige Situation, daß eine Stadt neben und in Konkurrenz zum Dom eine Pieve, d. h. eine Pfarrkirche mit Taufrecht, besitzt, ist aus der damaligen entfernten Lage des Domes auf dem Hügel von Pionta und aus der Rivalität zwischen den Bürgern und dem Feudalherrn zu verstehen. Hinter der Apsis der zentralgelegenen Pieve wurde Ende des 12. Jahrhunderts ein Marktplatz angelegt – die *Piazza Grande* (Abb. 60). Hauptverkehrsader wird der *Borgo Maestro*, der heutige *Corso d'Italia*, der von der Talebene der Pieve entlang zum (nicht mehr vorhandenen) Palazzo del Popolo und zum Dom führte.

Neue periphere Zentren bildeten im 13. Jahrhundert die Franziskaner, Dominikaner und Augustiner mit ihren Ordenskirchen und zugehörigen Plätzen. Zu dieser Zeit erhielt Arezzo eine *Universität*, die zu den führenden Italiens zählte. Ein namentlich bekannter Maler, MARGARITONE D'AREZZO (dokumentiert für das Jahr 1266) wirkte in dieser Stadt, ohne daß sich freilich wie in Florenz oder Siena eine eigenständige Malschule bildete.

In der Auseinandersetzung zwischen Ghibellinen und Guelfen konnten sich in Arezzo die kaisertreuen Ghibellinen durchsetzen. Kriege mit dem immer mächtiger werdenden Florenz waren unvermeidlich. 1289 wurde Arezzo bei Campaldino im Casentin besiegt. Bei der Schlacht, an der auf Florentiner Seite auch Dante teilnahm, fielen 1700 Aretiner, darunter der mit ins Feld gezogene Bischof Ubertini, dessen Helm die Florentiner als Siegestrophäe an ihrem Baptisterium zur Schau stellten.

In einer schwierigen wirtschaftlichen Lage verliehen die Aretiner 1321 ihrem Bischof Guido Tarlati die Stadtherrschaft; er eroberte eine Reihe von Adelskastellen und führte die Stadt zu neuem wirtschaftlichen Erfolg. Nach dem Tode des Bischofs, 1328, konnten Mitglieder seiner Familie die Freiheit der Stadt noch einige Zeit aufrechterhalten, doch bald wurde Arezzo zum Spielball auswärtiger Söldnerheere. 1337 wurde die Stadt ein erstes Mal, 1384 endgültig für 40000 Gulden an Florenz verkauft. Von nun an war Arezzo nicht nur politisch, sondern auch kulturell eng an Florenz gebunden.

Die Florentiner BERNARDO ROSSELLINO, GIULIANO und BENEDETTO DA MAIANO sowie in Florenz geschulte einheimische Architekten schufen Paläste und Kirchen im Stile der Frührenaissance. Einer der letzten von Florenz unabhängigen Künstler, PARRI DI SPINELLO, war bezeichnenderweise ein Maler des internationalen Stils der Gotik. Zwei Söhne der Stadt, der Humanist LEONARDO BRUNI (1369–1444) und der Maler-Architekt GIORGIO VASARI (1511–1574) werden zu Florentinern *par excellence:* In ihren Schriften ›Geschichte von Florenz‹ und den ›Lebensbeschreibungen der ausgezeichnetsten Maler, Bildhauer und

57 Pélago-Tal bei Pontasieve

58 AREZZO Piazza Grande. An der Westseite: Apsis der Pieve, Pal. del Tribunale u. Pal. della Fraternita dei Laici

59 AREZZO Pieve, 12. und 13. Jh.

61, 62   Arezzo   S. Domenico, begonnen 1275

60   Arezzo   Piazza Grande: mittelalterliche Häuser und Türme, links Palazzo delle Logge

63 AREZZO S. Domenico: gemaltes Kruzifix von Cimabue, um 1260–70
64 MONTERCHI Friedhofskapelle: ›Madonna del Parto‹, von Piero della Francesca
65 AREZZO S. Maria delle Grazie, Portikus von Benedetto da Maiano, 1478–82

66, 67   Romena   Pieve di S. Pietro: Kapitelle

68   Romena   Pieve di S. Pietro, 1152 begonnen

70 Castello di Montecchio Vesponi südlich Castiglion Fiorentino, 13. Jh.

◁ 69 ROMENA im Casentin   Ruinen des Kastells der Guidi

71, 72 GROPINA Pieve di S. Pietro, um 1200

73 CORTONA Madonna del Calcinaio, von Francesco di Giorgio Martini, 1483–1513

74 CORTONA Palazzo Comunale

75 MONTEPULCIANO Palazzo Avignonesi, Mitte 16. Jh.

76 MONTEPULCIANO   Palazzo Comunale, 1440–65 von Michelozzo erbaut

77 MONTE SAN SAVINO   Palazzo di Monte, errichtet von Antonio da Sangallo d. Ä. für Kardinal Antonio del Monte, um 1516

79 MONTEPULCIANO S. Agostino, 1427 begonnen

78 MONTEPULCIANO Palazzo Nobile Tarugi, erste Hälfte 16. Jh.

80 SAN QUIRICO D'ORCIA   Palazzo Chigi, 1679

83 SAN QUIRICO D'ORCIA   Collegiata, Ende 12. Jh., Querschiff, 1298

81 San Quirico d'Orcia
    Collegiata, Ende 12. Jh.

82 San Quirico d'Orcia
    Collegiata, Fenster um 1300

84 CHIUSI Tomba della Pellegrina, um 200 v. Chr.

Architekten‹ stellen sie die politische beziehungsweise künstlerische Vormachtstellung der Stadt der Frührenaissance heraus. VASARI schuf für seine Geburtsstadt die *Loggia* an der Piazza Grande und sein 'Künstlerhaus'. Doch der Vater der Kunstgeschichte bewies in der 'Bereicherung' älterer Kirchen mit monumentalen Altären wenig Gespür für die Eigenart mittelalterlicher Räume, er trug nicht nur durch die Umgestaltung von Santa Croce in Florenz, sondern ebenso in Arezzo zum Verlust ursprünglicher Ausstattungen und Raumwirkungen bei.

Im 16. Jahrhundert schufen einzelne überzeugungsfähige oder mächtige Persönlichkeiten nicht nur Neues von bisher unbekannter Großartigkeit, sie schreckten auch vor Zerstörungen des Überlieferten nicht zurück. Durch Cosimo I. de' Medici verlor die Stadt die ursprünglichen geistlichen und weltlichen Zentren, den heiligen Bezirk mit dem Alten Dom und das älteste Stadtviertel auf dem *Colle di San Donato,* das der Fortezza weichen mußte. Der Bau dieser Festung und einer neuen, Artilleriegeschossen standhaltenden Stadtmauer, war bedingt durch die strategisch bedeutsame Lage der Stadt im Grenzgebiet zum Kirchenstaat. Gegenüber der Mauer von 1317 umfaßte die neue Verteidigungsanlage ein um ein Zehntel reduziertes Gebiet und nahm somit Rücksicht auf eine sich verringernde Einwohnerzahl. Hatte Arezzo um 1300 etwa 15000 Bewohner, so war die Zahl 1745 auf 6700 gesunken. Erst wieder im 19. Jahrhundert, als die Stadt dank ihrer günstigen geographischen Lage und des Anschlusses an die Eisenbahnlinie Florenz – Rom (1862–66) neuen wirtschaftlichen Aufschwung erfuhr, wurden die mittelalterlichen Grenzen überschritten. Ein neues Stadtviertel bildete sich, dessen Hauptachse, die *Via Guido Monaco* vom Bahnhof – parallel zum alten *Borgo Maestro* verlaufend – zum historischen Stadtzentrum führt, während die Vororte des 20. Jahrhunderts ohne städtebauliche Verbindung zur Altstadt blieben.

1* San Francesco

(Farbt. 34) Begonnen vermutlich 1318, vollendet 1377. Charakteristische einschiffige Bettelordenskirche von beträchtlicher Länge (53 m), mit drei Chorkapellen und offenem Dachstuhl (der urspünglich etwa 1 m höher ansetzte). Die Seitenkapellen wurden im 15. und 16. Jh. hinzugefügt.

Die Franziskaner bezogen schon 1217, zu Lebzeiten des 1226 gestorbenen Hl. Franz, außerhalb der Stadtmauern von Arezzo ein Haus, errichteten 1232 beim Poggio del Sole (südwestlich der Stadt) ein erstes Konventsgebäude. Um in engeren Kontakt mit der Stadtbevölkerung zu gelangen, erbauten sie

seit 1290 die jetzige Kirche, wobei sie zunächst eine Unterkirche errichteten und wahrscheinlich 1318 mit dem Bau des Langhauses begannen. Die Gestalt der Kirche geht im wesentlichen auf einen Entwurf von FRA' GIOVANNI DA PISTOIA zurück, der vermutlich auch Baumeister der Franziskanerkirche in Pistoia war. Um 1600 wurde der *Campanile* hinzugefügt.

Die Kirche erhielt im 17. Jahrhundert die übliche Ausstattung mit großen Barockaltären, wobei die Fresken des Langhauses vollständig übertüncht wurden. Nachdem man den Kirchenraum im 19. Jahrhundert zeitweise als Kaserne benutzt hatte, konnte 1900–11 die ursprüngliche Bemalung – soweit noch vorhanden – freigelegt werden.

* Die Ziffern nehmen Bezug auf den Stadtplan S. 226

AREZZO

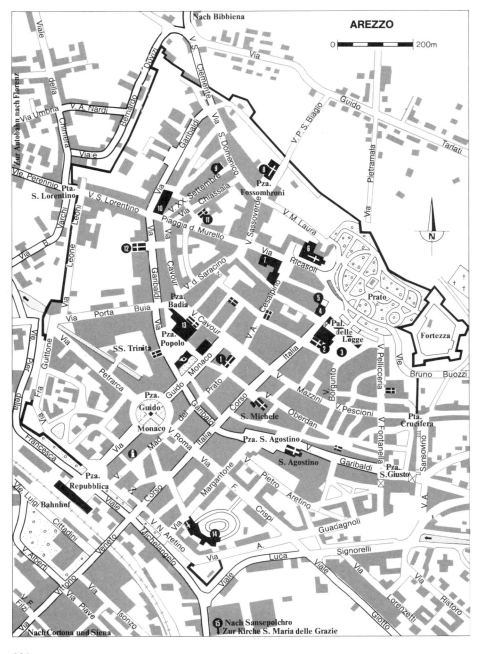

Ausstattung (siehe den nebenstehenden Grundriß)
1 *Rundfenster von* GUILLAUME DE MARCILLAT ›Franz von Assisi vor Papst Honorius III‹, 1524. *Über dem Portal:* ›Mystisches Verlöbnis der Hl. Katharina von Alexandrien‹, Fresko von einem unbekannten Maler des 15. Jahrhunderts.
2 ›Zwei Heilige‹, Fresko von einem Nachfolger ANDREA DEL CASTAGNOS, zweite Hälfte 15. Jahrhundert.
3 ›Verkündigung‹ von SPINELLO ARETINO, um 1400.
4 *Guasconi-Kapelle,* Fresken (u. a. ›Erzengel Michael erscheint Papst Gregor dem Großen‹, *rechte Wand,* und Szenen aus dem Leben des Hl. Egidius) von SPINELLO ARETINO, um 1400.

5 *Hauptchorkapelle* (Fig. S. 228). Die Kirche ist berühmt für die Fresken dieser Kapelle, die PIERO DELLA FRANCESCA von etwa 1453 bis 1464 ausführte. Der Zyklus stellt die Geschichte vom Kreuze Christi dar, wie sie – mit Ausnahme der beiden letzten Szenen – Jacopus de Voragine in der *Legende aurea* erzählt. Die Kreuzeslegende ist ein franziskanisches Thema. Franz von Assisi hatte in La Verna (im Casentin) die Vision des Kreuzes empfangen.

PIERO hielt sich nicht an den chronologischen Ablauf des Geschehens (siehe die Figur Seite 228): Der sterbende Adam schickte seinen Sohn Seth zum Tor des irdischen Paradieses, um das Öl vom Baum des Mitleidens zu erbitten. Michael gibt Seth einen Zweig des Lebens, damit er ihn nach dem Tode Adams in dessen Mund pflanze (I).

Aus dem Zweig wird ein stattlicher Baum, den König Salomon fällen läßt, um

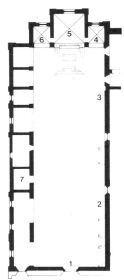

Arezzo: San Francesco, Grundriß

ihn zum Bau eines Tempels zu verwenden. Doch stets ist das Holz zu kurz oder zu lang, so baut man daraus eine Brücke. Die Königin von Saba, auf dem Wege zu König Salomon, erkennt die Heiligkeit des Holzes, kniet anbetend nieder (II) (Farbt. 34). Sie prophezeit dem König, daß an jenem Holz einer hangen werde, durch dessen Tod das Judenreich verderben würde (III). So läßt Salomon das Holz vergraben (IV). Ein sich darüber bildender Teich mit heilkräftigem Wasser spült das Holz frei; aus ihm wird dann das Kreuz Christi gefertigt.

Nach dem Tode Christi vergräbt man das Kreuzesholz abermals. Es bleibt jahrhundertelang unter der Erde. Als Kaiser Konstantin von einem Heer unter der Führung des Maxentius bedroht wird, erscheint ihm im Traum ein Kreuz, und er vernimmt Worte: »In diesem Zeichen wirst du siegen« (V). Konstantin setzt das Kreuz auf die

227

AREZZO

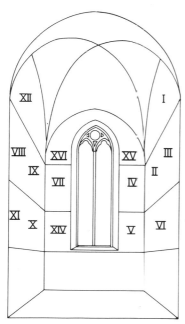

Hauptchorkapelle

Feldzeichen, er besiegt Maxentius bei der Milvischen Brücke (VI). Konstantin bekehrt sich zum Christentum und sendet seine Mutter Helena nach Jerusalem, um das Heilige Kreuz aufzufinden. Helena befragt Levit Judas, der jedoch die Stelle nicht verraten will. Nach dem sie ihn sieben Tage in einem Brunnen hungern gelassen hatte (VII), zeigt er den Ort auf Golgatha. Drei Kreuze werden zu Tage gefördert (VIII). Das wahre Heilige Kreuz erkennt man daran, daß es einen Toten zum Leben erweckt (IX). Helena läßt das Kreuz nach Jerusalem bringen.

Dreihundert Jahre später raubt es der Perserfürst Chosroes und läßt es neben seinem Thron zusammen mit einem Hahn – in Verspottung der Dreieinigkeit – aufstellen (X oben). Der byzantinische Kaiser Heraklius besiegt im Jahre 627 Chosroes (XI), läßt ihn enthaupten (X unten) und bringt das Kreuz nach Jerusalem zurück. Die verschlossenen Tore öffnen sich erst, als der Kaiser seine Rüstung abgelegt hatte und barfuß, in ein härenes Gewand gekleidet, um Einlaß bittet (XII).

Schwierig ist die Verkündigung (XIV) in den Zyklus einzuordnen, da der Kreuzestod Christi nicht dargestellt wird. So hat man diese Szene bereits als ›Botschaft des Himmels an Kaiserin Helena‹ und als ›Verkündigung des Todes‹ an Maria gedeutet. Doch war die Kernszene der Kreuzlegende, der Tod Christi am Kreuze, durch das Tafelkreuz präsentiert, brauchte also nicht ein zweites Mal im Freskenzyklus erscheinen. So wird die Verkündigungsszene die Geburt des Erlösers darstellen, der dann am Kreuz den Tod auf sich nahm. (Das Tafelkreuz mit Franziskus, der die Füße Christi küßt, ist aus dem späten 13. Jahrhundert. Wahrscheinlich stand es ursprünglich auf dem nicht mehr erhaltenen Lettner. Nachdem es lange in einer Seitenkapelle aufbewahrt wurde, hängt es seit 1983 in der Hauptchorkapelle.) Die ›Verkündigung der Geburt Christi‹ fand als Pendant zu einer anderen göttlichen Eingebung, dem ›Traum Konstantins‹ (V, in der Darstellung Pieros ebenfalls durch einen Engel), ihren Platz links vom Fenster, wie überhaupt Piero in der Anordnung der Fresken auf Entsprechungen achtete: In den unteren Bildfeldern der gegenüberliegenden Seitenwände sind die Schlachten, in der zweiten Reihe die höfischen Szenen mit der Königin von Saba und der Kaiserin Helena dargestellt. In den Lünetten stellte er die

Stammeseltern (rechts) dem Volk von Jerusalem (links) gegenüber.

PIERO erhielt nach diesen Fresken den Beinamen DELLA FRANCESCA. Er konzentrierte sich auf wenige Szenen der Legende, beschränkte sich auf eine schmale Bildbühne, deren Hintergrund – Berge, Bäume, Architektur – der Akzentuierung der Handlung dient. Den Gestalten ist eine feierliche Stille zu eigen. Selbst in den Schlachtenbildern scheint der Bewegungsablauf für die Dauer des Betrachtens aufgehalten. Piero, der Schriften über die Perspektive (De Prospectiva Pingendi) und über regelmäßige Körper (De Corporibus Regularibus) verfaßte, war fasziniert von der Schönheit einfacher Formen. Es dürfte dem Betrachter nicht schwerfallen, etwa im Bild der anbetenden Königin von Saba (II) in den Umrißlinien der Frauen mehrmals die Dreiecksform zu erkennen, zu sehen, wie ihr Hals die Form eines Zylinders annimmt, wie die begleitenden Frauen eine halbkreisförmige 'Apsis' hinter der knienden Königin bilden. Die geometrische Form verleiht den Gestalten Monumentalität. Ihre Gewänder, deren Falten den Kannelüren von Säulenschäften gleichen, unterstreichen ihr säulenhaftes Stehen. Pieros Gestalten, wirken weniger vollplastisch als reliefartig modelliert, sie entsprechen der schmalen Bildbühne. Die Flächigkeit der Wand wird trotz perspektivischer Bildkonstruktion (mit einem sehr tiefen, dem Standpunkt des Betrachters entgegenkommenden Augenpunkt) gewahrt. Daß die Bilder wenig tief erscheinen, liegt an der Farb- und Lichtbehandlung. Das Licht, dessen Führung dem natürlichen Lichteinfall durch das Chorfenster entspricht, breitet sich in fast gleichmäßiger Helligkeit, vielfach ohne starke Schattenbildung, über

den gesamten Zyklus aus. Es nimmt den Gestalten ihre Schwere, es läßt auch die Nebenpersonen – so die Männer, die das Holz des Kreuzes tragen (VI) – von der Bedeutung ihres Tuns 'erleuchtet' erscheinen. Pieros Licht bringt zum Ausdruck, daß nicht – wie meist in der europäischen Bildwelt seit dem 13. Jahrhundert – alleine die vornehmen Personen am Heilsgeschehen teilhaben, sondern ebenso Menschen, die auf realistische Weise mit alltäglichen Physiognomien gezeigt werden. Die Größe von Pieros Kunst liegt darin, daß sie Gegensätzliches zu vereinen vermag: die Stilisierung zu regelmäßigen Körpern und Naturbeobachtung, die von Giotto ererbten Gesetze der wenig tiefen Bildbühne und die perspektivische Raumkonstruktion, den vollen Akkord kontrastierender Farben und die alles verbindende Farblichtatmosphäre. Dabei wird keines der einzelnen Momente abgeschwächt, die Spannungen bleiben erhalten.

6 *Tarlati-Kapelle. Rechte Wand:* ›Kreuzigung‹, Fresko von SPINELLO ARETINO, um 1400. *Linke Wand:* ›Verkündigung‹, dem jungen LUCA SIGNORELLI zugeschriebenes Fresko aus der Casa di Monte in der Umgebung von Arezzo, um 1465.

7 ›Hl. Antonius von Padua und Szenen seines Lebens‹, Fresken von LORENTINO D'ANDREA, der sich stark an PIERO DELLA FRANCESCA anlehnte, 1480.

2 Pieve di Santa Maria Assunta

(Abb. 59) Der Titel 'Pieve' ist für einen Vorgängerbau bereits für das Jahr 1008 bezeugt. Daß es in Arezzo neben dem Dom eine Pieve gibt, d. h. eine Taufkirche, die über die anderen Kirchen der Stadt Recht

229

AREZZO

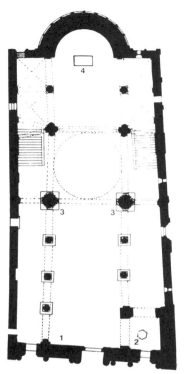

Arezzo: Pieve di Santa Maria, Grundriß

gere Schicht nicht ganz mit der hinteren korrespondiert. Daher befindet sich das mittlere Portal des 13. Jahrhunderts nicht in der Achse des Rundfensters. In der vorderen Schicht liegen über der unteren Zone mit Blendarkaden und mit mittleren Portalbogen drei Geschosse mit Zwerchgalerien. Der Säulenabstand wird nach oben hin dichter: Die zwölf Säulchen der ersten Galerie werden im folgenden Geschoß verdoppelt, in der Abschlußgalerie (mit Architrav statt Bögen) auf zweiunddreißig erweitert. Der Reichtum der ornamentierten Säulchen- und Kapitellformen erinnert an die Romanik der West-Toscana, insbesondere an den Dom und die Michaelskirche von Lucca. Doch wurde in Arezzo auf farbige Inkrustation verzichtet. Die Schauwand nimmt keine Rücksicht auf den Querschnitt des dahinterliegenden Langhauses mit niedrigen Seitenschiffen. Bezeichnenderweise fehlt ein krönender Giebel: dadurch konnte die rechteckige, seitlich und oben gerahmte, wie ein Bild wirkende Form bewahrt werden.

sprach, ist ein Sonderfall, der durch die entfernte Lage des Domes vor den Toren der Stadt erklärbar ist. Die Kirche wurde vermutlich in der Mitte des 12. Jahrhunderts begonnen, im 13. Jahrhundert umgebaut. Der *Campanile*, der sogenannte *Turm der hundert Löcher* (der in Wirklichkeit 80 Öffnungen besitzt), wurde 1330 vollendet.

Die *Fassade* besteht aus zwei Schichten: der hinteren Fassadenwand aus der älteren Bauzeit des 12. Jahrhunderts und den vorgesetzten Blendarkaden und Zwerchgalerien der späteren Bauphase des 13. Jahrhunderts. Es ist auffallend, daß die vorgeblendete jün-

Fassadenschmuck: Das *mittlere Portal* zeigt im Türsturz und im Tympanon die ›Himmelfahrt Mariens‹, von einem Meister MARCHIO 1216 bezeichnet. *Portalbogen:* Darstellung der zwölf Monate von einem Meister (aus der Nachfolge ANTELAMIS), der Kenntnisse gotischer Skulptur Frankreichs hatte.

Rechtes Portal: ›Taufe Christi‹, 1222.
Linkes Portal: Darstellung von Weintrauben und Ranken, um 1220.

Die Portalskulptur ist – wie das gesamte Bauwerk – durch Zerbröckelung des Sandsteins äußerst gefährdet und deshalb seit einigen Jahren zugedeckt.

Inneres: Der unregelmäßige, verzogene Grundriß dürfte auf die Schwierigkeiten des Geländes zurückzuführen sein. Im basikalen Langhaus mit offenem Dachstuhl tragen auffallend hohe Rundstützen einfach gestufte spitzbogige Scheidbögen, darüber ein Lichtgaden mit zweigeteilten Fenstern (Biforien). Ein außen nicht in Erscheinung tretendes Querhaus bildet mit dem Mittelschiff eine Vierung, über der sich auf Pendentifs eine Holzkuppel erhebt, die vermutlich in Stein geplant war. Das *Presbyterium* liegt erhöht über einer im 19. Jahrhundert erneuerten Krypta. Die Zwerchgalerie der Chorseitenwände wiederholt das Motiv der Außenfassade. Dies erlaubt den Schluß, daß die Chorpartie der zweiten Bauphase des 13. Jahrhunderts angehört.

Ausstattung (siehe den Grundriß S. 230)

1 ›Anbetung der Könige‹, Reliefs des 13. Jahrhunderts (?), von unbekannter Herkunft.
2 *Taufbecken*, mit drei Reliefszenen aus dem Leben Johannes des Täufers (erste Hälfte 14. Jahrhundert), von dem sienesischen Bildhauer GIOVANNI D'AGOSTINO.
3 Die Kapitelle der vorderen Vierungspfeiler sind mit Köpfen geschmückt.
4 *Polyptychon*, Muttergottes zwischen Johannes dem Evangelisten, dem Heiligen Donatus, Johannes dem Täufer und dem Evangelisten Matthäus, ›Verkündigung‹ und ›Himmelfahrt‹, von PIETRO LORENZETTI, 1320–24 (z. Zt. in Restauration).

3 Piazza Grande

(Abb. 58, 60; S. 52 Fig. 6) Im frühen Mittelalter bildete sich – außerhalb des damaligen Mauerkreises – dieser trapezförmige Platz als Marktplatz, den man um 1280 *Platea Communis*, Gemeindeplatz, nannte. Mit Ausnahme der Nordseite erhielt die Piazza ihr heutiges Aussehen im wesentlichen im 13. und 14. Jahrhundert.

Westseite: Das älteste Gebäude ist die *Pieve*, deren Chor (mit einer Zwerchgalerie) im 19. Jahrhundert stark überarbeitet wurde. Rechts daneben schließt sich der *Palazzo del Tribunale*, der Justizpalast, an, der im 17. Jahrhundert von FRANCESCO CEVROTTI errichtet wurde. Die Treppe (1780) nimmt die Stufung und kegelförmige Form des Apsidendaches der Pieve auf, während der Palazzo die Geschoßhöhe des rechts anschließenden *Palazzo della Fraternita dei Laici* übernimmt. Der Palazzo wurde für die 1262 gegründete unter der Obhut von Dominikanerpatres stehende religiöse Laienbruderschaft 'Santa Maria della Misericordia' errichtet. Die *Fassade* entstand in drei verschiedenen Bauperioden. Das Untergeschoß wurde 1375–77 in gotischen Formen erstellt. 1433 entwarf der junge Florentiner Bildhauer und Architekt BERNARDO ROSSELLINO das obere Geschoß bis zum Dach. Rossellino verwendete Formen der Frührenaissance – speziell Doppelpilaster und Figurennischen, die an BRUNELLESCHI und DONATELLO erinnern – und gleichzeitig einen 'gotischen' Bogen, der die Schutzmantelmadonna umgibt. Dieses Relief stammt – wie auch die beiden Heiligen – ebenfalls von BERNARDO ROSSELLINO. Ein Terrakottamodell zur Schutzmantelmadonna ist im Museo Medioevale e Moderno ausgestellt. Der Balkon über dem Gebälk mit Vasen (deren Form von DONATELLO inspiriert ist) wurde 1460 vollendet. GIORGIO VASARI entwarf im 16. Jahrhundert den Glockenturm. Die Uhr ist von FELICE DE

AREZZO

FOSSOTO (1552). Der Palast diente seit 1786 dem Zivilgericht, die ursprüngliche Ausstattung ist nicht erhalten.

Die *Nordseite* des Platzes wird vom *Palazzo delle Logge* eingenommen, der 1573–95 nach Plänen GIORGIO VASARIS »zur Ehre und zum öffentlichen Nutzen der Stadt« ausgeführt wurde. Diese überdimensional breite Loggia verbindet den Hauptplatz der Stadt mit ihrer Hauptstraße, dem *Corso d'Italia. Vor der Loggia:* Rekonstruktion des ehemaligen Schandpfahls.

An den beiden Seiten des Platzes stehen mittelalterliche Häuser und Turmstümpfe des 13. und 14. Jahrhunderts mit Holzbalkonen, die auch zum Straßenbild anderer Städte gehörten, doch häufig durch Baugesetze eingeschränkt wurden. An der *Ostseite* ist ein Turm des 13. Jahrhunderts hervorzuheben, dem sich rechts der *Palazzo Làppoli* (ebenfalls 13. Jahrhundert) anschließt. *Südseite:* Turmhaus der Còfani (Turm 13. Jahrhundert); der Palazzo links vom Turm ist in den beiden Untergeschossen aus dem 14. Jahrhundert, in den Obergeschossen aus dem 15. Jahrhundert.

4 Palazzo Pretorio

(Farbt. 32) Aus drei Adelspalästen hervorgegangener Komplex. Seit 1290 vorübergehend Sitz des Capitano di Giustizia, später Sitz der florentinischen Vikare, von 1404 bis 1926 diente er als Gefängnis. Er beherbergt heute die Stadtbibliothek mit einer Handschriftensammlung. An der Fassade zur *Via dei Pileati* wurden außer dem Mediceer-Wappen, nach einem Beschluß der Kommune von 1434 zahlreiche Wappen verschiedener Florentiner Podestà und Capitani di Giustizia angebracht.

5 Casa del Petrarca

FRANCESCO PETRARCA wurde am 20. Juli 1304 in Arezzo in der kleinen *Via dell'Orto* geboren, ohne daß wir wissen, an welcher Stelle sich sein Geburtshaus befand. Die sogenannte 'Casa del Petrarca' stammt aus dem 16. Jahrhundert. Sie ist Sitz der *Accademia Petrarca di Lettere, Arti e Scienze.* Petrarcas Eltern waren Exil-Florentiner, die wenige Monate nach der Geburt ihres Sohnes nach Florenz zurückkehrten. Petrarca wuchs in Florenz und Avignon auf. Er besuchte nur einmal – auf dem Wege nach Rom – die Stadt seiner Geburt, die sich stolz *Città di Petrarca* nennt.

6 Dom San Donato

Die dem Hl. Donatus geweihte Kathedrale wurde 1277 begonnen. Das Langhaus wurde teilweise erst 1510 vollendet, *Fassade* 1900–14, *Campanile* 1857–60, oberes Geschoß mit Oculi und Turmspitze 1934–37.

Von frühchristlicher Zeit bis 1203 lagen Dom und Bischofspalast weit außerhalb der Stadt auf dem *Colle di Pionta* (südlich des Bahnhofs). Der jetzige Dom wurde an einer Stelle der Stadt errichtet, an der sich vorher die Benediktiner-Kirche San Pietro Maggiore befand. Anders als die großen Bischofskirchen von Pisa, Lucca, Florenz und Siena wurde der im Macigno-Gestein erbaute Dom von Arezzo nicht mit Marmor verkleidet. Er besitzt weder Querschiff noch Kuppel. Die äußere und innere Gestalt entstand unter dem Eindruck der Bettelordenskirchen, insbesondere von Santa Maria Novella in Florenz. Der Einfluß der neuen Ordensarchitektur zeigt sich zunächst an der äußeren Wandgestaltung der Südwand mit (stark ergänzten) Bogenfriesen und Lisenen, insbesondere auch in der Bildung des Seiten-

*Der Dom von Arezzo.
Stich des 19. Jh.*

portals (*im Tympanon:* Terrakottagruppe ›Muttergottes zwischen dem Hl. Donatus und dem Sel. Gregor X.‹, um 1400).

Das dreischiffige *Innere* besitzt Kreuzrippengewölbe. Die Bögen und Dienste ruhen auf runden und polygonalen Pfeilervorlagen. Auch wenn die Gewölbe des Mittelschiffs sehr hoch ansetzen, ist die Beeinflussung durch die wenige Jahre vorher begonnene Florentiner Dominikanerkirche Santa Maria Novella unverkennbar.

Ausstattung (siehe den nebenstehenden Grundriß)

Der Dom besitzt zahlreiche *Glasfenster* von GUILLAUME DE MARCILLAT, 1518–24. Marcillat malte 1521–27 auch die *Deckenfresken* der ersten drei Mittelschiffsgewölbe. Die Fresken des vierten bis sechsten Joches sind von SALVI CASTELLUCCI (1661).
1 *Grabmal des Papstes Gregor X.* († 1276), um 1320–30.
2 ›Tempelreinigung‹, Glasfenster von GUILLAUME DE MARCILLAT, 1518–24.

Arezzo: Dom, Grundriß

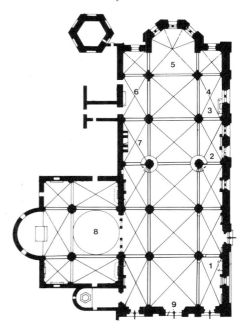

AREZZO

3 *Tarlati-Kapelle*, von GIOVANNI D'AGO-
STINO, 1334. Von den sechsunddreißig Kapellen des 14. und 15. Jahrhunderts, die der
Dom einst besaß, blieb diese Marmor-Ka-
pelle als einzige erhalten.

4 ›Auferstehung des Lazarus‹, Glasfenster
von GUILLAUME DE MARCILLAT, 1518–24.

5 *Hauptaltar mit dem Grab des Hl. Donatus*, ein Gemeindschaftswerk florentinischer
und aretinischer Künstler des 14. Jahrhunderts, bestehend aus der Mensa (1289), dem
Marmoraufsatz (erste Hälfte 14. Jahrhundert) und – auf der Rückseite des Altaraufsatzes – dem Grab des Hl. Donatus (zweite
Hälfte 14. Jahrhundert). Der Hl. Donatus
floh während der Verfolgung unter Diokletian nach Arezzo, wo er zweiter Bischof
wurde. Die Gebeine des Heiligen wurden
1340 von der alten Kathedrale in den neuen
Dom überführt. Die erzählenden Reliefs der
arca stellen Szenen aus dem Leben des Hl.
Donatus (darunter ›Tötung des Drachens,
der einen Brunnen vergiftet hatte‹, ›Zusam-
menfügen eines zerbrochenen Kelches‹) und
der Muttergottes dar.

6 ›Hl. Magdalena‹, Fresko von PIERO
DELLA FRANCESCA, um 1459. *Daneben:* Kenotaph des 1327 verstorbenen Bischofs Guido Tarlati, von AGOSTINO DI GIOVANNI und
AGNOLO DI VENTURA, mit sechzehn Szenen
aus seinem Leben.

7 *Orgelempore*, 1535. Erstes architektoni-
sches Werk von GIORGIO VASARI (in der
Formensprache MICHELANGELOS).

8 *Cappella della Madonna del Conforto.*
Die der ›Muttergottes des Trostes‹ geweihte
Kapelle entstand 1796–1817 nach einem Ma-
rienwunder. Sie ist ein Beispiel historisie-
render Bauweise des 18. Jahrhunderts. Die
dreischiffige Kapelle im Typus einer Hallenkirche besitzt 'gotische' Pfeiler mit Diensten

und ein 'gotisches' Rippengewölbe, doch
eine 'klassizistische' rippenförmige Kuppel
– wie auch die Ausstattung vorwiegend klas-
sizistisch ist. *Auf dem rechten Altar:* Kruzifix mit den Heiligen Donatus und Franziskus, von ANDREA DELLA ROBBIA.

9 ›Pfingstwunder‹, Glasfenster von GUIL-
LAUME DE MARCILLAT, 1518–24.

7 Palazzo Comunale

Errichtet 1333 für die Regierung der Priori,
die Vorsteher der Zünfte, die sich nach
Florentiner Vorbild bildete. Der Palazzo
hatte somit dieselbe Funktion wie der Palazzo Vecchio in Florenz. Nach der Eingliede-
rung von Arezzo in den Staatsbereich von
Florenz (1384), wurde der Palast Sitz der
Stadtverwaltung. Infolge von Umbauten im
15. und 16. Jahrhundert und einer freien
Restaurierung im Stile des 14. Jahrhunderts,
blieb von der ursprünglichen Gestalt nur
weniges (an der Fassade zur Via Ricasoli)
erhalten.

8 San Domenico

(Abb. 61–63) Begonnen 1275, wahrscheinlich nach Plänen von Florentiner Do-
minikanerbrüdern. Vollendet im frühen
14. Jahrhundert. Die relativ gut erhaltene
einschiffige Kirche von äußerst schlichter
Gestalt, gehört zu den eindrucksvollsten
Bettelordenskirchen des 13. Jahrhunderts.
Die originelle *Fassade* (in die der kleine
Glockenturm miteinbezogen wurde) ist vermutlich nicht ganz vollendet. Der Portal-
vorbau ist modern. Der langgestreckte *Innenraum* trägt einen offenen Dachstuhl. Die
Fenstergruppe der mittleren Chorkapelle
erinnert an die kurz vorher entstandene
Florentiner Dominikanerkirche Santa Maria
Novella. Die Kirche wurde im 16. und

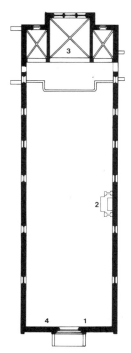

Arezzo: San Domenico, Grundriß

vom sogenannten 'weichen Stil' beeinflußte Fresko dürfte um 1440 entstanden sein.

2 *Cappella Dragondelli*, von den gotischen Tabernakeln dieser Kirche blieb dieses als einziges erhalten. Um 1368 von dem Florentiner Bildhauer GIOVANNI DI FRANCESCO ausgeführt. Fresko ›Christus unter den Schriftgelehrten‹, von GREGORIO und DONATO D'AREZZO, 14. Jahrhundert, ›Verkündigung‹, Fresko von SPINELLO ARETINO, das den Maler aus Arezzo als Erbe sowohl der florentinischen als auch sienesischen Maltradition ausweist, um 1385.

3 *Gemaltes Kruzifix*, frühes Werk von CIMABUE, vermutlich vor Baubeginn der Kirche (1275), um 1260–70 entstanden (Abb. 63).

4 ›Die Heiligen Philippus und Jakobus und Szenen ihres Lebens‹, ›Mystische Verlobung und Martyrium der Hl. Katharina von Alexandrien‹, Fresko von SPINELLO ARETINO, um 1400.

17. Jahrhundert mit großen Altären ausgestattet, wobei die Wandmalerei übertüncht wurde. Vor einigen Jahrzehnten wurde die Freskenbemalung – soweit erhalten – freigelegt.

1 ›Kreuzigung‹, von PARRI DI SPINELLO, dem Sohn des SPINELLO ARETINO: Neben Maria und Johannes sind der Hl. Dominikus und der Hl. Nikolaus von Bari (stark beschädigt) dargestellt. In der vorzüglich erhaltenen *Lünette:* ›Der Hl. Nikolaus beschenkt die Töchter eines armen Mannes mit Geld, um sie vor der Schande zu bewahren‹, ›Der Hl. Nikolaus rettet zwei unschuldig zu Tode Verurteilte vor der Hinrichtung‹. Das

9 Casa di Giorgio Vasari

9–14 Uhr, sonn- und feiertags 9–13 Uhr, montags geschlossen. VASARI erwarb das Haus 1540, als es sich noch im Bau befand. Er stattete selbst einige Räume des ersten Stocks, des *piano nobile*, mit Malereien aus. Die Öl- und Temperagemälde der Kassettendecke der *Sala del Camino* haben den Lebensweg zwischen Tugenden und Lastern unter dem Einfluß der Gestirne und die menschliche Aktivität zum Thema. Im zentralen achteckigen Bildfeld die ›Tugend‹, die das ›Glück‹ schlägt und zu ihren Füßen den ›Neid‹ hält. Seitlich dieses Bildes die vier Lebensalter des Menschen, symbolisiert durch die vier Jahreszeiten. *Am Rande der Decke:* Planeten mit Tierkreiszeichen.

10 Palazzo Bruni-Ciocchi

Begonnen 1445 für Donato Bruni, Sohn des Florentiner Kanzlers Leonardo Bruni. Seit 1958 Sitz des *Museo Medioevale e Moderno*, (9–14 Uhr, sonn- und feiertags 9–13 Uhr, montags geschlossen), einer bedeutenden Sammlung von Gemälden (darunter Franziskus-Tafeln von MARGARITONE D'AREZZO, Mitte 13. Jahrhundert). Skulpturen und Kunstgegenstände des Mittelalters, der Renaissance- und der Barockzeit. (Keine Kunst des 20. Jahrhunderts.)

11 Santa Maria in Gradi

An der Stelle einer bescheidenen romanischen Kirche errichtete BARTOLOMEO AMMANNATI, Florentiner Architekt und Bildhauer, 1592 diesen Bau. Der einschiffige Innenraum mit abwechselnd großen und kleinen Kapellen (zwischen den Pilasterpaaren) ist von ALBERTIS Sant' Andrea-Kirche in Mantova abzuleiten. Holzdecke und Altäre sind aus der ersten Hälfte des 18. Jahrhunderts.

12 Santissima Annunziata

Die der Jungfrau der Verkündigung geweihte Kirche wurde 1490–91 an Stelle eines Oratoriums aus dem 14. Jahrhunderts, wahrscheinlich nach einem Entwurf von BARTOLOMEO DELLA GATTA, begonnen. ANTONIO DA SANGALLO D. Ä. veränderte und vollendete den Bau 1517. Vom Oratorium blieben das rechte Portal und das Fresko mit der ›Verkündigung‹ von SPINELLO ARETINO (um 1370) erhalten. Der dreischiffige gewölbte Innenraum (mit nicht ausladendem Querschiff, mit Tonnengewölbe und Pendentif-Kuppel) ist ein Beispiel für den Baustil der Hochrenaissance (vgl. San Biagio bei Montepulciano). Auf dem *Marmorhochaltar* von 1599/1600: ›Madonna mit Kind‹, Terrakottaskulptur von MICHELE DA FIRENZE, 1433–38.

13 Badia

Ehemalige, den Heiligen Flora und Lucilla geweihte Benediktinerkirche. Im 13. Jahrhundert wurden nicht nur der Landadel,

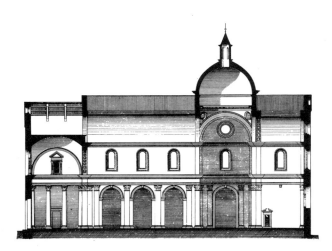

Arezzo: Santissima Annunziata, Längsschnitt

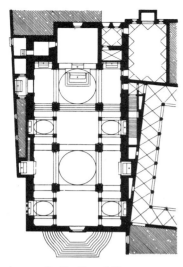

Arezzo: Badia, Grundriß

sondern auch geistliche Feudalherren des Aretiner *contado* gezwungen, Wohnung in der Stadt zu nehmen: so auch die Benediktiner, deren erste Kirche des 14. Jahrhunderts in der Mitte des 16. Jahrhunderts nach Plänen von GIORGIO VASARI grundlegend verändert wurde. Im Inneren eine Abfolge von zwei Zentralräumen mit flachen Kuppeln (in der zweiten ein Scheinarchitekturbild auf Leinwand von ANDREA POZZO, 1703). Wie bei den Florentiner Uffizien verwendete Vasari auch hier – als Durchgang zu den Seitenkapellen – den sogenannten 'syrischen Bogen'.

Im rechten Arm der hinteren Vierung: Gemaltes Kruzifix, von SEGNA DI BONAVENTURA (wahrscheinlich 1369), Hochaltar von GIORGIO VASARI in verschiedenen Materialien (Marmor, Travertin, Holz), wie es für den Manierismus charakteristisch ist.

Vasari bestimmte den Altar als Begräbnisstätte für sich und seine Familie.

14 Amphitheater

Ende des 1. oder Anfang des 2. Jahrhunderts v. Chr. errichteten die Römer das 8000–10000 Zuschauer fassende Amphitheater. Mit einer Länge von 122 m war es vermutlich das größte Etruriens. Im Mittelalter gehörte die Ruine dem Geschlecht der Azzi, die es 1363 an Bernardo Tolomei, den Gründer des Benediktinerordens von Monte Oliveto, verkaufte. Die Olivetaner erbauten in einem Teil der Tribünenkonstruktion Ende des 15. Jahrhunderts ein Kloster. Bis ins 18. Jahrhundert diente das Theater als Steinbruch, u. a. zum Bau der letzten Stadtmauer. 1934 wurde in den ehemaligen Klosterräumen das *Museo Archeologico* (9–14 Uhr, sonn- und feiertags 9–13 Uhr, montags geschlossen) eingerichtet, das zum Grundbestand die Antikensammlung der Fraternita dei Laici hat. Das Museum zeigt Funde aus vorgeschichtlicher, etruskischer und römischer Zeit aus Arezzo und der Provinz, darunter die berühmten in Arezzo hergestellten Terrakottagefäße mit Reliefdarstellungen, die Aretiner Vasen, die – nach ihrer Farbe – auch Korallenvasen genannt werden. Sie gehörten in den beiden Jahrhunderten vor und nach Christi Geburt zu den begehrtesten Exportartikeln der Stadt. Während des letzten Weltkrieges erlitten die Museumsräume Bombenschäden, Klosterkirche und Campanile wurden zerstört und inzwischen rekonstruiert.

15 Santa Maria delle Grazie

(Abb. 65) *(Die außerhalb des historischen Stadtzentrums gelegene Kirche erreicht man*

AREZZO

vom Bahnhofsplatz über den Viale Michelangelo und den Viale Mecenate.)

An der Stelle der Kirche befand sich in römischer (vielleicht schon etruskischer) Zeit ein vermutlich Apollo geweihtes ländliches Heiligtum, dessen Quelle Kranke, vor allem Kinder, zu heilen vermochte. Auch nach der Christianisierung suchten Aretiner und Auswärtige die Hilfe des wundertätigen Wassers. Der Hl. Bernhardin von Siena erfuhr bei seinen Predigten in Arezzo von dem heidnischen Kult, zerstörte die Quelle, die man ›Fons Tecta‹ nannte, und beauftragte um 1430 den Aretiner Maler PARRI DI SPINELLO eine Schutzmantelmadonna, die ›Madonna delle Grazie‹ zu malen. Zwischen 1435 und 1444 wurde die einschiffige Kirche nach Plänen von DOMENICO FALTORE in noch gotischem Stil mit Kreuzrippengewölbe errichtet. 1478–82 erbaute BENEDETTO DA MAIANO den Portikus, die *Loggia*, die zu den zierlichsten Schöpfungen der Frührenaissance zählt. Ende des 15. Jahrhunderts schuf ANDREA DELLA ROBBIA den Marmor- und Terrakottaaltar für das erwähnte Schutzmantelmarienbild. – Rechts von der Kirche wurde 1450–56 das kleine *Oratorio di San Bernardino* errichtet.

Cortona

Cortona liegt an der Grenze zu Umbrien, an einem Hang des Gebirgszuges, der das Chiana- vom Tiber-Tal trennt. Das Eindrucksvollste, das diese alte Etruskerstadt bietet, ist der Blick auf das Chiana-Tal. Er reicht bis Sinalunga und Monte San Savino (Abb. 77), bis zum Trasimenischen See und zum Amiata-Berg.

Im 7. Jahrhundert v. Chr. in einem ursprünglich umbrisch besiedelten Gebiet gegründet, zählte Cortona zu den bedeutendsten Zentren des etruskischen Stammlandes, ohne wahrscheinlich – wie auch Fiesole – dem Zwölferbündnis anzugehören. Von der Etruskerstadt zeugen außer den Fundstücken des Archäologischen Museums die gut erhaltenen Mauern (2600 m) des 4. Jahrhunderts v. Chr. und die Gräber der Umgebung.

310 v. Chr. schloß Cortona gemeinsam mit Perugia und Arezzo einen dreißigjährigen Frieden mit Rom. Während des Bundesgenossen-Krieges, 89 v. Chr., erhielten die Cortonesen, wie alle Bewohner Italiens, das römische Bürgerrecht. Die Römerstadt erlangte nicht die Bedeutung von Arezzo, Fiesole, Lucca oder Florenz. Dies kommt auch darin zum Ausdruck, daß sie keinen Bischofssitz erhielt.

Nach dem Untergang des Weströmischen Reiches erlitt Cortona das Schicksal des übrigen Etrurien. 450 n. Chr. zerstörten die Goten die Stadt. Sie wird bis ins 11. Jahrhundert in keinem Dokument erwähnt. Ende des 12. Jahrhunderts gelangten die Bürger zur politischen Autonomie. Der Ort geriet 1258 für drei Jahre unter die Herrschaft von Arezzo. 1325, in demselben Jahr, in dem Cortona eine Diözese erhielt, übernahmen die Casali die Stadtherrschaft. 1409 verkauften sie ihren Besitz an den König von Neapel, der ihn gegen eine hohe Summe, 60000 Gulden, an Florenz weitergab (1411). 1538 wurde Cortona dem Herzogtum Toscana eingegliedert.

1* Palazzo Comunale

(Abb. 74) Der rechte Teil, dessen Untergeschoß durch die spätere Freitreppe verdeckt wird, geht vermutlich auf das frühe 13. Jahrhundert zurück (erste Erwähnung 1236). Er wurde durch eine über die Via Roma führende Brücke im 14. Jahrhundert erweitert, in folgenden Jahrhunderten aufgestockt und verändert (Turm 1509). Fenster der beiden Obergeschosse 16. Jahrhundert, Restaurierungen 1896.

---

* Die Ziffern nehmen Bezug auf den Stadtplan S. 240

CORTONA

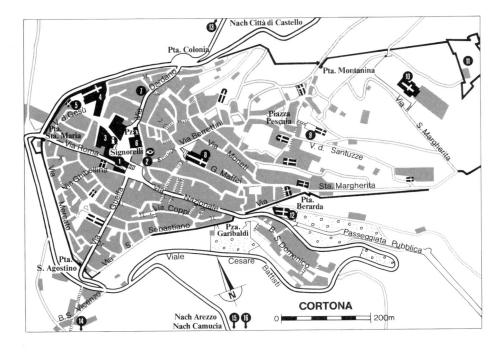

2 Palazzo del Popolo

Ehemals Sitz des Capitano del Popolo, 1267 errichtet, mehrfach, insbesondere 1514, umgebaut.

3 Palazzo Pretorio

Im 13. Jahrhundert als Privatpalast der Casali errichtet. Manieristische Fassade von FILIPPO BERRETTINI, 1613.

Der Palast ist Sitz der Accademia Etrusca, der Städtischen Bibliothek, des Stadtarchivs und des *Museo dell'Accademia Etrusca* (9–13, 14.30–18 Uhr). Die Sammlung geht auf das 18. und 19. Jahrhundert zurück. Zu ihren berühmtesten Stücken zählt ein in der Nähe von Cortona gefundener schwerer etruskischer Bronzeleuchter der zweiten Hälfte des 5. Jahrhunderts v. Chr. Das Museum besitzt etruskische Kleinbronzen, griechische und etruskische Vasen, Bucchero-Gefäße, mittelalterliche und neuzeitliche Gemälde und Kunstgegenstände sowie eine ägyptische Sammlung mit Mumien, Kanopen sowie einem Totenschiff der 12. Dynastie.

4 Dom Santa Maria

Die im 11. Jahrhundert gegründete Kirche, ursprünglich Pieve, wurde Ende des 15. Jahrhunderts von Nachfolgern des GIULIANO DA SANGALLO im Renaissancestil umgebaut. Weitere Umgestaltung des Inneren zu Anfang des 18. Jahrhunderts durch ALESSANDRO GALILEI. Campanile 1566.

5 Museo Diocesano

9–13, 14.30–17.30 Uhr – Ehemaliges Bapti-

Via del Gesù in Cortona

sterium und Oratorium, 1498–1505 errichtet, später Jesuitenkirche, heute *Kunstsammlung der Diözese:* Tafelbilder des 13. bis 16. Jahrhunderts, darunter ein Altaraufsatz mit der ›Verkündigung‹ und ein Triptychon von FRA ANGELICO aus San Domenico, Madonnenbilder der DUCCIO-Schule und des jungen PIETRO LORENZETTI, ein gemaltes Kruzifix von PIETRO LORENZETTI, Altartafeln von SASSETTA und LUCA SIGNORELLI, der 1441 in Cortona geboren wurde.

Vom Diözesan-Museum führt die eindrucksvolle Via del Gesù zur Via Roma.

6 Palazzo Fierli-Petrella

Der frühere Palazzo Tommasoni. Ursprünglich offene Arkaden im Erdgeschoß, 15. Jahrhundert.

7 Palazzo Mancini

Vom mittelalterlichen Palast ist das Untergeschoß mit sogenannter 'Totentür' erhalten, im 16. Jahrhundert umgestaltet.

8 San Francesco

Eine der ersten Franziskanerkirchen, errichtet 1245 unter Fra' Elias Coppi, der hier

CORTONA

1253 seine Ruhestätte fand. Das *Innere* wurde im 17. Jahrhundert umgestaltet. Auf dem *Hauptaltar* Reliquie vom Hl. Kreuz (byzantinisches Elfenbein, 10. Jahrhundert, Rahmen 16. Jahrhundert), Geschenk des byzantinischen Kaisers an Fra' Elias.

9 San Nicolò

15. Jahrhundert. Im Innern Kasettendecke des 18. Jahrhunderts. *Am Hauptaltar* ›Grablegung‹ und ›Madonna‹, Tafelbilder von LUCA SIGNORELLI.

10 Santuario di Santa Margherita

Der Stadtheiligen Margherita di Laviano geweiht, 1856–97 an der Stelle einer Kirche des 13. Jahrhunderts errichtet. Im Innern Grab der Hl. Margherita, 1362.

11 Fortezza Medicea

Auch *Fortezza Girifalco* genannt. 1556 auf Überresten einer älteren, den Stadtberg beherrschenden Festung des 13. Jahrhunderts auf Anordnung von Cosimo I. errichtet.

12 San Domenico

Zu Anfang des 15. Jahrhunderts erbaut, spätes Beispiel der Bettelordensgotik. Einschiffiges Innere mit *Hauptaltargemälde* ›Krönung Mariens‹ von LORENZO DI NICCOLÒ GERINI, 1402. An der *linken Wand:* ›Mariä Himmelfahrt‹ von BARTOLOMEO DELLA GATTA, 1480–85, *links davon* ›Madonna mit zwei Dominikaner-Heiligen‹, abgelöstes Fresko von FRA ANGELICO.

In dem zerstörten Konventsgebäude fanden 1414 bis 1418 die aus Fiesole verbannten Dominikaner, darunter auch Fra Angelico, Zuflucht.

13 Santa Maria Nuova

Quadratischer Zentralbau mit halbkugelförmiger Kuppel, begonnen von CRISTOFANELLO (erste Hälfte 16. Jahrhundert), von VASARI nach dem Vorbild der *Madonna del Calcinaio* (Nr. 15) vollständig umgewandelt. Kuppel in Form einer Halbkugel, 17. Jahrhundert.

14 Tanella di Pitagora

(Südlich der Porta Sant'Agostino). Etruskisches Grab, dessen Entstehungszeit ungeklärt ist (4. Jahrhundert v. Chr.?). Auf einer runden Plattform erhebt sich das rechteckige Grab, in dessen Nischen Brunnen standen. Bedeckt wird die Grabkammer von monolithen Steinblöcken. Der Name des Grabes (›des Pythagoras‹) ist auf eine Verwechslung von Cortona mit Crotone zurückzuführen.

15 Madonna del Calcinaio

(Abb. 73) *Über den kurvenreichen Weg nach Camucia, 2,5 km vom Stadtzentrum.* 1485–1513 nach Plänen von FRANCESCO DI GIORGIO MARTINI im Stil der Hochrenaissance erbaut. Die Kirche wurde wegen eines wundertätiggewordenen Madonnenbildes errichtet. Dieses heutige Hauptaltarbild befand sich ursprünglich an den Wänden einer Kalkgrube, eines *calcinaio*. Die Anlage in Form eines lateinischen Kreuzes verbindet einen Zentralbau mit achteckiger Vierungskuppel mit einem Langhaus. Die Kirche zeichnet sich durch klare, einfach und regelmäßig abstrakte Formensprache aus, lediglich die Fenster sind innen und außen mit einer Pilaster- und Giebelrahmung (Ädikula) geschmückt. Wie in der Wallfahrtskirche Madonna di San Biagio bei Montepulciano (Farbt. 18) wurde auf plastische Artikula-

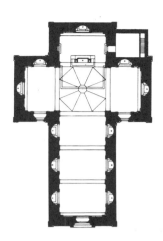

Cortona: Madonna del Calcinaio, Querschnitt und Grundriß

tion verzichtet: Pilaster und relativ flache Gesimse (im Innern aus *pietra serena*) betonen den geometrischen Körper, Gewölbe und Kuppel sind von ungewöhnlicher Höhe.

Rundfenster der Innenfassade: ›Madonna della Misericordia‹, von GUILLAUME DE MARCILLAT, 1516.

16 Melone del Sodo I

(2 km nördlich der Stazione auf der Straße nach Arezzo, gelber Wegweiser *Ipogeo Etrusco*).

Symmetrische Anlage mit Domus, Vestibül und fünf Grabkammern.

Montepulciano

Inmitten einer fruchtbaren Ebene zwischen dem Chiana- und Orcia-Tal erhebt sich der *Mons Politianus*. Auf dem Rücken des steilabfallenden, langgestreckten Hügels verläuft die Hauptstraße, der *Corso*. Wie in Siena führen querverlaufende schmale Gassen, die man hier *chiassi* nennt, zu den tiefer liegenden Nebenstraßen. Doch im Gegensatz zu vielen anderen toscanischen Bergstädten wurde Montepulciano nicht allein durch das Mittelalter geprägt: Die kleine Stadt überrascht mit eindrucksvollen Renaissancepalästen, mit Barockkirchen und einem Theater. Daß bedeutende Renaissance-Baumeister wie MICHELOZZO, ANTONIO DA SANGALLO D. Ä. und VIGNOLA in dieser Stadt wirkten, ist auf einen Anachronismus zurückzuführen: In Montepulciano hielt sich bis ins 18. Jahrhundert eine frühmittelalterliche Gesellschaftsstruktur. Jene Künstler arbeiteten im Auftrage von Adelsfamilien, die seit dem Mittelalter die politische Führung der Kommune innehatten. Ein Bürgertum konnte sich in dieser Landgemeinde nicht entfalten. Die Interessen der Bauern, die sich andererorts in Statuten niederschlugen, wurden stets vom Adel unterdrückt. So war die im langobardischen Kastell begründete Feudalstruktur der Grund, daß Montepulciano auf künstlerischem Gebiet Anschluß an die Neuzeit fand.

Zu den Bauherren, die im 16. Jahrhundert ihre Paläste von in Rom geschulten Architekten errichten ließen, zählten zwei Kardinäle aus alten Familien, die beide Papst wurden: Giovanni Maria del Monte, der spätere Julius III. (1550–55), und Marcello Cervini, sein Nachfolger Marcellus II. (1555). Auf einen weiteren Kardinal, auf Roberto Bellarmino, den heiliggesprochenen berüchtigten Ankläger von Galileo Galilei, Giordano Bruno und Tommaso Campanella, sind die Jesuitenkirche und andere Barockbauten zurückzuführen. Die mächtigste Familie war die Del Pecora, die eine Zeitlang, in der zweiten Hälfte des 14. Jahrhunderts, die Signoria über die Landgemeinde innehatte.

Vom 13. bis 15. Jahrhundert wußte Montepulciano die Rivalität von Florenz und Siena auszunutzen, indem es abwechselnd bei beiden Städten Schutz suchte. Seitdem Florenz der Kommune 1208 die Unabhängigkeit zugesichert hatte, wurde sie 1269, nach dem Sieg von Montaperti, von Siena eingenommen. Unter dem Schutz der Anjou lehnte sie sich 1267 gegen diese Stadt auf und unterwarf sich ihr erneut 1294. Seit 1390 war Montepulciano an Florenz gebunden – mit Ausnahme während des Exils der Medici, 1495 bis 1511, als sich die Stadt zum letzten Male Siena anschloß. Mit Florenz trat Montepulciano ins Großherzogtum ein. Ferdinando I. vermachte die Stadt seiner Gemahlin Christina von Lothringen, die sie seit 1609 regierte. Nach ihrem Tode, 1636, kehrte Montepulciano ins Großherzogtum zurück.

Im 16. Jahrhundert war die Versumpfung des Chiana-Tals so fortgeschritten, daß 1561 der Bischofssitz von Chiusi nach Montepulciano verlegt wurde und die Gemeinde die Stadtrechte erhielt.

Montepulciano ist Geburtsort des AGNOLO AMBROGINI, des am Hofe Lorenzos des Prächtigen wirkenden Verfassers des ›Orfeo‹, der sich nach dem alten Namen seiner Heimatstadt POLITIANUS (Poliziano) nannte.

1* Porta al Prato

Teil der Befestigungsanlage von ANTONIO DA SANGALLO D. Ä., erste Hälfte 16. Jahrhundert.

2 Palazzo Avignonesi

(Abb. 75; *Via Gracciano nel Corso 91*), VIGNOLA zugeschrieben, Mitte 16. Jahrhundert.

3 Palazzo Tarugi

(Via Gracciano nel Corso 80), ebenfalls VIGNOLA zugeschrieben, Mitte 16. Jahrhundert.

4 Palazzo Bucelli

(Via Gracciano nel Corso 73), 17. Jahrhundert. Der Besitzer dieses Palastes, Pietro Bucelli, sammelte etruskische und römische Altertümer, die ins Archäologische Museum von Florenz gelangten. In den Sockel des Palastes ließ er etruskische Aschenurnen und römische Inschriften einmauern.

5 Palazzo Cocconi

(Via Gracciano nel Corso 26), ehemals im Besitz der Del Pecora, ANTONIO DA SANGALLO D. Ä. zugeschrieben, um 1518–34. Die Paläste Antonio da Sangallos »sind va-

riationsreiche Kombinationen römischer und toskanischer Strukturelemente, wobei Antonios Neigung zu schwerer Formbildung deutlich hervortritt; sie verleiht seinen Fassaden eine blockhaft-einfache Monumentalität; vor der flach bossierten Wand der Obergeschosse stehen kräftig profilierte Ädikulenfenster römischer Provenienz« (Heydenreich-Passavant).

6 Sant'Agostino

(Abb. 79) 1427 nach Plänen MICHELOZZOS begonnen. Die Fassade verbindet Stilelemente der Gotik (Blendbögen, Fialen) und der Frührenaissance (Pilaster, Gebälk und Giebel). Die Terrakotta-Gruppe im Bogenfeld ›Muttergottes mit Kind zwischen Johannes dem Täufer und dem Hl. Augustinus‹ ist ebenfalls von MICHELOZZO. Einschiffiges, im 18. Jahrhundert umgestaltetes Innere. Auf dem Hochaltar ein DONATELLO nahestehendes Holzkruzifix.

7 Torre di Pulcinella

Benannt nach der Pulcinella-Figur aus der Commedia dell'arte, die die Stunden schlägt.

8 Logge del Mercato

Die IPPOLITO SCALZA zugeschriebene Loggia der zweiten Hälfte des 16. Jahrhunderts

---

* Die Ziffern nehmen Bezug auf den Stadtplan S. 246

245

MONTEPULCIANO

an der Piazza delle Erbe, dem ehemaligen Gemüse- und Kräutermarkt, diente als Getreidehalle.

9 Palazzo Cervini

(S. 53 Fig. 17) *Via di Voltaia nel Corso 21.* Der unvollendete Palast mit vorspringenden Flügeln wurde vermutlich nach Plänen von ANTONIO DA SANGALLO D. Ä. um 1518–34 im Auftrag des Kardinals Marcello Cervini, des späteren Papstes Marcellus II. (1555), errichtet. Jetzt Sitz der Banca Popolare.

10 Palazzo Gagnoni-Grugni

Unvollendeter Palast von VIGNOLA, Mitte 16. Jahrhundert.

11 Chiesa del Gesù

Barocker Zentralbau. An der Ausstattung des Inneren haben u. a. ANDREA POZZO und SEBASTIANO CIPRIANI mitgewirkt. Vollendet 1733.

12 Teatro Poliziano

1793–95 von GIACOMO und SEBASTIANO BARCHI errichtet. Zuschauerraum mit vier Logenrängen. Klassizistische Dekoration von GIUSEPPE CASTAGNOLI.

13 Casa del Poliziano

Mehrfach verändertes Haus des 14. Jahrhunderts, in dem 1454 Agnolo Ambrogini, genannt Politianus (Poliziano), geboren wurde.

14 Porta di Cagnano

auch ›Porta della Farina‹ genannt, zur Stadtmauer des 14. Jahrhunderts gehörend.

15 Santa Maria dei Servi

14. Jahrhundert. Das Innere wurde von ANDREA POZZO Ende des 17. Jahrhunderts eindrucksvoll barockisiert. *Zweiter Altar links:* ›Madonna della Santoreggia‹, Fresko eines sienesischen Meisters, 14. Jahrhundert. *Dritter Altar links:* ›Muttergottes mit Kind‹, Tafelbild eines DUCCIO-Nachfolgers, Anfang 14. Jahrhundert.

16 Fortezza Medicea

Die Festung wurde 1885 in freier Nachschöpfung mittelalterlicher Formen wiedererrichtet.

17 Dom

Nach Verlegung des Bischofssitzes von Chiusi nach Montepulciano (1561) wurde die alte Pieve Santa Maria bis auf den später veränderten Campanile abgerissen. Mit dem dreischiffigen Neubau mit Kuppel, Grundriß des lateinischen Kreuzes, wurde 1594 nach Plänen von IPPOLITO SCALZA begonnen.

Innenfassade, links vom Hauptportal: Statue des Bartolomeo Aragazzi, Sekretär von Papst Martin V., von seinem von MICHELOZZO um 1430 geschaffenen Grabmonument, das im 17. Jahrhundert auseinandergenommen wurde. Teile gingen verloren, andere sind an verschiedenen Stellen des Domes zu sehen, zwei Engelfiguren gelangten ins Victoria and Albert Museum, London. Es handelt sich um das erste Renaissance-Grabmonument eines Humanisten, das bereits vor dem Wandnischengrab Leonardo Brunis in Santa Croce in Florenz entstand und diesem als Vorbild diente.

Hochaltar: ›Himmelfahrt Mariens‹, Triptychon von BARTOLOMEO TADDI, Ende 14. Jahrhundert, das auf einem Sockel des

MONTEPULCIANO

Aragazzi-Grabmales (mit Girlanden tragenden Putti) steht. Zu beiden Seiten ›Glaube‹ und ›Wissenschaft‹, Statuen vom Aragazzi-Monument.

Am ersten Pfeilerpaar: Reliefs vom Aragazzi-Grabmal, ›Abschied der Mutter von der Familie‹, ›Die Muttergottes segnet die Aragazzi-Familie‹.

18 Palazzo Contucci

1519 von ANTONIO DA SANGALLO D. Ä. für Kardinal Giovanni Maria del Monte, dem späteren Papst Julius III. (1550–55), begonnen. Das zweite Obergeschoß wird auf Grund der Fensterformen BALDASSARRE PERUZZI zugeschrieben. Im *Inneren* Salon mit perspektivischer Scheinarchitektur von ANDREA POZZO, Ende 17. Jahrhundert.

19 Palazzo Nobili Tarugi

(Abb. 78) Vermutlich nach Plänen von ANTONIO DA SANGALLO D. Ä. errichtet. Kolossalpilaster ionischer Ordnung verbinden Erdgeschoß und *piano nobile.* Ursprünglich öffnete sich nicht nur das Erdgeschoß, sondern auch das Obergeschoß in eine später vermauerte Loggia. Brunnen, 1520. Auf dem von zwei etruskischen Säulen getragenen Gebälk halten zwei Löwen das Medici-Wappen.

20 Palazzo Comunale

(Abb. 76) 1440–65 nach Entwürfen der Florentiner Renaissance-Architekten MICHELOZZO grundlegend erneuert und erweitert. Bevor 1965 die Baupläne Michelozzos veröffentlicht wurden, hielt man den Palast in der jetzigen Gestalt für ein Gebäude des 14. Jahrhunderts. In der Tradition der toscanischen Stadtpaläste stehend, erinnert er

mit dem Wehrgang, dem Zinnenkranz, dem Turm und Turmaufsatz an den Florentiner Palazzo Vecchio, wenngleich die symmetrische Anlage und regelmäßige Ausführung des Palastes Michelozzos – wie wir heute deutlicher sehen – einen Hinweis auf die späte Entstehungszeit geben. Bei einer jüngeren Restauration wurde ein Innenhof des 14. Jahrhunderts freigelegt. Vom Turm genießt man einen weiten Ausblick, der bei günstigem Wetter bis zum Monte Amiata und zum Trasimenischen See reicht.

21 Palazzo del Capitano del Popolo

14. Jahrhundert. Die Fenster wurden später verändert. Heute Gerichtsgebäude.

22 Palazzo Neri-Orselli

Backsteinbau des 14. Jahrhunderts, durch horizontal verlaufende Bänder aus Travertin gegliedert. Sienesische Portal- und Fensterbögen im ersten Obergeschoß, später verändert. Im Innern Sitz des *Museo Civico* (9–12.30, 14.30–19 Uhr) mit Majolika-Arbeiten der DELLA ROBBIA und einer kleinen Sammlung von Gemälden des 13. bis 18. Jahrhunderts, darunter eine Franziskus-Tafel von MARGARITONE D'AREZZO, Mitte 13. Jahrhundert. Eine ANGELO PUCCINELLI zugeschriebene ›Krönung Mariens‹, Porträts von BRONZINO und SUSTERMANS.

23 Palazzo Ricci

Erste Hälfte 16. Jahrhundert, Baldassarre Peruzzi nahestehend.

24 Palazzo Benincasa

Aus Ziegelsteinen mit Travertinverstärkungen; Barockportal, bekrönt von einer Büste des Gian Gastone de' Medici.

25 San Francesco

Im 18. Jh. stark veränderte Franziskanerkirche. Von der Piazza San Francesco Aussicht auf das Chiana- und Orcia-Tal.

26 Santa Lucia

Barockkirche, von FLAMINIO DEL TURCO, 1653.

2,5 km vom Ortszentrum entfernt, auf dem Wege nach Pienza:

27 Madonna di San Biagio

(Farbt. 18) 1518–40 von ANTONIO DA SANGALLO D. Ä. errichtete Wallfahrtskirche. Zentralbau über dem Grundriß eines griechischen Kreuzes, dem nur im Süden eine Apsis hinzugefügt wurde. Diese ist von innen nicht sichtbar; sie dient als Sakristei. Die Kirche entstand unter dem Einfluß von GIULIANO DA SANGALLOS Santa Maria delle Carceri in Prato (1484) und von BRAMANTES Plänen für die Peterskirche in Rom (1506). Abweichend vom Zentralbauschema waren zwei Türme geplant, von denen jedoch einer nicht ausgeführt wurde. Der Baukörper ist auf geometrische Formen (Quader, Zylinder, Halbkugel) reduziert. Die Wände sind durch flache Pilaster sparsam gegliedert. Die Kirche ist ein Beispiel des »reinen, schmucklosen Stiles« (Erich Hubala), der sich in der Nachfolge von BRAMANTES Hochrenaissancebauten bildete. In der Reinheit der Formensprache, der allseitig freien Lage in leicht gewellter Hügellandschaft zählt diese Kirche aus goldgelb schimmerndem Travertingestein zu den eindrucksvollsten Zentralbauten des 16. Jahrhunderts.

Einige der zur ursprünglichen Ausstattung gehörigen Altargemälde gingen bei einem Kunstraub in jüngster Zeit verloren.

Die nahegelegene *Canonica*, das Priesterhaus, mit zwei Loggen übereinander, wurde 1594 nach Plänen ANTONIO DA SANGALLOS D. Ä. nach dessen Tode errichtet. Auch der *Brunnen* geht auf einen Entwurf Sangallos zurück.

Montepulciano: Madonna di San Biagio, Querschnitt und Grundriß

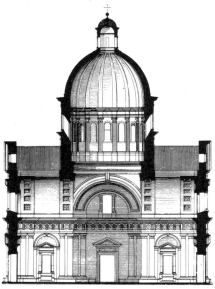
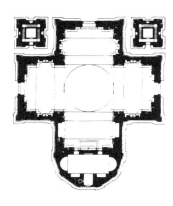

Pienza

Auf einem Hügel über dem Orcia-Tal liegt dieser aus einem frühmittelalterlichen Kastell hervorgegangene Borgo, der ursprünglich *Corsignano* hieß. 1405 wurde hier Enea Silvio Piccolomini geboren, dessen kirchliches Wirken die Wandbilder der *Libreria Piccolomini* des Sieneser Domes schildern (vgl. S. 289f.). Nachdem dieser Humanist als Pius II. auf den Heiligen Stuhl gelangt war, beauftragte er BERNARDO ROSSELLINO seinen Geburtsort in eine Bischofsresidenz, eine Idealstadt zu verwandeln. Dieses einzigartige urbanistische Unternehmen schilderte der Papst in seinen *Commentari*. Er ließ nicht nur den Dom, den Kommunalpalast und seinen eigenen Familienpalast anlegen, er bedrängte Kardinäle und andere Würdenträger, sich an dem Projekt zu beteiligen, in diesem abgelegenen Dorfe Paläste zu errichten. Alle diese Bauten entstanden in relativ kurzer Zeit zwischen 1459, dem Jahr der Auftragserteilung an Rossellino, und 1462, als der Papst diesen Ort nach seinem Namen *Pius* in *Pienza* ändern ließ, ihn gleichzeitig zur Stadt ernannte und die Diözese Pienza begründete.

Der Dom und die wichtigsten Paläste sind um einen zentralen, trapezförmigen Platz angeordnet. Der Palazzo Piccolomini (Abb. 85, 86) und der gegenüberliegende Bischofspalast stehen schräg zueinander. Es entsteht ein ungewöhnlicher perspektivischer Eindruck, so, als wenn der Fluchtpunkt des Bildes sich nicht vor, sondern hinter dem Betrachter befände. Diese 'umgekehrte Perspektive' führt zur »Steigerung der monumentalen Wirkung« (Ludwig Heydenreich). Auf diesem in rechteckige Felder unterteilten Platz beachte man die Position der Gebäude, ihre Größe, den unterschiedlichen dekorativen Aufwand, den Einsatz verschiedener Baustile und -materialien (Travertin, Alberese, Ziegelsteine). Wir nehmen eine hierarchische Abstufung wahr: Der durch das Travertingestein, durch die Würdeform der Säulen ausgezeichnete *Dom* 'beherrscht' den Platz. In zweiter Position steht der ebenso große monumentale Familienpalast des päpstlichen Bauherrn. Bescheidener wirken der Bischofspalast, der *Palazzo Comunale*, die übrigen Familienpaläste, so der kleine *Palazzo Lolli* und die nicht am Platz selbst liegenden Paläste des Domkapitels, der Ammannati und Atrabatense.

1* Dom Santa Maria Assunta
(Abb. 86, 87; S. 54 Fig. 9) 1460–62 nach Plänen von BERNARDO ROSSELLINO errichtet. Für den Bau der Kirche am Abhang waren Substruktionen nötig, die in den folgenden Jahrhunderten zur Senkung des Chores führten. Die Kirche verbindet Stilmittel der Renaissance, der italienischen und nordischen Gotik.

Die eigenwillige, von einem Giebel (mit päpstlichem Wappen) abgeschlossene Fassade ist Rossellinos architektonischem Lehrer ALBERTI verpflichtet: die Blendbögen des ersten Obergeschosses ruhen auf freistehenden Säulen, die Alberti dem Tempel, d. h. der Kirche, vorbehielt (vgl. Albertis Tempio Malatestiano in Rimini und die Fassade von Santa Maria Novella in Florenz). Die Portale stehen mit ihren regelmäßigen Bögen in der Tradition toscanischer Landkirchen, speziell des *contado fiorentino*. Während ihre Umrahmungen wie auch

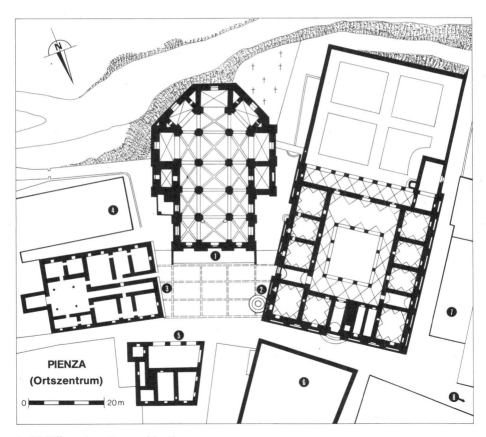

* Die Ziffern nehmen Bezug auf den Plan

251

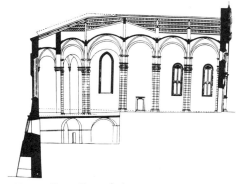

Pienza: Dom, Querschnitt

chietta, Matteo di Giovanni und Sano di Pietro lernen wir die 'gotischen', noch dem Trecento verpflichteten Stile der bedeutendsten sienesischen Maler der Jahrhundertmitte kennen.

die Ädikulae (Giebel und Säulchenumrahmung) der Nischen an die Florentiner Protorenaissance erinnern (vgl. San Miniato al Monte; Farbt. 4).

Die dreischiffige Kirche mit kurzem Querhaus ist keine Basilika, sondern eine Hallenkirche, d. h., alle drei Schiffe und das Querschiff sind gleich hoch. Vorbild für diese in Italien ungewöhnliche Lösung waren außer dem Querhaus des Sieneser Domes Hallenkirchen nördlich der Alpen, die der Bauherr auf seinen Reisen kennen- und bewundern lernte. Auf nordische Baukunst zurückzuführen sind auch die Anlage der Chorkapellen, die Fenster mit ihrem spätgotischen Maßwerk sowie die Dienste, die die Rippen des Gewölbes tragen. Man beachte jedoch die nicht-gotischen, eigenwilligen Kapitelle und die Kämpferstücke unter dem Gewölbeansatz.

Die Ausstattung entstand gleichzeitig mit dem Kirchenbau um 1460–64. Die bildhauerischen Arbeiten wurden der Rossellino-Werkstatt, die Altarretabel sienesischen Malern übertragen. In Sassetta, Il Vec-

2 Palazzo Piccolomini

(Abb. 85–87) Von Bernardo Rossellino, 1460–62, nach dem Vorbild von Albertis Florentiner Palazzo Rucellai: Horizontale Unterteilung der Geschosse durch vollständiges Gebälk, vertikale Gliederung durch Pilaster. Der quadratische Innenhof ist von einem Portikus umgeben. Einige, z. T. später veränderte Räume sind zu besichtigen (10–12.30, 15–18 Uhr). Die *Gartenfront*, die Südseite des Palastes, wird von drei übereinander angeordneten Säulenloggien eingenommen. Diese Loggien geben den Blick auf die Hügel des Orcia-Tales und den Amiata-Berg frei: eine Aussicht, die der Papst seit seiner Kindheit liebte. Diesen Loggien sind die auf Substruktionen angelegten 'hängenden Gärten' vorgelagert.

Vor dem Palazzo: von Rossellino entworfener Brunnen (s. Abb. 85).

3 Palazzo Vescovile

Der Bischofspalast wurde als Familienpalast von Rodrigo Borgia, dem späteren Papst Alexander VI., in Auftrag gegeben. Die Fassadengestaltung, insbesondere die Fensterform, geht auf römische Vorbilder zurück (Palazzo Venezia, Vatikanstrakt Nikolaus V.)

4 Casa dei Canonici

Das Kanonikerhaus, Sitz des Domkapitels, beherbergt im ersten Obergeschoß das 1901 gegründete *Museo Diocesano* (10–13, 15–18 Uhr, November–Februar 10–13, 14–16

Uhr). Unter den Kunstgegenständen ist das Pluviale Pius' II. hervorzuheben – ein Geschenk des byzantinischen Herrschers Thomas Paläologus an den Papst.

5 Palazzo Comunale

Mit offener Loggia (wie bei einigen Stadtpalästen des 14. Jahrhunderts). Der *Turm* mit Aufsatz und Wehrgang zeigt einen ähnlichen Aufbau wie der Florentiner Stadtturm des Palazzo Vecchio.

6 Palazzo Ammannati

Errichtet im Auftrage von Kardinal Giacomo Ammannati, einem Freund des Papstes Pius II., unvollendet.

7 San Francesco

Einschiffiger flachgedeckter Raum vom Ende des 13. Jahrhunderts. *Fresken* mit Szenen aus dem Leben des Hl. Franz, um 1400, Kreuzgang 14. Jahrhundert.

8 Pieve di San Vito

(Abb. 88, 89) *Etwa 1 km vom westlichen Stadttor.* Bei einer Quelle errichtete romanische Pfarrkirche von Corsignano, bereits im 8. Jahrhundert erwähnt *(»prope fontem Rustiliani«)*, in der Papst Pius II. getauft wurde. Errichtet zu Ende des 12. oder im frühen 13. Jahrhundert, vermutlich von lombardischen Baumeistern.

Fassade: Unter der Giebelschräge verlaufen Bogenfriese. Das gestufte *Portal* ist reich verziert, u. a. mit Meereswesen. Im Türsturz des *rechten Seitenportals* (Abb. 88) erkennt man eine Darstellung des Zuges der Hl. Drei Könige. Die Kirche ist nicht vollständig erhalten, es fehlen das letzte Joch und die Apsis.

Der *Campanile* in seltener zylindrischer Form ist älter, wohl 11. Jahrhundert; er gehörte zu einem Vorgängerbau.

Siena

Siena ist in der Stadtstruktur und in der Geisteshaltung der Gegenpol zu Florenz. Während die Arno-Stadt sich in der Ebene ausbreitet, wurde Siena auf drei schmalen Hügeln erbaut. Das Stadtbild von Florenz prägten mehrere Epochen von der Römerzeit bis ins 19. Jahrhundert. Siena dagegen ist ein Stadtkunstwerk vorwiegend der Gotik, das auf frühere Bebauung wenig Rücksicht zu nehmen brauchte. Die Hügel waren in etruskischer und römischer Zeit spärlich besiedelt, die Romanik errichtete nur wenige erhaltenswerte Kirchen, und auch die späteren Renaissance-Paläste haben den gotischen Charakter der Stadt kaum verändert. An der Gotik »hat die Stadt eigensinnig, gleichsam mit verbundenen Augen festgehalten, als ringsum in der Toscana die Frührenaissance längst gesiegt hatte. Die großen Heiligen und die« großen Künstler der Stadt gehören alle der gotischen Epoche an« (Harald Keller). Während Florenz immer wieder von Arno-Überschwemmungen heimgesucht wurde, mangelte es in der Bergstadt Siena an Wasser. »Das System der Brunnen und Reservoirs war eine technische Meisterleistung, die heute noch – da Siena an die Fernleitung des Monte Amiata angeschlossen ist – Bewunderung verdient.« (Werner Goez).

Keine Stadt der Ebene konnte ihre mittelalterliche Gestalt so unversehrt erhalten wie Siena. Die Stadt verdankt ihren einstigen Reichtum dem Handel auf der Frankenstraße. Als diese ihre Lebensader am Ende des Mittelalters an Bedeutung verlor, weil die Handelszüge den unbeschwerlicheren Weg durch die weitgehend entsumpften Ebenen vorzogen und die Stadt dann 1555–59 dem Herzogtum Toscana eingegliedert wurde, trennte man sie vom reichen Norden durch eine Zollgrenze. In einem wenig fruchtbaren Hügelgebiet gelegen, isoliert durch die Chianti-Berge, die Colline Metallifere und das Amiata-Massiv war Siena die Möglichkeit städtebaulicher Entwicklung genommen. Auch heute, wo die Stadt durch die Superstrada Anschluß an Florenz und das Autobahnnetz gefunden hat, behindern enge Gassen und steil abfallende Hügel den Warentransport. Als die Sienesen sich 1956 – als erste Bürger einer größeren italienischen Stadt – dazu entschlossen, das Zentrum vom Autoverkehr freizuhalten, bedeutete dies einen freiwilligen Verzicht auf schnelles wirtschaftliches

Siena: Piazza del Campo und Croce del travaglio. Stich vom Anfang des 18. Jh. nach einer Darstellung von Francesco Vanni, 1595 ▷

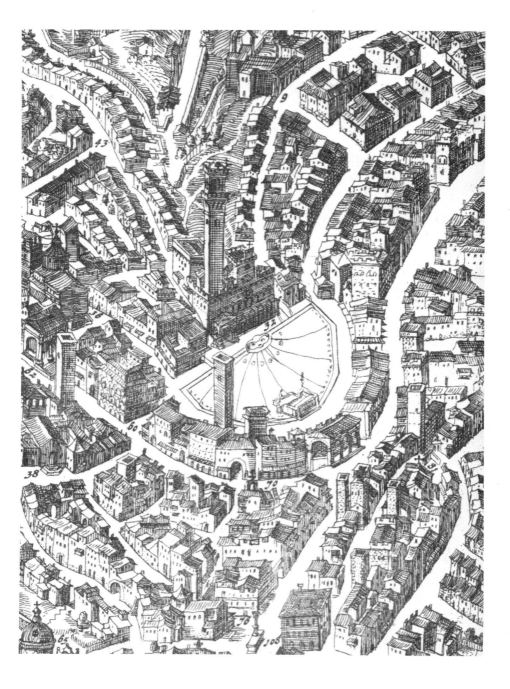

SIENA

Wachstum zugunsten der Erhaltung historischer Bausubstanz und der Möglichkeit, dieses einzigartige Stadtensemble als Fußgänger erleben zu können.

Anders als die von den Römern gegründeten Städte der Ebene konnte die Hügelstadt nicht nach einem gleichförmigen Bebauungsschema errichtet werden. Doch ist Siena nicht 'regellos' gewachsen. Das Stadtbild ist das Ergebnis jahrhundertelanger Planung. Die Entwicklung des Stadtorganismus überließen die Bürger nicht individuellen Interessen: sie regelten es durch tausende von Verordnungen. Bauvorschriften sind in Siena zahlreicher erhalten als in jeder anderen Stadt.

Betrachten wir die Bebauungsstruktur anhand des Planes: Siena wurde auf drei Höhenzügen erbaut, welche die Form eines Y bilden. Dementsprechend ist die Stadt nicht in Viertel gegliedert, sondern in Drittel *(terzi)*: den *Terzo di Città,* den *Terzo di Camollia* (benannt nach der Porta Camollia) und den *Terzo di San Martino* (benannt nach der gleichnamigen Kirche). Die durch diese Terzi führenden Hauptverkehrsadern verlaufen auf dem Grat der Höhenzüge. Sie heißen *Via di Città, Banchi di Sopra* und *Banchi di Sotto.* Die Stelle, an der sich die drei Straßenzüge vereinigen, ist die *Croce del travaglio,* die Kreuzung der Arbeit. Will man von einem Terzo in ein anderes gelangen, führt der Weg stets über diese Kreuzung. Durch das steil abfallende Gelände zwischen den Hügeln führen keine Wege (mit Ausnahme von der Kirche San Sebastiano zu San Domenico). Parallel zu den Hauptverkehrsstraßen verlaufen tiefer liegende, durch schmale Gassen verbundene 'hintere' Straßenzüge. Der von weitem sichtbare *Dom* (Farbt. 19, 30; Abb. 97) liegt auf der höchsten Erhebung (346 m ü. M.) im *Terzo di Città.* Der weltliche Gegenpol, der *Kommunalpalast* (Farbt. 27; Abb. 98), mußte dagegen an der niedrigsten Stelle der Stadt (318 m ü. M.) errichtet werden. Auf der Suche nach einem geeigneten Bauplatz für den Palazzo Pubblico konnte man am Ende des 13. Jahrhunderts ein Stadtdrittel nicht bevorzugen. Er mußte dort erbaut werden, wo die drei Terzi sich begegnen, unterhalb der Croce del travaglio, am *Campo.* Die Sienesen wußten aus dem schwierigen, abschüssigen Gelände einen Platz in der Form eines antiken Theaters zu schaffen, der in seiner Geschlossenheit und Vielfältigkeit einzigartig ist. Am Rande des Stadtgebietes, am Ende des Höhenrückens, errichteten die Ordensgemeinschaften an steilabfallenden Hängen ihre Kirchen und Klostergebäude: Die Dominikaner im Westen, die Franziskaner im Nordosten, die Karmelitermönche und Augustiner im Süden, die Serviten im Südosten

Die Hügelstadt ist geschichtlich jünger als Florenz oder Fiesole, als Lucca, Pisa, Volterra oder Arezzo. Sie war kein Etrusker-Zentrum, und es gibt keine archäologischen oder literarischen Hinweise für eine römische Stadt von einiger Bedeutung. Lediglich die Tatsache, daß der Ort früh, vielleicht schon 313, einen Bischofssitz erhielt, läßt uns vermuten, daß Siena zumindest in der späten Kaiserzeit eine Stadt war. In einem Verzeichnis von vierundzwanzig römischen Militärkolonien, die während des Triumvirats und der Regierungszeit von Kaiser Augustus gegründet wurden, wird auch eine *Colonia Sena Julia* erwähnt. Tacitus und Plinius nannten diese Kolonie *Urbs Lupata,* Wolfsstadt, eine Bezeichnung, welche die Sienesen des Mittelalters an den gemeinsamen Ursprung mit einer anderen Stadt der Wölfin, mit Rom, glauben ließen und die zu der nicht vor dem

85 PIENZA Palazzo Piccolomini, von Bernardo Rossellino, 1460–62 ▷

86 PIENZA Dom und Palazzo Piccolomini, 1460–62
87 PIENZA Gartenloggia des Palazzo Piccolomini und Dom (Querschiff)
88 PIENZA Pieve di S. Vito, um 1200, Seitenportal

89 PIENZA Pieve di S. Vito, um 1200

90 Sant'Antimo Abteikirche, 1118–1160

91 Sant'Antimo Kapitell mit Daniel in der Löwengrube
92 Sant'Antimo Außenkapitell
93 Sant'Antimo Chorapsiden und 'Karolingische Kapelle' (links)

94 Sant'Antimo Kapitell mit Widderköpfen

95 Sant'Antimo Seitenportal

97 SIENA Blick von der Torre del Mangia auf den Dom

◁ 96 SIENA Porta Romana, 1327

99   SIENA   Blick von der Torre del Mangia auf S. Maria dei Servi, 13. Jh.

98   SIENA   Palazzo Pubblico, 1297 begonnen, 1305–07 erweitert

100 SIENA Palazzo Pubblico: ›Acca Laurentia‹ von der Fonte Gaia, von Jacopo della Quercia, 1414–19

101 SIENA   Palazzo Pubblico. ›Die Gute Regierung‹, von Ambrogio Lorenzetti (Ausschnitt)

102 SIENA   Palazzo Pubblico, Sala del Mappamondo mit Simone Martinis ›Maestà‹

104 SIENA S. Domenico: ›Ohnmacht der Hl. Katherina‹, Fresko von Sodoma, 1526

103 SIENA S. Domenico, 1225–54, Querschiff Anfang 14. Jh.

14. Jahrhundert nachweisbaren Gründungslegende führte: Aschinus und Senius, die Söhne des Remus, seien vor ihrem Oheim Romulus auf die Sieneser Hügel geflohen und gründeten hier das *Kastell Senio*. Bei ihrer Flucht führten sie die römische Wölfin mit. Seit Ende des 13. Jahrhunderts war die Wölfin Sienas Wahrzeichen: Ihr bekanntestes Bildwerk ist die Skulptur von GIOVANNI PISANO im Dommuseum. Auch die Herkunft der *balzana*, des weiß-schwarzen Stadtwappens erklärt diese Gründungslegende: Das Pferd des Senius trug eine weiße, das des Aschinus eine schwarze Satteldecke.

Doch helfen uns diese Legenden leider nicht über das Dunkel der frühen Geschichte hinweg. Erst 751 n. Chr. wird Siena zum erstenmal in einer mittelalterlichen Urkunde erwähnt. Sie betraf den jahrhundertelangen Streit der Bischöfe von Arezzo und Siena um die Rechte auf einige Kirchen. Zu dieser Zeit, als Tuszien von den Langobarden beherrscht wurde, war Siena Sitz eines Gastalden, den die Karolinger durch einen Grafen ablösten. Seit dem 11. Jahrhundert bekämpften die Bischöfe die Grafen und brachten eine Zeitlang als Graf-Bischöfe die Stadt in ihre Gewalt. Wie in anderen ober- und mittelitalienischen Städten suchten die zu Ansehen und erstem Wohlstand gelangten Bürger die Befugnisse des Graf-Bischofs einzuschränken, indem sie selbstgewählte Konsuln mit den Regierungsgeschäften beauftragten. Als 1147 ein Bischof aus der Stadt vertrieben wurde, bedeutete dies den Sieg der Kommune. Die Adligen, wie anderorts von den Bürgern gezwungen, ihre Kastelle zu verlassen und sich innerhalb der Mauern anzusiedeln, waren in dieser Stadt zu kaufmännischen Unternehmungen bereit. Sie vereinigten sich mit bürgerlichen Kaufleuten zu Handelsgesellschaften wie der *Grande Tavola*. Die *milites et mercatores senese*, die 'Ritter und Kaufleute von Siena', handelten mit Textilien und Geld auf den Märkten Europas und des Orients. Im Geldgeschäft waren sie anderen Städten gegenüber im Vorsprung, sie wurden die bevorzugten Bankiers des Heiligen Stuhls. Mit der Eintreibung des Petersgroschen beauftragt, standen sie unter dem Schutz des Papstes, der säumige Kreditnehmer mit der Exkommunikation bedrohte.

Für die Handelsstadt war es wichtig, das Landgebiet, den *contado* zu erweitern, die Wege zu sichern und von Zöllen freizuhalten. Der Konflikt mit anderen Stadtstaaten, insbesondere mit Florenz, war unvermeidlich: Kriegerische Auseinandersetzungen sind seit 1114 bezeugt, sie währten – sieht man von Zeiten des Waffenstillstandes ab – bis 1555, als Siena vor der Übermacht kapitulieren mußte. Die sienesische Republik hatte selbst andere Städte, so Massa Marittima und Chiusi, vorübergehend auch Montepulciano und Poggibonsi, in ihr Territorium eingegliedert (vgl. Fig. S. 27).

Die Rivalität zu Florenz wurde durch den Zwist zwischen Guelfen und Ghibellinen im 13. Jahrhundert verstärkt. Siena war neben Pisa die klassische Stadt der Ghibellinen, Anhängerin einer kaiserfreundlichen Politik. Dem Kaiser Friedrich Barbarossa verdankte Siena die Rechte der Gerichtsbarkeit, der Münzprägung und der freien Wahl der Konsuln (1186).

Eine längere Friedenszeit von 1235 bis 1254 wirkte sich für Sienas Wirtschaft günstig aus. Die Kaufmannschaft gewann an Einfluß, so daß sich 1236 eine Regierung bildete, in der Adel nicht mehr bevorzugt war: Dem ›Rat der Vierundzwanzig‹ gehörten neben zwölf

◁ 105 TORRI südwestlich Siena   Kreuzgang des ehemaligen Vallombrosaner-Klosters, 2. Hälfte 12. Jh.

SIENA

Siena aus der Vogelschau. Stich des 18. Jh. nach einer gemalten Darstellung von Francesco Vanni, 1595

adligen Ghibellinen – aus jedem Stadtdrittel vier – zwölf *popolani* aus der Schicht des Großbürgertums an – ebenfalls aus jedem Terzo vier. Das Amt des *podestà*, bereits 1199 in Siena eingeführt, blieb weiter bestehen. Um die Vollmachten des Podestà einzuschränken, wurde 1252 das neue Amt des für die Sicherheit verantwortlichen *capitano del popolo* eingerichtet.

Die Auseinandersetzung zwischen Ghibellinen und Guelfen fanden einen Höhepunkt in der Schlacht von Montaperti (12 km südlich von Siena) – eine Schlacht, die jahrhundertelang im Bewußtsein der Florentiner und Sienesen blieb. Siena errang damals den größten Sieg seiner Geschichte. Wie eine Chronik berichtet, hatten die Florentiner ihre Lager unweit von Siena aufgeschlagen. Sie forderten den Abriß der Mauern und die Übergabe der Stadt. Siena wurde unterstützt von Pisa, Cortona und 800 deutschen Rittern, die König Manfred zu Hilfe gesandt hatte. Im Augenblick der höchsten Not wandten sich die Sienesen an die Hl. Jungfrau: Sie legten im Dom vor dem Altarbild der Muttergottes mit den großen Augen (jetzt im Dommuseum) die Schlüssel der Stadt nieder. Zehntausend Florentiner ließen ihr Leben auf dem Schlachtfeld, fünfzehntausend wurden gefangengenommen, darunter der Maler COPPO DI MARCOVALDO. In einem einzigartigen religiösen Akt nannte sich Siena nach diesem Sieg fortan ›Civitas Virginis‹, ›Stadt der Jungfrau‹. Dies hinderte den Papst freilich nicht, die gesamte Bevölkerung zu exkommunizieren. Die Stadt geriet in wirtschaftliche Bedrängnis. Säumige Kreditnehmer zahlten unterm Kirchenbann stehenden Bankiers ihre Schulden nicht zurück.

Die Schlacht von Montaperti bedeutete Triumph und Sieg der Ghibellinen. Doch Triumph und Sieg waren nur von kurzer Dauer: 1266 fiel König Manfred in der Schlacht von Benevento, 1268 ließ Karl von Anjou Konradin enthaupten, 1269 wurde Siena durch florentinische Truppen in der Ebene zwischen Colle di Val d'Elsa und Monteriggioni besiegt. Provenzano Salvani, Held von Montaperti, Haupt der sienesischen Ghibellinen, wurde gefangengenommen und hingerichtet. Die Guelfen diktierten den Frieden. Die Ghibellinen-Anführer wanderten nach Arezzo aus, die guelfischen Exilierten, die *fuorisciti*, kehrten nach Siena zurück und setzten den ghibellinischen Rat der Vierundzwanzig ab. Mehrere guelfische Regierungsformen folgten aufeinander: nach den 36 *capitani* (1271–80), und 15 *governatori* (1280–86) hatte der *Consiglio dei Noveschi*, Neunerrat, den längsten Bestand (1287–1355). Zu diesem Rat hatten nur wohlhabende, 'gute Kaufleute' guelfischer Partei Zutritt. Der Adel war von der Regierung ausgeschlossen. Diese Regierung der Kaufleute achtete vor allem auf die Wahrung des Friedens – notwendige Voraussetzung für Handelsgeschäfte.

In den langen Jahren der Sicherheit und des Wohlstandes erlebte Siena seine große Epoche der Kunst: DUCCIO DI BUONINSEGNA, SIMONE MARTINI, PIETRO und AMBROGIO LOREN-ZETTI sind die Maler jener Zeit, deren Stil von späteren Generationen bis ins 15. Jahrhundert fortgeführt wird. NICOLA und GIOVANNI PISANO berief man als Bildhauer und Baumeister von Pisa. Die Stadt gewann das Aussehen, wie es uns weitgehend erhalten blieb. Die Mehrzahl der gotischen Häuser und Paläste entstanden in jenen sechs Jahrzehnten. Große Baumaßnahmen konnten verwirklicht werden. Schon kurz nach Regierungsantritt beschloß

275

SIENA

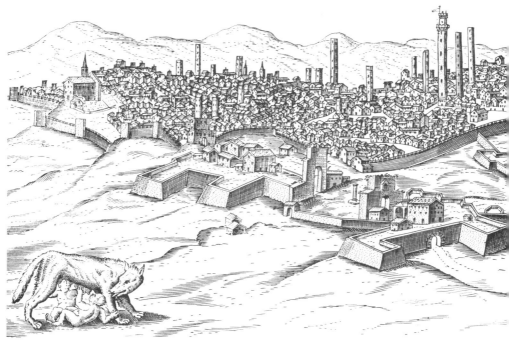

Siena im 16. Jh. Im Vordergrund die Befestigungsanlagen. Kupferstich im Museo Civico, Siena

der Neunerrat den Bau des Kommunalpalastes. Bisher hatte der 'Große Rat' in der Kirche San Cristoforo an der Piazza Tolomei getagt. Die soeben erst vollendete Kathedrale genügte nicht mehr dem Ehrgeiz der wohlhabenden Handelsstadt. Um hinter den Domen von Florenz und Pisa nicht zurückzustehen, plante man 1316 zunächst eine Vergrößerung des Chores, 1339 dann einen riesigen Erweiterungsbau, für den der bestehende Dom das Querschiff bilden sollte. Doch 1348 wütete die Pest in einem solch verheerenden Ausmaß, daß sie zwei Drittel der Bewohner dahinraffte. Ein Überlebender berichtete: »Das Sterben begann in Siena im Mai und war so schrecklich und grausam, daß ich gar nicht weiß, wo ich anfangen soll, all das Grauen zu beschreiben, denn fast jedem kam es vor, als müsse er angesichts dieser Dinge vor Schmerz den Verstand verlieren. Die menschliche Zunge ist nicht fähig, so etwas Schreckliches zu erzählen, und glücklich mag sich schätzen, wer nicht so viel Grauen gesehen hat. Die Leute starben fast plötzlich; sie bekamen Geschwülste unter den Achseln und an der Leiste, und während sie noch redeten, fielen sie tot um. Der Vater verließ den Sohn, die Frau ihren Mann und ein Bruder den andern; jeder floh und verließ den andern, denn diese Krankheit übertrug sich durch den Atem und sogar durch den bloßen

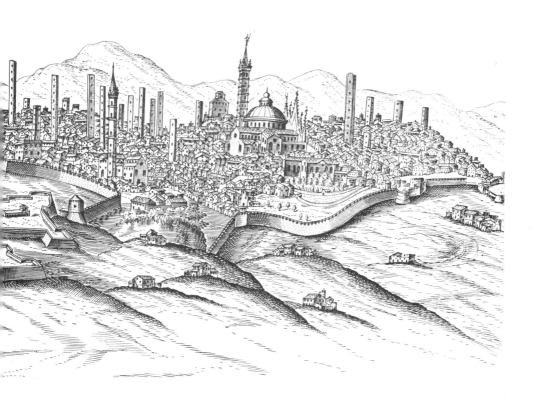

Anblick, so schien es. Die Kranken starben einsam, und niemand fand sich, der sie beerdigt hätte, weder für Geld noch aus Freundschaft; ihre Angehörigen trugen sie so gut sie konnten zum Grab, ohne Priester, ohne irgendwelche heilige Handlung und ohne Glockengeläute. An vielen Orten Sienas grub man große Gräben wegen der vielen Toten; die Leute starben zu Hunderten am Tag und in der Nacht; so warf man einen nach dem anderen in eine solche Grube und deckte jeweils eben zu, bis die Grube voll war und eine neue gegraben werden mußte« (Agnolo di Tura).

Die entvölkerte Stadt konnte das ehrgeizige Projekt der ›Grande Cattedrale‹ nicht zu Ende führen. In den Jahren der wirtschaftlichen Schwierigkeiten und allgemeinen Unzufriedenheit nach dem Schwarzen Tod gelang es den vom Neunerrat ausgeschlossenen Kreisen, dem Adel und den unteren Volksschichten, eine Regierung von zwölf Vertretern der *popolani* zu bilden, zu der erstmals auch kleine Kaufleute Zutritt hatten (1355–68). Doch diese Regierung hatte, wie verschieden folgende, keinen längeren Bestand. Zweimal begab sich Siena unter der Herrschaft eines *Signore:* 1399 trugen die Sienesen, gleichsam aus 'Ermüdung' die Signoria Gian Galeazzo Visconti an, der im Laufe seines Lebens Herr von

SIENA

vierunddreißig Städten wurde. Ein Jahrhundert später verstand es Pandolfo Petrucci, eine der schillerndsten Gestalten der Renaissance, die Macht über den Stadtstaat zu erlangen (1502–12). »Gleich anderen zeitgenössischen Tyrannen ließ er einflußreiche Männer, die ihm zuwider waren, durch gedungene Mörder wegräumen und machte sich sogar des Mordes an seinem Schwiegervater schuldig. Die Menge verzieh ihm, denn er schonte sie dadurch, daß er das Geld für seine Macht und seinen Prunk von den begüterten Bürgern nahm, kirchlichen Besitz einzog und den Frieden für Siena dadurch erkaufte, daß er Florenz Montepulciano und die festen Orte Sienas im Tal der Chiana überließ. Das sollte sich später rächen« (Titus Burckhardt).

Nach dem Tode des 'Magnifico', wie die Sienesen ihren Stadtherren nannten, setzten dessen Söhne und Neffen die Regierung fort. Als der von Papst Clemens VII. Medici favorisierte Fabio Petrucci vor den *Libertini* fliehen mußte, hatte sich Siena päpstlicher und florentinischer Truppen zu erwehren. Wie vor der Schlacht bei Montaperti übergaben die Bürger die Schlüssel der Stadt beim Bilde der Muttergottes, das inzwischen von DUCCIOS ›Maestà‹ (heute im Dommuseum) ersetzt worden war.

Die Zeit arbeitete gegen Siena. Nachdem die Frankenstraße durch neue Verkehrswege abgelöst war, entriß Florenz »der Konkurrentin einen Markt nach dem anderen« (Werner Goez). Aber auch die politische Entwicklung Europas ließ Stadtstaaten von der Größenordnung Sienas keine Existenzmöglichkeit. Die Klein-Staaten Italiens wurden zu »Spielbällen der europäischen Großmächte« (Werner Goez). »Das Volk von Siena, für das der alte Stadtstaat noch immer das höchste Vorbild war, sträubte sich hartnäckig dagegen, von dieser neuen Welt aufgeschluckt zu werden, die damals in dreierlei Gestalt, als Kaisertum Karls V., 'Ihrer Katholischen Majestät von Spanien', als Königtum Heinrichs II., des 'allerchristlichsten Königs von Frankreich' (früher hatte man einfach 'Herr König' und 'Herr Kaiser' gesagt) und als die kirchlich-weltliche Macht des Papstes in Italien auftrat« (Titus Burckhardt).

Als in Siena zum wiederholten Male Streitigkeiten um die Beteiligung der Popolanen an der Regierung ausbrachen, griff Kaiser Karl V. in die Politik der Stadt ein. Er verlangte die Wiedereinführung der 'Regierung der Neune'. Als es dann erneut zu Auseinandersetzungen kam, beschloß er, vor den Stadtmauern eine Festung zu errichten. Die Sienesen sahen ihre Freiheit bedroht, sie richteten ein Gesuch an den Kaiser, von seinem Vorhaben Abstand zu nehmen. Doch Karl V. soll geantwortet haben »So will ich es, so befehl' ich es, an Statt eines Grundes steht mein Wille« – die Antwort eines absoluten Fürsten, die für Republikaner unverständlich sein mußte. Der Kaiser ließ die Geschlechtertürme abreißen. Mit ihren Steinen errichtete er die Festung (an der Stelle der Parkanlage 'Lizza' in der Nähe von San Domenico). Die Sienesen rüsteten zum Widerstand und suchten Schutz beim König von Frankreich. In der Stunde der Gefahr wandten sich die Bewohner wieder einmal an ihre himmlische Schutzpatronin und brachten ihr die Schlüssel der Stadt dar. Herzog Cosimo I., der einen Krieg zwischen Spanien und Frankreich auf toskanischem Boden zu vermeiden suchte, gelang es, den Kaiser zum Räumen der Zwingburg zu bewegen. In einer einzigen Stunde trug das sienesische Volk die Festungsmauern ab. Doch das Hilfegesuch an

278

Frankreich erwies sich als politisch unklug, denn jetzt wollte Karl V. die Kontrolle über Siena nicht mehr aufgeben und bereitete einen neuen Angriff vor. Cosimo I. bot die Finanzierung des Feldzuges an. Der mit den Medici in Familienfehde stehende Piero Strozzi stellte sich Siena zur Verfügung. Bei der Belagerung der Stadt stand die gesamte Bürgerschaft in Waffen, selbst drei Frauenbataillone nahmen an der Verteidigung teil. Da die Mauern nicht zu stürmen waren, schnitten die kaiserlichen Truppen Siena vom Hinterlande ab, mit dem Ziele die Einwohner auszuhungern. Wenig ruhmvoll waren die letzten Monate der Stadt: Bauern, die versuchten Nahrungsmittel zu bringen, wurden erhängt. Um ihre Freiheit zu bewahren, scheute man sich nicht, alle zur Verteidigung unnützen Münder aus der Stadt zu entfernen. Zunächst schickte man die Waisenkinder des Spedale della Scala hinaus. Vor den Toren überließ man sie ihrem Schicksal, das meist den Tod bedeutete. Um weitere Bewohner auszuweisen, wählte man den Befehlshaber der Sieneser Truppen, Blaise de Montluc, für einen Monat zum Diktator. Montluc schilderte in seinen ›Commentaires‹ die schrecklichen Ereignisse: »Ich bestimmte sechs Kommissare, welche die überflüssigen Münder aufschreiben sollten, und dann trug ich einem Ritter vom heiligen Johannes von Malta auf, mit Hilfe von fünfundzwanzig oder dreißig Soldaten die überflüssigen Münder aus der Stadt hinauszuführen, was innerhalb drei Tagen nach dem Befehl geschah… Ich sage euch, daß sich die Liste der überflüssigen Münder auf viertausendvierhundert und mehr Namen belief. Von allem Elend und allem Jammer, den ich je gesehen habe, war das der größte, und ich werde wohl nie einen größeren sehen: Denn der Herr mußte seinen Diener, der ihm lange gedient hatte, verlassen, und die Herrin ihre Kammerfrau, nicht zu reden von einer Menge armer Leute, die nur von ihrer Hände Arbeit lebten. Drei Tage lang währte der Jammer und das Weinen. Die armen Leute gingen mitten durch die Feinde hindurch, die sie gegen die Stadt zurückdrängten. Das ganze Lager blieb Tag und Nacht zu diesem Zwecke unter Waffen; denn sie warfen sie bis zum Fuße der Mauer zurück, damit wir sie wieder aufnähmen und das bißchen Brot, das übrigblieb, um so schneller aufgezehrt werde. Sie versuchten, ob sich die Stadt nicht aus Erbarmen für ihre Diener und Kammerfrauen empöre; aber es half nichts. Das dauerte acht Tage lang. Sie aßen nichts als Kräuter, und mehr als die Hälfte starb; denn die Feinde töteten sie, und wenigen nur gelang es, zu fliehen. Unter ihnen war eine große Zahl von Mädchen und schönen Frauen; die ließ man hindurch, denn des Nachts holten sich die Spanier einige davon für ihren Gebrauch, doch ohne daß es der Marquis erfuhr, denn sie verwirkten sonst ihr Leben. Auch einige starke und zähe Männer kamen nachts hindurch und flohen; doch all das belief sich nicht auf den vierten Teil; die übrigen starben. So sind die Gesetze des Krieges: Man muß oft grausam sein, um seinen Feind bändigen zu können; Gott muß zu uns, die wir so viel Böses tun, gar barmherzig sein.«

Als das Brot auch nicht mehr für die französischen Soldaten reichte, mußte die Stadt kapitulieren. »Es wurde vereinbart, daß Siena sich dem Schutz des Kaisers unterstellte, der sich seinerseits verpflichtete, keine Festung in Siena zu errichten. Die französische Armee sollte die Stadt mit allen kriegerischen Ehren verlassen« (Blaise de Montluc). Der Anführer der florentinischen Truppen, Marquis de Marignano, wurde mit Festdekorationen empfan-

279

gen. Auf dem Einzugstor, der Porta Camollia, las er die Worte, die noch heute den vom Norden Eintretenden empfangen: »Cor magis tibi Siena pandit« (»Weiter öffnet Siena dir das Herz«). Doch über 600 Sienesen waren nicht bereit, ihre Freiheit aufzugeben. Sie verließen mit ihren Familien die Stadt, um nach Montalcino zu ziehen. »Nie in meinem Leben habe ich einen traurigeren Auszug gesehen. Ich konnte die Tränen nicht zurückhalten, als ich all den Jammer sah, und mußte bitter weinen über das Schicksal dieses Volkes, das sich mit solcher Treue und Hingebung für die Bewahrung seiner Freiheit eingesetzt hat« (Blaise de Montluc). In Montalcino prägten diese letzten Verteidiger des freien Staates Münzen. Sie hielten die Republik Siena formell vier weitere Jahre aufrecht. Doch Kaiser Philipp II. mußte 1559 Siena mit seinem gesamten Staatsgebiet – einschließlich Montalcino – seinem Gläubiger Cosimo I. überlassen. Der Mediceer errichtete im Westen der Stadt eine gewaltige Fortezza, die nur als Wappen nicht mehr die Wölfin sondern die *palle* der Medici trägt. Die ehemals kaisertreue Stadt hatte durch das Eingreifen kaiserlicher Truppen ihre Eigenstaatlichkeit verloren

Dieser Verlust der Eigenstaatlichkeit und vier Jahrhunderte zuvor der großartige Sieg bei Montaperti sind – wie es scheint – die beiden Ereignisse, die den *popolo senese* am meisten geprägt haben. Wer den Palio (Farbt. 25, 26), seine Vorbereitungen und Nachfeiern erlebt, gewinnt den Eindruck daß sich die Stadt mit der politischen Realität – dem Verlust der Autonomie – nicht abfinden konnte. Man würde den Palio mißverstehen, sähe man in ihm eines der folkloristischen Feste, wie man sie auf altes Brauchtum zurückgehend, in vielen Fremdenverkehrsorten erneut ins Leben gerufen hat. Der Palio ist das Fest ausschließlich der Sienesen, an dem wir Fremde als Zuschauer teilhaben können.

Dieses zweimal jährlich wiederkehrende Ereignis wird nicht allein aus dem kurzen Pferderennen auf der Piazza del Campo verständlich. Es hat seine Wurzeln in den

Majolika-Wappen der Contrada del Nicchio (Contrada der Muschel) von 1680 und der Contrada della Torre (des Turms), 1673

Nachbarschaftsgemeinschaften, den Contraden. Wir kennen Contraden auch aus anderen italienischen Städten; hier in dieser auf schmalen Höhenzügen errichteten, stark strukturierten Stadt konnten sich Züge der mittelalterlichen Wehr- und Lebensgemeinschaften erhalten. Jede der siebzehn Contraden verehrt ihren Schutzheiligen, besitzt eine Kirche, ein Haus der Kommunikation, ein kleines Museum für Siegestrophäen, Urkunden und historische Kostüme, einen Brunnen, in dem der *contradaiolo* seine weltliche Taufe empfängt. Die Contrade begleitet den Sienesen von der Geburt bis zum Tode, sie nimmt an allen wichtigen Ereignissen seines Lebens Anteil.

Zehn der siebzehn Contraden sind jeweils zu einem Wettkampf zugelassen (es sind die sieben, die beim vorangegangenen Palio aussetzen mußten und drei durch das Los bestimmte). Schon Tage zuvor verwandelt die Stadt sich in eine mittelalterliche Kommune. Die Pferde werden verlost, man schmückt die Palazzi, Proberennen werden abgehalten. Am Vorabend findet in Erwartung des Sieges vor dem Hause einer jeden Contrada ein Festessen statt. Spätestens an diesem Abend wird uns deutlich, daß der Palio mit leistungsbezogenen Sportkämpfen wenig gemeinsam hat. Man glaubt seinen Ohren nicht zu trauen, wenn der für vier Tage gewählte, mit diktatorischen Machtbefugnissen ausgestattete *capitano* in seiner offiziellen Rede auf die Wundermittel des Tierarztes hofft, wenn er von einer großen Summe spricht, die dem *fantino,* dem Reiter, als Prämie und Bestechungsgeld für seine Kumpanen versprochen wird. Wie die mittelalterlichen Söldner werden die *fantini* zum Kampf gemietet, die meisten stammen aus Sardinien, Süditalien oder den Maremmen. Wenn dann der Contraden-Priester ankündigt, er werde – wie einst in Zeiten der Not – in der Messe zur Jungfrau Maria für den Sieg beten, ist die Parallele zu Wesenszügen der mittelalterlichen Sienesen offenkundig – zur Handelstüchtigkeit und zum Vertrauen auf ihre Schutzherrin, der zu Ehren der Palio seit 1147 veranstaltet wird.

Tag und Nacht wird das Pferd vom *barbaresco,* dem Reitknecht, bewacht, um es vor Vergiftungen durch verfeindete Contraden zu schützen. Am Tage des Rennens wird das Pferd in der Contradenkirche gesegnet. Nach dem historischen Umzug mit den berühmten Fahnenschwingern folgt dann der Höhepunkt, der eigentliche Palio, der seinen Namen von der Siegestrophäe, dem *pallium* erhielt. In der spannungsgeladenen Atmosphäre auf der überfüllten Piazza ist ein halbwegs glatter Start oft nur nach mehreren Wiederholungen möglich. Niemand neidet dem *mossiere,* dem Startmeister, sein schwieriges Amt. Den ohne Sattel reitenden *fantini* bietet sich die letzte Gelegenheit für Absprachen. Beim Lauf selbst ist dann jede Behinderung einschließlich der Verletzung mit dem Ochsenziemer erlaubt. An der gefürchteten *Curva di San Martino* (Farbt. 25) kommt es häufig zum Sturz. Selbst, wenn der Reiter auf der Strecke bleiben sollte – entscheidend ist, welches Pferd nach drei Umläufen als erstes das Ziel erreicht. Der nun einsetzende Jubel gilt dem Helden des Tages und dem Pferde. In wenigen Stunden überfluten die Farben der siegreichen Contrada die Stadt, des Feierns ist kein Ende. Über Tage hinaus hört man die Trommelwirbel der Umzüge. In allen Teilen der Stadt demonstriert die Contrade, welche den Sieg errang. Nur eine einzige Trophäe ist zu gewinnen, beim Palio gibt es keinen zweiten Platz, nur Sieger und Besiegte.

SIENA

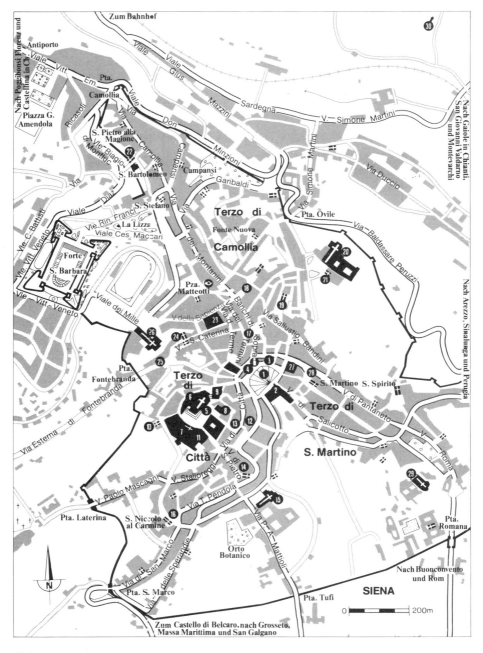

Piazza del Campo und Terzo di Città

1* Piazza del Campo

(Farbt. 27; Abb. 98; Fig. S. 286) Inmitten der engen Gassen der Stadt öffnet sich einer der eindrucksvollsten Plätze des italienischen Mittelalters in überraschender Weite. Die Anlage in der Form eines antiken Theaters wäre dazu geeignet, den Stadtpalast an der 'Bühnenwand' so weit hervorragen zu lassen, daß ihm sich die übrigen Gebäude unterordnen. Doch anders als auf Plätzen der Barockzeit und des 19. Jahrhunderts wird der Blick des Betrachters nicht auf ein einziges Gebäude gelenkt. Jede Zur-Schau-Stellung, jede Machtdokumentation wird vermieden: der *Palazzo Pubblico* steht nicht auf einem Podest und nimmt auch nicht die Mitte der Längswand ein, er ist von den übrigen Gebäuden des Platzes nicht isoliert und überragt sie nicht oder nur unwesentlich. Er fügt sich – und dies ist ein charakteristischer Zug mittelalterlicher Platzgestaltung – in das Ensemble ein. Ausgezeichnet wird er allein durch die Besonderheit der Formen und des Baumaterials. Wenn nun ein Glied dieses Ensembles, der *Turm* des Stadtpalastes, alle anderen Gebäude nicht nur des Platzes, sondern der gesamten Stadt überragt, ist dies als bildhafter Ausdruck zu verstehen: Wie die Wohntürme des Adels Symbol der Unabhängigkeit und Macht einer Familie waren, so ist der Turm des Kommunalpalastes, dessen Bekrönung aus hellem Travertin über den Dächern von Siena zu schweben scheint, Symbol der Städtefreiheit.

---

* Die Ziffern nehmen Bezug auf die Stadtpläne S. 282 u. 286

2 Palazzo Pubblico

(Abb. 98, 100–102; Farbt. 35, 36; S. 54 Fig. 7, S. 53 Fig. 13) Der Stadtpalast wurde 1297 begonnen, etwa gleichzeitig mit dem Palazzo Vecchio in Florenz. Um den Palazzo zwischen den drei *Terzi* auf dem abschüssigen Gelände des *Campo fori* zu errichten, waren Substruktionen und Erdaufschüttungen notwendig. Ursprünglich war nur der Mittelblock bis zum dritten Geschoß geplant. Ein schon bestehendes Zollhaus wurde in den Bau einbezogen. 1305 wurde das Obergeschoß aufgestockt, 1307 fügte man die Seitenflügel hinzu. Die oberen Geschosse wurden erst 1680 aufgestockt. Mehrere Aufgaben hatte dieser Regierungspalast eines Stadtstaates zu erfüllen: neben den Amtsräumen des Neunerrates beherbergte er das Oberste Gericht, war Wohnung und Amtssitz des Podestà und besaß einen großen Versammlungssaal für den Stadtrat. Dieser Saal wurde 1560 in ein später barockisiertes, noch heute benutztes Theater verwandelt.

Auf dem Erdgeschoß in Travertinblöcken ruhen die leichter wirkenden Backsteingeschosse, die sich in ihrem Charakter mit der sich im Laufe des Tages verändernden Beleuchtung wandeln. Nach Sonnenuntergang gewinnt die Wand an Plastizität, sie leuchtet in einem warmen dunklen Farbton. Fenster und Portale sind mit den charakteristischen Bogenformen der sienesischen Profanarchitektur geschmückt. Im Untergeschoß finden wir den sogenannten sienesischen Bogen (S. 54 Fig. 7): Über einem gedrückten Segmentbogen spannt sich ein vorgeblendeter Spitzbogen. Die Obergeschosse besitzen dreigeteilte Fenster mit eingestellten Säulchen, über die sich – wie im Untergeschoß – Spitzbögen spannen (S. 53 Fig. 13). In den

SIENA

Bogenfeldern ist das weiß-schwarze Stadtwappen, die *balzana*, eingelassen. Im Obergeschoß des Mittelblocks wurde zwischen altertümlichen zweigeteilten Fenstern das Christus-Monogramm des Hl. Bernhardin von Siena angebracht. Es erinnert uns an die Predigten des Franziskaner-Heiligen, die zeitweise auf dem Campo gehalten wurden, als Kirche und Piazza San Francesco die Menge nicht mehr faßten. Im zweiten Geschoß das großherzogliche Wappen.

Inneres (Museo Civico und Zugang zur *Torre del Mangia,* täglich 9–19, sonntags 9–14 Uhr, Ostersonntag, 1. Mai, 25. Dez. geschlossen).

Von der *Sala del Risorgimento* (Fresken mit Szenen aus dem Leben Vittorio Emanueles II., Ende 19. Jh.) geht es links zur *Torre del Mangia* (s. u.). Rechts führt eine Treppe zur *Loggia des Obergeschosses:* Statuen und Reliefs der Fonte Gaia, von JACOPO DELLA QUERCIA, 1409–19 (Abb. 100). Im *Hauptgeschoß* schließen sich an: *Sala di Balia* mit einem Freskenzyklus von SPINELLO und PARRI ARETINO, 1407: Szenen aus dem Leben des aus Siena gebürtigen Papstes Alexander III. (1159–81); *Sala dei Cardinali* (u. a. gemaltes Kruzifix, 13. Jh., und ein Ambrogio Lorenzetti nahestehendes Freskenfragment; *Sala del Concistoro,* Marmorportal von BERNARDO ROSSELLINO, 1448, Deckenfresken von DOMENICO BECCAFUMI, 1529–35; die drei großen Wandteppiche (Verherrlichung Ludwigs XIV.) entstanden in der Manufaktur von Gobelins nach Kartons von CHARLES LE BRUN.

Kapelle. Eisengitter, 1437; *auf dem Hauptaltar:* ›Hl. Familie mit dem Hl. Leonardo‹ von SODOMA, um 1535, Chorgestühl mit Intarsien von DOMENICO DI NICCOLÒ,

1415–28, Marienzyklus, Fresken von TADDEO DI BARTOLO, 1407.

Die große *Sala del Mappamondo* wird nach einer verlorengegangenen Weltkarte von AMBROGIO LORENZETTI benannt. – *Schmalseite links vom Eingang:* ›Maestà‹, Fresko mit Tempera von SIMONE MARTINI, 1315 (Abb. 102): die thronende Muttergottes von Heiligen (darunter die Stadttheiligen), Aposteln und Engeln umgeben. Das durch Wandfeuchtigkeit gefährdete Fresko wurde bereits 1321 von Simone Martini restauriert. – *Gegenüberliegende Wand:* ›Guidoriccio da Fogliano, Anführer der Sienesen, reitet zur Belagerung des Kastells Montemassi‹, Fresko von SIMONE MARTINI, 1328 (Farbt. 36). *Darunter* ein 1982 freigelegtes Fresko mit einem Kastell, Anfang 14. Jh. *Der Fensterwand gegenüber links:* ›Sieg der Sienesen über ein englisches Heer bei Sinalunga‹, von LIPPO VANNI, 1363; *rechts:* Sieg der Sienesen über die Florentiner bei Poggio Imperiale, 1479, von GIOVANNI DI CRISTOFANO und FRANCESCO D'ANDREA, 1480. – *An den Pfeilern:* Darstellungen sienesischer Heiliger und Seliger. *Von links nach rechts:* ›Sel. Bernado Tolomei‹, von SODOMA, 1533, ›Hl. Bernhardin‹, von SANO DI PIETRO, 1460, ›Hl. Katharina‹, von VECCHIETTA, 1461, ›Die Seligen Andrea Gallerani und Ambrogio Sansedoni‹, 17. Jh.

Sala della Pace. Sitzungssaal der Regierung der Neune mit Fresken von AMBROGIO LORENZETTI, 1337–39. – *Der Fensterseite gegenüber:* Allegorische Darstellung: die große bärtige sitzende Gestalt mit Szepter und Schild personifiziert die ›Gute Regierung‹ bzw. die Kommune Siena. Das Gewand hat die weiß-schwarzen Farben des Stadtwappens. Ihr Haupt ist von den Lettern CSCCV umgeben (das zweite C nachträglich hinzugefügt), den Anfangsbuchstaben von »Comune Senarum Civitatis Virginis« (Kommune der Sienesen, Stadt der Jungfrau). Auf ihrem Schild: Darstellung der ›Jungfrau mit Kind‹, Schutzpatronin der Stadt. Die Füße der ›Guten Regierung‹ ruhen auf der sienesischen Wölfin, die das Zwillingspaar Aschinus und Senius säugt. Über ihr schweben die christlichen Tugenden ›Glaube‹ (in der Betrachtung und Umarmung des Kreuzes), ›Liebe‹ (mit brennendem Herzen und Pfeil) und ›Hoffnung‹ (in der Betrachtung des Hauptes Christi). Zu ihren Seiten sitzen die vier weltlichen Tugenden sowie ›Gerechtigkeit‹ und ›Hochherzigkeit‹. Diese sind im Gegensatz zu den geistlichen in voller Körperlichkeit wiedergegeben. Die berühmte Gestalt des sich bequem anlehnenden ›Friedens‹ (Pace) gab dem Saal den Namen (Abb. 101). Die ›Gerechtigkeit‹ sitzt ein zweites Mal links im Bild. Sie bringt die Waage, die von der über ihr schwebenden ›Weisheit‹ gehalten wird, ins Gleichgewicht. Die austeilende (soziale) Gerechtigkeit bestraft und verteilt eine Krone, die ausgleichende (private) Gerechtigkeit tauscht Güter (nach Aristoteles, Nikomachische Ethik). Die ›Eintracht‹ (mit einem Hobel!) vereint in ihrer Hand zwei Schnüre, die von den Waagschalen ausgehen, die als eine einzige Schnur von vierundzwanzig Bürgern gehalten wird und die rechte Hand der ›Guten Regierung‹ bindet. Die Vierundzwanzig stellten die Regierung von 1236 bis 1270; nicht die zeitgenössische Regierung der Neune ist dargestellt.

Eingangswand: ›Auswirkung der guten Regierung auf Stadt und Land‹ (Farbt. 35): Ein Bild der Feste und des Alltagsleben im gotischen Siena und in der hügeligen Crete im Süden der Stadt. Großartiges Dokument vom Leben unter der 'Sicherheit' vor dem Ausbruch der großen Pest 1348.

Gegenüberliegende Wand: Stark zerstörtes Fresko der ›Schlechten Regierung‹ und ihrer Auswirkungen. Die gehörnte ›Tyrannis‹ mit Dolch und vergiftetem Becher wird von Lastern umgeben. Über ihrem Haupt schweben ›Eitelkeit‹, ›Hochmut‹ und ›Geiz‹, unter ihr wird die ›Gerechtigkeit‹ gefesselt.

Im anschließenden Raum u. a. ›Thronende Muttergottes‹, um 1260, von GUIDO DA SIENA, einem Vorläufer Duccios. Das Datum 1221 bezieht sich vermutlich auf ein älteres Altarretabel, das durch Guidos Bild ersetzt wurde.

Torre del Mangia, 1325–1344. Obschon der Turm an einer der niedrigsten Stellen der Stadt errichtet wurde, überragt er alle Türme und Bauwerke der Stadt. Das Risiko der Ausführung dieser kühnen Konstruktion trugen die Baumeister selbst. Nach dem Vorbild des Turmes vom Palazzo Vecchio in Florenz bildet eine auf Konsolen ruhende zinnenbewehrte Plattform den ersten Abschluß, auf der sich ein ebenfalls zinnenbekränztes Tabernakel erhebt. Diese Bekrönung aus Travertin über dem Ziegelsteinschaft wurde nach einem Holzmodell des Malers LIPPO MEMMI ausgeführt. Seit etwa 1400 wird der Turm nach dem Glöckner Mangiaguadagni 'Torre del Mangia' genannt. Die große Glocke von 1666, die der Maria Assunta geweiht ist und daher im Volksmund ›Sunto‹ genannt wird, ertönt nur bei besonderen Anlässen.

Cappella di Piazza. Nach Beendigung der Pest 1348 gelobten die Bürger Sienas den Bau dieser Kapelle, die 1352 von den Baumeistern der Dom-Opera begonnen wurde.

Renaissanceschmuck von ANTONIO FEDERIGHI, 1463–68. Skulpturen vom Ende des 14. Jahrhunderts. Auf dem Altar ein stark restauriertes Fresko von SODOMA, 1539.

Fonte Gaia. Der Brunnen wurde 1409 bis 1419 von dem Bildhauer JACOPO DELLA QUERCIA ausgeführt. Die stark verwitterten Skulpturen sind in einer Loggia des Palazzo Pubblico ausgestellt. Sie wurden 1868 durch verfälschende Kopien ersetzt.

3 Palazzo Sansedoni
Mehrere Privathäuser verschiedener Familien wurden 1339 von AGOSTINO DI GIOVANNI zu einem einzigen Palast zusammengefaßt, dessen Fassade der Rundung des Platzes folgt. Die Fensterform ist der des Palazzo Pubblico angeglichen – so schrieb es 1297 ein Gesetz für alle Häuser des Campo vor.

4 Loggia della Mercanzia
1417 bis 1444 in Formen der Gotik und Frührenaissance von SANO DI MATTEO und PIETRO DEL MINELLA errichtet. Obergeschoß 17. Jahrhundert. Rechte Marmorbank von ANTONIO FEDERIGHI mit fünf Darstellungen von Römern (u. a. Cicero und Cato), die für die Handelsherren als vorbildliche Bürger gelten konnten.

5 Dom Santa Maria
(Abb. 97; Farbt. 19) Begonnen um 1210. Der Dom ist das Ergebnis einer nahezu

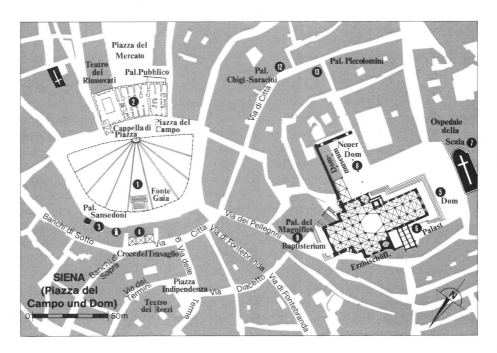

einhundertjähriger Bauzeit und mehrfacher Planänderungen. Da es über die Anfänge des Domes und den Beginn seiner Bauzeit nur wenige Dokumente gibt, ist die Baugeschichte nicht ohne hypothetische Rekonstruktionen darstellbar. Der Dom geht in seiner jetzigen Gestalt mit Querschiff, Kuppel und flachem Chorabschluß auf einen spätromanischen, Anfang des 13. Jahrhunderts begonnenen Bau zurück, von dem nur noch das Langhaus ohne die Gewölbe sowie der Kuppelraum erhalten sind. Vorbild der kreuzförmigen Anlage mit Vierungskuppel war der Pisaner Dom. Dieser Bau ist mehrfach erweitert worden: seit 1316 durch den Chor nach Osten, dazu war wegen des abschüssigen Geländes der Bau einer Unterkirche – der Taufkirche San Giovanni – erforderlich, und außerdem wurde das Querschiff verbreitert und verlängert. Das Langhaus wurde 1369 erhöht, so daß wir im Innern heute einen Teil des Äußeren der Kuppel sehen können.

Die *Marmorfassade* wurde 1284 begonnen. Ihre Ausführung leitete bis 1297 der aus Pisa berufene GIOVANNI PISANO, der die erste italienische Fassade mit einem Skulpturen-Zyklus im Sinne der französischen Gotik schuf. Sie wurde nach verändertem Plan im 14. Jahrhundert vollendet.

1258 hatten die Zisterzienser von San Galgano die Leitung des Dombaus inne. Dies führte zu der Annahme, daß der Dom der Anlage von San Galgano folge. Das ist insofern nicht richtig, als San Galgano erst 1220 begonnen wurde und das Innere des älteren Domes schon teilweise fertiggestellt sein mußte. Möglicherweise gehen die gotischen Fensterformen, vielleicht auch der flache Chorabschluß auf Zisterzienserbauten zurück. Doch die Anlage des Querschiffes, die Kuppel und überhaupt der Gesamtcharakter des Domes mit farbiger Marmorverkleidung und aufwendiger Fassade haben mit Zisterzienserbaukunst nichts gemeinsam.

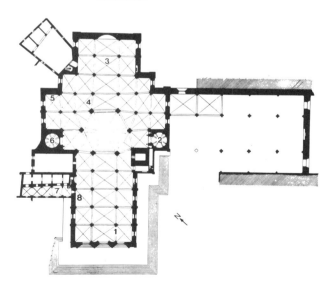

Siena: Dom, Grundriß

Inneres: Das basilikale Langhaus ist durch hohe rundbogige Arkaden, die auf quadratischen Säulen mit halbkreisförmigen Vorlagen ruhen, in drei Schiffe geteilt. Wie in der Pisaner und Luccheser Romanik sind Wände und Pfeiler mit dunkelgrünen und weißen Marmorstreifen belebt, eine Farbenkombination, die an das sienesische Stadtwappen erinnert. Unter dem stark hervortretendem Gesims sind zwischen den Kragsteinen Büsten von 171 Päpsten (15. und 16. Jahrhundert) aufgestellt.

Der Kuppelraum hat einen ungewöhnlichen, sechseckigen Grundriß. Er fügt sich nur schwer in die Jochfolge des Lang- und Querhauses ein.

Ausstattung (s. den Grundriß S. 287)

Der Dom von Siena gehört zu den mit Bildwerken am reichsten ausgestatteten Kirchen der Christenheit. Einzigartig sind die 'Gemälde' des Marmorfußbodens. Sie wurden von Anfang des 15. Jahrhunderts bis 1562 ausgeführt. Sie zeigen Sibyllen und Propheten, alttestamentarische Szenen, Personifikationen der Tugenden und Allegorien. In den älteren, nur in der Woche vor Mariä Himmelfahrt (15. August) sichtbaren Feldern sind die Linien in den Marmor eingeritzt und mit Teer ausgefüllt. Bei den späteren Arbeiten werden wie bei einem Mosaik zwei- oder mehrfarbige Marmorstücke nebeneinandergelegt – ein Verfahren, das zu malerischen Effekten führte. Von den Künstlern, die Entwürfe lieferten, seien hervorgehoben: DOMENICO DI NICCOLÒ (›David und Goliath‹, ›David als Psalmendichter‹, 1423); PIETRO DEL MINELLA, der vermutlich ›Absaloms Tod‹ 1447 ausführte; MATTEO DI GIOVANNI (›Bethlehemitischer Kindermord‹, 1481, ›Samische Sibylle‹,

Siena: Fußboden des Domes, ›Hellespontische Sibylle‹ von Neroccio di Bartolomeo, 1481/83

1481–83); VITO DI MARCO (Vier Sibyllen, 1481–83); PINTURICCHIO (›Fortuna‹ oder ›Hügel der Tugend‹, 1504) und DOMENICO BECCAFUMI, der zwischen 1518 und 1547 Bildfelder entwarf (›Quellwunder des Moses‹, 1525, ›Isaaks Opferung‹, 1547).

1 *Weihwasserbecken,* von ANTONIO FEDERIGHI, 1462/63.

2 *Cappella Chigi.* 1659–62 wurde eine Votivkapelle des 15. Jahrhunderts für das Bild der ›Madonna del Voto‹ (zweite Hälfte 13. Jahrhundert) im Auftrage von Papst Alexander VII. aus der sienesischen Familie Chigi erneuert. Die Entwürfe lieferte GIAN LORENZO BERNINI, der auch die Skulpturen des Hl. Hieronymus und der Maria Magdalena links und rechts vom Eingang schuf: hochbarocke Bildwerke voller Leidenschaft und sinnlicher Hingabe.

3 *Hochaltar,* von PERUZZI 1506–32. Bronzeziborium von LORENZO DI PIETRO, ge-

nannt IL VECCHIETTA, 1472. Zwei kerzentragende Engel von GIOVANNI DI STEFANO, 1489. Zwei weitere kerzentragende Bronzeengel von FRANCESCO DI GIORGIO MARTINI, 1497–99.

An den Pfeilern: acht kerzentragende Bronzeengel von DOMENICO BECCAFUMI, der auch die (z. T. ergänzten) Fresken der Apsis malte.

Das runde *Glasfenster* an der Stirnwand (›Tod, Himmelfahrt und Krönung Mariens‹) wurde 1287/88 in Auftrag gegeben. Der Entwurf stammt wohl von DUCCIO.

Chorgestühl, 1363–97. Von den ursprünglich 90 Sitzen sind 36 an den Seitenwänden erhalten. Die Intarsien stammen von FRA' GIOVANNI DA VERONA, 1503. Das mittlere Chorgestühl wurde 1567–70 nach Entwürfen von RICCIO ausgeführt.

4 *Kanzel.* Wie wir aus der Vertragsurkunde wissen, wurde sie 1266–68 von NICOLA PISANO und seinen Gehilfen ARNOLFO DI CAMBIO, DONATO und LAPO DI RICEVUTO sowie seinem Sohne GIOVANNI ausgeführt. Diese zweite der vier großen Kanzeln der Pisani erweitert das Programm jener älteren des Pisaner Baptisteriums um die Personifikationen der Sieben freien Künste (an der Basis der Mittelsäule), die jetzt gemeinsam mit den Tugenden, deren Zahl auf acht erhöht wurde, die Szenen des Evangeliums 'tragen'. Auch wenn es schwer ist, den Anteil Nicolas von dem seiner Gehilfen abzugrenzen, läßt sich doch erkennen, daß sich sein Stil gewandelt hat. Die Reliefs schildern mehr Einzelheiten. Der Einfluß der französischen Gotik zeigt sich deutlicher: Die Figuren wirken geschmeidiger, die Gewänder fallen weicher.

5 *Grabmal des Kardinals Riccardo Petroni,* von dem sienesischen Bildhauer TINO DI

CAMAINO, 1317/18. Im Boden eingelassen: Bronzene Grabplatte des Bischofs Giovanni Pecci von Donatello, 1426.

6 *Johanneskapelle.* Die für eine Armreliquie Johannes des Täufers 1482 von GIOVANNI DI STEFANO erbaute Renaissance-Kapelle enthält eine Bronzestatue Johannes des Täufers aus DONATELLOS später Schaffenszeit, 1457, eine Statue der Hl. Katharina von Alexandrien von NEROCCIO, 1487 (rechts), und einen Freskenzyklus von PINTURICCHIO, 1504/05, mit Szenen aus dem Leben des Täufers und zwei Porträts des Auftraggebers der Kapelle, Alberto Aringhieri, als jugendlicher Ritter und als Malteserritter auf Rhodos. Die ›Taufe Christi‹ und die ›Enthauptung des Täufers‹ teilweise auch die ›Geburt des Täufers‹ wurden im 17. Jh. von IL RUSTICHINO übermalt. ›Johannes im Kerker‹ wurde 1868 erneuert.

7 *Libreria Piccolomini* (9–19 Uhr, sonn- und feiertags 9–18 Uhr, im Winter 9–17 Uhr, sonn- und feiertags 9–13 Uhr, Eintrittsgeld) Gestiftet 1495 von Kardinal Francesco Todeschini Piccolomini, dem späteren Papst Pius III., zum Andenken an seinen Onkel Papst Pius II., dessen wertvolle Handschriftensammlung die Bibliothek aufnehmen sollte. Der Eingang wird von einer reich verzierten Marmorarchitektur umrahmt. *Oberhalb des Eingangs:* ›Krönung von Papst Pius III.‹, Fresko von PINTURICCHIO, 1504.

Im *Innern* vorzüglich erhaltene Fresken von PINTURICCHIO 1502/03 und 1505–07, die Decke unter Mithilfe von Schülern. Sie schildern das kirchenpolitische Wirken des Papstes Pius II. aus der sienesischen Familie Piccolomini.

Der humanistisch gebildete Enea Silvio Piccolomini (1405–1464), erbaute die Ideal-

SIENA

Stadt Pienza (s. S. 250), verfaßte historische und literarische Schriften, darunter erotische Komödien. Er war gleichzeitig ein glühender Verehrer des Hl. Bernhardin und der Hl. Katharina von Siena. Die Freskenfolge beginnt rechts von der Fensterwand: 1. Der siebenundzwanzigjährige Piccolomini begibt sich zum Konzil nach Basel. Durch einen Sturm wird das Schiff an die afrikanische Küste verschlagen; 2. Piccolomini als Botschafter des Konzils vor König Jakob I. von Schottland; 3. Piccolomini wird von Kaiser Friedrich III. zum Dichter gekrönt; 4. Piccolomini als Botschafter des Kaisers bei Papst Eugenius IV., der ihm den Bischofshut aufsetzt; 5. Piccolomini führt als Erzbischof von Siena die Verlobten Friedrich III. und Eleonora von Aragonien bei der Porta Camollia zusammen; 6. Piccolomini erhält aus den Händen von Papst Calixtus IV. den Kardinalshut; 7. Krönung zum Papst; 8. Pius II. ruft in Mantua zum Kreuzzug gegen die Türken auf; 9. Pius II. spricht Katharina von Siena heilig; 10. Der kranke Pius II. in Ancona, um den Kreuzzug zu beschleunigen.

Die Keramikfliesen des Fußbodens zeigen das Piccolomini-Wappen. In der Mitte der Bibliothek überrascht die von Francesco Todeschini Piccolomini erworbene Figurengruppe der ›Drei Grazien‹, römische Kopie nach griechischem Vorbild.

Die wertvolle Handschriftensammlung und die Bücherregale gingen verloren. In den Schaukästen werden Choralbücher mit Miniaturen u. a. von LIBERALE DA VERONA, 1455–78, und GIROLAMO DA CREMONA, 1468–74, gezeigt.

8 *Piccolomini-Altar.* 1481 auf Veranlassung des Kardinals Francesco Piccolomini von ANDREA BREGNO begonnen. Der junge

MICHELANGELO erhielt den Auftrag zu 15 Statuetten, von denen er zwischen 1501 und 1504 die des Hl. Paulus (links unten) und die des Hl. Petrus (rechts unten) eigenhändig ausführte. Die Muttergottes in der mittleren Nische der Attika ist vermutlich ein Jugendwerk JACOPO DELLA QUERCIAS, um 1400.

Taufkirche San Giovanni

Zugang beim Palazzo del Magnifico, Gebäude Nr. 9. Für die Erweiterung des Domchores (1316) auf dem steil abfallenden Hügel waren Substruktionen erforderlich. Die Errichtung einer Unterkirche bot sich an. Sie wurde bis 1325 ausgeführt. Die drei Schiffe von je zwei Jochen entsprechen dem erweiterten Chorteil des Domes. Die *Fassade* wurde erst 1382 hinzugefügt. Obschon sie nicht fertiggestellt werden konnte, wirkt sie in ihrer klaren Gliederung und zurückhaltenden Plastizität einheitlicher als die aufwendige, nach mehrfach geänderten Plänen ausgeführte Hauptfassade des Domes.

Inneres. Die für das 14. Jahrhundert charakteristischen weitgespannten Gewölbe ruhen auf voluminösen Pfeilern, die auch die Last des Domchores zu tragen haben. *An den Gewölben:* Freskenzyklus mit Darstellungen von Propheten, Sibyllen, Glaubenssätzen des Credo, von IL VECCHIETTA und anderen Malern des 15. Jahrhunderts, im 19. Jahrhundert vollständig übermalt.

An der Ausschmückung des 1417 begonnenen Taufbeckens haben JACOPO DELLA QUERCIA, DONATELLO und GHIBERTI mitgewirkt. Wenn auch diese drei Frührenaissance-Bildhauer der ersten Generation um einheitliche Wirkung bemüht waren, bieten sie sich dennoch zu einem direkten Stilvergleich an. Der vierte der beteiligten Künstler, GIOVANNI TURINO, stand stark unter dem

Einfluß von Ghibertis erster Florentiner Baptisteriums-Tür. Die Reliefs zeigen Szenen aus dem Leben Johannes des Täufers. An der Seite gegenüber dem Altar beginnend: 1. ›Ein Engel verkündet Zacharias die Geburt des Täufers‹, von JACOPO DELLA QUERCIA, 1428/29; 2. und 3. ›Geburt‹ und ›Predigt des Täufers‹, von GIOVANNI DI TURINO, 1427; 4. ›Taufe Christi‹, von LORENZO GHIBERTI; 5. ›Gefangennahme des Johannes‹, von L. GHIBERTI, unter Mithilfe von GIULIANO DI SER ANDREA; 6. ›Enthauptung des Täufers‹ und ›Gelage des Herodes‹, von DONATELLO, 1427, der 1429 auch zwei der sechs Eckstatuetten schuf: ›Glaube‹ (mit Kelch) und ›Hoffnung‹ (daneben rechts).

Das Marmortabernakel entwarf JACOPO DELLA QUERCIA, 1427–29, der auch die Nischenstatuetten der Propheten und die Marmorstatuette Johannes des Täufers (auf der Spitze) schuf. *Zwischen den Tabernakel-Giebeln:* Bronzeengel (der tanzende und der trompetenblasende) von DONATELLO.

6 Erzbischöflicher Palast

1718–23 errichtet, Beispiel einer historisierenden Architektur in gotischen Stilformen aus der Barockzeit.

7 Ospedale di Santa Maria della Scala

13. bis 14. Jahrhundert. Das Hospital wird 'della Scala' genannt, weil es gegenüber der Domtreppe liegt. In der *Sala del Pellegrinaio* Freskenzyklus von DOMENICO DI BARTOLO, 1440–43, und anderen Malern des 15. und 16. Jahrhunderts. Themen der Fresken sind die Aufgaben des Hospitals: Krankenpflege, Almosenverteilung, Betreuung der Waisenkinder.

Die einschiffige *Spitalkirche Santissima Annunziata* wurde 1252 errichtet, 1466 erneuert.

8 Duomo Nuovo

1339 begannen die Sienesen diesen gigantischen Bau des 'Duomo Nuovo', für den der bestehende Dom als Querschiff dienen sollte. Als nach der Pest von 1348 die begonnenen Teile Neigungen und Risse zeigten, mußte aufgrund des Gutachtens eines Florentiner Baumeisters das Projekt aufgegeben werden, gefährdete Teile wurden abgerissen. Die erhaltenen Fragmente geben eine Vorstellung von der Größe und Weite, die eine Kathedrale des 14. Jahrhunderts erreichen konnte. Unüblicherweise begann man in Siena schon während der Rohbauarbeiten mit der Marmorverkleidung und dem Skulpturenschmuck (Farbt. 24).

Opera Metropolitana (Dommuseum, werktags 9–13 Uhr, 15–18 Uhr, Juni bis September bis 19 Uhr, sonn- und feiertags 9–13 Uhr, im März, April, Mai und Oktober zusätzlich 15–17 Uhr. Außerhalb der Saison, November bis Februar, 9.30–14 Uhr, sonn- und feiertags 9.30–13 Uhr, 15–18 Uhr).

Das Museum der Dom-Opera wurde in den drei Seitenschiffsjochen des unvollendeten neuen Domes eingebaut. Das *Erdgeschoß* zeigt u. a. die von GIOVANNI PISANO und seinen Mitarbeitern geschaffenen Originalskulpturen der Domfassade, 1284–97, und ein Relief JACOPO DELLA QUERCIAS ›Der Hl. Abt Antonius empfiehlt Kardinal Antonio Casini der Muttergottes‹. *Im ersten Stockwerk:* DUCCIOS ›Maestà‹ bis 1506 Hauptaltarbild des Domes, nach der Fertigstellung am 9. Juni 1311 unter Anteilnahme

SIENA

der gesamten Bevölkerung durch die Straßen Sienas getragen (Farbt. vordere Umschlagklappe). Die Vorderseite zeigt die
Thronende Muttergottes, umgeben von Engeln und Heiligen, darunter die vier knienden Stadtheiligen Sienas (Ansanus, Savinus,
Crescentius und Viktor). Beachtenswert ist
die lateinische Inschrift, die auf die Bedeutung der Muttergottes für den Frieden der
Stadt hinweist und den Künstler nennt, der
für die Ausführung dieses großen Altarreta-
bels ein außergewöhnlich hohes Honorar
erhielt: »Muttergottes – gewähre Siena Frieden und Duccio Leben – der dich so schön
gemalt hat«. Die kleinen Tafeln der Eingangswand bildeten ursprünglich die Rückseite des Altaraufsatzes. Die Predellentafeln
sind, soweit sie nicht in auswärtige Museen
gerieten, rechts davon an der Längswand
ausgestellt.
In demselben Raum: Madonnenbild aus
Crevole, von Duccio, 1233; ›Geburt Mariens‹, von Pietro Lorenzetti, 1342 (Spät-
werk). *Zweiter Stock:* ›Madonna mit den
großen Augen‹, ältestes Zeugnis sienesischer Malerei um 1230–50, einstmals
Hauptaltarbild des Domes, 1311 durch
Duccios ›Maestà‹ ersetzt; weitere sienesische Gemälde von Ambrogio Lorenzetti,
Matteo di Giovanni, Beccafumi und anderen.
Von der *Aussichtsterrasse,* deren Zugang
leicht zu übersehen ist, eindrucksvoller
Blick auf den Dom und die übrige Stadt (vgl.
Farbt. 27).

9 Palazzo del Magnifico

1508 für den Stadtherrn Sienas, Pandolfo
Petrucci (Il Magnifico), nach Plänen von
Giacomo Cozzarelli errichtet.

10 San Sebastiano in Valle Piatta

(Falls geschlossen, wende man sich an die
benachbarte *Contrada della Selva,* der die
Kirche gehört). Zentralbau in Form eines
griechischen Kreuzes, Anfang 16. Jahrhundert von Girolamo Ponzi errichtet. Die
Lage am abschüssigen Gefälle erforderte
eine große gewölbte Unterkirche als Sub-
struktionsbau.

11 Palazzo del Capitano di Giustizia

Um 1300 als Privatpalast erbaut, 1359 von
der Kommune erworben, seit 1457 wieder
in Privatbesitz, 1840 restauriert.

12 Palazzo Chigi-Saracini

Im 12. Jahrhundert begonnen; in seiner jetzigen äußeren Gestalt auf das 14. Jahrhundert zurückgehend, im 18. Jahrhundert teilweise erneuert. Fassade mit typisch sienesischen Bogenformen (vgl. den Palazzo Pubblico). Der Palazzo Chigi beherbergt seit
1932 die *Accademia Musicale Chigiana,* die
im Sommer Meisterkurse für Instrumentali-
sten und Sänger sowie Konzerte verantaltet.
Im Innern befindet sich eine *Gemäldegalerie* sienesischer Meister des 13. bis 15. Jahrhunderts, die nur mit Spezialerlaubnis zu
besichtigen ist.

13 Palazzo Piccolomini

Auch ‘delle Papesse’ (‘der Päpstin’) genannt.
Dieser Palast wurde für Caterina Piccolomini, die Schwester Papst Pius II., wahrscheinlich nach Plänen von Bernardo Rossellino, 1460–65, im Stil der Florentiner
Frührenaissance erbaut. 1864 restauriert.

14 Pinacoteca Nazionale

(Farbt. 37) Im Palazzo Buonsignori, erste Hälfte 15. Jahrhundert. Die bedeutende *Gemäldesammlung* wurde 1932 eröffnet. Sie konzentriert sich auf die Malerei Sienas von den Anfängen im 13. Jahrhundert bis in die Barockzeit. Vorläuferin war die Galleria dell'Istituto Provinciale di Belle Arti, 1816, die auf eine Sammlung zurückgeht, die im 18. Jahrhundert Abt Giuseppe Ciaccheri gegründet hatte. Der Rundgang beginnt im zweiten Stockwerk mit den frühen Gemälden von GUIDO DA SIENA, DUCCIO, SIMONE MARTINI, PIETRO und AMBROGIO LORENZETTI, LIPPO MEMMI etc.

15 Sant'Agostino.

Die Ordenskirche der Augustiner wurde 1258 errichtet, das Innere 1755 barockisiert. *Zweiter Altar rechts:* ›Christus am Kreuz‹ von PERUGINO, 1506.

Die *Cappella Piccolomoni* enthält bedeutende Gemälde: ›Maestà‹, Fresko von AMBROGIO LORENZETTI, vielleicht von einem Gehilfen um 1340–48 ausgeführt, ›Bethlehemitischer Kindermord‹ von MATTEO DI GIOVANNI, 1487. *Altar:* ›Anbetung der Könige‹, von SODOMA, erste Hälfte 16. Jahrhundert.

16 Palazzo Pollini

Renaissancepalast des sienesischen Architekten und Malers BALDASSARRE PERUZZI (1481–1536).

Terzo di Camollia

17 Palazzo Tolomei

Der bereits 1205 bezeugte Familienpalast der Tolomei dürfte in seiner jetzigen regelmäßigen Gestalt auf das 14. Jahrhundert zurückgehen. Portal und Fenster des Untergeschosses sind das Ergebnis von Restaurationen des 19. und 20. Jahrhunderts.

18 Palazzo Salimbeni

Im 14. Jahrhundert errichtet, 1879 vergrößert und durch Restauration verändert.

Vor dem Palast im *Zentrum der Piazza Salimbeni:* Denkmal für den Ökonomen Sallustio Bandini (1677–1760), 1882. *Linke Platzseite:* Palazzo Tantucci, von RICCIO, 1548. *Rechte Platzseite:* Palazzo Spannocchi, im Stile der Florentiner Frührenaissance von GIULIANO DA MAIANO 1473 errichtet, 1880 verändert.

19 Santa Maria di Provenzano

1594 von FLAMINIO DEL TURCO nach Plänen von DAMIANO SCHIFARDINI errichtet. Einschiffiger Raum mit kurzem Querschiff und Kuppel auf oktogonalem Tambour. Die Kirche wurde zu Ehren des Muttergottesbildes ›Madonna di Provenzano‹ (auf dem Hochaltar) erbaut, das sich einst im Besitz des Provenzano Salvani, des Anführers der Sienesen bei der Schlacht von Montaperti (1260) befand. *An den Vierungspfeilern:* Drei türkische Fahnen aus Kriegen des 17. und 18. Jahrhunderts und eine Fahne des chinesischen Boxeraufstandes (1901).

20 San Francesco

(s. den Grundriß S. 294) 1326 nach Entwürfen des AGOSTINO DI AGNOLO begonnen, 1475 beendet. Campanile 1765, Fassade 1894–1913. Für die Bettelordenskirchen charakteristischer T-förmiger Grundriß. Die weiß-schwarze Streifung des Innern täuscht Marmorverkleidung vor.

Kreuzgang, 15. Jahrhundert.

SIENA

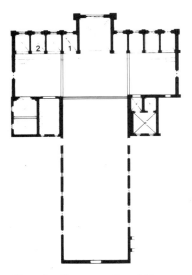

Siena: San Francesco, Grundriß

1 ›Kreuzigung‹, Fresko von PIETRO LO-RENZETTI, um 1331.
2 ›Eintritt des Hl. Ludwig von Toulouse in den Franziskanerorden‹ (in Gegenwart seines Bruders König Robert von Neapel legt der Heilige vor Papst Bonifaz VIII. die Ordensgelübde ab), und ›Martyrium der ersten Franziskaner in Ceuta‹, Fresken von AMBROGIO LORENZETTI, um 1331.

21 Oratorium des Hl. Bernhardin

Im 15. Jahrhundert an der Stelle errichtet, wo der Franziskaner-Prediger gewöhnlich betete. *Im Obergeschoß:* Fresken von SO-DOMA, BECCAFUMI und anderen.

22 Chiesa di Fontegiusta

1482–84 nach Plänen von FRANCESCO DI CRISTOFERO FEDELI und GIACOMO DI GIO-VANNI errichtet. Dreischiffige und dreijo-chige Hallenkirche mit Kreuzgratgewölben auf quadratischem Grundriß. Die schlichte Fassade besitzt ein Marmorportal von UR-BANO DA CORTONA, 1489.
Auf dem Hauptaltar: Marmortabernakel von MARRINA (unter Mitarbeit von MICHE-LE CIVILI), 1509–19.
Linke Seitenwand: ›Eine Sibylle kündigt Kaiser Augustus die Geburt des Erlösers an‹, Fresko von BALDASSARRE Peruzzi, um 1528.

23 Museo Archeologico

(9–14 Uhr, sonntags 9–13 Uhr, montags geschlossen.) Das Museum zeigt vorge-schichtliche etruskische und römische Fun-de aus dem sienesischen Landgebiet und der südlichen Toscana, insbesondere auch aus *Chiusi.*

24 Haus der Hl. Katharina

(8–12.30, 15.30–19.30 Uhr) Nach der Hei-ligsprechung der Catarina Benincasa 1461, wurde das elterliche Haus, in welchem die Heilige geboren wurde, in eine Gedenkstät-te mit Oratorien umgewandelt. Die *Loggia* wurde 1533 nach Plänen von PELORI ge-baut, den *Portikus* stifteten 1941 die Ge-meinden Italiens. In der ehemaligen Küche mit Überresten des Herdes, ist das sog. *obere Oratorium* eingerichtet. *Über dem Renaissancegestühl:* Siebzehn Gemälde mit Szenen aus dem Leben der Hl. Katharina, des Hl. Bernhardin, der Seligen Ambrogio Sansedoni, Giovanni Colombini und An-drea Gallerani. Das *Oratorio del Crocifisso* entstand im ehemaligen Garten, das *Orato-rio delle Camere* im Schlafzimmer der Heili-gen (Fresken von 1896). Das *untere Orato-rium, das auch Oratorio di Santa Caterina*

Fontebranda genannt wird, wurde 1473 im ehemaligen Färberladen des Vaters errichtet. Es gehört heute der *Contrada dell'Oca* (Contrade der Gans). Holzstatue der Hl. Katharina, von NEROCCIO, um 1474.

25 Fonte Branda

Das bereits 1048 erwähnte Brunnenhaus ist in seiner jetzigen Gestalt mit Spitzbogen und Zinnen 1246 errichtet worden.

26 San Domenico

(S. den untenstehenden Grundriß) Langhaus 1225–1254. Zur Errichtung des Querschiffes im Anfang des 14. Jahrhunderts war der Bau einer weiträumigen gewölbten Unterkirche erforderlich, in der Tote bestattet wurden und die daher *chiesa dei morti* genannt wird (Zugang an der rechten Seite des Langhauses).

1 *Kapelle* mit Kreuzgewölben, die auf einem der Pfeiler ruhen, an dem – laut Schrifttafel – die Hl. Katharina in Ohnmacht fiel. *Über dem Altar der Kapellenmittelwand:* Ältestes Bildnis der Hl. Katharina, Fresko von ANDREA VANNI, das zu ihren Lebzeiten oder bald nach ihrem Tode 1380 entstand.

Siena: San Domenico, Grundriß

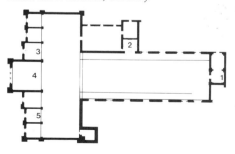

2 *Kapelle der Hl. Katharina*, 1488. Marmortabernakel von GIOVANNI DI STEFANO, 1466, Reliquiar mit dem Haupt der in Rom verstorbenen und bestatteten Heiligen, 1950. *Links und rechts vom Altar:* ›Ohnmacht und Ekstase der Heiligen‹, Fresken von SODOMA, 1526 (Abb. 104); *linke Kapellenwand:* ›Die Heilige spendet dem zum Tode Verurteilten Niccolò di Tuldo Trost‹, Fresko von SODOMA; *rechte Kapellenwand:* ›Die Heilige befreit eine Besessene vom Dämon‹, Wandgemälde in Öl von FRANCESCO VANNI, 1593.

3 ›Muttergottes mit den Heiligen Johannes dem Täufer und Hieronymus‹, von MATTEO DI GIOVANNI, zweite Hälfte 15. Jahrhundert.

4 *Chorkapelle.* Marmorziborium und Leuchterengel, von GIULIANO DA MAIANO, um 1475.

5 *Rechte Wand:* ›Hl. Barbara zwischen Engeln, den Heiligen Magdalena und Katharina von Alexandrien‹, von MATTEO DI GIOVANNI. *In der Lünette:* ›Anbetung der Könige‹, ebenfalls von MATTEO DI GIOVANNI, 1479. *Linke Wand:* ›Muttergottes mit Heiligen‹, von BENVENUTO DI GIOVANNI, 1483.

27 Palazzo Piccolomini

Erbaut 1469, nach Plänen von BERNARDO ROSSELLINO, der sich – wie beim Palazzo Piccolomini in Pienza – an ALBERTIS Florentiner Palazzo Rucellai orientierte. Sitz des Staatsarchivs (werktags 11–13 Uhr), mit einer Sammlung von Einband-Täfelchen der Rechnungsbücher der Biccherna, der sienesischen Finanzverwaltung, von 1258 bis 1659. Zu den Malern dieser Täfelchen zählen die Brüder LORENZETTI, GIOVANNI DI PAOLO, DOMENICO BECCAFUMI.

SIENA

28 Loggia del Papa

(Loggia des Papstes). Errichtet 1462 von
ANTONIO FEDERIGHI im Auftrage von
Papst Pius II. Die Inschrift lautet: »Pius II
pont. Max. Gentilibus Suis Picolomineis«
(Papst Pius II. seinen Verwandten Piccolo-
mini).

29 Santa Maria dei Servi

Die Ordenskirche der Serviten wurde im
13. Jahrhundert begonnen, 1473–1528 wurde das Langhaus gewölbt und im Renaissancestil umgebaut.

Campanile aus dem 13. Jahrhundert.

Rechtes Seitenschiff: ›Madonna del Bar-
done‹, 1261, vom florentinischen Maler
COPPO DI MARCOVALDO, der 1260 bei
Montaperti in sienesische Gefangenschaft
geriet. Das Tafelbild wurde von einem
Nachfolger DUCCIOS Anfang des 14. Jahr-
hunderts übermalt. *Vierter Altar des rechten
Seitenschiffs:* ›Bethlehemitischer Kinder-
mord‹, von MATTEO DI GIOVANNI, zweite
Hälfte 15. Jahrhundert.

Zweite Querschiffskapelle rechts: ›Bethlehemitischer Kindermord‹, Fresko von PIE-
TRO LORENZETTI, um 1330–40. *Am Altar:*
›Madonna del Popolo‹, von LIPPO MEMMI,
um 1317.

Hochaltar: Krönung Mariens, von BER-
NARDINO FUNGAI, 1500.

Zweite Querschiffskapelle links: ›Gastmahl des Herodes‹, ›Erweckung der Drusiana durch Johannes den Evangelisten‹ und
›Himmelfahrt des Johannes‹, Fresken von
PIETRO LORENZETTI, wohl von einem Mitarbeiter um 1330–40 ausgeführt.

Abschlußkapelle des linken Querschiffs:
›Madonna della Misericordia‹ (Schutzmantelmadonna), von GIOVANNI DI PAOLO,
1436.

30 Chiesa dell'Osservanza

(Im Nordwesten der Stadt, außerhalb der
Mauern, auf der Strada di Scacciapensieri,
Autobuslinie 8, etwa 3 km Fahrt: Porta Ovi-
le-Via Simone Martini-SS 408 Chiantigiana
– links abbiegen in die Strada Scacciapensieri).

Errichtet 1474–90, nach GIACOMO COZ-
ZARELLI zugeschriebenen Plänen an der
Stelle einer zu Anfang des 15. Jahrhunderts
vom Hl. Bernhardin errichteten Kirche.

Das einschiffige Langhaus ist von acht
Seitenkapellen umgeben, das Presbyterium
von einer Kuppel gewölbt. Nach einem
Bombenangriff 1944 wurde die Kirche aus
alten Backsteinen wieder aufgebaut, wobei
auch der Stuck und die Terrakottadekora-
tionen der Innenfassade, der Gewölbe und
der Kuppel erneuert wurden.

Dritte Kapelle rechts: Reliquiar des Hl.
Bernhardin von FRANCESCO D'ANTONIO,
1454. *Vierte Kapelle rechts:* ›Madonna mit
dem Hl. Ambrosius und dem Hl. Hieronymus‹, Triptychon eines unbekannten
Meisters, der nach diesem Werk MAESTRO
DELL'OSSERVANZA genannt wird, 1436.

Auf den Pfeilern des Triumphbogens:
›Verkündigung‹, Terrakotta-Gruppe von
ANDREA DELLA ROBBIA.

Zweite Kapelle links: ›Krönung Mariens‹,
Terrakotta-Gruppe von ANDREA DELLA
ROBBIA.

Sakristei: Pietà von GIACOMO COZZA-
RELLI, wohl Ende 15. Jahrhundert.

In einem kleinen *Museum* rechts von der
Sakristei sind Gemälde, Skulpturen (u. a.
ein beschädigter Christuskopf von LAUDI DI
PIETRO, 1337) Meßbücher, Buchmalereien,
Goldschmiede- und Korallenarbeiten aus-
gestellt. Von der *Terrasse* Aussicht auf
Siena.

San Gimignano

Die kleine Bergstadt zeichnet sich durch ein nahezu authentisches mittelalterliches Stadtbild aus (Abb. 115, 116). San Gimignano besitzt noch einige der mittelalterlichen Geschlechtertürme, die in anderen Städten nur als Stümpfe erhalten blieben. Wie Siena verdankt die Stadt ihre Existenz der Frankenstraße, jenem Hauptverkehrsweg des mittelalterlichen Italiens, auf dem Händler und Pilger vom Norden nach Rom zogen. Der Ort bildete sich als Marktstätte zwischen dem frühmittelalterlichen *Castello* (an der Stelle des ehemaligen Dominikanerklosters) und der *Pieve*, dem Vorgängerbau der *Collegiata*. Ende des 10. oder Anfang des 11. Jahrhunderts wurde ein erster Mauerkreis angelegt, dessen Verlauf drei noch erhaltene Stadttore markieren: im Norden der *Arco della Cancelleria*, im Osten die *Porta Santo Stefano*, im Süden der *Arco dei Becci*. Vom 11. Jahrhundert an dehnte sich das Stadtgebiet entlang der Frankenstraße in nördlicher und südlicher Richtung aus.

Der Verlauf der Straße läßt sich leicht am Stadtplan ablesen (s. S. 299): Vom Norden kommend führt sie als *Via San Matteo* zu den beiden Hauptplätzen, der *Piazza del Duomo*, an dem die wichtigsten öffentlichen Gebäude liegen, und zur *Piazza della Cisterna*. Als *Via San Giovanni* setzt sie sich fort, um bei der *Porta San Giovanni* das Stadtgebiet in Richtung Colle di Val d'Elsa zu verlassen. Am Ende des 12. Jahrhunderts wurde ein neuer Befestigungsring angelegt, der nun auch die *borghi*, die Vororte San Giovanni und San Matteo umschloß. Diese zweite Mauer war die endgültige. Sie ist mit ihren Stadttoren noch heute weitgehend erhalten. (Die zylindrischen Türme wurden ihr erst zu Anfang des 16. Jahrhunderts hinzugefügt.)

An die Existenz des frühmittelalterlichen Castello erinnern die *Via di Castello*, eine der ältesten Straßen, und die Kirche *San Lorenzo in Ponte*, die bei der Zugbrücke lag. Auch für die mittelalterliche Entstehungslegende lag im Castello der Ursprung der Stadt: Silvius, ein in die Verschwörung des Catilina verwickelter junger Römer, floh zusammen mit Mucius ins Elsa-Tal und gründete das Castello, das man *Silvia* nannte. Auf eine römische Gründung von San Gimignano gibt es jedoch keinen archäologischen Hinweis. Doch wurden in der Umgebung des Stadthügels, so bei der Pieve von Cellole, Gräber gefunden, die von einer spärlichen etruskischen Besiedlung zeugen. Das Castello gehörte mindestens seit dem Jahr 929 den Bischöfen von Volterra, und es waren die Bischöfe, die auch die Herrschaft über die sich ausdehnende Stadt ausübten. Den von den Bürgern gewählten

SAN GIMIGNANO

Konsuln gelang es relativ spät, erst 1199, Verträge ohne Zustimmung des Bischofs zu unterzeichnen.

Obschon San Gimignano nie Bischofssitz war, sondern zur Diözese Volterra gehörte (die 1783 nach Colle Val d'Elsa verlegt wurde), und somit auch keine Stadtrechte erlangte, verlief die politische Entwicklung der Landkommune in ähnlichen Schritten wie die der großen Städte. Die Regierung der Konsuln wurde durch den Podestà abgelöst, dem ein kleiner und ein großer Rat zur Seite standen. Dem großen Rat gehörten 1200 Mitglieder an, eine bemerkenswert hohe Zahl bei einer etwa 6000 zählenden Einwohnerschaft.

Bis ins 14. Jahrhundert hatte die freie Kommune mit den Bischöfen von Volterra in langjährigen Kriegen um Besitzrechte zu streiten. Sie mußte gegen die Nachbarorte Castelfiorentino, gegen Colle und Poggibonsi zu Felde ziehen und nahm auf Seiten des guelfischen Florenz an den großen Machtkämpfen des 13. Jahrhunderts teil.

Die Kämpfe zwischen Guelfen und Ghibellinen setzten sich auch in San Gimignano innerhalb der Stadtmauern fort. Zwischen den Salvucci und Ardinghelli kam es zu blutigen Familienfehden. Im 14. Jahrhundert konnte sich eine Kommune von der Größenordnung San Gimignanos nicht mehr neben den Großmächten behaupten. Geschwächt durch die Pest von 1348, durch Kriegsverluste und Geschlechterfehden, begab sich die Stadt 1352 unter den Schutz von Florenz.

Einhundertsechzig Jahre hatte die Blütezeit der Stadt gewährt. Der wirtschaftliche Wohlstand beruhte auf Handel und dem Anbau von Safran, mit dem man Seidenstoffe färbte. Im Spätmittelalter verlor die Frankenstraße allmählich an Bedeutung. Der Handel zog die bequemeren Wege durch die weitgehend entsumpften Ebenen vor. Die Stadt, die einst Gesetze gegen übertriebenen Luxus erlassen hatte, verarmte. Hochrenaissance und Barock hinterließen so gut wie keine Spuren. 1563 verordnete Großherzog Cosimo I., daß »auch nicht geringe Summen« für sakrale oder profane Baumaßnahmen dieses Orts anzusetzen seien.

San Gimignano war niemals ein eigenständiges Kunstzentrum. Die Fresken und Altartafeln malten Künstler aus Siena und Florenz. Die Paläste und Kirchen zeigen pisanische, sienesische, lucchesische und florentinische Stilmerkmale. So hat man den Ort bereits ein »Architekturmuseum der Toscana« genannt. Weniger als in den großen Städten achtete man auf einheitliches Baumaterial. Wir finden roh behauene Sandsteine, fein bearbeitete Travertinquader und Backsteine oft willkürlich in einem Gebäude nebeneinander verwendet. In ihren armen Jahrhunderten versuchten die Sangimignaneser den Verfall ihrer Häuser mit nur einfachsten Mitteln, oft nur mit Bruchgestein aufzuhalten. Diese Mischung von Stilen und Materialien mag gelegentlich enttäuschen. Doch die Stadt bietet außer ihren sogenannten ›Schönen Türmen‹ Einzelkunstwerke von hohem Rang, ein auch in den Nebengassen außergewöhnlich intaktes Stadtbild. Nach großzügigen Restaurationsmaßnahmen durch die UNESCO kann die Bausubstanz als erhalten gelten. Sie wird auch in Zukunft – zumindest innerhalb des Mauerkreises – kaum Veränderungen erfahren. Nicht aufzuhalten dagegen ist die Neuzeit, die diejenigen mitbringen, die von der Unberührtheit am stärksten angezogen werden – wir selbst. Wenn wir in einer Zahl, die in keinem

298

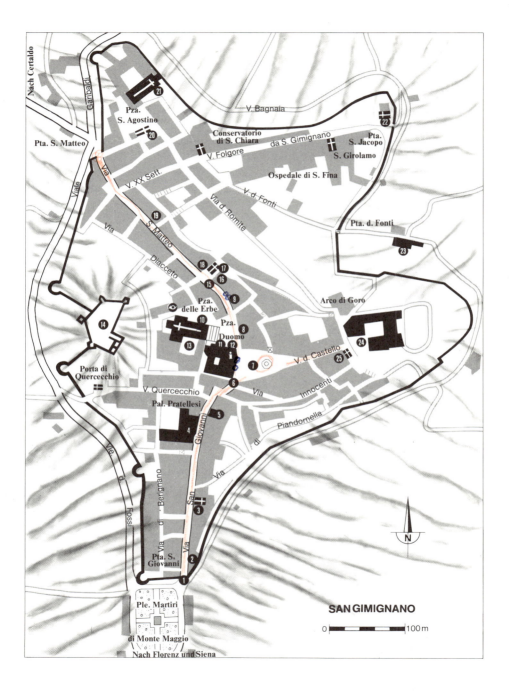

SAN GIMIGNANO

Verhältnis mehr zur Einwohnerschaft steht, uns des Städtchens bemächtigen, nehmen wir ihm ein Stück seiner Identität. San Gimignano ist die einzige der kleineren toscanischen Bergstädte, die, Ende der fünfziger Jahre, vom Massentourismus entdeckt wurde. Man kann den übersichtlichen Ort mit seinen Sehenswürdigkeiten in zwei, drei Stunden – bei einem Zwischenaufenthalt auf dem Weg von Florenz nach Siena – kennenlernen. Doch erst bei einem längeren Verweilen erschließt sich uns die Ruhe der Morgen- und Abendstunden, die reizvolle Lage inmitten von Weinbergen und Ölbäumen.

1* Porta San Giovanni

Das Tor (Segmentbogen, der von einem spitzen Blendbogen umfangen wird) und das Wachthaus wurden nach der Mauerzerstörung von 1252 errichtet.

Von diesem Stadttor führt die Via San Giovanni ins Zentrum des Ortes.

2 Tabernakel

mit einem Fresko von SEBASTIANO MAINARDI, um 1500, am Haus Nr. 45

3 San Francesco

Die Kirche gehörte ursprünglich dem Malteser-Orden. Reste der Fassade mit pisanischen Dekorationsmustern, Skulpturenschmuck und grüner Marmorstreifung. Etwa zweite Hälfte 12. Jahrhundert

4 Palazzo Pratellesi

(Hausnummer 14), aus dem 14. Jahrhundert. Im ersten Obergeschoß Bögen sienesischen Typus'. Sitz der Stadtbibliothek und des städtischen Archivs. Das Gebäude links von diesem Palast *(Hausnummer 16)* ist das ehemalige Konvent Santa Caterina, Backsteinbau, 1353.

5 Torre dei Campatelli

(Hausnummer 9), 13. Jahrhundert.

An der Piazetta dei Cugnanesi: Turm und Palast der Cugnanesi *(Hausnummer 6 und 4)*, 13. Jahrhundert.

6 Arco dei Becci

Stadttor vom ersten Mauerkreis. *Am Beginn der rechts einmündenden Via degli Innocenti:* Turm der Becci, der sich über Resten der alten Stadtmauer erhebt.

7 Piazza della Cisterna

Die nach dem Brunnen von 1346 benannte Piazza bildet das Zentrum der Stadt. Von den mittelalterlichen Palästen und Türmen seien an der *Südseite* erwähnt: *Casa Razzi,* jetzt Sitz der Banca Toscana. Der ältere linke Teil ist der Stumpf eines Geschlechterturmes, wohl Anfang 13. Jahrhundert. *Links anschließend:* Casa Salvestrini *(Hausnummer 9)*, ehemaliges Findelhaus, jetzt Albergo Cisterna. *Davon links:* Palazzo Tortoli *(Hausnummer 7)*, 14. Jahrhundert. Untergeschoß in Travertin, Obergeschoß aus Ziegelsteinen, die eine gelb-rote Streifung bilden. Doppelfenster mit eingestellten Säulchen sienesischen Typus'.

Links davon: Turmstumpf des Capitano del Popolo, erste Hälfte 13. Jahrhundert. *An der gegenüberliegenden Platzseite:* Sogenannte Torre del Diavolo (Teufelsturm), wohl Anfang 14. Jahrhundert. Bei einer Abwesenheit des Bauherren habe der Teufel den oberen Aufsatz hinzugefügt.

---

* Die Ziffern nehmen Bezug auf den Stadtplan S. 299

An der Westseite: Zwillingstürme der Ardinghelli, 13. Jahrhundert. Die Ardinghelli gehörten zu den führenden Familien der Stadt. Im 14. Jahrhundert standen sie mit den Salvucci in Fehde.

8 Alter Palazzo del Podestà

1239 errichtet, 1337 erweitert. Im Untergeschoß eine Loggia. Der 51 m hohe Turm wird ›Rognosa‹ (›Räudige‹) genannt. Links anschließend Turm der Useppi, später den Chigi gehörend, 1280 erbaut.

9 Zwillingstürme der Salvucci

Aus dem 13. Jahrhundert.

10 Collegiata Santa Maria Assunta

Fälschlich auch Dom genannt. Die ursprünglich dreischiffige Säulenbasilika ohne Querschiff wurde in der ersten Hälfte des 12. Jahrhunderts errichtet, 1148 geweiht. Im 14. Jahrhundert wurde die Kirche gewölbt, die Langhauswände erhöht, die Seitenschiffenster geschlossen (man erkennt am Außenbau die alten Fensterformen und die ursprüngliche Höhe des Schiffes). Im 15. Jahrhundert mehrfach verändert, insbesondere durch GIULIANO DA MAIANO, der das Querschiff mit den sechs Kapellen anlegte und den Chor verlängerte und auch die Kapellen der Seitenschiffe schuf. Die schwarz-weiße Streifung des Inneren ist aufgemalt. Die Fassade blieb unvollendet.

Innenfassade: ›Martyrium des Hl. Sebastian‹, Fresko von BENOZZO GOZZOLI, 1465. Verkündigungsgruppe aus Holz von JACOPO DELLA QUERCIA, um 1421, mit originaler Fassung von MARTINO DI BARTOLOMEO.

Die Collegiata besitzt zwei große Freskenzyklen. *Linkes Seitenschiff:* Themen des Alten Testamentes des Sienesen BARTOLO DI FREDI, um 1367, im 18., 19. und 20. Jahrhundert mehrfach übermalt. *Rechtes Seitenschiff:* Themen des Neuen Testamentes, einer der ausführlichsten Leben-Jesu-Zyklen der italienischen Malerei. Er reicht von der Verkündigung der Geburt bis zum Pfingstwunder. Der Maler, den Ghiberti BARNA nannte, stand in der Nachfolge von SIMONE MARTINI, wenngleich seine Linienführung weniger verfeinert ist. Der Freskenzyklus (um 1350) zählt zu den wenigen monumentalen Zyklen sienesischer Malerei.

Am Ende des rechten Seitenschiffes öffnet sich die *Cappella di Santa Fina* (9–12, 15–18 Uhr, außer während des Gottesdienstes, Eintrittsgeld). Die Begräbnisstätte der Heiligen wurde 1468 durch GIULIANO DA MAIANO erbaut. Unmittelbar nach der Fertigstellung begannen der Bildhauer BENEDETTO DA MAIANO und der Maler DOMENICO GHIRLANDAIO mit der Ausstattung. In ihrer Einheitlichkeit ist die Kapelle mit der etwas älteren Kapelle des Kardinals von Portugal in San Miniato al Monte, Florenz, vergleichbar.

Die Kapelle ist der Hl. Fina, der Stadtheiligen von San Gimignano, geweiht. Fina verstarb 1253 nach einem kurzen, mit Wundern erfüllten Leben im Alter von 15 Jahren. Wenn im März auf den Türmen der Stadt die Veilchen blühen, erinnert es die Sangimignaneser alljährlich an die Schönheit der Frühverstorbenen.

Die Fresken GHIRLANDAIOS zeigen *an der rechten Wand,* wie der Hl. Papst Gregor der Große dem Mädchen den bevorstehenden Tod verkündet, an der *linken Wand* das Begräbnis der Heiligen.

SAN GIMIGNANO

11 Palazzo del Popolo

Sogenannter Palazzo Nuovo del Podestà,
1288 vollendet. Der zwischen 1298 und
1310 errichtete Turm ist mit 54 Metern der
höchste der Stadt. Seine Höhe durfte nicht
überschritten werden. Er trägt Wappen
mehrerer Podestà. 1323 wurde der Palast
um den Hof erweitert, erst 1882 entstand
der Zinnenkranz. Im Hof von 1323 rechts
eine *Loggia,* unter der Recht gesprochen
wurde. Ein Fresko von SODOMA zeigt den
Hl. Ivo, den Schutzpatron der Advokaten.
Auf das Pult des Richters schrieb ein Bürger
im 16. Jahrhundert die ironische Bemer-
kung: »Ich verspreche Dir, daß Du siegen
wirst, wenn Du Dich mit dem Beutel be-
eilst.«

Der Palast beherbergt die Kommunalverwaltung und die *Musei Civici* (9–13, 15–18
Uhr, im Winter bis 17 Uhr).

In der *Sala di Dante* im ersten Stock
plädierte DANTE im Jahre 1300 für die Not-
wendigkeit einer guelfischen Liga. *Rechte
Wand:* ›Thronende Muttergottes mit Kind,
umgeben von Engeln und Heiligen und dem
Podestà Mino da Tolomei‹, freie Wiederholung der ›Maestà‹ SIMONE MARTINIS im Sieneser Stadtpalast (Abb. 102) von LIPPO MEM-
MI, datiert 1317. Das Fresko wurde bei der
Anlage der beiden Türme im 15. Jahrhundert durch BENOZZO GOZZOLI übermalt.

An den anderen Wänden· Jagd- und Tur-
nierszenen sowie ein Huldigungsakt für
Karl II. von Anjou, von ANZO DA SIENA,
1292. In den oberen Stockwerken eine
Sammlung vorzüglicher Werke Florentiner
und Sieneser Schule des 13. bis 15. Jahrhunderts, u. a. ein gemaltes Kruzifix mit Passionsszenen, das der Florentiner COPPO DI
MARCOVALDO schuf, nachdem er als Teil-
nehmer der Schlacht von Montaperti 1260 in

sienesische Gefangenschaft geriet; eine Ver-
kündigungsszene (auf zwei Tondi) von FI-
LIPPINO LIPPI, 1483; zwei Altartafeln von
BENOZZO GOZZOLI. Die *Camera del Pode-
stà* wurde von MEMMO DI FILIPPUCCIO zu
Anfang des 14. Jahrhunderts mit erotischen
Szenen freskiert.

Der Aufstieg zum *Turm* ist lohnend (Eintrittsgeld).

12 Loggia

1338 zum ersten Male erwähnt. Wahrscheinlich älteste öffentliche Loggia der
Toscana.

13 Piazza Pecori

Durch einen niedrigen Bogen gelangt man
auf den öffentlichen Platz. An der Stirnseite
der *Loggia:* ›Verkündigung‹, Fresko von
DOMENICO GHIRLANDAIO, 1482.

Von der Piazza aus Zugang zum *Museo
d'Arte Sacra,* das u. a. ein bemaltes Holzkruzifix, etwa 12. Jahrhundert, eine Verkündigungsgruppe des 14. Jahrhunderts
und eine kleine etruskische Sammlung mit
Funden aus der Umgebung enthält.

14 Rocca

Die Festung Montestaffoli wurde 1353 von
Florenz an der höchsten Stelle des Hügels
errichtet, 1558 von Cosimo I. abgerissen.
Erhalten blieben Teile der Mauer und einer
der fünf Türme, der Aussicht auf die Stadt
und das Elsa-Tal bietet.

15 Arco della Cancelleria

(Abb. 116) Ehemaliges Stadttor, zum ersten Mauerkreis gehörend. Die spitzen Bögen wohl aus dem 13. Jahrhundert.

16 Palazzo della Cancelleria

(Via San Matteo Nr. 10), der spätere Palazzo

Marsili, etwa Ende 13. bis Anfang 14. Jahrhundert.

17 San Bartolo

Wohl zweite Hälfte 12. Jahrhundert. Backsteinbau, Fassade nach pisanisch-romanischem Vorbild, verwandt mit San Francesco (siehe oben). Sehr schlichtes einschiffiges Inneres.

18 Casa-torre Pesciolini

(Hausnummer 14) gut erhaltener, hoher mächtiger Bau florentinischen Gepräges, Ende 13. Jahrhundert.

19 Palazzo Tinacci

(Hausnummer 30), aus zwei Gebäuden bestehend, mit Fensterformen florentinischen, sienesischen und lucchesischen Stiles.

20 San Pietro

Spätromanischer Bau der ersten Hälfte des 13. Jahrhunderts. Portal von einem Vorgängerbau. Einfacher rechteckiger Grundriß ohne Apsis.

21 Sant' Agostino

Die von den Augustiner-Chorherren 1280 bis 1298 errichtete Kirche ist ein charakteristisches Beispiel mittelitalienischer Bettelordens-Gotik. Einschiffige Saalkirche mit drei Chorkapellen und offenem Dachstuhl, das Seitenschiff nur leicht hervortretend.

Rechts vom Haupteingang: Cappella di Beato Bartolo, die dem 1310 verstorbenen Seligen aus San Gimignano geweiht ist. Grab und Altar des Seligen von BENEDETTO DA MAIANO, 1494.

Hauptchorkapelle: Szenen aus dem Leben des Hl. Augustinus, Freskenzyklus von BE-

NOZZO GOZZOLI, 1465/66. *Links unten beginnend:* Augustinus wird dem Grammatiklehrer in Tagaste anvertraut; Aufnahme in der Universität von Karthago (zerstört); seine Mutter, die Hl. Monica, betet für ihn (im 18. Jahrhundert erneuert); Überfahrt nach Italien; Landung in Ostia; Augustinus liest Rhetorik und Philosophie in Rom; Abreise nach Mailand. *Zweite Reihe:* Empfang durch Ambrosius und Kaiser Theodosius; Augustinus hört eine Homilie des Ambrosius, seine Mutter fleht den Heiligen um die Bekehrung seines Sohnes an, Augustinus diskutiert mit dem Heiligen über die Lehre der Manichäer; Augustinus liest die Briefe des Hl. Paulus; Augustinus wird getauft; beim Besuch des Klosters Montepisano trifft er auf ein Kind, das versucht, mit einem Löffel das Wasser aus dem Meere in eine Pfütze zu füllen: dies bringt ihn zur Erkenntnis, daß es unmöglich ist, das Geheimnis der Dreifaltigkeit zu ergründen; Tod der Hl. Monica, Rückkehr nach Afrika. *Dritte Reihe:* Der zum Bischof geweihte Augustinus segnet das Volk von Hippo (stark zerstört); er konvertiert den Häretiker Fortunatus; Gespräch mit dem Hl. Hieronymus über die himmlischen Wonnen; Begräbnis des Augustinus. *In den Gewölben:* Evangelisten, *an den Pfeilern:* Heilige.

Altarretabel: ›Krönung Mariens‹ von PIERO POLLAIOLO, dem Bruder des ANTONIO POLLAIOLO, 1483.

Durch die Sakristei gelangt man in den *Kreuzgang* des 15. Jahrhunderts.

22 San Jacopo

13. Jahrhundert. Fassade aus Travertin und Backstein. Über dem Portal ein pisanischer Bogen. Das kreuzgratgewölbte einschiffige

SAN GIMIGNANO

Innere nimmt einige Züge der Renaissance-architektur voraus. Die Seitenwände sind mit Pilastern in recheckige Felder unterteilt. Die Gewölbezone ist durch kräftige Gesimse abgesondert. Im erhöhten Presbyterium ›Kreuzigung‹ und ›Muttergottes mit Heiligen‹, Fresken, die MEMMO DI FILIPPUCCIO, dem Vater von LIPPO MEMMI, zugeschrieben wurden. ›Hl. Hieronymus‹, Fresko von PIER FRANCESCO FIORENTINO.

23 Fonti

Außerhalb der *Porta delle Fonti* liegt ein großes Brunnenhaus, wo man Schafswolle wusch, im 12. Jahrhundert begonnen. Die hohen Spitzbögen gehen auf Erweiterungen des 13. und 14. Jahrhunderts zurück.

24 Ehemaliges Dominikaner-kloster

An der Stelle des ehemaligen Castello im 14. Jahrhundert erbaut, jetzt Strafanstalt (keine Besichtigungsmöglichkeit).

25 San Lorenzo in Ponte

1240 errichtet. Der Beiname *in ponte* (auf der Brücke) erinnert an die ehemalige Zugbrücke des Castello.

106 MONTERIGGIONI 1218 von Siena errichtetes Kastell

107 SAN GALGANO Zisterzenser-Abteikirche, Seitenschiff

108 Oratorium S. Galgano bei MONTESIEPI, um 1184

110 SAN GALGANO   Ruinen der Zisterzienser-Abtei, begonnen 1224

109 SOVICILLE   Ehemalige Klosterkirche S. Giovanni Battista, Mitte 12. Jh.

111–113 Chianti-Bauern

114 Chianti-Landschaft

115 San Gimignano Blick auf die Stadt von der Porta S. Giovanni

116 SAN GIMIGNANO   Arco della Cancelleria

117 VOLTERRA   Palazzo dei Priori, 1208–57

118 VOLTERRA   Palazzo Pretorio

119 VOLTERRA   Casa-torre Toscano

121 VOLTERRA Dom: ›Kreuzabnahme‹, zweite Hälfte 13. Jh.

120 VOLTERRA Porta all'Arco, etruskisches Stadttor

122 VOLTERRA Le Balze mit S. Giusto

123 VOLTERRA Museo Etrusco Guarnacci: Urnendeckel, 1. Jh. v. Chr.

124 VOLTERRA S. Giusto, 1628 begonnen, im 18. Jh. vollendet

127 SOVANA Piazza del Pretorio ▷

125 MASSA MARITTIMA Via Moncini und Porta alle Silici

126 MASSA MARITTIMA Arco dei Senesi, 1337

128 POPULONIA Etruskisches Grab, Mitte 6. bis Mitte 5. Jh. v. Chr.

129 Roselle Römische Stadtanlage   130 PITIGLIANO ▷

131 Wildpferde in den Maremmen

132 Bei Castiglione della Pescáia

Volterra

Die Stadt liegt abgeschieden auf einem Bergrücken, inmitten eines kargen, zerfurchten Hügelgebietes. In ihrem herb-männlichen Charakter fügt sie sich nicht in das Bild einer lieblich milden Toscana ein, wie sie San Gimignano oder Lucca verkörpern. Zwei Kulturen sind in der »Stadt des Windes und des Macigno« (Gabriele d'Annunzio) gegenwärtig: die mittelalterliche und die etruskische. Mittelalterlich ist das Stadtbild mit den Kirchen, den vorzüglich erhaltenen Turmhäusern, den Adels- und Kommunalpalästen (Abb. 117–119). Etruskisch ist die Lage der Stadt, der unverändert weite Rundblick, der bei klarer Sicht bis zu den Apuanischen Alpen und dem Tyrrhenischen Meer reicht. Etruskisch sind die eindrucksvollen Stadtmauern und die noch heute benutzte *Porta all'Arco* (Abb. 120), etruskisch auch Hunderte von Porträtköpfen des *Museo Archeologico:* lebensnahe Porträts von Verstorbenen, die auf den Urnen ruhen, die einst ihre Asche enthielten (Abb. 123). Durch die große Zahl der hier versammelten realistischen Bildnisse gewinnt vergangenes Leben Gegenwart. Mit Geschichte, Vergänglichkeit und Schicksal aber konfrontiert diese archaische Stadt in mehrfacher Hinsicht. Im Westen haben die *Balze,* die Erdschübe, die ältesten etruskischen Nekropolen, einen Teil der Mauern und eine mittelalterliche Kirche in den Abgrund gerissen, nach jedem Regenguß verschlingen sie erneut ein Stück des Bodens, auf dem die Stadt erbaut wurde (Abb. 122); im Osten die psychiatrische Klinik, die zu den größten des Landes zählt, und das gefürchtete Zuchthaus, das in der gewaltigen, den Stadthügel beherrschenden, als Meisterwerk der Festungsbaukunst gerühmten *Fortezza* untergebracht ist.

Bevor sich die etruskische Kultur bildete, war der Hügel zwischen dem Cecina- und Era-Tal ein Zentrum der Villanova-Kultur. Das etruskische *Velathri* zählte zu den zwölf Städten, die ein lockeres Bündnis geschlossen hatten. Die Bergstadt war in der Frühzeit weniger bedeutend als die miteinander in Handelsbeziehungen stehenden Küstenstädte Vetulonia, Populonia oder Tarquinia. Die Wirtschaft Velathris beschränkte sich auf Agrarkultur und Mineralienabbau. So gelangte die Stadt relativ spät, im 4. Jahrhundert, zu ihrer Blütezeit, in der sie eigene Münzen prägte, und ihren Einfluß auf das Küstengebiet und die Insel Elba erweiterte. Bedrohungen durch Gallier, Ligurer und Römer erforderten die Anlage einer *Stadtmauer.* Dieser 7 km lange Verteidigungsring, der stellenweise (beim Konvent Santa Chiara) bis zu 11 m in die Höhe ragt, umfaßte eine Fläche, die (mit 116 ha) viereinhalbmal so groß war wie das mittelalterliche Stadtgebiet (26 ha). Eine Mauer dieses

VOLTERRA

Volterra: Festung. Aus: ›Viaggio Pittorico della Toscana‹ von Francesco Fontani, 1801

Ausmaßes umschloß freilich nicht nur städtisch bebautes Gebiet, sie bot auch der Landbevölkerung Schutz. Die beiden noch erhaltenen Stadttore, die *Porta all'Arco* und *Porta Diana* wurden durch die Hauptverkehrsader, den *Cardo maximus* verbunden. Seinen Verlauf, der in der Bergstadt nicht geradlinig sein konnte, geben die heutigen Straßenzüge von der *Via Porta all'Arco* bis zur *Via di Porta Diana* wieder.

Der große Verteidigungsring des 4. Jahrhunderts v. Chr. war bereits die dritte Mauer. Die erste befestigte Stadt errichteten die Etrusker auf der höchsten Stelle des Hügels, der im Mittelalter durch das Kastell, heute durch die Fortezza, eingenommen wird. Eine zweite Stadtmauer des 5. Jahrhunderts führte vom Kastell zum Baptisterium und setzte sich über die *Via Buonparenti* und *Via Sarti* fort. Die Akropolis lag auf dem *piano di Castello*, das Forum bei der Kirche San Michele, die im Mittelalter den Beinamen *in foro* besaß. Die Toten wurden außerhalb der Mauern bestattet. Die drei größten Nekropolen sind die des *Portone* (nördlich der Porta Diana), die von *Ulimeto* (auf dem Gelände der psychiatrischen Klinik im Osten), und der *Badia* (im Nordwesten der Stadt). Die Grabkammern schlug man aus dem Tuffgestein, das keine Bemalung erlaubte. Das berühmteste Grab aus Volterra, die *Tomba Inghirami*, wurde im Florentiner Archäologischen Museum rekonstruiert.

Wie Arezzo wurde Velachri eine Verbündete Roms, erhielt die Rechte des *municipium*, die beiden Städten dann bei ihrer Parteinahme für Marius durch Sulla entzogen wurden. In augusteischer Zeit erbaute die Stadt ein Theater (nordwestlich vom Forum), ohne jedoch unter den zahlreichen Provinzstädten des Imperiums besonders hervorzutreten. Bis ins 6. Jahrhundert n. Chr. wird Volterra nicht mehr erwähnt. Im hohen Mittelalter verlief die Geschichte wieder in ähnlichen Schritten wie in Arezzo.

Auch in Volterra gelangten die Bischöfe zur weltlichen Macht. Bis zum Bau der Festung 1472 residierten sie auf der höchsten Stelle des Hügels, im *Castello*, einer befestigten Gruppe von Häusern und Türmen. Über 89 Jahre, von 1150 bis 1239, besetzte die Familie der Pannocchieschi den Bischofsstuhl. Ihren Höhepunkt erreichte die Macht der Bischöfe unter Hildebrand, der 1184 Münzrecht und Jurisdiktion über Stadt- und Landgebiet erhielt und zum Pfalzgrafen der Toscana ernannt wurde.

Während die Grafen-Bischöfe ihre Macht erweiterten, konstituierte sich die Kommune. Seit der Mitte des 12. Jahrhunderts wählten die Bürger ihre Konsuln, seit 1218 ist das Amt des Podestà dokumentiert. Doch bis ins 15. Jahrhundert hinein gelang es den Volterranern nicht, Macht und Rechte des Bischofs in Schranken zu halten. Immer wieder kam es zu Auseinandersetzungen um Besitzrechte, speziell um die der Salinen. Im 13. Jahrhundert war die Stadt, wie üblich, in Guelfen und Ghibellinen gespalten. Dem ghibellinischen Geschlecht Belforti gelang es 1340 die Stadtherrschaft zu erlangen. Als es 1361 zu Familienstreitigkeiten kam, ging ein Hilferuf an Florenz. Die Arno-Stadt erlangte die Befehlsgewalt über die Befestigungsanlagen und überwachte die öffentlichen Ämter. Auch wenn die traditionellen Regierungsorgane fortbestanden und Volterra dem Namen nach freie Kommune blieb, war die Unabhängigkeit praktisch verloren. 1429 kam es zu einem ersten Aufstand. Nach einer weiteren Erhebung 1472 ließ Lorenzo de'Medici die Stadt durch Federigo da Montefeltro belagern: Der literatur- und kunstliebende Herzog von Urbino verhinderte nicht, daß seine Truppen die Stadt plünderten. Er selbst bereicherte seine Kunstsammlung mit Altargemälden und Skulpturen aus Volterraner Kirchen. Um die Stadt für Florenz zu sichern, begann Lorenzo 1472 den Bau der riesigen Festungsanlage, der *Rocca Nuova*. 1530 wurde die Stadt dem Herzogtum Toscana eingegliedert.

Als sich im 18. Jahrhundert ein erstes Interesse für die Kunst der Etrusker zeigte, regte der Volterraner Patrizier Inghirami an, die antike Alabasterverarbeitung wieder aufzunehmen. Wie bei anderen ausgestorbenen Kunsthandwerken wurde eine abgerissene Tradition künstlich wiederbelebt. Zahlreiche 'Schiefe Türme' und 'Michelangelo-Davide' entstehen in Volterra. Der leicht zu bearbeitende Werkstoff scheint es den virtuosen Handwerkern zu erschweren, sich in eigenen Formen auszudrücken – eine Gefahr, der zuweilen bereits die Etrusker in ihren Aschenurnen erlagen. Heute gibt es mehr als 100 Alabasterbetriebe.

1* Palazzo dei Priori

(Abb. 117; S. 52 Fig. 9) 1208–57. Der ursprünglich für Ratsversammlungen errichtete Stadtpalast wurde Amts- und Wohnsitz des Podestà, später der Prioren und der Florentiner Kommissare, die ihre Wappen an der Fassade anbringen ließen. Dieser älteste erhaltene Kommunalpalast der Toscana wurde Vorbild für den Palazzo Vecchio in Florenz. Anders als bei den zweigeschossigen, breitgelagerten oberitalienischen Stadtpalästen »wird hier eine neue Form des monumentalen Stadthauses gefunden, die aus dem Geiste der toskanischen Wohnarchitektur entstanden ist und dem Bilde der hoch- und enggebauten Bergstadt entspricht« (Jürgen Paul).

* Die Ziffern nehmen Bezug auf den Stadtplan S. 324/25

In der ursprünglichen Gestalt war das Erdgeschoß rechts durch spitzbogige Arkaden geöffnet, den Baukörper umgaben Holzgalerien, deren Konsolen erhalten sind. Der asymmetrisch aufgesetzte fünfeckige Turm wird von einem Tabernakel bekrönt, das in der jetzigen Gestalt auf das 19. Jahrhundert zurückgeht. Die merkwürdige Form der abgerundeten Zinnen ist wahrscheinlich nicht ursprünglich.

An der rechten Vorderkante des Palastes sitzt auf einem Pfeiler der Florentiner Marzocco. Vom Turm (z. Zt. nicht zugänglich) hat man einen großartigen Blick auf die Stadt, an klaren Tagen auch auf die Tyrrhenische Küste.

Die dem Kommunalpalast vorgelagerte *Piazza dei Priori* gehörte ursprünglich als

323

VOLTERRA

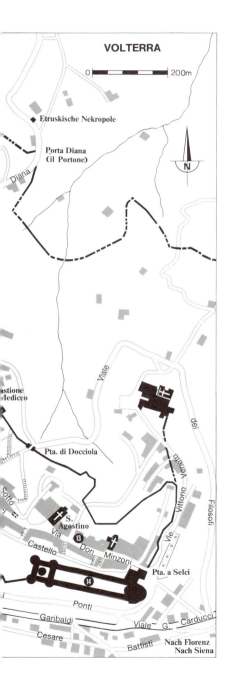

prato episcopatus zum Bischofspalast. Seit dem 9. Jh. Marktplatz, später versammelten sich hier unter einer Ulme die Konsuln.

Zwei der Palastfassaden an der Piazza wurden im 19. Jahrhundert willkürlich erneuert – die des *Palazzo Incontri*, heute Sitz der Cassa di Risparmio (an der Nordost-Seite) und die des *Palazzo del Monte Pio* (an der Südwest-Seite). Rechts vom Palazzo dei Priori: *Bischofspalast*, eine ehemals offene, für den Getreidehandel bestimmte Markthalle. Seit 1618 Bischofsresidenz.

2 Palazzo Pretorio

(Abb. 118) Bis 1511 Sitz des Capitano del Popolo. Eine Gruppe von ehemaligen Privatpalästen und Wohntürmen des 12. und 13. Jahrhunderts, die die Kommune zwischen 1224 und 1326 erwarb und umgestaltete. Die 1224 von den Belforti erworbene *Torre del Podestà* (nach der Figur eines Schweines rechts vom oberen Fenster auch *Torre del Porcellino* genannt) diente als Gefängnis. 1321 erwarb die Kommune den ursprünglich durch eine schmale Gasse getrennten *Palazzo dei Malcreazzi* und öffnete die Erdgeschoßarkaden, deren mittlere zur Wohnung des Podestà im Obergeschoß führte. Nach dem Erdbeben von 1846 wurde der Gesamtkomplex stark überarbeitet, dabei setzte man u. a. die Fenster des ersten Stockwerks links und rechts von der Torre del Podestà ein.

3 Dom Santa Maria Assunta

In der jetzigen Gestalt auf das frühe 12. Jahrhundert zurückgehend (Weihe 1120). Von dieser Bauzeit zeugen am Außenbau (linke Seitenwand, Querschiff) die Blendbögen mit eingelassenen Rhomben und Oculi nach Pisaner Muster. Die 1254 umgebaute Fassade wirkt wenig harmonisch. Zur älteren Bauzeit um 1120 gehören die Blendbögen des Erdgeschosses, die kleinen Rundfenster, während die größeren Rundfenster, das Marmorportal und die Blendgalerie des Giebelfeldes 1254 angelegt wurden. Der eingestürzte *Campanile* wurde 1493 durch einen Neubau ersetzt.

Das dreischiffige *Innere* mit Querschiff wurde 1580–84 durch die Kassettendecke, die Stuckkapitelle und durch die Granit vortäuschende Stuckverkleidung der Säulen in seinem Charakter stark verändert.

Ausstattung

Zweite Querschiffskapelle rechts: ›Kreuzabnahme‹, Holzfigurengruppe mit erneuerter Fassung aus der weiteren Nachfolge ANTELAMIS, zweite Hälfte 13. Jh. (Abb. 121).

Presbyterium: Zwei Kandelaber tragende Engel und Marmorziborium, 1471, von MINO DA FIESOLE. Chorgestühl mit Bischofsstuhl, 1404. *Linkes Seitenschiff:* Kanzel, zweite Hälfte 12. Jahrhundert, im 16. Jahrhundert fälschlich zusammengesetzt. Die Reliefs (›Verkündigung‹ und ›Heimsuchung‹, ›Opferung Isaaks‹ und ›Abendmahl‹) und die Löwen stehen unter dem Einfluß des Pisaners GUGLIELMUS. *Cappella dell'Addolorata* (Zugang im hinteren linken Seitenschiff): Zwei Krippen. Die beiden Terrakotta-Gruppen dürften von einem der DELLA-ROBBIA-Werkstatt nahestehendem Florentiner Bildhauer aus der Mitte des 15. Jahrhunderts stammen. Das Hintergrundfresko ›Anbetung der Könige‹ ist von BENOZZO GOZZOLI, Mitte oder zweite Hälfte 15. Jahrhundert.

4   Baptisterium

Die einfache Baustruktur mit achteckigem Grundriß ist schwer datierbar. Ein Doku-

ment und eine Portalinschrift lassen eine Bauzeit zwischen 1278 und 1283 vermuten. Kuppel 16. Jahrhundert. Taufbecken von ANDREA SANSOVINO, 1502.

5   Museo Diocesano di Arte Sacra

(Eingang Via Roma 1 (9–12.30, 15–18 Uhr, sonn- und feiertags 9–12, 15–18 Uhr, im Winter 10–13, sonn- und feiertags 10–12 Uhr). Das 1936 eingerichtete Museum zeigt Kunstwerke aus dem Dom und der Diözese Volterra, darunter das Grabmal des Hl. Octavian von sienesischen Künstlern des 14. Jahrhunderts, eine Reliquienbüste des Octavian, florentinisch, 16. Jahrhundert, das Altargemälde ›Thronende Muttergottes mit Johannes dem Täufer und Johannes dem Evangelisten‹ von ROSSO FIORENTINO, 1521, ein vergoldetes Bronzekruzifix von GIAMBOLOGNA, 16. Jahrhundert.

6   Porta all'Arco

(Abb. 120) Etruskisches Stadttor, das in die mittelalterliche Mauern einbezogen wurde. Der untere Teil aus großen Quadersteinen dürfte mit der Stadtmauer des 4. Jahrhunderts v. Chr. entstanden sein, während die äußeren und inneren Bögen sowie das Tonnengewölbe späteren Datums sind (Mitte 3. Jahrhundert bis Ende 2. Jahrhundert). Im äußeren Bogen sind drei stark verwitterte Köpfe eingelassen, die auf verschiedene Weise identifiziert wurden. Möglicherweise handelt es sich um Zeus (in der Mitte) und die beiden Dioskuren. Auf einer Aschenurne mit dem ›Sturz des Kapaneus vor den Mauern Thebens‹ im Museo Archeologico (Saal 16, Anfang 1. Jahrhundert v. Chr.) ist dieses Stadttor mit den drei Köpfen wiedergegeben. Eine Gedächtnistafel erinnert daran, daß im letzten Weltkrieg dieses Tor vor einer Sprengung durch deutsche Truppen bewahrt wurde, indem die Volterraner innerhalb von vierundzwanzig Stunden den Torbogen mit Pflastersteinen auffüllten. Die vom Tor ausgehende *Via Porta all'Arco* ist Zentrum der Alabasterwerkstätten.

7 Torre Buonparenti

Turmhaus des 13. Jahrhunderts. – *Gegenüber:* Ein anderes, den Buonparenti gehörendes Turmhaus mit Spitzbogenfenster, das mit dem Turmhaus Buonaguidi durch eine Brücke verbunden ist.

Weitere mittelalterliche Stadtpaläste, zum Teil mit charakteristischen Kinderfenstern in der *Via Ricciarelli*, in der Via Buonparenti und deren Verlängerung, der Via dei Sarti.

8 Palazzo Minucci

ANTONIO DA SANGALLO D. Ä. zugeschrieben, Anfang 16. Jahrhundert. Sitz der *Pinacoteca civica* (10–13, 15–18 Uhr, im Winter bis 17 Uhr). Der Familienpalast der Minucci wurde zu Anfang des 16. Jh.s erbaut, wohl nach Plänen des Antonio da Sangallo. Die städtische Sammlung wird ergänzt durch Leihgaben aus kirchlichem Besitz.

Erdgeschoß: Tafelkreuz des 13. Jh.s, Polyptychon von Taddeo di Bartolo aus Siena, um 1390–1410. 1. *Obergeschoß:* ›Pietà‹ des Volterraners Francesco Neri, ca. 1350–73, eine Madonnen-Tafel des Florentiners Stefano d'Antonio Vanni im Stile Filippo Lippis, ›Madonna mit Heiligen‹ aus dem Umkreis Verrocchios (dem jungen Leonardo nahestehend), ›Hl. Sebastian‹ von Neri di Bicci aus Florenz, 1419. Von Luca Signorelli sind ›Madonna mit Heiligen‹ und ›Verkündigung‹, beide 1491. Rosso Fiorentinos

›Kreuzabnahme‹ ist ein Hauptwerk des Florentiner Manieristen, 1521.

9 Palazzo Incontri

(später Viti), 15. Jh. Die imponierende Fassade mit sieben Achsen, mächtigem Gesims und Rustika für die Kanten, die Portal- und Fensterumrahmungen wird Ammanniti zugeschrieben, 2. Hälfte 16. Jh.

10 San Michele

13. Jahrhundert, die *Fassade* mit Blendbögen unter pisanisch-pistoiesischem Einfluß. *Inneres* 1826 erneuert.

11 Casa-torre Toscano

Turm vom Ende des 11. oder Anfang des 12. Jh.s. *Links daneben* ließ Giovanni Toscano, Schatzmeister des Königs von Sardinien, 1250 ein Turmhaus mit regelmäßigen, geglätteten Steinen, mit größeren Fenstern und Portalöffnungen errichten (s. S. 52 Fig. 5).

12 Teatro Romano

Das sich an den Hügel anlehnende Theater stammt aus der Zeit Kaiser Augustus'. Die Ausgrabungen begannen 1950. Die *Thermenanlage* (mit *tepidarium, caldarium, laconicum*) unterhalb des Theaters sind aus späterer Zeit (3. Jahrhundert n. Chr.).

13 Museo Etrusco Guarnacci

(Abb. 123) Die Museumsbestände gehen auf eine Stiftung des Kanonikus Pietro Franceschini (1732) und des Msgr. Mario Guarnacci zurück, der 1762 seine umfangreiche etruskische Sammlung und seine Bibliothek der Stadt Volterra vermachte. Das Etruskische Museum war ursprünglich im Palazzo dei Priori untergebracht, seit 1877 in diesem Palazzo Tangassi. Die Sammlung enthält

Fundstücke von prähistorischer bis römischer Zeit (die kleine mittelalterliche Abteilung ist öffentlich nicht zugänglich). Das Museum ist reich an etruskischen Aschenurnen (über 600, die nach Themen geordnet sind). Es enthält außerdem zahlreiche Vasen, Statuetten (darunter den berühmten 'Ombra della Sera') sowie Münzen und Schmuckgegenstände. Das Museum wurde in jüngster Zeit mit Grabfunden und rekonstruierten Gräbern aus der 1969 entdeckten Nekropole *Ripaia* erweitert.

14 Fortezza

(S. 322) Die gewaltige Festung wurde an der höchsten Stelle des Bergrückens errichtet. 1343 erbaute der Herzog von Athen den östlichen Teil, die *Rocca Vecchia*, 1472–75 ließ Lorenzo de'Medici den westlichen Teil, die *Rocca Nuova*, errichten, dessen mittlerer Rundturm *maschio* genannt wird (entsprechend heißt der Innenturm der *Rocca Nuova* in Form einer halben Ellipse *femmina*). Festungen dieser Art errichteten die siegreichen Städte Florenz und Siena zum Schutze der Stadt, aber auch, um Bürgeraufständen vorzubeugen. Schon bald diente der *cassero*, wie man solche Festungen auch nennt, als Gefängnis – zu den berühmtesten Insassen zählten die Brüder Pazzi nach ihrem Anschlag auf die Medici. Seit 1880 ist die Fortezza eine der strengsten Strafvollzugsanstalten Italiens (keine Besichtigungsmöglichkeit).

15 Piano di Castello

Beim Bau der *Rocca Nuova* (1472) wurde das mittelalterliche Kastell abgerissen. Es bestand aus Türmen, Häusern und Palästen, darunter der Bischofspalast. Die vom Festungsbau nicht beanspruchte Ebene wurde landwirtschaftlich genutzt. 1926 entdeckte man antike Ruinen, darunter die *etruskische Akropolis,* die seit 1967 ausgegraben werden. Freigelegt wurden zwei Tempel des 2. Jahrhunderts v. Chr. sowie eine Zisterne großen Ausmaßes (21,60 m × 14,60 m, Tiefe 9,50 m), die sog. *Piscina* mit drei, von quadratischen Stützen geteilten gewölbten Schiffen (Wände, Gewölbe und Bogen sind aus Zement, die Stützen aus Baustein).

16 San Francesco

Die stark erneuerte Kirche geht auf das 13. Jahrhundert zurück. Die gewölbte *Cappella della Croce di Giorno* wurde 1315 errichtet. Die in der Tradition der Trecento-Malerei stehenden Freskenzyklen von Cenni di Francesco, 1410, stellen die Legende vom Hl. Kreuz und Szenen aus dem Leben Mariens und Christi dar. Die vier Evangelisten im Gewölbe des zweiten Joches sind von Jacopo da Firenze, 1410.

17 San Giusto

(Abb. 122, 124) 1628 in Ersatz für die von den Erdschüben (*balze*) verschlungene alte Kirche San Giusto nach Plänen von Lodovico Incontri errichtet, vollendet zweite Hälfte 18. Jahrhundert. Die formalen Möglichkeiten der Barockkunst werden im Äußeren und Innern zurückhaltend angewendet. Eigenwillige flache Fassade aus roh behauenen Steinen.

18 Badia

1030 gegründete Kamaldulenser-Abtei, die 1861, als die *balze* sich dem Kloster näherten, verlassen werden mußte. 1895 stürzte die Kirche San Giusto ein.

Das verfallende Kloster kann nicht besichtigt werden (Einsturzgefahr).

Massa Marittima

Im Mittelalter war Massa Marittima mit etwa 10000 Einwohnern (um das Jahr 1300) bedeutendstes Zentrum der Maremmen. Die sich ausbreitende Malaria reduzierte die Einwohnerzahl im 16. Jahrhundert auf etwa 500. So konnte der auf einem Hügel errichtete Ort seine Bausubstanz vorzüglich erhalten: In der fast menschenleeren Stadt wurde nichts verändert. Erst zu Ende des 19. Jahrhunderts, als man die Sümpfe trockenlegte und der fruchtbare Boden neue Bewohner anzog, als die jahrhundertelang stillgelegten Mineralienbergwerke wieder eröffnet wurden, begann man, die zerfallenden Gebäude instandzusetzen.

Der Stadthügel (380 m) liegt in einem seit vorgeschichtlicher Zeit besiedelten Gebiet. Die Mineralienschätze der *Colline metallifere,* Kupfer, Eisen, Silber, Alaun, wurden bereits von den Etruskern und Römern abgebaut. Der Ortsname *Massa* ist römischen Ursprungs, er bedeutet ein größeres Landgut. Seit dem 14. Jahrhundert fügte man die Bezeichnung *Marittima* (Synoym zu *Maremma,* Küstengebiet) hinzu.

Die Geschichte der mittelalterlichen Stadt begann um das Jahr 835. Griechische Seeräuber hatten die alte Bischofsstadt Populonia zerstört. Der Bischof floh – über Umwege – nach Massa, um auf diesem von der Küste weiter entfernten Hügel Schutz vor Plünderern und der Malaria zu finden. Seine Residenz bezog er zunächst im *Castello di Monte Regio,* der höchsten Erhebung des Hügels, an der Stelle des heutigen Hospitals, in der Oberstadt, der sogenannten *Città Nuova.* Den Dom hingegen ließ er auf einem tiefergelegenen Absatz errichten. Diesen Teil der Stadt nennt man *Città Vecchia,* die alte Stadt: Sie wurde vorwiegend im 11., 12. und 13. Jahrhundert erbaut, während die *Città Nuova* durch die drei folgenden Jahrhunderte geprägt wurde.

Massa wird relativ spät, im Jahre 1228, freie Kommune. Die Bewohner hatten – wie die Volterraner und Aretiner – mit dem Bischof um ihre Rechte zu kämpfen. Die Stadt war zu klein, um sich gegen die Großmächte zu behaupten: Massa wird zunächst von Pisa, nach dessen Niederlage bei Meloria, 1284, von Siena umkämpft, um schließlich 1365 der sienesischen Republik eingegliedert zu werden. Siena erbaute in der Oberstadt eine Festung und eine noch weitgehend erhaltene Stadtmauer. Als Sohn der sienesischen Familie Albizeschi wird hier 1380 der Franziskanerheilige Bernhardin geboren. Mit Siena wird Massa Marittima 1555–59 dem Herzogtum Toscana eingegliedert.

MASSA MARITTIMA

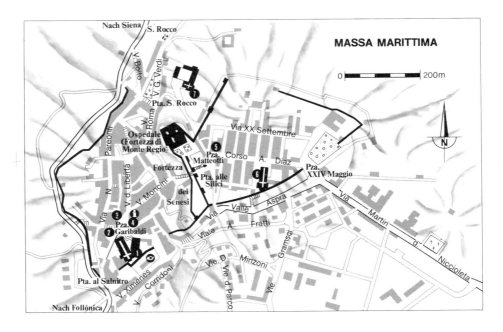

1* Dom San Cerbone

(Farbt. 31) Möglicherweise wurde bereits im Jahre 835, als sich der Bischof von Populonia in Massa niederließ, ein Vorgängerbau errichtet. Eine Kirche des 11. Jahrhunderts ist in Resten erhalten: Ein Teil der Südseite des jetzigen Domes, wahrscheinlich auch die Türpfosten des Hauptportals und die Reliefplatten der Innenfassade gehen auf diesen frühromanischen Bau zurück.

1228 bis 1267 wurden die ersten sieben Joche der jetzigen Basilika im Stile der Pisaner Romanik angelegt, 1287 bis 1304 verlängerte man das Langhaus, fügte Querschiff und Apsis hinzu.

Der Außenbau ist nach pisanischem Vorbild im Untergeschoß von Blendarkaden geschmückt, die mit Rhomben und Kreisen gefüllt sind. Der obere Teil der asymetrischen Fassade (auf dünnen Säulchen ruhende Bögen, ein Giebel mit Säulchenloggia und kathedralgotischen Fialen) gehört der zweiten Bauzeit von 1287 bis 1304 an. Die mittleren Säulchen der Giebelloggia ruhen auf Figuren (Pferd, Mensch, Greif), die aus dem Umkreis des GIOVANNI PISANO stammen (vgl. die Collegiata von San Quirico d'Orcia).

Türsturz des Hauptportales: Szenen aus dem Leben des Hl. Cerbonius: ›Reliquientranslation von Elba nach Populonia‹, ›Der Heilige wird Bären ausgesetzt und auf geheimnisvolle Weise befreit‹, ›Der Heilige stillt mit der Milch einer Hirschkuh den Durst päpstlicher Gesandter‹, ›Der beschuldigte Heilige bietet dem Papst Gänse an‹,

---

* Die Ziffern nehmen Bezug auf den Stadtplan S. 330

›Während Cerbonius vor dem Papst die Messe feiert, singen Engel das Gloria‹.

Campanile aus dem 13. Jahrhundert. 1928 wurde der baufällige Turmaufsatz abgenommen und erneuert.

Inneres: Die Kirche besaß ursprünglich einen offenen Dachstuhl. Die Gewölbe sind aus dem 17. Jahrhundert.

Innenfassade: Reliefs unbestimmter Herkunft, vielleicht von einer Kanzel des Vorgängerbaus, 11. Jahrhundert(?): ›Thronender Christus‹, ›Thronende Muttergottes‹, ›Bethlehemitischer Kindermord‹, ›Maria inmitten der zwölf Apostel‹.

Großes Rundfenster: Szenen aus dem Leben des Hl. Cerbonius, von GIROLAMO DA PIETRA SANTA, erste Hälfte 14. Jahrhundert.

Rechtes Seitenschiff: Taufbecken (aus einem einzigen Travertinblock) mit Szenen aus dem Leben Johannes des Täufers und anderen Darstellungen, von GIROLDO DA COMO, 1267. Das Marmortabernakel mit Patriarchen und Propheten sowie einer bekrönenden Figur Johannes des Täufers sind von 1447.

Krypta (Zugang links vom Hauptaltar): Arca des Hl. Cerbonius, dessen Reliquien der Bischof von Populonia nach Massa Marittima mitbrachte. Die Arca ist ein Werk des sienesischen Bildhauers GORO DI GREGORIO, 1324 datiert. Acht mit lateinischen Inschriften versehene Reliefs schildern in einem volkstümlichen, bewegten Stil das Leben des Heiligen: Der Hl. Cerbonius wird gefangengenommen und von Totila den Bären vorgeworfen, von diesen wird der Heilige befreit, der Hl. Cerbonius wird von Bürgern gebeten, die Messe zu lesen; er wird von Bürgern vor Papst Virgilius angeklagt; Cerbonius wird von den Gesandten des Papstes aufgefordert, sich ihnen zu präsen-

tieren; er melkt in der Nähe von Follole eine Hirschkuh; in der Nähe von Rom heilt er Kranke; er bietet dem Papst Virgilius Gänse an; er läßt den Papst das Himmlische Gloria hören.

Die Medaillons auf dem Deckel des Sarkophags stellen Heilige und Propheten dar, die zentralen Medaillons an den Längsseiten den von Engeln bewachten Leichnam des Heiligen und die Muttergottes mit Kind.

An den Wänden der Krypta: Elf Marmorstatuetten, die vielleicht durch die Werkstatt des GREGORIO in Zusammenhang mit der Arca entstanden, eine ›Kreuzigung‹ und weitere Passionsszenen aus der Schule des DUCCIO. Sie bildeten einst die Rückseite der ›Madonna delle Grazie‹ (siehe unten).

Cappella della Madonna, im linken Querschiff: ›Madonna delle Grazie‹, Altartafel aus der Schule des DUCCIO, 1316 (vgl. Duccios ›Maestà‹ im Dommuseum zu Siena, Farbt. vordere Umschlagsklappe)

2 Palazzo del Podestà

Auch *Palazzo Pretorio* genannt, nach 1225 in Travertin-Gestein errichtet. Er trägt Wappen von Massa Marittima, Siena und vielen Podestà und Capitani di Giustizia.

3 Palazzo Comunale

Der älteste Teil ist der *Torre del Bargello*, der um 1250 entstanden sein dürfte. Rechts davon ein Verbindungstrakt (1344) zum *Torre dei Conti di Biserno*, vermutlich zweite Hälfte 13. Jahrhundert. Fenster des dritten Stockwerks und Zinnenkranz aus dem 19. Jahrhundert. In der *Cappella dei Priori* Fresken von 1525 und ›Maestà‹, Tafelbild von AMBROGIO LORENZETTI, um 1335 (aus Sant' Agostino).

Links vom Torre del Bargello: Casa dei Conti di Biserno, 13. Jahrhundert, im ersten Obergeschoß Renaissancefenster, im zweiten Obergeschoß Biforien des 13. Jahrhunderts. Der Stadtpalast der Grafen von Biserno, die in Massa eingebürgert wurden, war 1336 bis 1602 Bischofsresidenz.

4   Loggia del Comune

Die verfallende Loggia des 14. Jahrhunderts wurde nach 1872 rekonstruiert, wobei das Obergeschoß hinzugefügt wurde.

Citta Nuova: Über die Via Moncini gelangt man durch die Porta alle Silici (Abb. 125), 14. Jahrhundert, in die Oberstadt.

Als sich die Sienesen 1335 der Stadt bemächtigt hatten, errichteten sie um das Castello Monte Regio eine *Fortezza*. Der Bischof, der im Castello residierte, nahm seinen Sitz im Palazzo dei Conti di Biserno beim Dom. Er erhielt dafür eine jährliche Entschädigungssumme.

Die ältere quadratische *Torre del Candeliere* (auf *Torre dell'Orologio* genannt), 1228 von den Bürgern von Massa erbaut, wurde 1337 durch einen großen Bogen, den *Arco*

dei Senesi (Abb. 126), mit der sienesischen Fortezza verbunden. 1774 und 1845, beim Bau des Hospitals, wurden Teile der Feste abgerissen.

5   Museo Archeologico

(10–12, 16–18 Uhr, sonn- und feiertags 10–12 Uhr, November bis März geschlossen.) Kleine Sammlung etruskischer Funde, römischer Münzen und Majolika-Gefäße in einem Palast des späten 16. Jahrhunderts.

6   Sant'Agostino

1299 bis 1313 errichtet. Einschiffiger Raum mit offenem Dachstuhl. Die polygonale Apsis wurde 1348 nach Plänen von DOMENICO DI AGOSTINO und anderen vollendet. *Campanile* 1627.

7   San Francesco

Die Franziskaner-Kirche, die sich 1257 im Bau befand, wurde in den folgenden Jahrhunderten mehrfach verkürzt, so daß vom ursprünglichen Bau nur noch die Chorkapellen und das Querschiff erhalten blieben. Die Kirche liegt im Stadtdrittel, das man *Borgo* nennt.

Etruskerzentren und weitere Städte

Chiusi

Die Stadt liegt auf dem Plateau eines breiten Tuffsteinhügels am südlichen Ende des Chiana-Tales. Sie war mit Tarquinia, Populonia und Vetulonia durch Straßen verbunden; die Chiana war damals noch schiffbar.

Der vielleicht von Umbrern gegründete Ort war bedeutendes Etruskerzentrum, das dem Zwölfstädtebund angehörte. Die etruskische Stadt erreichte ihre Blüte später als die Küstenstädte – im 6. Jahrhundert v. Chr. Vom Reichtum dieser Zeit zeugen außer importierter griechischer Keramik (so die berühmte François-Vase in Florenz, um 570 v. Chr.) auch bedeutende eigene Kunsterzeugnisse, die in vielen etruskischen Sammlungen vertreten sind: außer in Chiusi vor allem in den Archäologischen Museen von Florenz und Siena. Einem der Könige von Chiusi, Lars Porsenna, gelang es als Verbündeter des Tarquinius Superbus vorübergehend Rom einzunehmen. Als Bundesgenossin der aufsteigenden Tiberstadt wird *Clusium* – wie die Römer die Stadt nannten – 296 v. Chr. römische Militärstation. Mit der Verleihung des Bürgerrechts an alle Bewohner Italiens 98 v. Chr. erlosch die etruskische Kultur auch dieser Stadt. Die meisten der alteingesessenen Familien ließen sich in Rom nieder.

Im 4. Jahrhundert n. Chr. erhielt die Stadt einen Bischofssitz. Sie wurde von den Goten erobert, wurde unter den Langobarden Sitz eines Herzogs bzw. Gastalden. Durch die Versumpfung der Chiana etwa seit dem 10. Jahrhundert konnte die mittelalterliche Stadt sich nur bescheiden entfalten. Chiusi war nur kurze Zeit, von 1334 bis 1355, freie Kommune. Im 12. Jahrhundert war die Stadt Orvieto, im 13. Jahrhundert Siena unterworfen. 1416 gelangte Siena abermals in den Besitz von Chiusi (durch Kauf vom König von Neapel). Die fortschreitende Versumpfung der Chiana und die damit verbundene Malariagefahr führten dazu, daß 1561 der Bischofssitz von Chiusi nach Montepulciano verlegt wurde.

In der von mittelalterlichen Mauern umgürteten Stadt, deren regelmäßiger Grundriß auf die etruskisch-römische Zeit zurückzuführen ist, sind sehenswert:

Der *Dom*, eine basilikale Anlage des 12. Jahrhunderts mit achtzehn römischen Säulen und offenem Dachstuhl (Bemalung und andere Veränderungen des 19. Jahrhunderts werden z. Z. beseitigt). Im *Kapitelsaal* (Zugang durch die Sakristei): Zweiundzwanzig Antiphonarien mit Miniaturen verschiedener Meister, 1458 bis 1483. Der *Campanile* wurde auf einem zweischiffigen gewölbten römischen Wasserreservoir errichtet.

ETRUSKERZENTREN UND WEITERE STÄDTE

*Chiusi, Museo Nationale: Etruskische Maske,
7. Jh. v. Chr.*

Das *Museo Nazionale Etrusco* (9–14 Uhr, sonntags 9–13 Uhr, montags geschlossen) gehört zu den sehenswertesten archäologischen Museen der Toscana. Die etruskische Abteilung enthält Masken aus Bronzeblech oder Impasto (grober Ton), die am Hals von Aschenurnen angebracht wurden (7. Jahrhundert v. Chr.), menschliche Körper darstellende Aschenurnen, sogenannte *Kanopen* (mit Köpfen als Deckel und Armen, oft auf einem 'Thron' sitzend, 7. Jahrhundert bis erste Hälfte 6. Jahrhundert v. Chr.), andere Urnen, auf denen der Verstorbene als Statuette auf dem Deckel steht. Ferner sogenannte *Cippi* (reliefverzierte Grabsteine des 6. und 5. Jahrhunderts v. Chr.), die in Grabkammern oder in den zu den Grabkammern führenden Gängen gefunden wurden und möglicherweise das Grab symbolisieren sowie Sarkophage.

Zu empfehlen ist der Besuch einiger *etruskischer Gräber* der Umgebung. Da diese verschlossen sind, frage man im Museum nach einem Kustoden. Drei der Gräber liegen dicht beieinander auf der *Via delle Tombe Etrusche:*

1   *Tomba della Pellegrina,* 1928 entdecktes, spätes Ganggrab, Mitte 3. bis Mitte 2. Jahrhundert v. Chr. In den Nischen und Zellen stehen noch Aschenurnen und Sarkophage (Abb. 84).

2   *Tomba della Scimmia* (Grab des Affen), erste Hälfte des 5. Jahrhunderts v. Chr., gegliedert in Atrium (Hauptraum) und drei Nebenräumen mit Klinen. Im Atrium gemalter

Fries mit Darstellungen von Spielen, einer Abschiedsszene und Wettkämpfen (Wagenrennen, Reiterspiele, Ring- und Faustkämpfe, Speerwurf, Waffentanz). Der Stil ist einfacher als in Tarquinia.

3 *Tomba del Granduca,* 1818 in einem großherzoglichen Gut entdeckt, mit originaler Tür und Gewölben aus Travertinquadern. Die kleine Kammer enthält acht Aschenurnen, 3. oder 2. Jahrhundert v. Chr.

4 *Tomba del Colle,* auch Tomba Casucini genannt, aus dem Anfang des 5. Jahrhunderts v. Chr. mit vorzüglich erhaltener zweiflügeliger Tür aus Travertingestein. Beide Kammern sind mit Wandmalereien – Tempera auf Tuffgestein – ausgestattet. Die erste Kammer zeigt Spiele, Bankettszenen und Wagenrennen, die zweite Kammer Szenen mit Tänzern, Flötenspielern und Wettkämpfern.

Populonia

Einzige direkt am Meer gelegene Stadt des etruskischen Stammlandes. Die anderen Küstenstädte hatten lediglich ihren Hafen am Meer, sie selbst lagen zehn bis vierzig Kilometer im Landesinnern. Schon im 9. und 8. Jahrhundert, zur Zeit der Villanova-Kultur, wurden in Populonia (etruskisch *pupluna* oder *fufluna*) – wie Schlackenfunde bezeugen – Kupfer und Bronze der *Colline metallifere* und von *Campiglia Marittima* verarbeitet. Seit dem 4. Jahrhundert wurde auch das immer mehr Bedeutung erlangende Eisen von der Insel Elba verhüttet. Die Stadt erlebte im 7. und 6. Jahrhundert v. Chr. ihre Blütezeit, die Handelsbeziehungen reichten bis Volterra, Vetulonia und Chiusi. Der Niedergang begann mit der Belagerung durch Sulla 79 v. Chr. Populonia erhielt – wohl im 4. Jahrhundert n. Chr. – einen Bischofssitz, der jedoch 835 nach Massa Marittima verlegt wurde.

Das 180 m hoch gelegene Kastell Populonia bietet von der *Rocca* einen weiten Blick auf die Meeresküste. Es besitzt ein kleines etruskisches *Museum* mit Fundstücken aus der Umgebung.

Die etruskischen *Nekropolen* liegen am *Golf von Baratti,* dort wo im 4. Jahrhundert v. Chr. das Industriegebiet entstand. Die bei der Eisenverhüttung zurückgebliebenen Schlacken bedeckten die alten Gräber mehrere Meter hoch, so daß sie unter der Last des Schlackenberges einstürzten. In ihren holzbefeuerten Öfen konnten die Etrusker nur 40 bis 50 Prozent des Eisengehaltes ausnutzen. Der in der Schlacke zurückgebliebene Restbestand wurde während des Ersten und Zweiten Weltkrieges erneut verarbeitet. Nach Abbau der Schlackenberge kamen die etruskischen Gräber zu Tage.

Die *Nekropole von San Cerbone* verdient besondere Aufmerksamkeit (9–12, 15–18 Uhr). Zwei Grabtypen lassen sich unterscheiden: 1. Der Grabhügel mit rechteckigen Kammern, 7. und 6. Jahrhundert v. Chr. Er wird von einem gemauerten, von einer Traufleiste abgeschlossenen Tambour umgeben. Ein Korridor mit Seitenzellen führt zur Grabkammer inmitten des Hügels, in der Totenbetten mit 'gedrechselten' Beinen stehen. Eckpendentifs bilden den Übergang zu der in Kragtechnik ausgeführten Kuppel. Der größte Hügel ist die

ETRUSKERZENTREN UND WEITERE STÄDTE

Tomba dei Carri (benannt nach den dort gefundenen Wagen). – 2. Das Ädikula-Grab, Mitte 6. bis Mitte 5. Jahrhundert: Ein über dem Boden errichtetes kleines Grab in der Form eines antiken Hauses oder Tempels. Das einzige Grab, dessen Satteldach erhalten blieb, ist die *Tomba del Bronzetto di Offerente* (in der Nähe der Küstenstraße, Abb. 128).

Vetulonia

Die Stadt gehörte zu den Etruskerzentren, die sich zum Zwölferbund zusammengeschlossen hatten. Vetulonia gelangte früh, im 7. und 6. Jahrhundert v. Chr., zur Blütezeit. Ihren Reichtum verdankte die Stadt Gold-, Silber- und Erzvorkommen. Der Goldschmuck, den man in großer Fülle in den Gräbern fand, gelangte ins Archäologische Museum von Florenz. Der Überlieferung nach hat Rom von Vetulonia die Liktoren und Rutenbündel, die purpurne Toga und die Kriegstrompete übernommen. Durch einen See, den *Lacus Prilius* war die Stadt, deren Münzen das Bild eines Dreizacks und zweier Delphine tragen, mit dem Meer verbunden. Die Versumpfung und Versandung des Sees mögen zum baldigen, bisher nicht geklärten Niedergang beigetragen haben. Vetulonia war die einzige Stadt des etruskischen Stammlandes, die in römischer Zeit nicht fortbestand und folglich auch keinen Bischofssitz erhielt. Bis in die achtziger Jahre des 19. Jahrhunderts suchte man vergebens in Vulci, Massa Marittima und anderen Orten nach der von antiken Autoren erwähnten Stadt.

Sehenswert sind die Nekropolen mit Kammergräbern und sogenannten 'Steinkreis-Gräbern' auf dem *Poggio al Bello*.

Die *Tomba della Pietrera* ('Grab des Steinbruchs', so genannt, weil es in vergangenen Jahrhunderten als Steinbruch verwendet wurde) ist ein Kammergrab aus dem 7. Jahrhundert v. Chr. Ein 22 m langer Graben (*dromos*) führt zur quadratischen Grabkammer mit vorkragender Kuppel aus Sandstein. Der restaurierte Mittelpfeiler hatte keine statische Funktion. Nachdem die Kuppel eingestürzt war, erbaute man eine darüber liegende zweite Grabkammer, ebenfalls mit einer Kuppel in Kragtechnik. An den Wänden der Kammer waren Statuen angelehnt, die ins Archäologische Museum von Florenz gelangten.

Gran Tumolo del Diavolino, in diesem nicht restaurierten Grab vom gleichen Typus wie die *Tomba della Pietrera* läßt sich gut die frühe etruskische Gewölbetechnik studieren.

Carrara

Wie Massa erlangte Carrara nie die Städtefreiheit. Beide Orte waren von 1442 bis 1741 in Besitz verschiedener Zweige des Geschlechts der Malaspina und gelangten durch Heirat anschließend an die Este, die Herzöge von Modena.

Der *Marmor-Dom* wurde vom 11. bis 13. Jahrhundert erbaut. Der Fassade fügte man im 14. Jahrhundert eine gotische Zwerchgalerie und eine Fensterrose hinzu, gleichzeitig errichtete man die Apsis. *Im Innern:* ›Verkündigung‹, Marmorgruppe des 14. Jahrhunderts.

Das mittelalterliche *Kastell* der Malaspina wurde von Alberico I. Cybo Malaspina 'dem Großen' (seit 1568 Prinz von Massa) in einen Stadtpalast umgewandelt. Es ist seit 1805 Sitz der bereits 1769 gegründeten *Accademia di Belle Arti.*

Carrara ist Zentrum der Marmorverarbeitung. Wer einen der vielen hundert Steinbrüche besichtigen möchte, wende sich an die Ente Provinciale per il Turismo, Piazza Due Giugno, 14 (Tel. 70668).

Pescia

Die im lucchesisch-florentinischen Grenzgebiet gelegene Kommune (seit 1699 Stadt) geriet 1281 unter die Herrschaft von Lucca, kam 1329 in den Besitz von Florenz. Die Stadt erstreckt sich zu beiden Seiten des Pescia-Flusses: links das geistliche Zentrum mit dem *Dom* (1693 errichtet, seit 1726 Bischofssitz), dem *Bischöflichen Seminar* (Kreuzgang 15. Jahrhundert), dem *Oratorium Sant'Antonio Abbate* (›Kreuzabnahme‹, Skulpturengruppe aus der zweiten Hälfte des 13. Jahrhunderts) und der Kirche *San Francesco* (1298 begonnen, mit der berühmten Franziskus-Tafel von BONAVENTURA BERLINGHIERI, 1235, Abb. 25, *Cappella Orlandi-Cardini* in der Formensprache BRUNELLESCHIS, 1451). Rechts des Flusses bildet die langgestreckte *Piazza Mazzini* das weltliche Zentrum mit dem *Palazzo dei Vicari,* dem heutigen Kommunalpalast, 13. und 14. Jahrhundert.

Sansepolcro

Nach der Überlieferung bildete sich der mittelalterliche Borgo um ein 934 gegründetes Oratorium zur Aufbewahrung von Reliquien, die Pilger vom Heiligen Land mitgebracht hatten. Borgo San Sepolcro, wie der Ort lange hieß, erlangte die Kommunalfreiheit, wurde dann seit dem 14. Jahrhundert nacheinander von den Della Faggiuola, den Tarlati, der Stadt Perugia, von Città di Castello und vom Kirchenstaat beherrscht. 1441 erwarb Florenz den Ort für 25000 Gulden. Zwischen 1415 und 1420 wurde hier PIERO DELLA FRANCESCA als Sohn eines Schuhmachers geboren. Fresken und Altartafeln dieses Malers zeigt die *Pinacoteca comunale* (9.30–13, 14.30–18.00 Uhr; geschlossen: Ostersonntag nachmittags, 1. Mai):›Auferstehung‹ (Fresko), ›Schutzmantelmadonna‹, Polyptychon, 1445 für die Compagnia della Misericordia begonnen.

Der im 11. Jahrhundert begonnene *Dom* wurde Anfang des 14. Jahrhunderts erneuert. Spätere Veränderungen wurden zum Teil wieder entfernt. Im Inneren ein seit dem 10. Jahrhundert verehrtes Kruzifix. Die Kirche *San Francesco* wurde 1258 begonnen, das Innere später barockisiert. Der manieristische *Palazzo delle Laudi,* 1595–1609, dient heute der Kommunalverwaltung. Die *Fortezza Medicea* wurde in der ersten Hälfte des 16. Jahrhunderts – vielleicht nach Plänen von GIULIANO DA SANGALLO – unter Einbeziehung einer älteren Festung des 14. Jahrhunderts errichtet.

WEITERE STÄDTE

Colle di Val d'Elsa. Aus: ›Viaggio Pittorico della Toscana‹ von Francesco Fontani, 1801

Colle di Val d'Elsa

Die Stadt war bis ins 12. Jahrhundert im Besitz der Bischöfe von Volterra, wurde freie Kommune, geriet dann 1233 unter die Herrschaft von Florenz. 1592 erhielt Colle einen Bischofssitz, gleichzeitig den Titel einer Stadt. Während sich die Unterstadt (›Il Piano‹) den heutigen Erfordernissen von Industrie und Gewerbe (Kristallverarbeitung) öffnete und damit ihre mittelalterliche Bausubstanz preisgab, konnte sich diese in der Oberstadt (›Colle Alta‹) weitgehend erhalten. Durch einen Torbogen des *Palazzo Campana*, von BACCIO D'AGNOLO, 1539, gelangt man in das mauernumgürtete *Castello* mit zahlreichen Häusern des Mittelalters und der Renaissance: Im *Palazzo dei Priori* wurde ein kleines Museum eingerichtet *(Museo Civico,*. Die sogenannte *Casa-torre di Arnolfo*, frühes 13. Jahrhundert, soll das Geburtshaus des Florentiner Dombaumeisters ARNOLFO DI CAMBIO sein (Via del Castello, 63). Von besonderem Interesse ist die gewölbte, tunnelartige *Via delle Volte*.

Certaldo

Ehemaliges Kastell der Grafen Alberti von Prato. Noch heute nennt man die Oberstadt *Il Castello:* eine geradlinige Straße mit Backsteinbauten führt zum *Palazzo Pretorio*, einst Residenz der Alberti, seit 1293, als Certaldo in den Machtbereich von Florenz geriet, Sitz des Podestà und der Florentiner Vikare. Der mit zahlreichen Wappen geschmückte Bau entstand in mehreren Bauphasen (Loggia 1445). In Certaldo starb 1375 BOCCACCIO. Vom Haus BOCCACCIOS weite Aussicht auf das Elsa-Tal.

Certaldo. Aus: ›Viaggio Pittorico della Toscana‹ von Francesco Fontani, 1801

San Miniato (San Miniato al Tedesco)

Der auf einem dreigeteilten Hügelzug sich erstreckende Ort ist vor allem von geschichtlichem Interesse. Bei San Miniato kreuzen sich die beiden wichtigsten mittelalterlichen Verkehrsadern, der *Via Francigenia* und die Verbindungsstraße zwischen Pisa und Florenz. Die kleine Stadt liegt im Grenzgebiet der ursprünglichen Diözesen von Pisa, Volterra, Lucca, Pistoia, Florenz und Siena (Farbt. 16).

Ein Dokument aus dem Jahre 783 erwähnt ein bereits von Langobarden »*in loco quarto*« (bei der ehemaligen römischen Militärstation Quarto) dem Florentiner Märtyrer Minias errichtetes Oratorium. Die nahegelegene, nicht mehr erhaltene Pieve San Genesio ist auf Grund der verkehrsgünstigen, zentralen Lage innerhalb Tusziens »seit langobardischer Zeit als Stätte für Provinzialsynoden, Königsgericht, Hof- und Heertag bezeugt« (Werner Goez). Vermutlich unter Otto I. wurde San Miniato Sitz der kaiserlichen Vikare. Als Tochter des Markgrafen Bonifaz wurde hier 1046 Mathilde von Canossa geboren. Die kaiserliche Pfalz wurde 1162 zur zentralen Finanz- und Steuerverwaltung für Tuszien und das Herzogtum Spoleto. Friedrich II. errichtete 1218 an der höchsten Stelle des Hügels eine 'Kaiserburg', von der nur ein Turm erhalten blieb. Diesen ließ dann 1944 – unverständlich für alle Geschichtsbewußten – ein deutscher Offizier sprengen. Der Turm, in dem Friedrich II. seinen Berater Per delle Vigne unschuldig einsperren und blenden ließ (DANTE, Inferno), wurde inzwischen wiederaufgebaut.

San Miniato beeindruckt durch die mittelalterliche Bebauungsstruktur auf dem Höhenzug entlang der Via Francigenia, durch den weiten Blick auf das Elsa- und Arno-Tal. Von den Einzelwerken seien erwähnt (von Nord-Osten kommend): *San Francesco*, 1276 an der

WEITERE STÄDTE

San Miniato. Aus: ›Viaggio Pittorico della Toscana‹ von Francesco Fontani, 1801

Stelle des alten, dem Hl. Minias geweihten Oratoriums errichtet, 1404–80 vergrößert, die Fassade läßt die Größe der ursprünglichen Kirche erkennen; *Palazzo Comunale*, im 14. Jahrhundert begonnen (im Innern Fresken des 14. Jahrhunderts, Fassade modern); *Dom*, im 13. Jahrhundert begonnen, mehrfach verändert, mit *Campanile* (sogenannter *Torre di Matilda*) und angeschlossenem *Diözesan-Museum*; das *Seminargebäude*; der *Bischöfliche Palast*, 1622; das mehrfach veränderte *Dominikaner-Konvent, Palazzo Grifone*, von GIULIANO DI BACCIO D'AGNOLO, erste Hälfte 16. Jahrhundert; das *Haus Buonaparte* (wo Napoleon 1796 einen Verwandten besuchte) und die Kirche *Santa Chiara*.

San Miniato

Grosseto

Das frühmittelalterliche Kastell war seit dem 11. Jahrhundert im Besitz der Aldobrandeschi, erhielt 1138 den Bischofssitz von Roselle. Die Stadt wurde 1336 von Siena erobert, 1559 dem Herzogtum Toscana einverleibt. Ein sechseckiger Mauerring mit Festung, 1574, umschließt den historischen Kern: *Dom San Lorenzo*, 1294–1302, mehrfach verändert, Fassade im historisierenden Stil erneuert; *San Francesco*, erbaut von Benediktinern im 13. Jahrhundert, im Innern: auf Holz gemaltes Kruzifix der Duccio-Schule; *Museo Archeologico* (9–12, 16–19 Uhr) mit etruskischen und villanovianischen Funden aus Roselle, Vetulonia, Pitigliano etc., darunter der Kopf der ältesten bekannt gewordenen lebensgroßen Etrusker-Statue, Ende 7. Jahrhundert v. Chr.

Pitigliano

Die Lage der kleinen Stadt (Abb. 130) über steilen Felswänden gehört zum Eindrucksvollsten der südlichen Toscana. Wie das benachbarte *Sorano* (Farbt. 21) erscheint der Ort 'aus dem Boden gewachsen': Das gelb-rote Tuffgestein setzt sich in den dicht gedrängten, hohen Häusern fort. Nähert man sich Pitigliano oder Sorano, steht man plötzlich vor einem tiefen Abgrund: zwei zusammentreffende Bäche haben Schluchten in das Plateau aus vulkanischem Tuff eingeschnitten, so daß die Städte nur an einer Seite mit der Ebene verbunden

Pitigliano. Aus: ›Viaggio Pittorico della Toscana‹ von Francesco Fontani, 1801

WEITERE STÄDTE

sind. Im Charakter sind Pitigliano und Sorano den Bergstädten Latiums ähnlicher als den toscanischen Städten nördlich des Amiata-Massivs.

Orte wie diese sind leicht zu verteidigen. Schon in voretruskischer Zeit war Pitigliano besiedelt. Die Etrusker höhlten in den Felswänden Grabkammern aus, sogenannte 'Columbarien' – Taubenschläge –, die heute als Ställe, Schuppen oder Weinkeller dienen.

Das mittelalterliche Kastell gehörte den Grafen Aldobrandeschi, geriet 1293 durch Heirat an das römische Geschlecht der Orsini, später an die Florentiner Strozzi. 1608 wurde die Stadt dem Großherzogtum eingegliedert. Den Bischofssitz des verfallenen Sovana verlegte man 1660 hierher, nachdem sich der Bischof bereits lange zuvor in Pitigliano aufgehalten hatte.

Die *Citadella*, Festung der Orsini, wurde erst 1545 errichtet. Der zinnengekrönte *Palazzo Orsini* geht auf das 14. Jahrhundert zurück, er wurde im 15. und 16. Jahrhundert (durch GIULIANO DA SANGALLO) in einen Renaissancepalast umgewandelt. Der *Dom* mit mächtigem *Campanile* ist mittelalterlichen Ursprungs. In seiner jetzigen Gestalt ist er ein Werk des 18. Jahrhunderts.

Landkirchen und Klöster

Pieve di San Gennaro

Die westlich von Pescia gelegene Pieve dürfte zu Ende des 12. Jahrhunderts begonnen worden sein. Die *Fassade* (Abb. 22) erinnert in der Gliederung durch Lisenen, der Form des Portals und des Portalbogens an Luccheser Kirchen. Die Zwerchgalerien von San Michele und dem Dom zu Lucca wurden durch Blendbögen ersetzt. Auf die Marmorverwendung wurde weitgehend verzichtet. Die Kapitelle des Innern zeigen figürliche und pflanzliche Motive. Bei einigen *Kapitellen* ist der Block in einzelne Teile aufgelöst, auf denen zeichenhaft pflanzliche und geometrische Motive eingeritzt sind (Abb. 23).

Die *Kanzel* (Abb. 24) mit drei der vier Evangelistensymbolen (Matthäus-Engel, Markus-Löwe, Lukas-Stier) wurde laut Inschrift 1162 von PHILIPPUS, einem Meister in der Nachfolge des Pisaner GUGLIELMUS ausgeführt. Sollte der Bau der Kirche – wie Mario Salmi und Roberto Salvini annehmen – dem Ende des 12. Jahrhunderts angehören, wäre die Kanzel älter als die weniger entwickelt erscheinenden Kapitelle (Abb. 23). Die teppichartigen Einlegearbeiten mit Tiermotiven am Kanzelkasten finden sich ähnlich an der Fassade von San Michele zu Lucca.

Romena

Pieve di San Pietro (Abb. 66–68; S. 52 Fig. 4). Die basilikaartige Kirche mit drei gestaffelten Schiffen und einer einzigen Apsis wurde 1152 an der Stelle einer früheren Kirche erbaut. »Im Hungersjahr 1152 schuf Pfarrer Albericus diesen Bau« lautet die Übersetzung einer lateinischen Inschrift auf einem Kapitell. 1678 wurde die Kirche im Westen um zwei Joche gekürzt.

San Pietro di Romena zählt zu einer Gruppe von Kirchen des Casentin, die statt rechteckiger oder runder Stützen antikisierende Säulen mit Entasis (Schwellung), Sockel und Basis besitzen. San Pietro zeichnet sich durch weitere Eigentümlichkeiten aus: Die Seitenschiffe enden in kleinen, tonnengewölbten Räumen, die letzten Langhausarkaden sind kleiner, der Apsis sind innen und außen zwei Reihen von Blendarkaden vorgelegt (im Außenbau auch an den Stirnwänden der Seitenschiffe). Dies verleiht den klaren Grundformen eine plastische Belebung, wie sie in toskanischen Landkirchen selten anzutreffen ist.

LANDKIRCHEN UND KLÖSTER

Wie sich an den ausdrucksstarken, grob bearbeiteten Kapitellen und einigen architektonischen Details ablesen läßt, schuf dieselbe Gruppe von Steinmetzen drei weitere Kirchen des Casentin: Stia, Strada und Montemignaio. Roberto Salvini vermutet, daß es sich um eine lombardische Bautruppe handelt, die auf ihren Wanderungen auch die Auvergne und benachbarte französische Landschaften kennenlernte.

Stia

Pieve di Santa Maria Assunta, um 1160 errichtet. Wölbung der Seitenschiffe vermutlich 1636, klassizistische Fassade 18. Jahrhundert. Die Säulen mit Basen und Entasis, der Kapitellschmuck und andere Einzelheiten weisen auf die Urheberschaft derselben Steinmetzen hin, die auch die Pieve von Romena gebaut haben.

Gropina

Pieve di San Pietro (Abb. 71, 72; Fig. S. 50). Die an einem Abhang des Pratomagno gelegene Pieve war ein Geschenk Karls des Großen an die Abtei von Nonantola bei Modena (780). Die jetzige Kirche wurde wohl Ende des 12. oder Anfang des 13. Jahrhunderts begonnen, der etwas spätere Campanile ist 1232 datiert. Bei Ausgrabungen fand man Teile der Fundamente von zwei Vorgängerbauten und außerdem einige römische Fundstücke. Wie bei den Kirchen des Casentin (Romena, S. 343) ist die Apsis innen und außen mit Blendbögen versehen, stehen die schwellenden Säulen des Innern auf Basen. Anders als bei den Casentiner Kirchen ist die äußere Apsis – wie häufig auch in Pisa, Lucca und Oberitalien – mit einer Zwerchgalerie ausgestattet.

Die Säulen des *Inneren* stehen in unregelmäßigem Abstand. Ein Säulenpaar ist durch Pfeiler ersetzt. Die Kapitelle der rechten Seite sind von einfacherer, volkstümlicherer

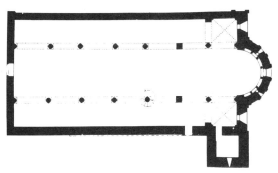

Pieve di Gropina, Grundriß

Formensprache. Sie dürften im Gegensatz zu den Kapitellen der linken Seite von einheimischen Steinmetzen ausgearbeitet worden sein. Auch thematisch unterscheiden sich die beiden Säulenreihen. *Rechts* sind archaische Themen dargestellt: ›Schwein mit Ferkel‹ (erste Säule); ›Kampf der Tugenden und Laster‹ (als Turnierreiter, zweite Säule); ›Kämpfende Tiere‹ (dritte, fünfte und sechste Säule); ›Weinreben‹ (vierte Säule); *Links* fanden außer Dämonen auch biblische Themen Aufnahme: ›Christus in der Mandorla‹, ›Samsons Kampf mit dem Löwen‹.

Die *Kanzel* ruht auf einem verknoteten Säulenpaar – ein Motiv, das bereits bei der Zwerchgalerie der Apsis begegnete. Die Flachreliefs zeigen Seraphim, eine zweischwänzige Sirene, einen von Schlangen bedrohten Mann sowie ornamentalen Schmuck. In der Mitte des Kanzelkastens Evangelistensymbole: Johannes-Adler, Matthäus-Engel, Markus-Löwe.

San Quirico d'Orcia

Auf einer bereits von Etruskern besiedelten Höhe über dem Orcia-Tal bildete sich das römische Dorf *vicus alecinus,* aus dem der *Borgo San Quirico e Giovanni in Orsenna* hervorging. Der verkehrsgünstig an der Frankenstraße gelegene Ort war im 12. Jahrhundert Sitz eines staufischen Vikars. 1256 wurde San Quirico d'Orcia dem sienesischen Staat eingegliedert.

Collegiata (Abb. 81–83), bereits 712 als *Pieve di Orsenna* erwähnt, seit 1648 Kollegiatkirche mit einem Propst und ursprünglich sechs Kanonikern. Die heutige einschiffige Kirche in Travertingestein mit flach schließendem Chor entstand etwa zu Ende des 12. Jahrhunderts. Sie wurde 1298 durch das Querschiff erweitert, Campanile 1798–1806.

Fassade (Abb. 81): Das Westportal mit gestuftem Gewände, in dem schlanke Säulchen stehen, ist das älteste der drei Portale, noch 12. Jahrhundert. *Türsturz:* ›Kämpfende Ungeheuer‹. Das *Querschiffsportal* mit gotischem Wimperg ist 1298 datiert (Inschrift auf dem Türsturz). *Großes Seitenportal:* Auf Löwen stehende Atlanten tragen eine kurze Vorhalle. Diese Figuren (wie auch der Atlant des reich profilierten Fensters rechts dieses Portals; Abb. 82) dürften von derselben Werkstatt aus dem Umkreis des Giovanni Pisano stammen, die auch bei der Fassade von Massa Marittima (Farbt. 31) mitwirkte.

Inneres. Gewölbe und Barockdekoration von 1732 wurden 1936 weitgehend entfernt. Chorgestühl von Antonio Barili mit Einlegearbeiten, um 1482–1502. *Linke Wand:* Grabstein des Grafen Heinrich von Nassau, der hier 1451 auf der Rückkehr von Rom verstarb.

Im linken Querschiff: Triptychon von Sano di Pietro um 1450–80.

Palazzo Chigi (Abb. 80). Der im zweiten Weltkrieg stark beschädigte Palazzo wurde seit 1679 im Auftrag von Kardinal F. Chigi, einem Neffen des sienesischen Papstes Alexander VII. Chigi, von Carlo Fontana errichtet.

LANDKIRCHEN UND KLÖSTER

Abbazia di Sant'Antimo

Die 813 zum erstenmal erwähnte, vielleicht von Karl dem Großen gegründete Benediktiner-Abtei (Abb. 90–95; S. 52 Fig. 2) zählte im Mittelalter zu den reichsten Klöstern der Toscana, sie erhielt Schenkungen von den Karolingern und später vom Landadel. Der Abt hatte seinen Sitz eine Zeitlang auf dem nahegelegenen Hügel: Der Name des heutigen Dorfes *Castelnuovo dell'Abate* läßt auf eine befestigte Residenz schließen. Bereits Ende des 13. Jahrhunderts begann der Niedergang der Abtei. 1462 ließ sie Papst Pius II. aufheben. Die Klostergebäude verfielen bis auf wenige Überreste, allein die Kirche blieb in ausgezeichnetem Zustand erhalten.

Nach einer Schenkungsinschrift auf den Altarstufen wurde die Kirche vor 1118 begonnen, 1260 stellte man die Arbeiten ein, ohne daß der Bau vollendet war.

Dem Besucher, der sich von Montalcino der im goldgelben Travertin erbauten Kirche nähert, bietet sich aus der Ferne ein besonderer Anblick: Vor der Schräge der Hügelsilhouette kommen die Waagerechte des schlanken Baukörpers, die Senkrechte des von einer Zypresse begleiteten Campanile eindrucksvoll zur Geltung.

Die Kirche ist keineswegs typisch toscanisch: die dreischiffige Emporenbasilika ohne Querschiff besitzt als Besonderheit einen Chorumgang mit drei Kapellen sowie Kreuzgratgewölbe in den Seitenschiffen. Für das Mittelschiff war ursprünglich ein Tonnengewölbe vorgesehen, die Vorlagen für die Auflage der Gurtbogen wurden bereits angelegt. Chorumgang und Gewölbe sind jedoch Merkmale romanischer Kirchen Frankreichs, die Gewölbe auch Oberitaliens. Die Steilheit des Innenraumes, der Wechsel von Säulen und Stützen im Dreierrhythmus sind in der Toscana ungewöhnlich. Die weiten geistig-künstlerischen und politischen Beziehungen des Klosters ließen italienische und französische Bautradition verschmelzen. Trotz des französischen Chorumganges, der Wölbung der Seitenschiffe und des steilen Mittelschiffes ist der Bau ein Zeugnis italienischen Formgefühls. Dies zeigt sich in

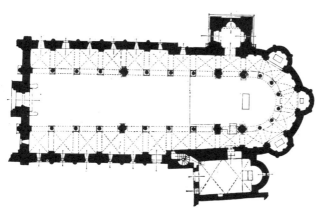

Abbazia di Sant'Antimo, Grundriß

der Geschlossenheit der Wandflächen, in der Art, wie im Außenbau der Mittelschiffskörper von den Seitenschiffen entschieden abgesetzt wird, in der Isolierung des Glockenturms, dem glatten Schnitt der Bögen und Fenster, im Verzicht auf Strukturierung und plastische Belebung durch Gesimse und Wulste. Zu dieser Verbindung italienischer Formenstrenge mit französischen Architekturmotiven findet sich weder in Italien noch in Frankreich Vergleichbares.

Skulpturenschmuck
Am Glockenturm, der wahrscheinlich etwas älter als die Kirche ist: ›Muttergottes mit Kind und Evangelistensymbolen‹ sowie ›Chimäre‹, beide wahrscheinlich von einem lombardischen Bildhauer, Anfang 12. Jahrhundert. Das Hauptportal wird dem MAÎTRE DE CAMBESTANY zugeschrieben. Ursprünglich war ein Doppelportal geplant, die andere Hälfte wurde für die Kirche Santa Maria Assunta in San Quirico d'Orcia verwendet. Türsturz von einem pisanischen Meister.

Innenausstattung
Die Kapitelle im Ostteil mit Darstellungen von Tierschädeln, mit Pflanzen, Schachbrett und Flechtbandmustern (Abb. 94) sind von besonderer Formgebung und sorgfältiger Ausführung. Sie gehen auf einen Meister zurück, der – laut Roberto Salvini – Wanderjahre in der Auvergne verbrachte. Andere Kapitelle des Chorumgangs stammen wahrscheinlich von lombardischen Bildhauern. Von diesen deutlich unterschieden ist das Kapitell mit ›Daniel in der Löwengrube‹ (zweite Säule rechts, Abb. 91), das dem MAÎTRE DE CAMBESTANY zugeschrieben wird.

Schwer zu entscheiden ist, ob der Bau beim Chor (im Osten) oder an der Eingangswand (im Westen) begonnen wurde. Die älteren Emporenöffnungen liegen im Westen, dort jedoch auch die jünger wirkenden Kapitelle und das relativ spät, um 1250, zu datierende Hauptportal.

Als 1462 der Bischof von Montalcino weltlicher Abt von Sant'Antimo wurde, ließ er den hinteren Teil der rechten Empore als Wohnung ausgestalten.

Die sich rechts an die Kirche anschließende sogenannte 'Karolingische Kapelle' stammt möglicherweise aus der Gründungszeit des Klosters, vor 813. Das Mauerwerk aus rohbehauenen Steinen in unregelmäßigen Reihen (Abb. 93), in dieser Art auch noch im 11. Jahrhundert üblich, unterscheidet sich deutlich von den glatt geschnittenen Quadern der Kirche des 12. Jahrhunderts.

Abbazia di Monte Oliveto Maggiore

Sitz des Generalabtes der Benediktinerkongregation der Olivetaner, gegründet 1319 von Bernardo Tolomei (1272–1348).

LANDKIRCHEN UND KLÖSTER

1313 zogen sich drei Sieneser Adlige, Giovanni Tolomei, Rechtsgelehrter der Universität, der sich später Bernardo nannte, Patrizio Patrizi und Ambrogio Piccolomini in die 'Wüste von Accona' (im Gebiet der *Crete*, südwestlich von Siena; vgl. Farbt. 28, 29) zurück, wo sie nach sechs Jahren das Kloster Monte Oliveto ('Ölberg') gründeten. »Die Gründungsurkunde des ersten Olivetanerklosters trägt das Datum vom 26. März 1319, der Tag, an dem Bernhard mit seinen beiden Freunden Ambrogio und Patrizio im Dom zu Arezzo das Ordenskleid der Benediktiner erhielt und für sich und seine geistigen Söhne versprach, unter der Regel des Hl. Benedikt zu leben«. (Bonifazius M. Scheidhauer). 1344 bestätigte Papst Clemens VI. die neue Kongregation. Um Verwechslungen mit Klöstern gleichen Namens auszuschließen, wurde die Abtei später *Monte Oliveto Maggiore* genannt. Die Olivetaner führten ein asketisches Leben unter strenger Auslegung der Regeln des Hl. Benedikt (»Bete und arbeite«).

Die Klosteranlage in Backstein entstand in mehreren Bauphasen seit 1387. Folgende Daten sind gesichert: Refektorium 1387–90, Wehrturm 1393, Kirche 1400–17, großer Kreuzgang 1426–43, Bibliothek 1513–14.

Über den Ein- und Ausgängen des befestigten Klosters: *Majolikareliefs* aus der Werkstatt LUCA DELLA ROBBIAS. Berühmt sind die Fresken von LUCA SIGNORELLI (1497–98) und SODOMA (ab 1504) im großen Kreuzgang. Sie schildern das Leben des Hl. Benedikt, des Gründers des Ordens, wie es Gregor der Große erzählt hat.

SIGNORELLI begann 1497 den Zyklus nicht mit den frühesten Szenen aus dem Leben des Heiligen sondern mit neun späteren Begebenheiten, den Szenen 20 bis 28 an der Westseite. Alle übrigen Fresken sind von SODOMA. Der Zyklus beginnt an der Ostseite (im Eingang in den Kreuzgang gegenüber):

1 Der Hl. Benedikt nimmt Abschied von seinen Eltern und seiner Schwester Scholastika in Norcia (Nursia) und begibt sich, von seiner Amme gefolgt, zum Studium nach Rom. – 2 Er verläßt die römische Schule. – 3 Er fügt einen zerbrochenen Trog wieder zusammen. – 4 Der Mönch Romanus gibt Benedikt den Eremitenhabit. – 5 Der Teufel zerstört das Glöckchen. – 6 Ein Priester bringt auf Gottes Eingebung hin Benedikt am Osterfest ein Essen. – 7 Benedikt unterweist Bauern in der göttlichen Lehre. – 8 Vom Geist der Unreinheit versucht, überwindet er die Versuchung. – 9 Der Heilige erfüllt die Bitte einiger Eremiten, ihr Abt zu werden. – 10 Auf den Segen Benedikts hin zerbricht ein Becher mit vergiftetem Wein. – 11 Benedikt errichtet zwölf Klöster. – 12 Er empfängt die beiden römischen Jünglinge Maurus und Placidius. – 13 Er befreit einen vom Dämon besessenen Mönch. – 14 Auf die Bitte seiner Mönche hin läßt er eine Quelle auf der Höhe des Berges entspringen. – 15 Eine auf den Grund des Sees gefallene Axt läßt er an den Stiel zurückkehren. – 16 Bei der Errettung des Placidius schreitet Maurus auf dem Wasser. – 17 Benedikt verwandelt eine verborgen gehaltene Flasche Wein in eine Schlange. – 18 Der Priester Florentius versucht Benedikt zu vergiften. – 19 Florentius läßt sieben Freudenmädchen unter den Fenstern des Klosters tanzen. – 20 Benedikt schickt Maurus nach Frankreich und Placidus nach Sizilien. – 21 Gott bestraft den Priester Florentius. – 22 Benedikt lehrt die Einwohner Monte Cassinos das Evangelium. – 23 Er verjagt den

Teufel von einem Baustein. – 24 Er erweckt einen bereits begrabenen Mönch zum Leben. – 25 Er sagt den Mönchen, wo und wann sie außerhalb des Klosters gegessen haben. – 26 Benedikt weist einen Pilger zurecht, der das Fasten gebrochen hatte. – 27 Er entdeckt die Täuschung des Gotenkönigs Totila, der seinen Schildträger in seiner Kleidung zu Benedikt geschickt hatte. – 28 Benedikt empfängt Totila. – 29 Benedikt sagt die Zerstörung von Monte Cassino voraus. – 30 Benedikt erhält Mehl in Fülle und speist damit die Mönche. – 31 Er erscheint zwei Mönchen in Terracina und gibt ihnen die Anweisung zum Bau des Klosters. – 32 Bei der Totenmesse zweier exkommunizierter Nonnen steigen diese aus dem Grabe aus; der Hl. Benedikt erteilt ihnen die Absolution. – 33 Benedikt läßt einem toten Mönch, den die geweihte Erde nicht aufnehmen wollte, eine Hostie auflegen. – 34 Er vergibt einem Mönch, der dem Kloster entfliehen wollte und einem Drachen begegnete. – 35 Benedikt befreit einen von Goten gefesselten Bauern durch einen einzigen Blick.

Im Durchgang zur Kirche: ›Kreuztragung‹ und ›Geißelung‹ Fresken von SODOMA, nach Beendigung des Benedikt-Zyklus entstanden.

Kirche. Einschiffiger Raum mit Querschiff (1400–17), 1772 barockisiert. Chorgestühl mit Intarsien, von FRA' GIOVANNI DA VERONA, 1503–05, mittlere Reihe 17. Jahrhundert.

Der Besuch weiterer Klosterräume (Refektorium, Bibliothek, Apotheke, Kapitelsaal) ist nur in Begleitung eines Mönches möglich.

Abbazia di San Galgano

Ehemalige Zisterzienserabtei (Abb. 107, 110; S. 53 Fig. 10). Der Reformorden der Zisterzienser gelangte relativ spät in die Toscana und nach Umbrien. Die Abtei von San Galgano war die erste und einzige Neugründung im Gebiet der Toscana. Für andere Niederlassungen bezogen die Zisterzienser bereits bestehende Klosteranlagen der Benediktiner (San Salvatore am Monte Amiata, San Salvatore bei Settimo). Die Mönche von San Galgano erlangten sehr

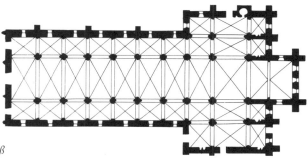

Abbazia di San Galgano, Grundriß

LANDKIRCHEN UND KLÖSTER

Abbazia di San Galgano, Aufriß des Langhauses

bald einen großen Landbesitz. Sie übernahmen schiedsrichterliche Aufgaben, wurden mit Notariats- und Verwaltungsarbeiten beauftragt, leiteten u. a. den Dombau in Siena.

Die Kirche wurde 1224 begonnen. Das Filiationssystem bedingte, daß sie nach dem Vorbild der Mutterkirche von Casamari (Latium) angelegt wurde, die sich ihrerseits eng an eine burgundische Kirche anlehnte.

San Galgano ist nach dem üblichen Schema der Zisterzienser-Kirchen angelegt: drei Schiffe mit Rippengewölbe, ein Querschiff und eine flache Chorkapelle. Die Anlage bildet die Form eines lateinischen Kreuzes. Als Besonderheit besitzt das Querschiff an der westlichen Seite ein Nebenschiff.

Der Wandaufbau des Mittelschiffs ist nicht einheitlich. Der ältere Ostteil ist viergeschossig: Arkadenzone, Triforium, spitzbogiges Fenster und Rundfenster. Im Westen ist der Wandaufbau nur dreigeschossig. Eine weitere Eigenart ist die Verwendung von zwei Baumaterialien, von Travertin, vorzüglich für die tragenden und gliedernden Teile, und Ziegelsteinen für den Maueraufbau und die Gewölbe.

San Galgano ist als französisch-gotische Zisterzienserkirche durch Vorlagen und Dienste gegliedert. Mit diesem ihrem Gliedersystem ist die Kirche in der Toskana ein Fremdkörper, der keine direkte Nachfolge gefunden hat. Doch wurden mit diesem Bau zum ersten Mal gotische Stilelemente eingeführt.

Vom *Konventsgebäude* sind erhalten: der Kapitelsaal, dessen Rippengewölbe auf niederen Säulen ruht, das Refektorium und Teile des Kreuzganges. Der Verfall der Abtei begann bald nach 1500. Ende des 18. Jahrhunderts stürzten die Gewölbe und der Glockenturm ein.

Abbazia di San Salvatore

Die an einem Südhang des Monte Amiata gelegene Abtei (812 m) ist eine der ältesten der Toscana. Sie wurde 743 vom Langobardenkönig Ratchis gegründet. Der Landbesitz dieses reichen Benediktinerklosters reichte bis zur tyrrhenischen Küste. Nachdem das Klostergebäude für wenige Jahre den Kamaldulensern übertragen war, bezogen es 1228 Zisterziensermönche.

Im Jahre 1036 wurde die jetzige einschiffige Kirche mit Querschiff in Anwesenheit von achtzehn Bischöfen und Kardinälen eingeweiht.

Die *Fassade* mit zwei Türmen (von denen der rechte unvollendet blieb) dürfte aus der Zeit stammen, als das Kloster auf die Zisterzienser überging (1228).

Das *Innere* wurde 1229 und 1590 umgebaut. Es konnte – trotz neuerer Restaurierungen (1968–71) – wenig vom ursprünglichen Zustand bewahren.

Vom 1036 geweihten Neubau gibt allein die *Krypta* eine Vorstellung. Mit dreizehn Schiffen zählt sie zu den eindrucksvollsten Anlagen der Vorromanik. Sie war ursprünglich in westlicher und östlicher Richtung noch weiter ausgedehnt, ihre Apsiden schlossen halbkreisförmig. Bemerkenswert sind die auf Sockeln und Basen stehenden sechsunddreißig monolithenen Säulen: sie sind kanneliert, die Kapitelle zeigen vielfältigen figürlichen und ornamentalen Schmuck. Auf ihren achtfach unterteilten Abdeckplatten ruhen Kreuzgratgewölbe.

Das Klostergebäude blieb nicht erhalten.

Im Besitz der Mönche von San Salvatore war ursprünglich auch die benachbarte Gemeinde, die den Namen des Klosters trägt (Abbadia San Salvatore). Sie ging später in den Besitz der Grafen von Fiora über, die sie 1347 an Siena verkauften. Der aus einem Kastell hervorgegangene in nachgedunkeltem Trachyt erbaute Borgo konnte seine mittelalterliche Struktur und Bausubstanz weitgehend erhalten. Der Ort ist seit dem Mittelalter bedeutendes Zentrum des Zinnoberabbaus.

Villen

»*Ich würde es vorziehen, die Häuser der Edlen nicht im fruchtbaren Gebiet des Landes zu bauen, sondern im landschaftlich reizvollsten, wo jede Annehmlichkeit zur Verfügung steht, sei es Aussicht über die Stadt, das Land oder das Meer oder über eine ausgedehnte Ebene und die vertrauten Hügel und Berge«* (Leon Battista Alberti)

Segromigno: Villa Mansi – Villa Torrigiani

Villa Mansi (11 km nordöstlich von Lucca, Farbt. 7; S. 53 Fig. 18; Park und Inneres können besichtigt werden). Die ursprünglich für die Familie Benedetti zu Füßen des Monte Pizzorne errichtete Villa, seit dem 18. Jahrhundert im Besitz der Luccheser Familie Mansi, geht in ihrer jetzigen Gestalt auf verschiedene Bauperioden zurück. Der Mitteltrakt ist aus dem 16. Jahrhundert. Der Architekt Muzio Oddi fügte 1634 die Loggia des Hauptgeschosses, im oberen Stockwerk eine weitere (später geschlossene) Loggia und die beiden flankierenden Pavillons hinzu. Bogen und Gebälk der beiden Loggien ruhen auf doppelten Säulen – stilistisch eher für den Manierismus als für das 17. Jahrhundert kennzeichnend. Auf Oddis Entwurf gehen auch die Statuen zwischen den Säulen zurück. *Untere Loggia:*

Segromigno: Villa Mansi im Zustand Anfang des 18. Jh.

›Minerva‹, ›Pan‹, ›Venus‹ und ›Apollon‹. 1725–42 verlieh FRA' GIOVANNI FRANCESCO GIUSTI der Villa den barocken Charakter. Er schloß die obere Loggia, fügte dieser Loggia einen beschließenden Giebel und dem gesamten Bau eine mit Statuen besetzte Balustrade hinzu. Die Fenster ließ er mit gebrochenen Segmentbogengiebeln und Dreiecksgiebeln verzieren. Um dieselbe Zeit legte FILIPPO JUVARA einen italienischen Garten an, von dem nur das sogenannte ›Bad der Diana‹ und der Fischteich erhalten blieben, da der Park im 18. Jahrhundert in einen englischen Garten umgewandelt wurde.

Die mythologischen Szenen des Hauptsalons malte 1784–92 STEFANO TOFANELLI.

Villa Torrigiani (unweit der Villa Mansi, Farbt. 8; Führungen durch den Park und das Innere). Wie die Villa Mansi geht diese ursprünglich für die Luccheser Familie Bionvisi errichtete Villa auf einen Vorgängerbau des 16. Jahrhunderts zurück, der im 17. Jahrhundert, für die Familie Santi grundlegend – vielleicht von MUZIO ODDI, dem Architekten der Villa Mansi – umgestaltet wurde. Auch diese Villa zeigt manieristische Stilzüge. Der ursprüngliche französische Garten wurde im 19. Jahrhundert weitgehend in einen englischen Garten umgewandelt.

Collodi

Villa Garzoni (bei Pescia). 1633–62 für Romano Garzoni über den Fundamenten eines mittelalterlichen Kastells errichtet. Der Salon des Hauptgeschosses ist reich mit Fresken von Nachfolgern der CARRACCI ausgestattet worden.

Der Sommerpavillon mit einer konkav und konvex ausschwingenden zweigeschossigen Fassade (jenseits des Innenhofes) ist aus der Mitte des 18. Jahrhunderts. Der in Terrassen auf dem steilansteigenden Hügel angelegte Garten, 1633–92, mit Wasserspielen, Statuen, offenem Theater, Labyrinth, Bädern für Damen und Kavaliere, war bereits im 18. Jahrhundert berühmt.

In Collodi wurde CARLO LORENZINI (1826–90) geboren, der unter dem Pseudonym 'Collodi' den ›Pinocchio‹ schrieb. Der *Parco del Pinocchio* bietet Unterhaltungsmöglichkeiten für Kinder.

Careggi

Villa Medicea (nordwestlich von Florenz, Abb. 51). Der 1417 von Lorenzo de'Medici erworbene Landsitz ging 1457 in den Besitz seines Bruders, Cosimo d. Ä., über. MICHELOZZO erhielt den Auftrag, das Gebäude instandzusetzen, es um eine Loggia, einen Hof und einen Turm zu erweitern und das Innere umzugestalten. Cosimo hielt sich hier öfters als in allen anderen Villen auf; hier gründete er die *Accademia Platonica*. Heute gehört die Villa zum Klinikkomplex von Careggi (Besichtigungserlaubnis durch das Ospedale di Santa Maria Nuova, Florenz).

Castello: Villa Medicea. Im Hintergrund die Villa Corsini. Zeichnung von Giuseppe Zocchi, Mitte 18. Jh.

Castello

Villa Medicea (nordwestlich von Florenz Richtung Sesto Fiorentino). 1472 erwarben Lorenzo und Giovanni di Pier Francesco de'Medici, Großneffen Cosimos d. Ä., das Landgut, das in eine Villa umgewandelt wurde. 1538 erteilte Herzog Cosimo I., der hier seine Jugend- und Altersjahre verbrachte, TRIBOLO den Auftrag zur Gestaltung des berühmt gewordenen Gartens mit Fontänen und Wasserspielen, mit Grotten, Labyrinthen, Marmor- und Bronzestatuen (von GIAMBOLOGNA und AMMANNATI). Das Werk Tribolos wurde nach dessen Tode 1550 von BUONTALENTI fortgesetzt.

Die Figurengruppe des zentralen Brunnens von Tribolo stellt Herkules im Kampf mit dem Riesen Antäus dar (von Ammannati).

Für Castello malte BOTTICELLI – im Auftrag des Lorenzo di Pier Francesco de'Medici – den ›Frühling‹ und die ›Geburt der Venus‹ der Uffizien. Heute ist die Villa Sitz der *Accademia della Crusca,* die über die Reinhaltung der italienischen Sprache wacht (keine Innenbesichtigung).

Öffnungszeit des Parks wie Villa La Petraia (keine Innenbesichtigung).

La Petraia

Villa Medicea (unweit Villa di Castello). 1575 erwarb Kardinal Ferdinando de'Medici das Landhaus von Lisabetta Tornabuoni, das er durch BUONTALENTI umgestalten und von

La Petraia: Villa Medicea. Zeichnung von Giuseppe Zocchi, Mitte 18.Jh.

einem weiten Garten umgeben ließ: die Anlage um einen quadratischen Innenhof bewahrte ihren alten Verteidigungsturm. König Vittorio Emanuele II. ließ 1859 das Innere neu gestalten.

Die Brunnenstatue der Venus schuf GIAMBOLOGNA für die Villa Castello, von dort gelangte sie im 18. Jahrhundert hierher.

Villa Corsini (unterhalb der Villa Petraia; s. Fig. S. 354), 1687 von der Florentiner Familie der Corsini erworben. Vergrößerung und barocke Umgestaltung durch ANTONIO FERRI.

Öffnungszeit des Parks: von Mai bis August 9–18.30 Uhr, in den Monaten März, April, September und Oktober 9–17.30 Uhr und von November bis Februar 9–16 Uhr. Montags geschlossen.

Villa: 9–14 Uhr, an Sonn- und Feiertagen 9–13 Uhr, montags geschlossen.

Cafaggiolo

Villa Medicea (25 km nördlich von Florenz auf der SS 65, Abb. 49; Fig. S. 18; S. 54 Fig. 8). Cosimo de'Medici d. A., dessen Vorfahren aus dem Mugello stammten, ließ 1451 durch seinen Hausarchitekten MICHELOZZO diesen Landsitz im Stil einer Festung mit Wehrgängen, ursprünglich zwei Wachttürmen und nicht mehr erhaltenen Verteidigungsmauern

VILLEN

errichten. Michelozzo entwarf außerdem den Garten und die Bauernhöfe. Cosimo hielt sich häufig in Cafaggiolo auf, beschnitt selbst die Reben, empfing hier die Päpste Eugen IV. und Pius II. Seine Söhne Lorenzo und Giuliano verbrachten hier einen Teil ihrer Jugend.

Il Trebbio

Villa Medicea (2 km oberhalb von Cafaggiolo). MICHELOZZO baute für Cosimo de' Medici d. Ä. das auf der Höhe eines bewaldeten Hügels gelegene Kastell des 14. Jahrhunderts in eine 'Villa' um, wobei er den wehrhaften Charakter, insbesondere den Wachtturm, bewahrte.

Poggio a Caiano

Villa Medicea (Abb. 50; 18 km nordwestlich von Florenz auf der SS 66 Richtung Pistoia). Bauherr war Lorenzo Il Magnifico, der das Grundstück und einen Vorgängerbau – ursprünglich in Besitz der Cancellieri von Pistoia – um 1480 von der Florentiner Familie Rucellai erwarb. Die Pläne für den Neubau (1480–85) lieferte GIULIANO DA SANGALLO. Hatten die älteren Medici-Villen in Cafaggiolo oder Careggi noch weitgehend den Charakter von Festungen, ist dies eine eigentliche Villa im Sinne der Renaissance, von der man einen Blick auf einen großen Park genießt. Lediglich die Mauern und die vier niedrigen 'Verteidigungstürme' bieten Sicherheit. Am Villengebäude selbst ist der wehrhafte Charakter auf die Rustika des mächtigen Sockelgeschosses und der Kanten reduziert. Die Loggia ist – zum erstenmal in der Profanarchitektur der Renaissance – von einem klassischen Giebel bekrönt. Der zur Zeit abgenommene Majolikafries wurde vermutlich von Lorenzos Sohn Giovanni, dem späteren Papst Leo X., in Auftrag gegeben. Die zweiflügelige Treppe ist eine Hinzufügung des 18. Jahrhunderts.

Giovanni de'Medici ließ seit 1521 auch den großen, durch zwei Geschosse gehenden *Saal* durch FRANCIABIGIO, ANDREA DEL SARTO und PONTORMO (›Vertumnus und Pomona‹) mit Fresken schmücken. Die Freskenausstattung wurde nach längerer Unterbrechung seit 1579 von ALESSANDRO ALLORI beendet.

Hier starben Francesco I. und seine Gemahlin Bianca Cappello unter mysteriösen Umständen am 19. und 20. Oktober 1587. Das Schlafzimmer der Bianca Cappello zeigt noch die ursprüngliche Ausstattung. Alle übrigen Räume wurden im 19. Jahrhundert, als die Villa im Besitz des Königs Vittorio Emanuele war, weitgehend verändert.

Öffnungszeiten des Parks und der Villa wie Villa La Petraia (S. 355).

Artimino

Das bereits von Etruskern besiedelte Gebiet um Artimino, Comeana und Carmignano an den Ausläufern des Monte Albano ist von besonderer landschaftlicher Schönheit. (Farbt.

11). Von den weinbepflanzten Hügeln genießt man einen weiten Blick auf das Arno- und Ombrone-Tal .

Villa Medicea, ›La Ferdinanda‹ (7 km südlich von Poggio a Caiano, Abb. 48), 1594 von BUONTALENTI für Großherzog Ferdinando I. und »seinen ganzen Hofstaat« als Jagd-Kasino gegründet. Der mächtige, strenge Baukörper, dessen Verteidigungstürme mit Kanten aus *pietra serena* verstärkt sind, wird an der Hauptfassade von einer Loggia und einer Flügeltreppe (nach alten Plänen 1930 ausgeführt) aufgelockert. (Privatbesitz, keine Innenbesichtigung).

Pieve di San Leonardo. Sie gehört zu den im Äußeren besterhaltenen frühromanischen Kirchen (11. Jahrhundert, von oberitalienischen Steinmetzen, den *comacini,* erbaut).

Literaturauswahl

Balestracci, Duccio, und Gabriella Piccini: *Siena nel Trecento, Assetto urbane e strutture edilizie*, Firenze 1977

Belli Barsali, Isa: *Le ville Lucchesi*, Roma o. J. [1964]

Borsig, Arnold von, [Fotografien] und Ranuccio Bianchi-Bandinelli: *Die Toscana, Landschaft, Kunst und Leben im Bild*, Wien und München 1938, ⁴1954

Braunfels, Wolfgang: *Mittelalterliche Stadtbaukunst in der Toscana*, Berlin 1953, ⁴1979

– *Abendländische Stadtbaukunst*, Köln 1976

Burckhardt, Titus: *Siena, Stadt der Jungfrau*, Olten und Lausanne 1958

Carli, Enzo: *La pittura senese*, Milano 1955

– *Pienza, La Città di Pio II*, Roma 1967

– *L'arte a Massa Marittima*, Siena 1976

Cecchini, Giovanni, und Enzo Carli: *San Gimignano*, Milano 1962

Cresti, Carlo: *I centri storici della Toscana*, 2 Bde, Milano 1977

Davidsohn, Robert: *Geschichte von Florenz*, 4 Bde, Berlin 1896–1927

Fanelli, Giovanni: *Firenze, architettura e città*, 2 Bde, Firenze 1973

Fiumi, Enrico: *Storia economica e sociale di San Gimignano*, Firenze 1961

Gross, Werner: *Die abendländische Architektur um 1300*, Stuttgart 1948

Herlihy, David: *Medieval and Renaissance Pistoia. The social history of an Italian Town 1300–1430*, New Haven und London 1967

Hetzer, Theodor: *Erinnerungen an italienische Architektur*, o. O., 1951

Heydenreich, Ludwig H.: *Italienische Renaissance, Anfänge und Entfaltung*, München 1972

Keller, Harald: *Die Kunstlandschaften Italiens*, München 1960, ²1965

Moretti, Italo, und Renato Stopani: *Chiese romaniche in Val di Pesa e Val di Greve*, Firenze 1972

– *Chiese gotiche nel contado fiorentino*, Firenze 1969

– *Architettura romanica religiosa nel contado fiorentino*, Firenze o. J. [1974]

– *Chiese romaniche in Valdelsa*, Firenze 1968

Moretti, Mario: *L'architettura romanica religiosa nel territorio dell'antica repubblica senese*, Parma 1962

Oertel, Robert: *Die Frühzeit der italienischen Malerei*, Stuttgart 1961

Paatz, Walter: *Werden und Wesen der Trecento-Architektur in Toskana*, Burg b. M. 1937

Paul, Jürgen: *Die mittelalterlichen Kommunalpaläste in Italien*, Freiburg 1963 (Diss.)

Pope-Hennessy, John: *Italian Gothic Sculpture*, London 1955

Salmi, Mario: *Civiltà artistica della terrena aretina*, Novara 1971

Salvini, Roberto, und Tet Arnold von Borsig [Fotografien]: *Toskana. Unbekannte romanische Kirchen*, München 1973

Sanpaolesi, Piero: *Il duomo di Pisa e l'architettura romanica toscana delle origini*, Pisa 1975

Wagner-Rieger, Renate: *Die italienische Baukunst zu Beginn der Gotik*, 2 Bde, Graz und Köln 1956/57

Kunstführer

Borsook, Eve: *The Companion Guide to Florence*, London 1973
Guida d'Italia del Touring Club Italiano: Toscana, Milano [4]1974
Goez, Werner: *Von Pavia nach Rom*, Köln 1972
Hess, Robert: *Das etruskische Italien*, Köln 1973
Tafi, Angelo: *Arezzo, guida storico-artistica*, Arezzo 1978
Wachmeier, Günter: *Florenz*, Zürich und München 1979

Künstlermonographien und Schrifttum zu Einzelwerken konnten in diesem knappen Literaturverzeichnis ebenso wenig aufgeführt werden wie Bildbände und die Standardliteratur zur italienischen Kunstgeschichte. Die Gedanken und Forschungsergebnisse von Ranuccio Bianchi-Bandinelli, Wolfgang Braunfels, Robert Davidsohn, Werner Gross, Theodor Hetzer, Harald Keller, Italo Moretti – Renato Stopani, Robert Oertel und Jürgen Paul waren dem Autor besonders wichtig, der detaillierte, mehrfach überarbeitete Toscana-Führer des Touring Club Italiano war ihm eine unentbehrliche Hilfe.

Abbildungsnachweis

Die Aufnahmen des Verfassers (32 Farbtafeln, Umschlagvorderseite und 103 Schwarzweißabbildungen) wurden ergänzt durch:

Fratelli Alinari, Florenz: *Abb. 8, 11, 40, 43, 64, 201*

Anderson, Rom: *Abb. 6, 17, 101*

Gaetano Barone, Florenz: *Abb. 102*

Gianni Berengo Gardin, Mailand: *Abb. 7, 125, 126, 127, 131*

Brogi, Florenz: *Abb. 12, 13, 39*

Heinrich Decker, Obereching: *Abb. 59*

Ente Provinciale per il Turismo, Arezzo: *Abb. 58*

Fotocielo, Rom: *Abb. 1, 110*

Hirmer Fotoarchiv, München: *Abb. 123*

M. Jeiter, Pressebild, Aachen: *Abb. 4, 76, 105, 132*

Georg Ludwig, Leverkusen: *Farbt. 20, 31 u. Umschlagrückseite*

Werner Neumeister, München: *Farbt. 16; Abb. 2, 19, 25, 30, 34*

Publiaerfoto, Mailand: *Farbt. 13, 14*

Scala, Istituto Fotografico, Antella (Firenze): *Farbt. 34, 35, 36, 38 u. vordere Umschlagklappe*

U. D. F. Photothek: *Abb. 18*

Textabbildungen und Pläne, soweit nicht in der Bildlegende bereits angegeben:

Margrit Behrens, München: *Seiten 70, 97, 100, 111, 128, 133, 322, 338, 339, 340, 341, 371*

Isa Belli: *Guida di Lucca*, Lucca 1953: *Seite 102*

Wolfgang Braunfels: *Der Dom von Florenz*, Lausanne/Freiburg 1964: *Seite 180* (nach Scilly)

Enzo Carli: *Pienza. La Città di Pio II*, Rom 1967: *Seite 252*

Georg Dehio u. G. von Bezold: *Die kirchliche Baukunst des Abendlandes, historisch und systematisch dargestellt*, Stuttgart 1887–1901: *Seiten 74, 75, 350*

Rosita Garcia-Reichel, München: *Seite 206*

Dr. Ing. Volker Hütsch, München: *Seiten 52, 53, 54, 55, 235, 349*

Paul Laspeyres: *Die Kirchen der Renaissance in Mittel-Italien*, Berlin/Stuttgart 1882: *Seiten 123, 133, 189, 203, 236, 237, 243, 249*

Eugenio Lazzareschi und F. Parchi: *Lucca nella storia, nell'arte e nell'industria*, Lucca o. J. (1941): *Seiten 110, 112*

Ingenieurbüro für Landkartentechnik Arnulf Milch, Lüdenscheid: *Seiten 27, 31, 72/73, 106/107, 119, 127, 143, 201, 226, 240, 246, 251, 282, 286, 299, 324/325, 330*

Giuseppe Marchini: *Il duomo di Prato*, Mailand 1957: *Seite 129*

Pierpont Morgan Library, New York: *Seiten 18, 354, 355*

Georges Rohault de Fleury: *La Toscana au Moyen Age. Architecture civile e militaire*. Paris 1873: *Seiten 59, 184, 188*

Heinz Josef Schmitz, Köln: *Seiten 19, 113, 241, 334*

Staatsarchiv Lucca: *Seiten 103, 115*

Villa Mansi, Lucca: *Seite 352*

Zentralbibliothek, Zürich: *Seiten 69, 105*

Praktische Reisehinweise

Reisevorbereitungen und nützliche Adressen

Es empfiehlt sich, vor Reiseantritt bei den staatlichen italienischen Fremdenverkehrsämtern (ENIT) Hotelverzeichnisse und Prospekte zu besorgen:

ENIT (Staatliches Italienisches Fremdenverkehrsamt)
Berliner Allee 26, 4000 *Düsseldorf,*
∅ 377035
Kaiserstr. 65, 6000 *Frankfurt/M.,*
∅ 231213
Goethestr. 20, 8000 *München 2,*
∅ 530369

in Österreich:
Kärntnerring 5, 1010 *Wien,*
∅ 654374

in der Schweiz:
3, rue du Marché, 1204 *Genève,*
∅ 282922
Uraniastr. 32, 6900 *Zürich,*
∅ 2113633

Detailliertes Prospektmaterial ist ebenfalls bei den Fremden-Verkehrs-Verbänden der neun Provinzen erhältlich:

Ente Provinciale per il Turismo:
56100 *Pisa,* Lungarno Mediceo, 42

54033 *Carrara,* Piazza Due Giugno, 14
55100 *Lucca,* Via Vittorio Venato, 40
51100 *Pistoia,* Corso Gramsci, 110
50100 *Firenze,* Via A. Manzoni, 16
52100 *Arezzo,* Piazza Risorgimento, 116
53100 *Siena,* Via di Città, 5
571000 *Livorno,* Piazza Cavour, 6
58100 *Grosseto,* Viale Ximenes, 21

Für **Autoreisende** sind gute Straßenkarten unentbehrlich. Übersichtlich sind die Karten des Touring-Club Italiano (1:200000), Blatt 11, 13, 15 oder die Gesamtkarte Toscana.

Für **Wanderungen** sei auf die ausführlichen, teilweise veralteten Karten des Istituto Geografico Militare hingewiesen (50100 *Firenze,* Viale Filippo Strozzi, 14). Diese Karten (z. Z. lieferbar im Maßstab 1:100000) sind in Florenz bei 'geographica' via Cimatori, 16r (unweit Piazza Signoria) und auch im Ausland in einigen Spezialbuchhandlungen erhältlich.

Bei Wanderungen erkundigen Sie sich vorher, ob es in diesem Gebiet Vipern *(vipere)* gibt. Hohe Stiefel bieten Schutz.

PRAKTISCHE REISEHINWEISE

Pannendienste des ACI: ℘ **116** in ganz
Italien
Polizei und Unfallrettungsdienst: ℘ **113**,
ebenfalls in ganz Italien.

Geldwechsel – Devisen
Die Ein- und Ausfuhr von Devisen ist auf
400 000 Lire beschränkt. Bei größeren Be-
trägen ist an der Grenze eine Deklaration

erforderlich. Am günstigsten ist das Post-
sparbuch. Öffnungszeiten der Banken:
montags bis freitags, ca. 8.20 bis 13.20 Uhr.

Konsularische Vertretungen
Honorarkonsulat der Bundesrepublik
Deutschland, *Firenze*, Borgo SS. Apostoli,
22
Konsulat der Schweiz, *Firenze*, Via Torn-
abuoni 1

Zollbestimmungen
Für Reisen innerhalb der EG gelten folgen-
de Beträge für zollfreie Waren:
Waren zum privaten Verbrauch: 350 ECU
(etwa DM 784,–). Für Reisende unter 15
Jahren beträgt der Höchstsatz umgerechnet
etwa DM 200,–.
Höchstmengen für bestimmte Produkte:
Alkohol (über 22% Vol.): 1,5 Liter; oder
Sekt, Likör und Aperitif: 3 Liter; oder
Wein: 5 Liter.
Zigaretten: 300 Stück; oder Zigarillos: 150

Stück; oder Zigarren: 75 Stück; oder Tabak:
400 g.
Parfums und Eaux de Toilette: 75 g bzw.
⅜ Liter.
Kaffee: 1 kg; oder Kaffee-Extrakte/Essen-
zen: 400 g.
Tee: 200 g.
Reisende unter 17 Jahren sind von den Freimengen für Tabakwaren und Alkoholika
ausgeschlossen. Für Reisende unter 15 Jahren gibt es auch keine Freimengen an Kaffee.

Verkehrsmittel

Anfahrt
Reisende aus dem Norden erreichen mit dem Zug zunächst FLORENZ (über Bologna) oder
PISA (über Basel – Domodossola – Mailand – Genua, bzw. Schaffhausen – Chiasso –
Mailand – Genua). Mit Linienflügen kommt man – gewöhnlich nach einem Zwischenaufent-
halt in Mailand – ebenfalls in PISA an (von dort Busverbindungen zu Lucca, Pistoia etc.,
auch Direktverbindungen zwischen Flugplatz und Florenz).

Ausflüge in Linienbussen von Florenz und Siena
Wer mit den preiswerten öffentlichen Verkehrsmitteln die Toscana kennenlernen möchte,
sollte sein Standquartier in den großen verkehrsgünstigen Zentren, speziell *Florenz* und

Siena, evtl. auch in *Lucca, Arezzo* und *Grosseto* nehmen. Von Florenz und Siena aus kann man fast alle Kunststädte der Toscana in Tages- oder Halbtagesfahrten erreichen.

Von FLORENZ aus gelangt man nach *Arezzo* und *Pisa* am schnellsten mit dem Zug. Für alle anderen Orte sind die Linienbusse vorzuziehen. Das Streckennetz ist unter fünf Firmen aufgeteilt, die alle ihre Abfahrtsstelle in der Nähe der Piazza Stazione oder der Piazza Santa Maria Novella haben. Man unterscheidet zwischen Bussen, die an vielen Orten halten, und den Direktverbindungen: *corse dirette, corse direttissime.*
LAZZI, Piazza Stazione, ✆ 215154/5, fährt nach *Prato* (alle 10 bis 20 Minuten), etwa stündlich nach *Pistoia, Pescia, Lucca,* zum *Flughafen von Pisa,* zu den Seebädern der Tyrrhenischen Küste (*Viareggio* etc.).
CAP, Piazza Stazione–Via Nazionale, 13r, ✆ 214637: Linien nach *Prato, Poggio a Caiano, Carmignano, Impruneta,* ins *Mugello.*
CAT, Via Nazionale 15r, ✆ 28300: *Tiber-Tal* (Sansepolcro), *Casentin.*
COPIT, Piazza Santa Maria Novella, ✆ 215451: *Abetone-Paß, Careggi, Vinci, Cerreto Guidi,* auch *Poggio a Caiano* und *Carmignano.*
SITA, Via S. Caterina da Siena, 15r (in der Nähe vom Bahnhof, ✆ 294647): *Mugello* (Borgo San Lorenzo), *Camaldoli,* ins *Casentin* (La Verna), ins *Elsa-Tal* (Certaldo, Colle di Val d'Elsa), nach *San Gimignano, Siena,* ins *Chianti* (Greve, Radda), nach *Volterra.*

Nach *Pisa, San Gimignano* und *Siena* gibt es außerdem in der Reisesaison Besichtigungsfahrten mit Führungen. Von April bis Juni veranstaltet AGRITOURIST mehrmals wöchentlich Nachmittagsausflüge zu *Florentiner Villen* und ihren Gärten, von März bis Oktober jeden Sonntag Tagesausflüge in verschiedene Gegenden der Toscana, auch zu wenig bekannten Orten. Buchungen in jedem Florentiner Reisebüro oder im Hotel.

Von SIENA aus erreichen Sie in Bussen der SITA alle Orte des zentralen Hügellandes, z. B. *Monteriggioni, San Gimignano, Colle di Val d'Elsa, Montalcino, Pienza, San Quirico d'Orcia, Montepulciano, Chiusi,* die Küstenorte der *Maremmen* (Follonica), *Grosseto, Massa Marittima, Abbadia San Salvatore,* auch *Florenz* und *Lucca.*
    Eine Anschlagtafel in der Via del Rustichetto (zwischen Banchi di Sopra und Piazza Mateotti) zeigt den gesamten Fahrplan. Wichtigste Abfahrtsstelle ist die Piazza San Domenico, Auskunft ✆ 289069.

Mit eigenem Fahrzeug
Wer nicht auf öffentliche Verkehrsmittel angewiesen ist, hat vor allem den Vorteil, daß er für seine Unterkunft nicht auf die Städte beschränkt ist. Wer auf dem Lande wohnt, sei es im Hotel oder in einer Ferienwohnung, wird die Toscana anders erleben. Radtouren auf den wenig befahrenen Straßen des Hügellandes sind wegen beträchtlicher Steigungen nur sportlichen Fahrern zu empfehlen.

PRAKTISCHE REISEHINWEISE

Routenvorschläge und Zeiteinteilung

Die Toscana ist überreich an Kunstdenkmälern. Allein die Provinzen Florenz und Pistoia besitzen nach offizieller Angabe des Florentiner Denkmalamtes »200000 Werke kunstgeschichtlichen oder geschichtlichen Interesses«. Aus dieser Fülle eine Auswahl zu treffen, ist die eigentliche Schwierigkeit einer Toscana-Reise: Die Vielzahl an Sehenswertem verlangt nach strenger Auswahl. Wer sich jedoch nur auf Höhepunkte im Sinne der Kunstgeschichte oder der Sterne eines Reiseführers beschränkt, ohne dabei Stadt- und Dorfanlagen zu beachten, wer die Schlichtheit des Kirchenraumes erst gar nicht wahrnimmt, um sich gleich in der reichen Ausstattung zu verlieren, wird der Toscana nicht gerecht. Das Besondere dieser Landschaft, in der »jeder Stein nicht nur Menschengeschichte ... sondern Geschichte unserer selbst« ist (Ranuccio Bianchi-Bandinelli), wird man erst erfassen, wenn man sich auch auf die Schönheit des Alltäglichen einläßt – worauf ein Reisebegleitbuch im einzelnen nicht hinweisen kann.

Die Kapitelfolge des Hauptteils unseres Buches von Pisa bis Massa Marittima bildet eine 'ideale' Reiseroute. Sie beginnt im Nordwesten mit den im Mittelalter als ersten hervorgetretenen Zentren, mit *Pisa, Lucca* und *Pistoia* – den Städten der 'Romanik'. Sie führt über *Florenz* zu den Städten der 'Gotik', –zu *Arezzo, Siena* und *San Gimignano*. Nach *Volterra* – als einer Art Vorposten zu den Maremmen – endet sie in *Massa Marittima,* dem wichtigsten mittelalterlichen Zentrum der Süd-Toscana. Die geographische Abfolge von den Städten der Ebene zu denen der Hügel ist weitgehend eine geschichtliche. Lediglich die kleinen, durch die Renaissance geprägten Städte *Pienza* und *Montepulciano* fügen sich nicht in den chronologischen Ablauf.

Die Städte von Pisa bis Massa Marittima bilden die Hauptstationen der 'Idealroute'. Doch ist sie erst vollständig, wenn wir Ausflüge zu den Klöstern und Pievi, zu Villen und kleineren Landkommunen unternehmen (Auswahl S. 352 ff.). Ebenso eindrucksvoll wie die Städte mit ihren Domen, Palästen und Museen sind die Klosteranlagen von *Sant'Antimo, San Galgano* und *Monte Oliveto,* die Pfarrkirchen von *Gropina* und *Romena,* die Villen der *Lucchesiana.*

Zum Kennenlernen der Städte sind – auch wenn man Florenz nicht einbezieht – mindestens zwei Wochen erforderlich. Weitere zehn bis zwanzig Tage sollte man für Landausflüge rechnen – ein Zeitraum, der für die meisten Reisenden zu groß ist. So lautet die erste und wichtigste Empfehlung: bei kürzeren Reisen sich auf einen Teil der Toscana zu konzentrieren, die 'vollständige' Route, wie sie hier vorgeschlagen wird, als Angebot zu sehen, aus dem es gilt, für die eigene Toscana-Fahrt ein Gebiet auszuwählen. Die praktische Durchführung einer Reise hängt ab von persönlichen Interessen, der unterschiedlichen Aufnahmefähigkeit für Kunst- und Natureindrücke, dem Bedürfnis nach Entspannung, von der Bereitschaft zum Hotelwechsel, der Wahl der Verkehrsmittel und nicht zuletzt von der zur Verfügung stehenden Zeit. So möchten die folgenden Vorschläge lediglich eine erste Orientierung vermitteln und auf weitere Sehenswürdigkeiten hinweisen, die im Hauptteil des Buches nicht gesondert behandelt werden konnten.

Stehen nicht mehr als vierzehn Tage zur Verfügung, sei empfohlen, sich auf einige der größeren Städte mit ihrem Landgebiet zu konzentrieren. Wer Florenz schon kennt und kunstgeschichtlich systematisch vorgehen möchte, wird im Nordwesten mit *Pisa* und *Lucca* beginnen (Programmtage 1 bis 7), wobei das kleinere, von Mauern beschützte Lucca der wohl angenehmere Aufenthaltsort ist. Wer dagegen die typische Hügellandschaft des Zentrums kennenlernen und gleichzeitig mit der vielleicht faszinierendsten Stadt beginnen möchte, dem sei *Siena* empfohlen. Von dieser Stadt aus kann man leicht die Abteien von San Galgano, Monte Oliveto und Sant'Antimo, auch San Quirico d'Orcia, Montepulciano, San Gimignano, Volterra, Massa Marittima, selbst Arezzo und Cortona erreichen (Programmtage 17 bis 29). Sehr verkehrsgünstig liegt auch *Arezzo.* Von dieser Stadt gelangt man schnell ins Casentin, ins obere Arno-Tal, ins Tiber- und Chiana-Tal (Programmtage 12 bis 17). *San Gimignano* liegt nicht weit von der vielleicht verkehrsgünstigsten Stadt der Toscana, dem stark industrialisierten Poggibonsi. Von San Gimignano oder Certaldo bieten sich Ausflüge an nach Florenz, Siena, nach Volterra, zu den Städten des Elsa-Tals (Programmtage 26 bis 28), auch nach Pisa, Lucca und Pistoia. *Massa Marittima* oder kleinere Orte wie *Pitigliano* im kunstgeschichtlich ärmeren Süden, der *Maremma,* sind als Aufenthaltsorte zu empfehlen, wenn man die oft herbere, von Tourismus wenig berührte Landschaft mit großen Naturschutzgebieten sucht oder eine ausgesprochene Etruskerfahrt unternimmt.

Nicht jeder Programmtag ist gleichermaßen mit Kunsteindrücken ausgefüllt. Auf die anstrengenden Besichtigungen in den großen Zentren folgen oft geruhsamere Landausflüge.

Öffnungszeiten der Museen

Die staatlichen Museen (Musei Nazionali) sind generell von 9.00 bis 14.00 Uhr (sonntags bis 13.00 Uhr) geöffnet. Sie sind, ebenso wie einige städtische Sammlungen, gewöhnlich *montags geschlossen,* ebenso an Feiertagen (1. Januar, 25. April, 1. Mai, erster Sonntag im Juni, 15. August, 25. Dezember). Fällt ein kirchlicher Feiertag auf den Montag (Ostermontag!), können die Museen auch sonntags oder dienstags schließen. In den Stadtkapiteln beinhaltet die Nummernfolge der Objektbeschreibungen eine Empfehlung für den Besichtigungsrundgang. Diese Reihenfolge konnte jedoch keine Rücksicht auf die sich zuweilen ändernden Öffnungszeiten nehmen. Das frühe Schließen der *Musei Nazionali* – werktags um 14.00 Uhr, sonn- und feiertags um 13.00 Uhr – zwingt zuweilen dazu, den Museumsbesuch auf den Vormittag zu legen, was meist kein idealer Einstieg in eine Stadt ist. Dies trifft speziell auf Pisa, Lucca und Arezzo zu, falls man für diese Städte nur einen Tag beansprucht.

Die *Kirchen* öffnen früh (ca. 7 Uhr), schließen gewöhnlich mittags um 12.30 oder 13.00 Uhr (Ordenskirchen oft schon 12 Uhr), öffnen dann wieder zwischen 15.00 und 16.30 Uhr.

PRAKTISCHE REISEHINWEISE

Tagesprogramme

Für die ersten sechs Tage sei als Standquartier Lucca oder Umgebung vorgeschlagen.

1. Tag:
Pisa (S. 68 ff.)

2. Tag:
Fahrt in die *Versilia* und in die an Burgen reiche *Lunigiana*, das Tal der Magra: PIETRASANTA (1255 durch Guiscardo Pietrasanta, Podestà von Lucca gegründet, der gleichzeitig begonnene Marmor-Dom wurde 1330 vergrößert) – MASSA (Palazzo Cybo Malaspina, im wesentlichen zweite Hälfte 16. Jahrhundert, Innenhof 1665; barockisierter Dom; mittelalterliches Kastell der Malaspina mit Renaissancepalast) – CARRARA (S. 336) – FOSDINOVO (gut erhaltenes Kastell der Malaspina, herrliche Aussicht). Eventuell Weiterfahrt über SARZANA (Dom, 13. bis 15. Jahrhundert, mit ältestem auf Holz gemalten Kruzifix, 1138) ins obere Magra-Tal: FILATTIERA (Pieve di Sorano, 11. Jahrhundert) und das strategisch wichtige PONTRÉMOLI. Bei AULLA abzweigend kann man durch das Aulella-Tal – eventuell über FIVIZZANO (Pieve 12. Jahrhundert) – die *Garfagnana* erreichen (siehe Programmtag 5)

3. Tag:
LUCCA (S. 101 ff.)

4. Tag:
Luccheser Villen und *Val di Niévole* (Farbt. 10): SEGROMIGNO (S. 352) – Pieve di San Gennaro, (S. 343) – COLLODI (S. 353) VILLA BASILICA (Pieve, Fassade nach pisanischem Vorbild, frühes 13. Jahrhundert) – PESCIA (S. 337) – CASTELVEC-CHIO (Pieve, 12. bis 13. Jahrhundert, außen stark restauriert) – BUGGIANO (ehemaliges Kastell mit romanischer Pieve und dem Palazzo del Podestà, 12. bis 13. Jh.)

5. Tag:
Fahrt in die *Garfagnana*, das Apenninen-Tal des Serchio (Farbt. 20): BRANCOLI (Pieve 12. Jahrhundert, Kanzel und Weihwasserbecken, frühes 13. Jahrhundert, Umkreis GUIDETTO DA COMO) – BORGO A MOZZANO (Ponte della Maddalena, 14. Jahrhundert; Abb. 30) – BARGA (Dom 12. Jahrhundert, Kanzel um 1250, ›Hl. Christophorus‹, Holzskulptur des späten 12. Jahrhunderts) – SAN CASSIANO bei Controne (im Lima-Tal oberhalb von Bagni di Lucca, Pieve 12. Jahrhundert) – CASTELNUOVO DI CARFAGNANA (mittelalterliches Kastell, 1429 bis 1859 – mit Ausnahme der napoleonischen Zeit – im Besitz der Este von Ferrara). Rückkehr über DIECIMO (Pieve, spätes 13. Jahrhundert, Campanile) oder Weiterfahrt nach Massa (s. Programmtag 2)

6. Tag:
PISTOIA (S. 117 ff.)

Für die folgenden sechs Tage Unterkunft in Florenz oder Fiesole.

7. Tag:
PRATO (S. 125) – POGGIO A CAIANO (Mediceer-Villa, S. 356, z. Z. nur Außenbesichtigung). Weiterfahrt in das Weinbaugebiet von Carmignano auf den Ausläufern

des Monte Albano: ARTIMINO (S. 356) – CARMIGNANO (San Michele, Heimsuchung von PONTORMO, um 1530) – SAN GIUSTO (ehemalige Abteikirche mit Querschiff und drei Apsiden, 12. Jahrhundert; Abb. 56) – VINCI (Geburtsort LEONARDOS, kleines Museum).

8. und 9. Tag:
FLORENZ (S. 136). Eventuell Ausflug zu den Medici-Villen von CAREGGI (S. 353), CASTELLO und LA PETRAIA (S. 354), zum Etrusker-Grab ›La Montagnola‹ bei QUINTO FIORENTINO (Via Fratelli Roselli 17; Abb. 55)

10. Tag:
FIESOLE (S. 200) Weiterfahrt ins *Mugello:* BORGO SAN LORENZO (mehrfach veränderte Pieve mit altem Campanile und Marmorkanzel) – SANT'AGATA (romanische Pieve sehr einfacher Konstruktion, Taufbecken mit Marmorinkrustation) – BOSCO AI FRATI (Franziskaner-Konvent; Abb. 47; 1420–27 von MICHELOZZO erbaute Saalkirche mit gotischem Rippengewölbe, Kruzifix von DONATELLO oder Werkstatt) – Mediceer-Landsitze von CAFAGGIOLO und TREBBIO (S. 355, 356, jeweils nur Außenbesichtigung).

11. Tag:
Fahrt ins Chianti: CERTOSA DI GALLUZZO (1341 gegründetes, mehrfach erweitertes Kartäuser-Kloster; Abb. 46; Führungen) – IMPRUNETA (auf das 11. Jahrhundert zurückgehende Pieve, zwei Tabernakel, erste Hälfte 15. Jahrhundert von MICHELOZZO und LUCA DELLA ROBBIA) – CASTELLO DI VICCHIOMAGGIO (im 16. Jahrhundert in eine Villa umgewandeltes

Kastell langobardischer Herkunft) – CASTELLO DI UZZANO (in eine Villa umgewandeltes Kastell der Familie des Niccolò Uzzano) – GREVE (als Marktort entstanden, an der Kreuzung der Via Chiantigiana und der Verbindungsstraße zwischen dem oberen Arno-Tal und dem Pesa-Tal; asymetrischer Marktplatz mit Laubengängen) – MONTEFIORALLE (gut erhaltenes mittelalterliches Chianti-Dorf, ehemaliges Kastell im Besitz der Florentiner Buondelmonti, Geburtsort Amerigo Vespuccis) – PANZANO (Pieve di San Leolino, um 1200; einige der wertvollen Altartafeln wurden 1979 gestohlen; Portikus 16. Jahrhundert) – CASTELLINA; Festung 15. Jahrhundert, etruskisches Tumulus-Grab, Ende 7. Jahrhundert v. Chr.) – SAN DONATO (Pieve, zweite Hälfte 12. Jahrhundert, s. S. 54, Fig. 4)

12. Tag:
Fahrt durchs *Val d'Arno di sopra* nach Arezzo: ANTELLA (Santa Caterina, 14. Jahrhundert mit Fresken von SPINELLO ARETINO, um 1387) – SAN GIOVANNI VAL D'ARNO (von Florenz gegründetes Kastell, um die Macht der Ubertini von Arezzo einzuschränken; ARNOLFO DI GAMBIO zugeschriebener Palazzo Pretorio, Anfang 14. Jahrhundert) – LORO CIUFFENNA (charakteristisches Pratomagno-Dorf) – Pieve di GROPINA (S. 344).

13. Tag:
AREZZO (S. 205 ff., *vier Übernachtungen*)

14. Tag:
Casentin: BIBBIENA (Stadtbild mit Palästen des 14. bis 16. Jahrhunderts, Piazza Tarlati, Wehrtürme) – LA VERNA

PRAKTISCHE REISEHINWEISE

(1128 m, Franziskanerkloster, an der Stelle errichtet, wo Franz von Assisi 1224 die Stigmatisation empfing) – POPPI (gut erhaltenes Kastell der Grafen Guidi, um 1300, auch Innenbesichtigung, Fig. S.19) – STRADA (Pieve di San Martino a Vado, um 1170–80, 1745 barockisiert, 1971 wurde die ursprüngliche Gestalt weitgehend wiederhergestellt) – ROMENA (Ruinen eines Kastells der Guidi, Abb.69, Pieve S.343) – STIA (S.344)

15. Tag:
Fahrt ins *Val Tiberina*, das obere Tiber-Tal: ANGHIARI (Kastell im Besitz verschiedener Feudalherren, 1440 von Florenz erobert, großartige Aussicht) – CAPRESE (Geburtsort MICHELANGELOS) – SANSEPOLCRO (S.337) – MONTERCHI (vom mittelalterlichen Kastell blieben die Mauern erhalten in der Friedhofskapelle ›Madonna del Parto‹ (die ›tragende Muttergottes‹), Freskenbild von PIERO DELLA FRANCESCA, um 1460, zu dem noch heute schwangere Frauen pilgern; Abb.64)

16. Tag:
Valdichiana. Über CASTIGLION FIORENTINO (Kommunalpalast des 16.Jahrhunderts mit Gemäldesammlung, sogenannte ›Logge del Vasari‹, Aussicht auf das Chiana-Tal), CASTELLO DI MONTECCHIO VESPONI, 13. Jh. (Abb. 70), nach CORTONA (S. 239, *eine Übernachtung*)

17. Tag:
Valdichiana: MONTE SAN SAVINO (aus einem Kastell der Ubertini hervorgegangen; Palazzo di Monte, von ANTONIO DA SANGALLO D. Ä., um 1516; Abb.77; gegenüberliegende etwa gleichzeitige Familienloggia –

sogenannte ›Loggia dei Mercanti‹) – LUCIGNANO (der Straßenverlauf in drei elliptischen Ringen veranschaulicht die Entwicklung aus einem Kastell; Farbt. 13; San Francesco, 13.Jahrhundert; Collegiata, 1594; (Museo Comunale) – SINALUNGA – TORRITA DI SIENA – MONTEPULCIANO (S. 244, *zwei Übernachtungen*)

18. Tag:
CHIUSI (S. 333ff.)

19. Tag:
Eventuell über MONTICCHIELLO nach PIENZA (S. 250) – SAN QUIRICO D'ORCIA (S. 345) – MONTALCINO (im Mittelalter freie Landkommune, 1260 Siena unterworfen, 1555–59 Zufluchtsort der letzten Verteidiger der sienesischen Republik; Palazzo Comunale, 1285, mit Loggia; gut erhaltene Festung) – ABBAZIA DI SANT'ÁNTIMO (S. 346).

Von Montepulciano bietet sich als weitere Ausflugsmöglichkeit eine Fahrt zur Abbazia di San Salvatore (vgl. Programmtag 31) und in die Maremmen an.

20. bis 22. Tag:
SIENA (S. 254ff., *sechs Übernachtungen*).

Fahrt zum CASTELLO DI BELCARO (6 km südwestlich der Porta San Marco. Ursprünglich mittelalterliche Festung in strategisch wichtiger Position, 1525 von Crescenzio Turamini, einem sieneser Bankier, erworben, der BALDASSARRE PERUZZI beauftragte, innerhalb der Mauern eine Villa, eine Kapelle und eine Loggia zu errichten und mit Fresken zu schmücken. Die Malereien Peruzzis wurden Ende des 19. Jahrhunderts entstellend übermalt. Bei der Belagerung von Siena 1555 verwandelte sich Belcaro erneut in ein Kastell; es was Hauptquartier der feindlichen Truppen.)

23. Tag:
Fahrt in die *Crete* südöstlich von Siena (SS 438, Farbt. 15, 28, 29): Vescona – ASCIANO (Museo Etrusco – Funde aus den Kammergräbern des nahen Poggio Pinci – und Museo di Arte Sacra) – ABBAZIA DI MONTE OLIVETO (S. 347) – BUONCONVENTO (von Mauern umgürteter Borgo auf quadratischen Grundriß).

24. Tag:
SOVICILLE (vor 1189 errichtete ehemalige Klosterkirche San Giovanni Battista mit drei Apsiden und einer Art 'Vierungsturm', doch ohne Querhaus; Abb. 108; Bauskulptur, Reste eines Kreuzganges) – TORRI (ehemaliges Vallombrosaner-Kloster, Kreuzgang, Abb. 105; Privatbesitz, Besichtigungsmöglichkeit an Werktagen vor- und nachmittags) – Zisterzienserkloster SAN GALGANO (S. 349) und das nahegelegene Oratorium San Galgano ›La Rotonda‹ (Rundbau mit rippenloser Kuppel, Mausoleum für den 1181 hier verstorbenen Einsiedler Galgano Guidotti; in der nach 1340 angebauten Kapelle, Fresken und Wandvorzeichnungen von AMBROGIO LORENZETTI, u. a. ›Verkündigung des Todes an Maria‹ etwa 1345).

25. Tag:
Fahrt ins südliche *Chianti:* CASTELLO DI BRÓLIO (seit 1147 im Besitz der Ricasoli, von Florenz und Siena umkämpft, mehrfach zerstört, Mitte 19. Jahrhundert ließ es Bettino Ricasoli im historisierenden Stil erneu-

ern; Besichtigungsmöglichkeit) – GAIOLE (Pieve di Santa Maria a Spaltenna, erste Hälfte 14. Jahrhundert) – CASTELLO DI MELETO (relativ gut erhaltenes kleineres Kastell, 1085 bis Mitte 12. Jahrhundert im Besitz der Vallombrosaner von Coltibuono; das Innere im 18. Jahrhundert reich ausgestattet, u. a. mit einem Theater) – VERTINE (charakteristisches Chianti-Dorf mit erhaltenen Befestigungsanlagen) – BADIA A COLTIBUONO (romanische Abteikirche) – RADDA (ehemaliges Kastell der Grafen Guidi, seit 1203 florentinisch; Fig. S. 16) – VOLPAIA (gut erhaltenes Chianti-Dorf)

26. Tag:
MONTERIGGIONI (1203 von Siena errichtetes Kastell als Vorposten gegen Florenz; die Türme der *cerchia tonda*, des Mauerkreises, verglich DANTE mit Giganten; Abb. 106) – ABBADIA A ISOLA (1101 gestiftetes Kloster, das ursprünglich auf einer Insel in einem Sumpfgebiet lag, daher *a isola*; Kirche 12. Jahrhundert, im Pfarrhaus Madonnen-Tafel aus dem Umkreis DUCCIOS) – COLLE DI VAL D'ELSA (S. 338) – SAN GIMIGNANO (S. 297, *zwei Übernachtungen*)

27. Tag:
Fahrt ins *Elsa-Tal:* CÉLLOLE (Pieve, 1190–1338, Fig. S. 50, ältere Apsis mit sogenannter 'langobardischer' Ornamentik) – CERTALDO (S. 338) – CASTELFIORENTINO (ehemaliges Kastell Timignano, wurde im 12. Jahrhundert florentinisches Bollwerk gegen Siena) – SAN MINIATO (S. 339) – EMPOLI (ursprünglich im Besitz der Grafen Guidi; 1182 florentinisch; Collegiata mit Fassade im Inkrustationsstil der Florentiner Protorenaissance, 1093) – CER-

PRAKTISCHE REISEHINWEISE

RETO GUIDI (ehemals im Besitz der Grafen Guidi, Villa Medicea von BUONTALENTI, spätes 16. Jahrhundert.)

28. Tag:
VOLTERRA (S. 321ff., *zwei Übernachtungen*)

29. Tag:
Über Cécina nach POPULONIA (S. 335) und MASSA MARITTIMA (S. 329).

30. Tag:
Fahrt in die *Maremma:* VETULONIA (S. 336) – ROSELLE (Etruskerstadt, die im Südosten des Hügels ausgegraben wird; Stützmauer aus 'Zyklopenblöcken'; römische Stadtanlage; Abb. 129; Amphitheater; Roselle war bis 1138 Bischofssitz, seitdem verlassen) – GROSSETO (S. 341) – MAGLIANO IN TOSCANA (ehemalige Etruskersiedlung; von Mauern umgürtetes mittelalterliches Kastell, einst im Besitz der Aldobrandeschi; mehrfach veränderte romanische Kirche San Giovanni Battista; in der Nähe der Nekropolen Ruinen der romanischen Kirche San Bruzio) – TALAMONE (Fischerdorf, Ruinen eines Kastells auf Felsvorsprung am südlichen Ende der *Monti dell'Uccellina;* Zugang zum Naturschutzgebiet von Uccellina über Alberese, nicht täglich geöffnet, Informationen auch bei der

E.P.T. Grosseto) – ORBETELLO (seit 1555 Hauptstadt des Stato dei Presidi, erst 1815 dem Großherzogtum Toscana eingegliedert; etruskischer Hafen mit 'Zyklopenmauer') – *Monte Argentario (Übernachtung).*

31. Tag:
ANSEDONIA (273 v. Chr. gegründete römische Siedlung Cosa; Polygonalmauer etruskischer Bauweise, etruskisch-römischer Entwässerungs-Kanal – sogenannte 'Tagliata etrusca', noch heute in Funktion) – *Lago di Burano* (Naturschutzgebiet) – CAPALBIO (charakteristischer Borgo mit mittelalterlicher Bausubstanz) – evtl. über VULCI (in Latium, Etruskerstadt mit Nekropolen, etruskisch-römische Brücke) nach PITIGLIANO (S. 341) – SOVANA (Abb. 127; bis 1660 Bischofsstadt, heute noch ca. 200 Bewohner; Dom, 12. und 13. Jahrhundert, mit gotischem Rippengewölbe, am Seitenportal Ornamentschmuck des sogenannten 'langobardischen Stils' von älterem Vorgängerbau; zum Besuch der etruskischen Nekropolen wende man sich an das Hotel Scilla) – SORANO (geschichtlich mit Pitigliano verbunden, s. S. 341, Farbt. 21) – SANTA FIORA (gut erhaltenes Stadtbild, Pieve) – ABBAZIA DI SAN SALVATORE (S. 351).

Montecatini: Terme. Aus: ›Viaggio Pittorico della Toscana‹ von Francesco Fontani, 1801 ▷

Badeurlaub an der toscanischen Riviera

Das tyrrhenische Küstengebiet ist mit Flachstränden und steilen Felsenküsten äußerst abwechslungsreich: Im Norden, von Carrara bis Viareggio, die berühmten Sandstrände der *Versilia*. Die elegantesten Orte sind *Viareggio* und *Lido di Camaiore*. Hier liegen die Verkehrsstraßen weit vom Ufer entfernt. Ähnlich wie an der Adria sind die Strände in unzählige *stabilimenti* aufgeteilt. Vor dem Hintergrund der Apuanischen Alpen bietet die Versilia mit ihren Pinienhainen und Grünanlagen, ihrer gepflegten Hotellerie eine Atmosphäre, die weitgehend vom 19. Jahrhundert geprägt wurde. *Tirrénia*, südlich von Pisa, ist hingegen ein junger Badeort, ebenfalls mit feinem Sandstrand.

Nach dem ausgedehnten Industriegebiet von Livorno beginnt bei *Quercianella* die *Riviera Etrusca* mit Badebuchten vor Felsenküsten. *Castiglioncello* ist den Kunstfreunden durch die Macchiaioli vertraut: GIUSEPPE ABBATI, RAFFAELLO SERNESI, ODOARDO BORRANI und GIOVANNI FATTORI malten hier ihre 'toscanischen Impressionen'. *Marina di Castagneto* und das etwas verkehrsgestörte *San Vincenzo* sind – im Vergleich zur Versilia – einfachere Orte. Ferien an nicht überorganisierten Stränden in reizvoller Landschaft bietet der *Golf von Baratti* mit *Populonia*.

Follónica ist der größte und bekannteste Strand der *Riviera Maremmana*. *Marina di Grosseto* und *Principina a Mare* haben für den Kunstreisenden den Vorzug, in Tagesfahrten gut von Siena erreichbar zu sein (85 km auf gut ausgebauter Straße). Eine Sonderstellung

PRAKTISCHE REISEHINWEISE

nimmt *Punta Ala* ein, eine in jüngster Zeit errichtete Ferienanlage auf dicht bewaldetem Felsenvorsprung mit Hotels der oberen Kategorien. Punta Ala bietet kleine Sandstrände, eine Segel- und Reitschule, Golf- und Tennisplätze und Polospiel.

Wer die abwechslungsreiche Macchia-Landschaft der Maremma liebt und einfaches, ungebundenes Strandleben sucht, wird die Halbinsel des *Monte Argentario* und die benachbarten Küstenabschnitte mit vielen Campingmöglichkeiten bevorzugen. Die wichtigsten Etruskerstädte der Toscana und Latiums sowie mehrere Naturschutzgebiete sind von hier aus bequem zu erreichen.

Heilkuren

Die Toscana ist reich an Thermalquellen. Die bekanntesten sind die von Montecatini (Fig. S. 371) und Chianciano Terme.

Montecatini ist einer der elegantesten Kurorte Italiens mit einer großen Auswahl von Hotels aller Kategorien. Die Heilwasser finden Anwendung bei Erkrankungen von Leber, Galle und Magen, bei Rheuma, Diabetes und Fettsucht. Die Stadt liegt landschaftlich sehr reizvoll zu Füßen des Apennin, zwischen Lucca und Pistoia. Die Kunststädte der Nord-Toscana von Pisa bis Florenz sind in Halbtags- oder Tagesausflügen gut zu erreichen.

Die Bäder und Trinkkuren von *Chianciano Terme* (bei Chiusi) sind vor allem wirksam bei Lebererkrankungen. Von hier aus bietet sich ein Besuch der Kunststädte der südöstlichen Toscana an: Chiusi, Abbazia di San Salvatore, Montepulciano, Arezzo, Pienza, San Quirico d'Orcia, Sant' Antimo und Siena.

Unter den vielen anderen Kurorten seien genannt: *Bagni di Lucca, Monsummano Terme, Terme di Saturnia* (Spezialprospekt durch die ENIT).

Wintersport

Skigebiete sind im Apennin (Abetone, Cutigliano), in den Apuanischen Alpen und am Monte Amiata (Spezialprospekt durch die ENIT).

Toscanische Küche

Die toscanische Küche ließe sich als kultiviert und ländlich charakterisieren: »Die Küche eines Bauern – würdig eines Königs«, so bezeichnete sie einmal ein Gast des Barone Bettino Ricasoli. Sie bringt die Qualität der Produkte unverfälscht zur Geltung. Der Toscaner liebt keine aufwendigen Rezepte, doch ist er erfinderisch in der Verwendung von Kräutern, im Mischen von Gewürzen. Basis aller Gerichte ist das Olivenöl, das wohl qualitätsvollste Italiens. Hier, an der Nordgrenze des Anbaugebietes, speziell im Chianti und im Lucchesischen, ist es besonders aromatisch und leicht. Unentbehrlich ist der große Kamin, der sich in jedem Bauernhaus befindet. Er verrät die Vorliebe des Toscaners für gegrilltes Fleisch, so vor allem die *bistecca alla fiorentina*, ein etwa 600 g schweres Lendenstück vom Mastkalb, dessen beste Qualität aus der Valdichiana kommt. Eine weitere Spezialität ist die *arista*, der Schweinebraten, den man sowohl kalt wie warm serviert. Aus der traditionellen bäuerlichen Küche hat sich bis heute die Vorliebe für Geflügel und Kleinvieh erhalten. Hühner, Gänse, Tauben, Ziegen, Hasen, sie alle werden auf dem Rost gebraten, mit Olivenöl beträufelt, mit würzigen Kräutern gespickt. Als weitere Zubereitungsart kennt man das Dünsten im *soffritto*, einer Basis aus Olivenöl und Wein mit Tomaten, Knoblauch und diversen Kräutern – Rosmarin, Thymian, Origano, Lorbeer, Salbei, Basilikum. Die *trippa alla fiorentina*, Kutteln Florentiner Art mit geriebenem Käse, steht der französischen Variante nicht nach.

Zu den Vorspeisen zählen außer dem *prosciutto*, der hier etwas kräftiger gesalzen ist als der bekannte Parmaschinken, die *finocchiona* (eine mit Fenchelsamen gewürzte Salami), die luftgetrockneten *salsicce* (kleine Würstchen, besonders gut die aus Wildschwein), die *crostini*, (Brotscheiben, die mit einer Masse aus Milz oder Geflügelleber bestrichen werden).

Ebenfalls bäuerlicher Herkunft sind die zahlreichen Suppen, die *minestre*, die in ländlichen Gegenden die übliche *pasta* häufig an Beliebtheit übertreffen: die *zuppa senese di fagioli*, die sienesische Bohnensuppe, und die *acquacotta*, eine Brotsuppe.

Artischocken, weiße und grüne Bohnen, Kichererbsen, auch Kohl, sind die bevorzugten Gemüse. Auf vielfältige Weise werden die weißen Bohnen zubereitet: wohl die bekannteste Art ist *all'uccelletto* – mit Salbei in einem Weinfiasco auf der Glut gekocht – oder sie werden mit Tomaten im Ofen geschmort.

Die Küstenzone kennt den *risotto nero*, Reis mit Meeresfrüchten, *cieche alla salvia*, mit Salbei gedünstete junge (blinde) Aale aus Pisa, den *guazzabuglio (caciucco)*, eine Fischsuppe aus Livorno, aus der sich die Bouillabaise entwickelt haben soll. Der *stoccafisso alla livornese* ist ein in Öl, Vinsanto und Gemüsen gedünsteter Stockfisch. Eine Spezialität der Maremmen sind die *triglie all'aglio*, Meerbarben in Knoblauch.

Von besonderer Güte ist der Käse aus Schafsmilch. Der frische *ricotta* wird unter anderem für die *tortelli* oder *tortelloni*, im Casentin auch für die *gnocchi* verwendet. Der *pecorino* wird in drei verschiedenen Reifegraden angeboten: der junge und milde *marzolino*, der Märzkäse (besonders bekannt ist der ovalförmige aus dem Chianti), der mittlere mit graubrauner Rinde bis hin zum alten, den man – wie den Parmesankäse zum Würzen verwendet.

Nachspeisen und süßes Gebäck bezeichnet man im Italienischen mit *dolce*. In der Toscana wird vielfach mit Honig anstelle von Zucker gesüßt. Zum Aromatisieren verwendet man Anis, Nelken, Kräuterliköre, selbst Rosmarin. Sehr bekannt sind die *cantucci di Prato* ein süßer Zwieback mit Pinienkernen, die man gerne zum *Vinsanto* reicht, die *bomboloni* aus dem Florentinischen, eine Art Krapfen, die *brigidini*, dünne Waffeln mit Aniskernen. Die *ricciarelli* werden aus einem Marzipanteig gebacken. Über die Grenzen der Toscana hinaus bekannt wurde das *panforte di Siena*, ein Lebkuchen aus Nüssen, Honig und kandierten Früchten, den es in verschiedenen Zusammensetzungen gibt. Abschließend sei noch erwähnt, daß ein *dolce* nicht nur ein Essen beschließt: statt des gewohnten Frühstücks im Hotel sei empfohlen, der Gewohnheit der Italiener zu folgen, an der Bar ein wunderbar leichtes Hefegebäck zum ersten Espresso oder Cappucino zu nehmen.

PRAKTISCHE REISEHINWEISE

Festkalender

Ostersonntag: *Scoppio del Carro* in Florenz
Sonntag nach dem 20. Mai: *Balestra del Girifalco* (Armbrustschießen) in Massa Marittima
Die beiden letzten Sonntage im Mai: *Maggiolata* in Lucignano
Erster Sonntag im Juni: *Gioco del Ponte* in Pisa
17. Juni: *Regata di San Ranieri* in Pisa
24. Juni: Johannis-Fest in Florenz: *Calcio in costume* auf der Piazza Signoria. (Das historische Fußballspiel findet an zwei weiteren Tagen im Juni statt)
2. Juli: *Palio delle Contrade* in Siena (s. S. 280)
Zweiter Sonntag im August: *Balestra del Girifalco* in Massa Marittima
15. August (Ferragosto, 'Feriae Augusti'): *Bruscello* in Montepulciano (Theateraufführung durch Bauern und Handwerker)

16. August: *Palio delle Contrade* in Siena
25. August: *Theateraufführung* zu Ehren des hl. Genesius in San Miniato
Erster Sonntag im September: *Giostra del Saracino* in Arezzo (die historischen Stadtviertel wetteifern auf der Piazza Grande im Lanzenstechen): das neben dem Palio in Siena wohl großartigste der vielen toscanischen Volksfeste
Zweiter Sonntag im September: *Palio della Balestra* (Armbrustschießen) in Sansepolcro
13. September: *Prozession des Volto Santo* in Lucca

Die meisten dieser traditionellen Feste sind mit Umzügen in historischen Kostümen verbunden. Die ENIT bringt jährlich einen Kalender der italienischen Volksfeste heraus.

Weine der Toscana

Die Weinkultur der Toscana geht auf die Etrusker und Römer zurück. Der bekannteste der toscanischen Weine, der schon im Mittelalter bezeugte *Chianti*, wurde ursprünglich nur in einem begrenzten Gebiet westlich der Chiantiberge, in Greve, Castellina, Radda und Gaiole angebaut. Sein Ruhm führte dazu, daß man seit dem 19. Jahrhundert den Rotwein des übrigen toscanischen Hügellandes – vom Mugello bis südlich von Siena, von Arezzo bis in die Nähe von Pisa – ebenfalls als Chianti bezeichnete. Um den weiteren Mißbrauch des Namens zu verhindern, schlossen sich die Weinerzeuger des ursprünglichen Anbaugebietes im Jahre 1924 zu einer Genossenschaft zusammen, sie setzten für ihren Wein die Bezeichnung *Chianti classico* durch. Weine dieses Anbaugebietes, der Chianti-Hügel also, die der strengen Qualitätsprüfung der Genossenschaft genügen, tragen als Markenzeichen den 'gallo nero', den schwarzen Hahn. Nur einige wenige Erzeuger des Chianti classico, darunter die großen Häuser Ricasoli, Antinori (Villa Cristina) und Ruffino, sind dem *Consorzio gallo nero* nicht beigetreten (um die Abgaben zu sparen, die nach der Zahl der abgefüllten Flaschen berechnet wird). Diese Chianti-classico-Weine tragen eigene Markenzeichen.

So unterscheidet man heute vom Chianti classico jene Weine, die nur die Bezeichnung Chianti tragen, den *Chianti Colli Fiorentini, Chianti Colli Senesi* etc. Ihre bessere Qualität trägt das Markenzeichen des 'Putto', andernfalls werden sie – wie auch die durchgefallenen Weine der Gallo-nero-Genossenschaft – als *vino da tavola* geführt. Der Chianti-Putto ist meist leichter, hat etwas weniger Alkohol, weniger Farbe und Körper.

Der Chianti und so auch der Chianti classico wird aus vier verschiedenen Rebarten gekeltert. Zu fünfzig bis achtzig Prozent aus der roten *Sangiovese-Traube* (dem 'Körper'), zu zehn bis dreißig Prozent aus der duftstoffreichen roten *Canaiolo*, zu zehn bis dreizig Prozent aus der weißen, etwas 'spitzen' *Trebbiano*, und der ebenfalls weißen *Malvasia* (die dem Wein den samtigen Charakter verleiht). In jüngster Zeit konnte man einen Trend feststellen, den Anteil der weißen Trauben zu reduzieren.

Der Chianti entfaltet seine Qualität sowohl als junger wie als gereifter Wein. Die Weinbauern und die meisten Toscaner bevorzugen den offenen, jungen, fruchtigen Wein, der von rubinroter Farbe ist und nach Veilchen duftet. Der Reisende kann den jungen Wein in den Trattorien des Anbaugebietes genießen, wenn er einen *rosso* bestellt. Er ist der vielleicht angenehmste Tischwein überhaupt, der nicht mit billigen Weinen anderer Herkunft verschnitten wird. Der gereifte Chianti wird vor allem im Ausland bevorzugt. Mit der Lagerung ändert sich sein Charakter: die Farbe wird zu einem Granatrot, er erlangt ein Iris-Bouquet, gewinnt an Harmonie. Die älteren Weine guter Jahrgänge, die mindestens drei Jahre in Fässern gelagert haben, tragen die Bezeichnung *riserva*. Er eignet sich vorzüglich für schwere Fleischgerichte. Der Chianti classico riserva ist mit einem Goldrand, der zwei Jahre gereifte *vecchia* mit einem Silberrand versehen. Die Vorzüge der älteren Flaschenweine, insbesondere der *riserva*, entfalten sich erst – wie bei vielen anderen guten Rotweinen, – wenn sich der Wein einige Stunden der Raumtemperatur anpassen und durch die Berührung mit der Luft oxydieren konnte.

Als viele Erzeuger in den fünziger und zu Anfang der sechziger Jahre dazu übergingen, auf Kosten der Qualität größere Mengen zu produzieren, büßte der Chianti ein wenig seinen Ruf ein. Doch in den letzten Jahren hat sich ein neues Qualitätsbewußtsein durchgesetzt. Mitte der siebziger Jahre wurden viele neue Weinfelder angelegt, die in den kommenden Jahren ihr ideales Alter erreichen werden. So dürfte es dem Toscana-Reisenden nicht schwerfallen, Weingüter ausfindig zu machen, die auch hohen Ansprüchen genügen.

Neben dem Chianti gibt es eine Reihe ausgezeichneter anderer toscanischer Weine, die es verdienen, nicht nur als offene Weine in ihrem Anbaugebiet genossen zu werden. Der *Carmignano* wird westlich von Florenz bei Artimino und Carmignano angebaut, zum Teil in ausgezeichneten Lagen aus dem ehemaligem Besitz der Mediceer. Er wurde bis 1975 als Chianti geführt, doch sein schwerer, samtiger Charakter, seine andere Zusammensetzung mit einer zusätzlichen Cabernet-Traube und seine besondere Reifungsmöglichkeit verdie-

375

PRAKTISCHE REISEHINWEISE

nen es, daß man zu seiner ursprünglichen Herkunftsbezeichnung zurückgriff, die, wie auch für den Chianti, in einer großherzoglichen Verordnung von 1716 genannt wurde. Der *Nobile di Montepulciano* ähnelt in der Komposition und in seinem Charakter dem Chianti classico; doch hat er bessere Lagerungs- und Reifungsmöglichkeiten. Die einzelnen Fattorien arbeiten mit unterschiedlicher Sorgfalt, so daß man die Qualitätsunterschiede als extrem bezeichnen kann. Wenn jedoch für den Nobile di Montepulciano damit geworben wird, daß ihn ein Schriftsteller des 17. Jahrhunderts, Francesco Redi, »König der Weine« nannte, erweckt dies Erwartungen, die ein Nobile nicht erfüllt. Als König der italienischen Weine könnte man vielmehr den *Brunello di Montalcino* bezeichnen. Er ist einer der wenigen Rotweine Italiens, der die Möglichkeit hat, zu einem großen Wein zu reifen. Da die Produktion dieses Weines begrenzt ist, hat er leider einen entsprechenden Preis. Er wird im Gegensatz zum Chianti und zum Nobile aus nur einer Traube, der Sangiovese di Brunello, gewonnen. Er hat eine Lagerungsmöglichkeit bis zu 25 Jahren und ähnelt im Körper dem Barbera des Piemont.

Unter den Weißweinen verdient der goldgelbe *Vernaccia* von San Gimignano unsere besondere Beachtung. Er ist ein erdhafter Wein, der ein Jahr in Holzfässern lagert, von angenehmen, trockenem Geschmack und einem leicht bitteren Nachklang. Der Vernaccia kann sowohl Fisch- als auch Fleischgerichte begleiten. Ideal ist er – und dies sei erwähnt, um einen Charakterzug zu verdeutlichen – für Trüffelgerichte. Der *Pitigliano* der Maremmen ist heller als der Vernaccia, er ist weicher, hat sehr viel Körper und einen Anflug von Bittergeschmack. Diesen glyzerinreichen Wein kann man auch ungekühlt trinken. Der leicht grünlich getönte *Bianco vergine di Valdichiana* dagegen hat weniger Körper, dafür ein ausgeprägteres fruchtiges Bouquet, das den Weinen des Friaul ähnelt.

Der *Vinsanto* ist ein Aperitiv und gleichzeitig Dessertwein. Man keltert ihn aus Malvasia-Trauben, die bis in den Januar hinein trocknen müssen. Er wird in kleinen, mit Zement verschlossenen Fässern, den *caratelli,* drei Jahre lang auf dem Dachboden gelagert, einem Ort also, an dem es im Winter kalt, im Sommer heiß ist. Man bringt ihn dann für weitere drei bis fünf Jahre in die *cantina.* Ein guter Vinsanto ist selten geworden, er erfordert großen Zeitaufwand. Kaufen kann man nur den Vinsanto der großen Erzeuger, der jedoch sehr unterschiedlicher Qualität ist.

Abschließend einige praktische Empfehlungen. Der Weineinkauf in der Toscana ist in preislicher und qualitativer Hinsicht lohnend. Der Einfuhrzoll ist gering, und in den Fattorien selbst ist der Wein um etwa 10 % billiger als in den Einzelhandelsgeschäften. Die bekannten großen Firmen produzieren nicht immer den besten Wein. Wer unter den Rotweinliebhabern kein Risiko eingehen will, sollte mit dem *Chianti classico* beginnen, eines der vielen kleineren oder mittleren Güter aufsuchen und einen guten, jüngeren Jahrgang kaufen. Große Jahrgänge waren 1971 und 1975. Von bester Qualität sind die geringen Mengen des extrem trockenen Sommers 1985, aber auch die Jahre 1977, 1978 und 1980–83 haben gute Weine hervorgebracht. Es empfiehlt sich der Kauf der 0,72-l-Flaschen, die praktisch für den Transport und meist von besserer Qualität sind als die *fiaschi* mit Korbum-hüllungen von 2,05 l.

376

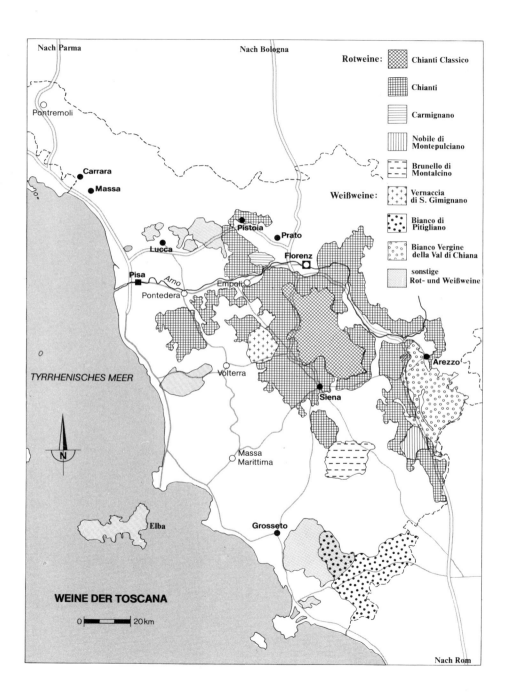

Register

Ortsregister

Aachen, Pfalzkapelle 144
Abbadia Isola 369
Abbazia di Monte Oliveto Maggiore 17, **347 ff.**, 369
Abbazia di San Galgano 55, 56. 189, 287, **349 f.**, 369 *(Abb. 107, 110; Fig. S. 53, S. 349 u. 350)*
Abbazia di San Salvatore 25, 58, **351**, 368, 370
Abbazia di Sant' Antimo 25, **346 f.**, 368 *(Abb. 90–95; Fig. S. 52, 346)*
Abetone 372
Albarese 370
Amalfi 69
Amiata-Massiv 9, 14, 15, 21, 25, 58, 239, 248, 252, 254, 342, 351, 372
Ancona 290
Anghiari 15, 368
Ansedonia 370
Antella 367
Apennin 14, 15, 18, 372
Apuanische Alpen 372
Apulien 60, 125, 132
Arezzo 14, 16, 22, 23, 25, 26, 30, 141, **205 ff.**, 239, 275, 322, 367, 374 *(Farbt. 32; Abb. 58, 60; Stadtplan S. 226; Fig. S. 206)*
– Badia **236 f.** (Fig. S. 237)
– Dom S. Donato 49, 56, **232 ff.** *(Fig. S. 233)*
– Pieve di S. Maria Assunta 189, 208, **229 f.** *(Abb. 59; Fig. S. 230)*
– S. Annunziata **236** (Fig. S. 236)
– S. Domenico 55, **234 f.** *(Abb. 61–63; Fig. S. 55, 235)*
– S. Francesco 196, **225 ff.** *(Farbt. 34; Fig. S. 227, 228)*
– S. Maria delle Grazie **237 f.** *(Abb. 65)*

Arno, Arno-Tal 16, 19, 20, 23, 68, 71, 137, 140, 141, 200, 339, 356, 367
Artimino 125, 366, 375 *(Farbt. 11)*
– Pieve di S. Leonardo 51, **357**
– Villa Medicea **356 f.** *(Abb. 48)*
Asciano 17, 369
Assisi, S. Francesco 189
Aulla 366
Avignon 64

Badia a Coltibuono 369
Bagni di Lucca 372
Balze 17 *(Abb. 122)*
Baratti 371
Barga, Dom 77
Benevento 275
Bibbiena 367
Bisenzio 125
Bologna 104
Bolsena 23
Borgo a Mozzano 366 *(Abb. 30)*
Borgo S. Lorenzo 367
Bosco ai Frati 367 *(Abb. 47)*
Brancoli 366
Buggiano 366
Buonconvento 17, 76, 369
Byzanz 23, 61, 62, 63

Cafaggiolo 367
– Villa Medicea 18, 57, **355** *(Abb. 49; Fig. S. 18, 54)*
Cagliari 58
– Dom 77
Calci, Pieve 51
Camaldoli 19 *(Fig. S. 20)*
Campaldino 208

Canossa   25, 137
Capalbio   370
Capraia   15
Caprese   368
Careggi   367
– Villa Medicea   **353** *(Abb. 51)*
Carmignano   125, 356, 367, 375
Carrara   15, 71, **336 f.**, 366, 371
Casamari   350
Casentin   15, 19, 28, 140, 343, 344, 367 f.
Castagneto   371
Castel del Monte   132
Castelfiorentino   20, 125, 298, 369
Castellina   16, 367, 374
Castello   367
– Villa Medicea   **354**, 355 *(Fig. S. 354)*
Castello di Belcaro   368
Castello di Brolio   16, 369
Castello di Meleto   369
Castello di Montecchio Vesponi   368 *(Abb. 70)*
Castello di Uzzano   367
Castello di Vicchiomaggio   367
Castelnuovo di Garfagnana   366
Castelvecchio   366
Castiglioncello   371
Castiglione della Pescáia   *(Abb. 132)*
Castiglion Fiorentino   368
Cècina-Tal   21, 321
Cellole, Pieve   297, 369 *(Fig. S. 50)*
Cerreto Guidi   370
Certaldo   125, **338**, 369 *(Fig. S. 339)*
Certosa di Galluzzo   367
Chiana-Tal (Valdichiana)   19, 20, 23, 32, 239, 244, 245, 249, 278, 333, 368
Chianciano Terme   372
Chianti-Gebiet   9, 11, 15 f., 254, 367, 369, 374 *(Farbt. 2, 17, 22, 23; Abb. 111–114)*
Chiusi   22, 23, 29, 245, 273, 294, **333 ff.**, 368
– Museo Nazionale Etrusco   **334 f.** *(Abb. 84; Fig. S. 334)*
Civitavecchia   21
Colle di Val d'Elsa   16, 30, 275, 297, 298, **338**, 369 *(Fig. S. 338)*
Colline Metallifere   15, 21, 22, 254, 329, 335
Collodi   366
– Villa Garzoni   104, 353
Comeana   125, 356
Como   77
– S. Abbondio   75
Controne   366

Cortona   20, 22, 31, 141, **239 ff.**, 275, 368 *(Stadt-plan S. 240; Fig. S. 241)*
– Madonna del Calcinaio   **242 f.** *(Abb. 73; Fig. S. 243)*
– Palazzo Comunale   **239 f.** *(Abb. 74)*
Crete   17, 285, 369 *(Farbt. 15, 28, 29)*
Cutigliano   372

Damaskus   75
Diecimo, Pieve   366

Elba   15, 22, 74
Elsa-Tal   16, 29, 125, 297, 302, 338, 339, 369
Emilia   14, 58
Empoli   370
Era-Tal   321
Etrurien (s. a. Etrusker)   22, 23 *(Fig. S. 27)*

Ferrara   25
Fiesole   16, 17, 22, 23, 25, 29, 51, 135, 140, **200 ff.**, 366, 367 *(Stadtplan S. 201)*
– Badia   177, 200, **203 f.** *(Abb. 53; Fig. S. 203)*
– Dom   200, **201**
– Teatro Romano und Museo Civico   200, **202** *(Abb. 54)*
Filattiera   366
Fivizzano   366
Florentiner Landschaft   18 *(Abb. 52)*
Florenz   9, 13, 14, 16, 17, 18, 23, 24, 25, 26, 29, 30, 31, 32, 51, 57, 60, 62, 63, 70, 71, 77, 118, 126, **134 ff.**, 239, 278, 298, 323, 333, 336, 337, 338, 362, 366, 367, 374 *(Abb. 45; Stadtplan S. 143; Fig. S. 136, 138/139)*
– Baptisterium   13, 49, 60, 75, 133, **144 ff.**, 291 *(Abb. 35; Fig. S. 52, 179)*
– Bargello (Museo Nazionale)   28, 140, 185, **188** *(Abb. 36; Fig. S. 52, 136, 188)*
– Campanile   60, 178, **182 f.** *(Fig. S. 179)*
– Dom S. Maria del Fiore   49, 56, 140, 142, 178, **179 ff.** *(Abb. 37, 42; Fig. S. 53, 179, 180)*
– Dommuseum   63, **182**
– Loggia dei Lanzi   142, **187 f.** *(Fig. S. 136)*
– Or San Michele   60, 137, 141, 142, **183 ff.** *(Abb. 38; Fig. S. 53, 136, 184, 185)*
– Palazzo Vecchio   56, 57 f., 121, 140, 141, **186 f.**, 188, 234, 253, 283, 285, 323 *(Farbt. 12; Fig. S. 54, 59, 136)*
– S. Croce   56, 141, 181, 191, **193 ff.**, 225, 247 *(Abb. 43; Fig. S. 194)*

379

ORTSREGISTER

– S. Maria Novella   56, 63, 124, 132, 138, 140,
178, 181, **189 ff.**, 193, 234, 251 *(Fig. S. 189, 190)*
– S. Miniato al Monte   113, 133, 144, 177, 178,
189, **197 ff.**, 252, 301 *(Farbt. 4; Fig. S. 54, 198)*
– Uffizien   63, 64, 142, **188** *(Farbt. 38–40; Abb.
39–41, 44 a, b)*
Follónica   371
Fosdinovo   366

Gaiole, Pieve   16, 369, 374
Galluzzo   *(Abb. 46)*
Garfagnana-Tal   15, 366 *(Farbt. 20)*
Genua   69, 70, 104
Giannutri   15
Giglio   15, 74
Greve   16, 26, 367, 374
Gropina   367
– Pieve di S. Pietro   189, **344 f.** *(Abb. 71, 72; Fig.
S. 344)*
Grosseto   14, 20, 21, 29, **341**, 370

Hildesheim   76

Il Trebbio   367
– Villa Medicea   18, **356**
Impruneta   367

Kairouan   75
Konstantinopel, Hagia Sophia   75
Korsika   70

Lago di Burano   21, 370
'La Montagnola', Etruskergrab   367 *(Abb. 55)*
La Petraia   367
– Villa Corsini   **355** *(Fig. S. 354)*
– Villa Medicea   **354 f.** *(Fig. S. 355)*
Latium   14, 342, 350, 372
La Verna   19, 368
Lepanto   98
Lido di Camaiore   371
Livorno   15, 32, 68, 71, 141, 371
Lombardei   58, 75
London   247
Loro Ciuffenna   367
Lucca   9, 14, 23, 24, 26, 29, 30, 31, 58, 61, 70,
71, **101 ff.**, 118, 126, 337, 366, 374 *(Stadtplan S.
106/107; Fig. S. 102, 103, 105, 112, 115)*
– Amphitheater   23, **101** *(Farbt. 6, 14; Fig. S. 24)*
– Dom S. Martino   49, **108 ff.**, 118, 230 *(Abb.
17, 18; Fig. S. 109, 110)*

– Palazzo Guinigi   **112** *(Fig. S. 53, 113)*
– S. Frediano   **112 ff.** *(Farbt. 5; Abb. 15, 19, 20)*
– S. Giusto   **110** *(Abb. 21; Fig. S. 54)*
– S. Michele in Foro   **110 f.**, 343 *(Abb. 14, 16;
Fig. S. 111)*
– S. Pietro Somaldi   **114** *(Fig. S. 114)*
Luccheser Landschaft   15 *(Farbt. 7, 8, 10)*
Lucignano   20, 368, 374 *(Farbt. 13)*
Luni   23, 109, 114
Lunigiana   15, 366

Magliano in Toscana   370
Magra-Tal   15, 366
Mantua   25
– S. Andrea   204, 236
Maremmen   14, 15, 20 f., 22, 23, 125, 329, 370,
372, 376 *(Farbt. 21; Abb. 130, 131)*
Marina di Grosseto   371
Massa Marittima   21, 29, 30, 273, **329 ff.**, 335,
336, 366, 370, 374 *(Abb. 125, 126; Stadtplan
S. 330)*
– Dom S. Cerbone   **330 f.**, 345 *(Farbt. 31)*
Meloria   69, 70, 329
Modena   25
Monsummano Terme   372
Montalcino   25, 280, 346, 347, 368
Montaperti   12, 30, 64, 244, 275, 278, 280, 296,
302
Monte Albano   356, 366
Monte Argentario   370, 372
Montecatini   **372** *(Fig. S. 371)*
Montefioralle   16, 26, 367
Montemignaio   344
Monte Pisano   101, 303
Monte Pizzorne   352
Montepulciano   20, 29, **244 ff.**, 273, 278, 333,
368, 374 *(Abb. 75, 76, 78, 79; Stadtplan S. 246;
Fig. S. 53)*
– Dom **247 f.**
– Madonna di S. Biagio   133, 236, 242, **249**
(Farbt. 18; Fig. S. 249)
Monterchi   368 *(Abb. 64)*
Monteriggioni, Kastell   28, 275, 369
(Abb. 106)
Monte S. Savino   20, 239, 368 *(Abb. 77)*
Monticchiello   368
Mugello   15, 18, 367, 374

Neapel   60, 239
Nonantola, Abtei   344

Ombrone-Tal   356
Orbetello   370
Orcia-Tal   17, 244, 249, 250, 252, 345 *(Farbt. 9)*
Orvieto   333

Palermo   68, 70, 71
Panzano   367
Pavia   24, 29, 102
Pélago-Tal   *(Abb. 57)*
Perugia   239, 337
Pescia   62, **337**, 366 *(Abb. 25)*
Piacenza   121
Pienza   **250 ff.**, 290 *(Farbt. 9; Stadtplan S. 251)*
– Dom S. Maria Assunta   250, **251 f.** *(Abb. 86, 87; Fig. S. 54, 252)*
– Palazzo Piccolomini   250, **252**, 295 *(Abb. 85–87)*
– Pieve di S. Vito   **253** *(Abb. 88, 89)*
Pietrasanta   366
Pisa   9, 14, 22, 23, 24, 26, 29, 32, 61, 63, **68 ff.**, 102, 141, 273, 275, 329, 366, 374 *(Stadtplan S. 72/73)*
– Baptisterium   58, **77 f.**, 289 *(Abb. 1, 8; Fig. S. 76)*
– Campanile   **78 f.** *(Abb. 1; Fig. S. 76)*
– Camposanto   76, **79 f.** *(Abb. 6, 7; Fig. S. 76)*
– Certosa di Pisa   **100** *(Fig. S. 100)*
– Dom S. Maria   49, 51, 58, **72 ff.**, 108, 110, 114, 118, 177 *(Abb. 1, 2; Fig. S. 54, 74, 75)*
– Dombezirk   69, 70, **71 ff.** *(Fig. S. 76)*
– Museo Nazionale di S. Matteo   61, 62, **80** *(Abb. 10–13)*
– S. Francesco   56, **80**
– S. Maria della Spina   **97** *(Fig. S. 97)*
– Paolo a Ripa d'Arno   **78** *(Abb. 3)*
– S. Piero a Grado   75, **99** *(Abb. 4, 5; Fig. S. 52, 99)*
– Universität   71, **98**
Pistoia   14, 23, 26, 30, 31, 32, 58, 77, **117 ff.**, 126, 141, 366 *(Abb. 26; Stadtplan S. 119)*
– Baptisterium   117, **120 f.** *(Farbt. 3)*
– Dom S. Zeno   63, **118 ff.** *(Abb. 27, 29; Fig. S. 120)*
– Madonna dell' Umiltà   **123 f.** *(Fig. S. 123)*
– Ospedale del Ceppo   117, **122** *(Farbt. 33)*
– Palazzo del Comune   57, 118, **121** *(Abb. 28)*
– S. Andrea   117, **122 f.** *(Abb. 9)*
– S. Bartolomeo   77, **122**
– S. Francesco   56, **123**
Pitigliano   **341 f.**, 370 *(Abb. 130; Fig. S. 341)*

Poggibonsi   273, 298
Poggio a Caiano   366
– Villa Medicea   **356** *(Abb. 50)*
Poggio Pinci   369
Pontremoli   366
Poppi, Palazzo Pretorio   18, 368 *(Fig. S. 19)*
Populonia   21, 22, 321, 333, **335 f.**, 370 *(Abb. 128)*
Portovenere   69
Prato   28, 31, **125 ff.**, 141, 186, 366 *(Stadtplan S. 127)*
– Castello dell'Imperatore   125, **132** *(Abb. 31)*
– Dom Santo Stefano   125, **127 ff.**, 181 *(Abb. 34; Fig. S. 128, 129, 130)*
– Palazzo Pretorio   **131** *(Abb. 33)*
– S. Maria delle Carceri   125, **132 f.**, 249 *(Abb. 32; Fig. S. 133)*
Pratomagno   15, 19
Principina a Mare   371
Punta Ala   372

Quercianella   371
Quinto Fiorentino   367 *(Abb. 55)*

Radda, Kastell   16, 369, 374 *(Fig. S. 16)*
Radicófani   14
Ravenna   23, 75, 194
– San Vitale   144
Reims   60
Rimini, Tempio Malatestiano   251
Riviera Etrusca   371
Riviera Maremmana   371
Rom   23, 29
– Il Gesù   204
– Lateransbasilika, Baptisterium   77, 144
– Peterskirche   249
Romena   368
– Pieve di S. Pietro   189, **343 f.** *(Abb. 66–68; Fig. S. 52)*
– Kastell   18 *(Abb. 69)*
Roselle   21, 22, 23, 341, 370 *(Abb. 129)*

San Cassiano bei Controne   366
San Donato, Pieve   367 *(Fig. S. 50, 54)* *(Abb. 108)*
San Gennaro, Pieve   58, **343**, 366 *(Abb. 22, 23, 24)*
San Gimignano   9, 29, 30, 31, 57, 63, 141, **297 ff.**, 369, 376 *(Farbt. 1 u. Umschlagrückseite; Abb. 115, 116; Stadtplan S. 299)*
– Collegiata S. Maria Assunta   **301**

ORTSREGISTER / PERSONENREGISTER

– Palazzo del Popolo 63, 64, **302**
– Piazza della Cisterna 297, **300f.**
– S. Agostino **303**
San Giovanni Val d'Arno 28, 367
San Giusto **367** *(Abb. 56)*
San Miniato **339f.**, 369, 374 *(Farbt. 16; Fig. S. 340)*
San Quirico d'Orcia 330, **345**, 347, 368 *(Abb. 80–83)*
San Salvatore am Monte Amiata 349
San Salvatore bei Settimo 349
Sansepolcro 15, **337**, 368, 374
Santa Fiora 370
Sant'Agata 367
Santo Stefano, Pieve 126
San Vincenzo 371
Sardinien 51, 70
Sarzana, Dom 61, 366
Segromigno 366
– Villa Mansi 104, 116, **352f.** *(Farbt. 7; Fig. S. 53, 352)*
– Villa Torrigiani **353***(Farbt. 8)*
Semifonte 140
Serchio 68, 71, 101, 104, 114, 366 *(Farbt. 20)*
Setania 23
Siena 9, 12, 14, 16, 17, 26, 29, 30, 31, 32, 57, 60, 62, 63, 101, 126, **254ff.**, 298, 329, 333, 341, 350, 351, 362, 368, 374 *(Abb. 96; Stadtpläne S. 282 u. 286; Fig. S. 255, 274, 276/277, 280)*
– Chiesa dell'Osservanza **296**
– Dom S. Maria 49, 58, 256, **286ff.** *(Farbt. 19, 30; Abb. 97; Fig. S. 53, 287, 288)*
– Dommuseum 64, 273, 278
– Duomo Nuovo **291f.** *(Farbt. 24)*
– Palazzo Pubblico 63, 65, 256, **283ff.**, 302 *(Farbt. 27, 35, 36; Abb. 98, 100–102; Fig. S. 53, 54)*
– Piazza del Campo 256, 280f., **283ff.** *(Farbt. 25–27; Abb. 98; Fig. S. 2, 255)*
– Pinacoteca Nazionale 63, 64, **293** *(Farbt. 37)*
– S. Francesco 56, **293f.** *(Fig. S. 294)*
– S. Domenico 56, 278, **295** *(Abb. 103, 104; Fig. S. 295)*
– S. Maria dei Servi **296** *(Abb. 99)*
– Taufkirche S. Giovanni **290f.**
Sieve-Tal 18
Sinalunga 20, 239, 284, 368
Sizilien 125, 132
Sócana, Pieve 50
Sorano 341, 370 *(Farbt. 21)*

Sorano im Magra-Tal, Pieve 366
Sovana 342, 370 *(Abb. 127)*
Sovicille 369 *(Abb. 109)*
Spoleto, Herzogtum 339
Stia 368
– Pieve di S. Maria Assunta **344**
Strada 344, 368

Talamone 370
Tarquinia 321, 333
Taverna d'Arbia 17
Terme di Saturnia 372
Thessaloniki 75
Tiber, Tiber-Tal 15, 19, 21, 239, 368
Tirrenia 371
Torri 369 *(Abb. 105)*
Torrita di Siena 368
Tuscania 23
Tuszien 25 *(Fig. S. 27)*

Uccellina 21, 370
Umbrien 14, 15, 23, 239, 349

Valdichiana s. Chiana-Tal
Val di Niévole 32, 125, 366 *(Farbt. 10)*
Vallombrosa 19
Venedig 69, 104
– S. Marco 68, 75
Verona 76
Versilia 15, 366, 371
Vertine 369
Vespignano 65
Vetulonia 21, 22, 321, 333, 335, **336**, 341, 370
Viareggio 15, 104, 371
Vicopisano, Pieve 51
Villa Basilica, Pieve 51, 366
Vinci 367
Volpaia 369
Volterra 16, 17, 22, 23, 25, 30, 31, 77, 141, 298, **321ff.**, 335, 370 *(Abb. 119; Stadtplan S. 324/ 325; Fig. S. 52, 322)*
– Dom S. Maria Assunta 326 *(Abb. 121)*
– Museo Etrusco Guarnacci 321, **327f.** *(Abb. 123)*
– Palazzo dei Priori 57, 186, **323ff.** *(Abb. 117; Fig. S. 52)*
– Palazzo Pretorio 28, **325f.** *(Abb. 118)*
– Porta all'Arco 321, **327** *(Abb. 120)*
– S. Giusto **328** *(Abb. 122, 124)*
Vulci 336, 370

Personenregister

Abbati, Giuseppe (ca. 1830–1868)   371
Adeadato   123
Agnolo di Tura   277
Agnolo di Ventura (bezeugt 1335–1349)   234
Agostino d'Agnolo (bez. 1320–1338)   293
Agostino di Giovanni (bez. 1310–1348)   234, 286
Alberti, Familie   28, 125, 132, 196, 338
Alberti, Leon Battista (1404–1472)   112, 144,
   189, 197, 204, 236, 251, 252, 295, 352
Albizeschi, Familie   329
Aldobrandeschi, Familie   341, 342
Alexander III., Papst   285
Alexander VI., Papst   116, 252
Alexander VII., Papst   288, 345
Alfieri, Vittorio   194
Alfons V., König v. Portugal   198
Allori, Alessandro (1535–1607)   192, 193, 356
Ambrogini, Agnolo   245
Amidei (Familie)   30
Ammannati, Giacomo   253
Ammannati, Bartolomeo (1511–1592)   116, 187,
   236, 327, 354
Andrea da Firenze (1343–1377)   190, 192
Andrea del Castagno (1423–1457)   181, 182, 227
Andrea del Sarto (1486–1531)   356
Andrea di Giusto (1424–1455)   130
Andrea di Jacopo d'Ognabene (1287–1316)   120
Andrea Pisano (1290/95–1349)   60, 120, 121,
   178, 182, 183, 236
Anjou   126, 244
– Karl von   275, 302
Antelami, Benedetto (tätig 1178–1200)   230, 326
Antinori, Familie   142
Antonio da Sangallo d. Ä. (1455–1534)   133,
   236, 244, 245, 247, 248, 249, 327, 368 *(Abb. 32,
   77)*
Antonio di Ser Cola (15. Jh.)   131
Antonius Abbas, Hl.   17, 124
Anzo da Siena   302
Aragazzi, Bartolomeo   247, 248
Ardinghelli, Famlilie   298, 300
Aringhieri, Alberto   289
Aristoteles   285
Arnold, Bischof   207
Arnoldi, Alberto (1351–1379?)   183
Arnolfo di Cambio (ca. 1240–1302)   60, 141,
   178, 180, 182, 183, 186, 193, 289, 367
Aspertini, Amico (1474–1552)   114 *(Abb. 19)*

Attavante (1452–nach 1517)   *Fig. S. 20*
Augustiner   56, 140, 202, 204, 208, 256, 293, 303
Augustus, Kaiser   23, 68, 207, 256
Azzi, Familie   237
Azzonen   25

Baccio d'Agnolo (1462–1543)   338
Baccio da Montelupo (1469–1535)   185
Baldovinetti, Alessio (1425–1499)   182, 199
Bandini, Angiolo   202
Bandini, Sallustio   293
Barchi, Giacomo (18. Jh.)   247
Barchi, Sebastiano (18. Jh.)   247
Bardi, Familie   141
Barili, Antonio (1453–1516)   345
Barna (?–1351)   301
Baroncelli, Familie   195
Bartolo di Fredi (ca. 1330–1410)   301
Bartolomeo, Fra' (1475–1517)   109, 131
Bartolomeo della Gatta (1448–1502/03)   236, 242
Beato Angelico, Fra' (1387–1455)   203, 241, 242
Beatrice von Tuszien   78, 137
Beccafumi, Domenico (ca. 1486–1551)   115,
   284, 288, 289, 292, 294, 295
Belforti, Familie   323, 326
Belisar   200
Bellarmino, Roberto   244
Benci di Cione (?–1388)   187
Benedetti, Familie   352
Benedetto da Maiano (1442–1497)   129, 182,
   190, 194, 208, 238, 303 *(Abb. 65)*
Benediktiner   204, 341, 346, 347, 349
Benincasa, Catarina   294
Benvenuto di Giovanni   295, 327
Berlinghieri, Berlinghiero (bez. 1228)   113, 115
Berlinghieri, Buonaventura (bez.
   1235–1274)   62, 337 *(Abb. 25)*
Bernhardin, Hl.   12, 238, 284, 290, 294, 296, 329
Bernini, Gian Lorenzo (1598–1680)   288
Berrettini, Filippo (1582–1644)   240
Bertini, Domenico   109
Bianchi-Bandinelli, Ranuccio   17, 18, 364
Biduinus (bez. 1180)   58, 112
Bigarelli s. Guido da Como
Boccaccio, Giovanni   338
Boccherini, Luigi   115
Bonanus (bez. 1174–1186)   75, 76, 78
Borrani, Odoardo   371
Borsook, Eve   183
Bosl, Karl   29

PERSONENREGISTER

Botticelli, Sandro (1444/45–1510) 13, 130, 354
Brachetti da Campi, Giovanni 192
Bramante (1444–1514) 249
Braunfels, Wolfgang 118, 142, 177, 185
Bregno, Andrea 290
Brienne, Gualtier de, Herzog v. Athen 141
Bronzino, Agnolo (1503–1572) 248
Brunelleschi, Filippo (1377–1446) 65, 120, 122,
    133, 142, 144, 180, 182, 191, 192, 196, 197,
    204, 231, 337
Bruni, Donato 236
Bruni, Leonardo 195, 198, 208, 236, 247
Bruno, Giordano 244
Bucelli, Pietro 245
Buggiano (1412–1462) 182
Buglioni, Santi (1494–1576) 122
Buionus, Bischof 207
Buonamico di Lapo Guidalotti 192
Buondelmonti 30
Buonparenti, Familie 327
Buontalenti, Bernardo (1536–1608) 97, 354,
    356, 370 *(Abb. 48)*
Buonvisi, Familie 353
Burckhardt, Titus 278
Busketos 72, 75

Caesar 135
Calgagni, Tiberio (1532–1565) 182
Calzolari, Oreste (bez. 1897/1906) 202
Campanella, Tommaso 244
Capanna, Puccio (14. Jh.) 123
Caretto, Ilaria del 109 *(Abb. 18)*
Carracci, Annibale (1560–1609) 353
Castagnoli, Giuseppe (1754–1832) 247
Castellucci, Salvi (1608–1672) 233
Castracani, Castruccio 70, 104, 118, 121
Catilina 297
Cato 286
Cellini, Benevenuto (1500–1571) 187
Cellino di Nese (ca. 1338–1349) 121
Cenni di Francesco (17. Jh.) 328
Cevrotti, Francesco 231
Cherubini, Luigi 194
Chigi, Familie 288, 301, 345
Christina von Lothringen 245
Ciceri, E. *Fig. S. 115*
Cicero 286
Cimabue (ca. 1240–1302) 62, 63, 64, 76, 191,
    197, 235 *(Abb. 40, 63)*
Cino da Pistoia 120

Cioli, Valerio (ca. 1529–1599) 194
Cipriani, Sebastiano (bez. 1696–1733) 247
Ciuffagni, Bernardo (1381–1457) 181, 185
Civili, Michele 294
Civitali, Matteo (1436–1501) 109, 111
Civitali, Nicolao (1482–1560) 112
Civitali, Vincenzo (1523–1597) 111
Claudius, Kaiser 202
Clemens VI., Papst 348
Clemens VII., Papst 278
Cleph, Langobardenkönig 24
Coppi, Fra' Elias 241, 242
Coppo di Marcovaldo (1225/30–nach 1274) 63,
    120, 275, 296, 302
Cozzarelli, Giacomo (1453–1515) 292, 296
Cristofanello 242

Daddi, Bernardo (ca. 1290–ca. 1348) 66, 131,
    186, 193, 196, 202
Dagomari, Familie 126
– Michele 130
Daniele da Volterra (1509–1566) 327
D'Annunzio, Gabriele 321
Dante Alighieri 12, 14, 19, 30, 70, 137, 141,
    144, 182, 194, 208, 301, 339
Danti, Vincenzo (1530–1576) 178
Dati, Fra' Leonardo 190
Davidsohn, Robert 22, 25
De' Becchi, Gentile 191
Decius, Kaiser 197
Degli Albizzi, Rinaldo 141
Della Bella, Giano 118, 121
Della Faggiuola, Familie 337
– Uguccione 70, 104
Della Robbia, Andrea (1435–1525/28) 118,
    122, 133, 195, 196, 234, 238, 248, 296, 326
Della Robbia, Giovanni (1469–nach 1529) 122
Della Robbia, Luca (1399/1400–1482) 122,
    182, 183, 198, 199, 202, 248, 326, 348, 367
    (Farbt. 33)
Delle Vigne, Per 339
Dell'Opera, Giovanni 194, 196
Del Pecora, Familie 244, 245
Del Turco, Flaminio (bez. 1581–1634) 249, 293
Desiderio da Settignano (1428–1464) 188, 196
Diamante, Fra' (ca. 1430–1498) 130
Diokletian, Kaiser 23, 207
Diotisalvi (bez. 1150–1153) 77, 97
Domenico di Agostino (bez. 1343–1367) 332
Domenico di Bartolo (ca. 1400–1446) 291

Domenico di Michelino (1417–1491)   182
Domenico di Niccolò (1362/63–1450)   284, 288
Domenico Veneziano s. Veneziano
Dominikaner   51, 118, 140, 192, 208, 256, 297
Dominikus, Hl.   55
Donatello (1386–1466)   60, 98, 126, 128, 131,
   179, 181, 183, 185, 186, 187, 188, 191, 195, 196,
   197, 231, 245, 289, 290, 291, 367 *(Abb. 34)*
Donato d'Arezzo   235
Donato di Ricevuto   289
Donatus, Hl.   205, 207, 232, 233
Duccio di Buoninsegna (ca. 1255–1318/19)   12,
   62, 63, 64, 65, 247, 275, 278, 289, 291, 292,
   293, 296, 331, 341, 369 *(Farbt. 38 u. vordere*
   Umschlagklappe; Abb. 41)
Durand, A.   *Fig. S. 115*

Eleonora von Toledo   193
Este, Herzöge von Modena   336
Etrusker   10, 14, 21, 22, 28, 50, 68, 200, 205, 342
Eugen IV., Papst   355
Evelyn, John   105

Faltore, Domenico   238
Fanelli, Giovanni   142
Fattori, Giovanni (1825–1908)   371
Federighi, Antonio (bez. 1439–1490)   285, 286,
   288, 296
Federigo da Montefeltro   323
Ferri, Antonio (bez. 1608–1716)   355
Ficino, Marsilio   191
Fina, Hl.   301
Fontana, Carlo (1634/38–1714)   345
Fontani, Francesco   *Fig. S. 70, 97, 100, 111, 128,*
   133, 322, 338, 339, 340, 341, 371
Forteguerri, Niccolo   120
Fossoto, Felice de   232
Francavilla, Pietro (1553–1615)   98, 99
Franceschini, Pietro   327
Francesco d'Andrea (bez. 1466–1480)   284
Francesco d'Antonio (bez. 1440–1480)   296
Francesco da Sangallo (1494–1576)   186
Francesco di Cristoforo Fedeli   294
Francesco di Giorgio Martini   115, 242, 289
   (Abb. 73)
Francesco di Marco Datini   126, 130, 131, 132
Franciabigio (1482–1525)   356
Franken   108
Franz Stephan von Lothringen
   (Kaiser Franz I.)   32

Franz von Assisi   19, 55, 115, 193, 194, 225, 227,
   253, 368 *(Abb. 25)*
Franziskaner   51, 118, 140, 208, 256
Friedrich I., Barbarossa, Kaiser   69, 273
Friedrich II., Kaiser   30, 60, 132, 339
Fungai, Bernardino (ca. 1460–1516)   296

Gaddi, Agnolo (1333?–1396)   131, 187, 195,
   196, 198
Gaddi, Gaddo (bez. 1312/33)   182
Gaddi, Taddeo (bez. 1334–1366)   66, 122, 124,
   180, 195, 196
Galilei, Alessandro   240
Galilei, Galileo   79, 194, 244
Gambacorti, Pietro   97
Gapponi, Gino   141
Garibaldi   202
Gelasius   207
Gentile da Fabriano   80
Gerini, Niccolò di Pietro (bez. 1368–1416)   132,
   195, 242
Gherardesca, Ugolino della   70, 98
Ghibellinen   30, 69, 104, 118, 126, 140, 208,
   275, 298, 323
Ghiberti, Lorenzo (1378–1455)   60, 178, 180,
   181, 185, 186, 190, 290, 291 *(Abb. 38)*
Ghiberti, Vittorio (1416–1497)   178
Ghirlandaio, Davide   191
Ghirlandaio, Domenico (1449–1494)   109, 191,
   195, 301, 302
Giacomo di Giovanni (bez. 1430–1485)
   294
Giambologna (1524–1608)   76, 185, 188, 326,
   354, 355
Giotto di Bondone (1267–1337)   13, 60, 61, 63,
   64, 65, 66, 117, 141, 178, 180, 182, 191, 195,
   196 *(Farbt. 38, 40; Abb. 39)*
Giovanni da Maiano (bez. 1555)   129
Giovanni da Milano (bez. 1350–1369)   195
Giovanni da Pistoia, Fra' (bez. 1322)   225
Giovanni da Verona, Fra' (ca. 1457–1525)   289,
   349
Giovanni del Biondo (bez. 1356–1392)   195
Giovanni di Agostino (1310–1345?)   231, 234
   (Farbt. 24)
Giovanni di Balduccio (bez. 1317–1349   195
Giovanni di Cristofano (bez. 1480–1488)   284
Giovanni di Francesco (bez. 1369–1375)   114,
   235
Giovanni di Michele (bez. 1440/1450)   195

PERSONENREGISTER

Giovanni di Paolo (ca. 1403–ca. 1482)   295, 296
Giovanni di Simone (bez. 1275)   78, 79, 80
Giovanni di Stefano (1445–1511)   289, 295
Giovanni di Turino (ca. 1384–1455)   284, 290
Giovanni Pisano (1245/48–nach 1314)   60, 65,
   76, 77, 79, 80, 117, 120, 122, 123 128, 129,
   131, 178, 273, 275, 287, 289, 291, 330, 345
   (Abb. 9; Farbt. 30)
Girolamo da Cremona (bez. 1467–1483)   290
Girolamo da Pietra Santa   331
Giroldo da Como (bez. 1267–1274)   331
Giuliano da Maiano (1432–1490)   208, 293, 295,
   301
Giuliano da Sangallo (1445–1516)   125, 133, 191,
   240, 249, 337, 342, 356 *(Abb. 50)*
Giuliano di Baccio d'Agnolo (1491–1555)   390
Giuliano di Ser Andrea   291
Giunta Pisano (bez. 1229–1254)   62, 191
Giusti, Giovanni Francesco, Fra'   353
Glaber, Raoul   49
Gnudi, Cesare   61
Goez, Werner   29, 254, 278
Goro di Gregorio (bez. 1324–1333)   331
Gottfried von Lothringen   137
Gozzoli, Benozzo (1420–1497)   301, 302, 303, 326
Gracchus, Tiberius   23
Gregor I., Papst   24, 348
Gregor VII., Papst   137
Gregor X., Papst   233
Gregorio d'Arezzo   235
Gross, Werner   189, 193
Gruamonte (bez. 1167)   58, 121, 123
Gualbertus, Johannes (Giovanni Gualber-
   to)   19, 137, 198
Guarnacci, Mario   327
Guazzalotti   126
Guelfen   30, 69, 104, 118, 126, 140, 208, 275,
   298, 323
Guglielmo da Pisa, Fra'   120, 122
Guglielmus (bez. 1138)   58, 72, 77, 326, 343
Guidetto da Como (bez. 1211)   58, 108, 366
Guidi, Familie   18 f., 28, 368, 378
Guido da Como (bez. 1230–1250)   77, 108, 115,
   122, 127
Guido da Siena (bez. 1221–1270)   63, 285, 293
Guidoriccio da Fogliano   284 *(Farbt. 36)*
Guido von Arezzo (Guido Monaco)   206
Guidotti, Galgano   369
Guinigi, Familie   112
– Paolo   104, 109, 115

Hadrian, Kaiser   202
Hawkword, John   187
Heinrich von Nassau   345
Heinrich II. von Frankreich   278
Heydenreich, Ludwig   195
Heinrich IV., Kaiser   69, 137
Heinrich V., Kaiser   207
Heinrich VII., Kaiser   76, 80
Hetzer, Theodor   10
Horaz   207
Hubala, Erich   249

Il Rusticchino (um 1595–1640)   289
Il Vecchietta (ca. 1412–1480)   252, 284, 288, 289,
   290
Incontri, Ludovico (bez. 1628–1678)   328
Inghirami, Gimignano   132
Innozenz III., Papst   30, 207

Jacob von Lusitanien   198
Jacopo da Firenze   328
Jacopo da Todi   131
Jacopo della Quercia (1371/74–1438)   12, 60, 109,
   114, 284, 286, 290, 291, 301 *(Abb. 18, 100)*
Jacopus de Voragine   227
Johanna von Österreich   187
Johannes XXII. (Baldasarre Coscia), Papst   179
Julius II., Papst   244, 248
Juvara, Filippo   353

Kamaldulenser   19, 203, 204, 328, 351
Karl d. Gr.   24, 25, 102, 344, 346
Karl IV., Kaiser   104, 192
Karl V., Kaiser   278, 279
Karmeliter   140, 256
Karolinger   25, 137, 273, 346
Katharina, Hl.   12, 284, 290, 294, 295
Keller, Harald   254
Konradin   275

Lamberti, Niccolò di Piero (ca.
   1370–1451)   132, 181, 185
Landino, Cristoforo   191
Lanfranchi, Ubaldo dei   79
Lanfranco da Como   121
Langobarden   24 f., 28, 29, 68, 102, 108, 137,
   273, 333, 339
Lapo di Ricevuto   289
Lars Porsenna   333
Laudi di Pietro   296

Lazzari, Filippo   124
Le Brun, Charles   284
Lenzi, Gonfaloniere   191
Leo X., Papst   121, 126
Leo XI., Papst   126
Leonardo da Vinci (1452–1519)   178, 367
Leonardo di Giovanni (bez. 1361/71) 120 *(Abb. 29)*
Liberale da Verona (ca. 1445–1526/29)   290
Leopold II., Großherzog   116
Lippi, Filippino (ca. 1457–1504)   111, 131, 190, 302
Lippi, Fra' Filippo (ca. 1406–1469)   125, 126, 129, 130, 131
Livius   206
Lodovico Bourbon-Parma   104
Lorentino d'Andrea   229
Lorenzetti, Ambrogio (bez. 1319–1348)   12, 17, 65, 275, 284, 292, 293, 294, 295, 331, 369 *(Farbt. 35, 37; Abb. 101)*
Lorenzetti, Pietro (ca. 1280–nach 1345)   61, 65, 231, 241, 275, 292, 293, 294, 295, 296
Lorenzi, Battista (1527/28–1594)   194
Lorenzini, Carlo   353
Lorenzo da Ripafratta   124
Lorenzo di Credi (1456/59–1537)   120, 203
Lorenzo di Giovanni d'Ambrogio (bez. 1396/ 1402)   181
Lorenzo Monaco (bez. 1370–ca. 1425)   202
Lori, Francesco   194
Lothar, Kaiser   200
Ludwig von Toulouse   140

Machiavelli, Niccolò   194
Maecenas   207
Maestro dell'Osservanza (14.–15. Jh.)   296
Mainardi, Sebastiano (ca. 1460–1513)   191, 195, 300
Maître de Cambestany   347
Makarios, Mönch   79
Malaspina, Familie   336, 337
Manetti, Antonio (1423–1497)   198
Manfred, König   275
Mansi, Familie   116, 352
Marchio   230
Marcellus II., Papst   244, 247
Marcillat, Guillaume de (ca. 1470–1529)   227, 233, 234, 243
Margaritone d'Arezzo (ca. 1216–ca. 1290)   208, 236, 248
Maria Luisa Bourbon-Parma   104

Marius   200, 322
Marrina (1476–1534)   294
Marsuppini, Carlo   195, 196, 198
Martin von Tours   108
Martin V., Papst   247
Martini, Simone (1280/85–1344)   64, 65, 80, 275, 284, 293, 301, 302 *(Farbt. 36, 39)*
Martino di Bartolomeo (bez. 1389–1434)   301
Masaccio (1401–28)   60, 80, 191
Maso di Banco (bez. 1336/50)   196
Maso di Bartolomeo (1406–56)   120, 131
Mathilde, Markgräfin von Canossa   26, 125, 137, 339
Matteo da Montepulciano   130
Matteo di Giovanni (um 1435–1495)   252, 288, 292, 293, 295, 296
Mazetto, Fra'   132
Medici   21, 71, 142
– Alessandro   115, 126
– Carlo   126
– Cosimo d. Ä.   18, 354, 355
– Cosimo I.   32, 57, 71, 98, 142, 187, 193, 194, 195, 204, 205, 225, 242, 278, 279, 280, 298, 302, 353, 354
– Donato   120
– Ferdinando I.   32, 180, 245, 356
– Ferdinando, Kardinal   354
– Francesco I.   187, 188, 356
– Gian Gastone   32, 248
– Giovanni   18, 98, 126, 356
– Giovanni di Pier Francesco   354
– Giuliano   355
– Lorenzo il Magnifico   18, 98, 245, 323, 328, 353, 355, 356
– Lorenzo di Pier Francesco   354
– Piero   198
Meister der Fogg-Pietà   196
Meister Philippus   343
Meister von San Martino (13. Jh.)   62
Memmi, Lippo (bez. 1317–47)   64, 285, 293, 296, 302, 304
Memmo di Filippuccio (bez. 1294–1306)   302, 304
Michelangelo Buonarroti (1475–1564)   60, 135, 182, 187, 188, 191, 194, 234, 290, 368
Michele da Firenze (bez. 1433–1438)   236
Michelozzo (1396–1472)   128, 179, 180, 182, 185, 187, 195, 198, 204, 244, 245, 247, 248, 355, 356, 369 *(Abb. 34, 47, 49, 51, 76; Fig. S. 18)*
Mino da Fiesole (1430/31–1484)   130, 201, 326

PERSONENREGISTER

Montluc, Blaise de   279, 280
Moretti   28
Mucius   297
Mugahîd, Maurenkönig   121

Nanni di Banco (ca. 1384–1421)   60, 181, 182,
   183, 185, 186 *(Abb. 38)*
Nanni di Bartolo (15. Jh.)   181
Napoleon I.   98, 105, 390
Nardo di Cione (bez. seit 1345–ca. 1366)   191
Nerici, Gaetano   *Fig. S. 24*
Neroccio (1447–1500)   289, 295
Niccolò da Tolentino   182
Niccolò da Uzzano   141
Niccolò di Tommaso (14. Jh.)   124
Niccolò di Tuldo   295
Nicola Pisano (ca. 1220–1278/84)   58, 60, 77,
   78, 80, 108, 122, 198, 202, 275, 289 *(Abb. 8)*
Nikolaus II., Papst   137, 144
Nikolaus V. Papst   109
Nino Pisano (bez. 1349–1368)   80, 121, 190
Nottolini, Lorenzo (1787–1851)   116

Oddi, Muzio   352, 353
Olivetaner   17, 347 f.
Orcagna, Andrea (ca. 1308–ca. 1368)   180, 184,
   186, 191, 197
Orlandi, Deodato (bez. 1284–1317)   99, 115
Orsini, Familie   342
Otto IV.   30

Paladino, Filippo (ca. 1544–ca. 1614)   122
Pandolfini, Angiolo   141
Pandolfo di Ugolino da Pisa (bez.
   1463–1485)   109
Parri di Spinello (1387–1453)   208, 235, 238, 284
Pasquino di Matteo da Montepulciano (tätig
   1445–1473)   131
Patrizi, Patrizio   348
Paul, Jürgen   187, 323
Pazzi, Brüder   328
Pelori, Giovanni Battista (1483–1558)   294
Petroni, Riccardo, Kardinal   289
Perugino (ca. 1445–1523)   293
Peruzzi, Baldassarre (1481–1536)   248, 288, 293,
   294, 368 f.
Peruzzi, Familie   141, 195
Peter Leopold von Lothringen   32
Petrarca, Francesco   232
Petrucci, Fabio   278

Petrucci, Pandolfo   278, 292
Philipp II.   280
Philippus   58
Piccolomini, Ambrogio   348
Piccolomini, Caterina   292
Piccolomini, Francesco   290
Pier Francesco Fiorentino (bez. 1474/97)   304
Piero della Francesca (ca. 1415–1492)   196, 206,
   227 ff., 234, 337, 368 *(Farbt. 34; Abb. 64)*
Pietro da Noceto   109
Pietro del Minella (1391–1458)   286, 288
Pini, Francesco (bez. 1728)   116
Pinturicchio (1454?–1513)   288, 289
Pitti, Familie   142
Pius II., Papst (Silvio Enea Piccolomini)   250,
   253, 289 f., 292, 296, 346, 355
Pius III., Papst (Francesco Todeschini Piccolo-
   mini)   289
Plinius   256
Poliziano (Ambrogini, Agnolo)   191, 247
Pollaiolo, Antonio (1426/33–1498)   124, 199, 303
Pollaiolo, Piero (1443–1496)   199, 303
Pontormo, Jacopo   (1494–1557)   115, 356
Ponzi, Girolamo   292
Pozzo, Andrea (A. del Pozzo) (1642–1709)   237,
   247, 248
Prato-Meister   129
Protagoras   10
Puccinelli, Angelo   (bez. 1350–1399)   248

Raffael (1483–1520)   135
Raffaellino del Garbo (1466/70–1524/25)   202
Rainaldus   72
Ratchis, Langobardenkönig   25, 351
Reni, Guido (1575–1642)   80
Ricci (1470–1532)   289, 293, 327
Richard, Kleinkönig   114
Robertus   58, 114 *(Abb. 20)*
Römer   19, 23, 28, 50
Romuald, Hl.   19
Rossellino, Antonio (1427–1479)   120, 124, 130,
   194, 198
Rossellino, Bernardo (1409–1464)   124, 132,
   195, 197, 198, 203, 208, 231, 250, 251, 252,
   284, 292, 295 *(Abb. 85)*
Rossi, Firma   323
Rossini, Gioachino   194
Rosso Fiorentino (1494–1540)   327
Ruschi   28
Rustici, Francesco (1474–1554)   178

Salerno di Coppo di Marcovaldo   120
Salmi, Mario   343
Salutati, Leonardo   201
Salvani, Provenzano   275, 293
Salvini, Roberto   343, 344, 347
Salvucci, Familie   298, 300
Sano di Matteo (bez. 1382–1434)   286
Sano di Pietro (bez. 1356–1360)   252, 284, 345
Sansovino, Andrea (1460–1529)   178, 326
Santi, Familie   353
Sarazenen   21, 26, 68, 70, 71, 117
Sassetta   (1392–1450)   17, 241, 252
Scalza, Ippolito (1532–1617)   245, 247
Scheidhauer, Bonifazius M.   348
Schifardini, Damiano (bez. 1594)   293
Segna di Bonaventura (bez. 1298–1326)   237
Septimius Severus   202
Sernesi, Raffaello (1838–1866)   371
Serviten   56, 140, 256, 296
Sestini, Aldo   15
Signorelli, Luca (1441/50–1523)   131, 198, 229, 241, 242, 327, 348
Silvius   297
Simone, Giovanni   78
Sodoma (1477–1549)   198, 284, 286, 293, 294, 295, 301, 348, 349
Spinello Aretino (bez. 1373–1410)   195, 198, 227, 229, 235, 236, 284, 367
Stropani   28
Strozzi, Familie   142, 190, 342
– Pietro   279
Sulla   200, 322
Sumuald   114
Sustermans, Giusto (1597–1681)   248

Tacca, Ferdinando (1619–1686)   130, 132
Tacitus   256
Taddeo di Bartolo (1362/63–1422)   284, 327
Taddi, Bartolomeo   247
Talenti, Francesco (bez. 1325/69)   180, 182
Talenti, Jacopo (ca. 1300–1362)   191, 192
Talenti, Simone (1340/45–nach 1381)   184, 187
Tarlati, Guido   208, 234
Tarlati, Familie   337
Tarquinius Superbus   333
Theobald, Bischof   206
Theoderich, Ostgotenkönig   23, 202
Thomas Paläologus   253
Tignosini, Buonagiunta   115

Tino di Camaino (1280/85–ca. 1337)   60, 76, 80, 289
Tintoretto (1518/19–1594)   108
Tofanelli, Stefano (1752–1812)   109, 353
Tolomei, Familie   293
Tolomei, Bernardo   17, 237, 347, 348
Tolomei, Mino da   302
Tommaso Pisano (bez. 1363)   121
Tornabuoni, Giovanni   191
Tornabuoni, Lisabetta   354
Toscano, Giovanni   327
Traini, Francesco (bez. 1321–1363)   79
Trenta, Lorenzo   114
Tribolo (1500–1550)   354

Ubertini, Bischof   28, 208, 367
Uccello, Paolo (1397–1475)   129, 181, 182, 192
Urbano di Cortona (bez. 1586)   294
Useppi, Familie   301

Vanni, Andrea (ca. 1332–ca. 1414)   295
Vanni, Francesco (1563–1610)   295
Vanni, Lippo (bez. 1344–1372)   284
Vallombrosaner   19, 56, 140
Vasari, Giorgio (1511–1574)   75, 78, 98, 109, 120, 123, 142, 182, 187, 188, 191, 194, 204, 205, 208, 225, 231, 232, 234, 235, 237, 242*(Abb. 44a, b)*
Veneziano, Domenico (nach 1400–1461)   129, 197
Vergil   207
Verrocchio (1435–1488)   120, 185, 187, 188, 197
Vespucci, Amerigo   367
Vignola (1507–1573)   244, 245, 247
Visconti   70
– Giangalozzo   277
Vite, Antonio (bez. 1378–1407)   124
Vito di Marco   288
Vitoni, Ventura (1442–1522)   123
Vittorio Emanuele II.   202, 355, 356

Wachmeier, Günter   198
Walburga, Hl.   114
Wilhelm II., König von England   110
Willibald, Hl.   114
Wynnibald, Hl.   114

Zisterzienser   55, 56, 287, 349f., 351
Zocchi, Giuseppe   *Fig. S. 18*
Zuccari, Federico (1542/43–1609)   182

389

Toscana

Bilder einer Landschaft

Von Wulf Ligges. Mit einem einführenden Text von Klaus Zimmermanns. 112 Seiten mit 70 Farbfotos, Leinen mit Schutzumschlag

»Beim Blättern in dem Buch und beim Beschauen der hervorragenden Fotos gerät man ins Schwärmen. Wie hier die Schönheit einer Landschaft festgehalten wurde, das ist einfach meisterlich. Wulf Ligges, ein Renoir, ein Monet mit der Kamera. Feldwege, blühende Wiesen, weidende Schafe und Landschaftsformen, ein Olivenbaum, umgeben von Mohn und Korn, bei Siena.«   *Neue Osnabrücker Zeitung*

Von Klaus Zimmermanns erschien in unserem Verlag:

Florenz

Ein europäisches Zentrum der Kunst
Geschichte, Denkmäler, Sammlungen
432 Seiten mit 26 farbigen und 138 einfarbigen Abbildungen, 97 Plänen und Zeichnungen, 24 Seiten praktischen Reisehinweisen, Register, kartoniert (DuMont Kunst-Reiseführer)
»Für Reisende, die vor allem der Kunst wegen nach Florenz kommen, ist dieser Kunst-Reiseführer gedacht. Klaus Zimmermanns hat daher das Hauptgewicht auf die Beschreibung der Kunstdenkmäler gelegt. Ausführlich werden Denkmäler und Sammlungen erläutert. Zimmermanns betrachtet die Werke innerhalb ihrer künstlerischen Tradition und erläutert die städtebaulichen, geschichtlichen und sozialen Zusammenhänge. Der praktische Teil des Buches gibt Hinweise zur eigentlichen Programmgestaltung, enthält Verkehrsverbindungen, Öffnungszeiten von Museen und Kirchen, regt Ausflüge in die Umgebung an, stellt die Spezialitäten der Florentiner Küche vor und vermittelt nützliche Adressen. Die Ausgabe beim Erwerb des Buches wird sich beim Besuch von Florenz sicher mehr als bezahlt machen.«
Salzburger Landes-Zeitung

Bitte beachten Sie auch folgende Veröffentlichungen aus unserem Verlag:

Florenz und die Medici

Die Geschichte eines Patriziergeschlechts der Renaissance
Von My Heilmann. 216 Seiten mit 23 farbigen und 174 einfarbigen Abbildungen, 11 Zeichnungen, 1 Karte, chronologischer Übersicht der Künstler, Zeittafel, Bibliographie, Personen- und Ortsregister, Stammbaum der Medicis, kartoniert (DuMont Reiseberichte/Kunst-Dokumente)
»Ein reich bebildertes Einführungs- und Nachschlagewerk liegt hier vor, das aus den Händen des Florenz-Liebhabers kaum noch fortzudenken ist.«
Bremer Nachrichten

Die Italienische Renaissance

Von Herbert Alexander Stützer. 286 Seiten mit 19 farbigen und 168 einfarbigen Abbildungen, 10 Zeichnungen, Literaturverzeichnis, synchroner Zeittafel und Stammbäumen bedeutender Herrscherfamilien, Personenregister, kartoniert (DuMont Dokumente)
»Alexander Stützer schildert eine ganze Epoche in Malerei, Plastik und Architektur in einem Land. Die Sprache ist einfach, klar und modern. Insgesamt gehört dieser Band zu den imponierendsten dieser Reihe, da er auf relativ engem Raum einen guten Überblick über das ganze gibt, ohne aphoristisch zu werden. Stützer führt ein und vertieft, beschreibt und erklärt, und so entsteht eine Darstellung der italienischen Renaissance, die man jedem nur empfehlen kann.«
Süddeutscher Rundfunk

Malerei der Italienischen Renaissance

Von Herbert Alexander Stützer. 152 Seiten mit 40 eingeklebten Farbtafeln und 85 einfarbigen Abbildungen, ausgewählter Bibliographie, Register, Leinen mit Schutzumschlag (DuMont's Bibliothek Großer Maler)
»Ein gut gegliedertes, in einzelnen Kapiteln die Entwicklung der italienischen Renaissancemalerei aufzeigendes Buch, das sich bemüht, nicht nur die einzelnen Künstlerpersönlichkeiten vorzustellen, sondern auch die zum Verständnis des Themas unerläßliche enge Verflechtung von Geschichte, Geistesgeschichte, einzelnen Auftraggebern und den vielseitigen Beziehungen der Künstler untereinander deutlich zu machen. Auf vierzig Farbtafeln, die meist Ausschnitte oder Details aus den Gemälden oder Fresken zeigen, kommen die Schönheit der Farben und das große technische Können der Künstler gut zum Ausdruck.«
Deutsches Ärzteblatt

DuMont Kunst-Reiseführer

- Ägypten und Sinai
- Algerien
- Belgien
- Bulgarien
- Bundesrepublik Deutschland
- Das Allgäu
- Das Bergische Land
- Bodensee und Oberschwaben
- Bremen, Bremerhaven und das nördliche Niedersachsen
- Die Eifel
- Franken
- Hessen
- Köln (Herbst '86)
- Kölns romanische Kirchen
- Die Mosel
- München
- Münster und das Münsterland
- Zwischen Neckar und Donau
- Der Niederrhein
- Oberbayern
- Oberpfalz, Bayerischer Wald, Niederbayern
- Ostfriesland
- Die Pfalz
- Der Rhein von Mainz bis Köln
- Das Ruhrgebiet
- Sauerland
- Schleswig-Holstein
- Der Schwarzwald und das Oberrheinland
- Sylt, Helgoland, Amrum, Föhr
- Der Westerwald
- Östliches Westfalen

- Württemberg-Hohenzollern
- Volksrepublik China
- DDR
- Dänemark
- Frankreich
- Auvergne und Zentralmassiv
- Die Bretagne
- Burgund
- Côte d'Azur
- Das Elsaß
- Frankreich für Pferdefreunde
- Frankreichs gotische Kathedralen
- Korsika
- Languedoc-Roussillon
- Das Tal der Loire
- Lothringen
- Die Normandie
- Paris und die Ile de France
- Périgord und Atlantikküste
- Das Poitou
- Die Provence
- Savoyen
- Südwest-Frankreich
- Griechenland
- Athen
- Die griechischen Inseln
- Alte Kirchen und Klöster Griechenlands
- Tempel und Stätten der Götter Griechenlands
- Korfu
- Kreta
- Rhodos
- Großbritannien
- Englische Kathedralen

- Die Kanalinseln und die Insel Wight
- London (Herbst '86)
- Schottland
- Süd-England
- Wales
- Guatemala
- Das Heilige Land
- Holland
- Indien
- Ladakh und Zanskar
- Indonesien
- Bali
- Irland
- Italien
- Elba
- Das etruskische Italien
- Florenz
- Gardasee, Verona, Trentino
- Ober-Italien
- Die italienische Riviera
- Von Pavia nach Rom
- Das antike Rom
- Rom in 1000 Bildern
- Rom – Ein Reisebegleiter
- Sardinien
- Sizilien
- Südtirol
- Toscana
- Venedig
- Japan
- Der Jemen
- Jordanien
- Jugoslawien
- Karibische Inseln
- Kenya
- Luxemburg
- Malta und Gozo
- Marokko

- Mexiko
- Unbekanntes Mexiko
- Nepal
- Österreich
- Kärnten und Steiermark
- Salzburg, Salzkammergut, Oberösterreich
- Tirol
- Wien und Umgebung
- Pakistan
- Papua-Neuguinea
- Portugal
- Madeira (Herbst '86)
- Rumänien
- Die Sahara
- Sahel: Senegal, Mauretanien, Mali, Niger
- Die Schweiz
- Tessin
- Das Wallis
- Skandinavien
- Sowjetunion
- Rußland
- Sowjetischer Orient
- Spanien
- Die Kanarischen Inseln
- Katalonien
- Mallorca – Menorca
- Südspanien für Pferdefreunde
- Zentral-Spanien
- Sudan
- Südamerika
- Südkorea
- Syrien
- Thailand und Burma
- Tunesien
- USA – Der Südwesten

»Richtig reisen«

- Algerische Sahara
- Amsterdam
- Arabische Halbinsel
- Australien
- Bahamas
- Von Bangkok nach Bali
- Berlin
- Budapest
- Cuba
- Elsaß
- Finnland
- Florida
- Friaul-Triest-Venetien
- Griechenland
- Griechische Inseln
- Großbritannien
- Hawaii

- Holland
- Hongkong
- Ibiza/Formentera
- Irland
- Istanbul
- Jamaica
- Kairo
- Kalifornien
- Kanada/Alaska
- West-Kanada und Alaska
- Kreta
- London
- Los Angeles
- Madagaskar
- Malediven
- Marokko

- Mauritius
- Mexiko und Zentralamerika
- Moskau
- München
- Nepal
- Neu-England
- Neuseeland
- New Mexico
- New Orleans
- New York
- Nord-Indien
- Norwegen
- Paris
- Paris für Feinschmecker
- Peking/Shanghai
- Philippinen

- Rom
- San Francisco
- Die Schweiz und ihre Städte
- Seychellen
- Sri Lanka
- Südamerika 1, 2, 3
- Süd-Indien
- Texas
- Thailand
- Toscana
- Toscana und Latium
- Tunesien
- Venedig
- Wallis
- Wien
- Zypern